ANNUAL REPORT OF
PUBLISHING INDUSTRY IN CHINA
(2022-2023)

2022—2023 中国出版业发展报告

魏玉山 ◎ 主　编

徐升国　杨春兰 ◎ 副主编

中国书籍出版社
China Book Press

图书在版编目（CIP）数据

2022—2023中国出版业发展报告/魏玉山主编；徐升国，杨春兰副主编. —北京：中国书籍出版社，2023.12
ISBN 978-7-5068-9774-7

Ⅰ.①2… Ⅱ.①魏… ②徐… ③杨… Ⅲ.①出版工作－研究报告－中国－2022－2023 Ⅳ.①G239.2

中国国家版本馆CIP数据核字（2024）第023081号

2022—2023中国出版业发展报告

魏玉山　主　编

徐升国　杨春兰　副主编

责任编辑	庞　元
责任印制	孙马飞　马　芝
封面设计	楠竹文化
出版发行	中国书籍出版社
地　　址	北京市丰台区三路居路97号（邮编：100073）
电　　话	（010）52257143（总编室）　　（010）52257140（发行部）
电子邮箱	eo@chinabp.com.cn
经　　销	全国新华书店
印　　刷	北京九州迅驰传媒文化有限公司
开　　本	787毫米×1092毫米　　1/16
印　　张	23.75
字　　数	458千字
版　　次	2024年1月第1版
印　　次	2024年1月第1次印刷
书　　号	ISBN 978-7-5068-9774-7
定　　价	138.00元

版权所有　翻印必究

《2022—2023 中国出版业发展报告》主编、副主编和撰稿人名单

主　编： 魏玉山

副主编： 徐升国　杨春兰

撰稿人（按文章顺序排列，作者单位见内文）

杨春兰　程　丽　周蔚华　杨　伟　赵文义　陈国权

宋泽晖　毛文思　刘成芳　倪　成　焦　翊　王　霖

张文彦　田　菲　陈　香　邓　杨　王子荣　舒　彧

左志红　张文红　由云静　段乐川　王会娟　刘莹晨

李家驹　王国强　黄昱凯　潘翠华

目 录

第一编　主报告

中国式现代化绘就出版蓝图　出版强国建设稳步推进
　——2022—2023中国出版业发展报告 …………………… 课题组 3
　一、2022年中国出版业发展概况 ……………………………………… 3
　二、中国出版业发展趋势分析 ………………………………………… 14
　三、推进中国出版业高质量发展的建议 ……………………………… 17

第二编　分报告

2022—2023中国图书出版业发展报告 ………………… 程　丽　周蔚华 27
　一、2022年图书出版业的基本情况 …………………………………… 27
　二、2022年图书出版业发展亮点 ……………………………………… 34
　三、图书出版业发展存在的问题及对策建议 ………………………… 37
　四、2023年图书出版业趋势展望 ……………………………………… 41

2022—2023中国图书市场发展报告 ……………………………… 杨　伟 46
　一、2022—2023中国图书零售市场基本情况 ………………………… 46

二、2022—2023 影响和推动图书市场的重要因素和事件 ………………………… 53
三、2023 年及未来图书市场发展展望 ……………………………………………… 60
四、推进图书市场发展的对策建议 ………………………………………………… 66

2022—2023 中国期刊出版业发展报告 …………………………… 赵文义 70
一、2022—2023 年期刊业发展基本情况 …………………………………………… 70
二、2023 年期刊业发展趋势 ………………………………………………………… 74
三、2023 年期刊业发展建议 ………………………………………………………… 82

2022—2023 中国报业发展报告 ………………………… 陈国权　宋泽晖 93
一、数据悖论：衰亡行业与朝阳行业 ……………………………………………… 93
二、2022—2023 发展关键词：整合 ………………………………………………… 98
三、机遇：全媒体传播体系与中国式现代化 …………………………………… 101

2022 年中国数字出版产业发展报告 ………………………………… 毛文思 106
一、2022 年中国数字出版产业发展基本状况 …………………………………… 106
二、中国数字出版产业发展趋势 ………………………………………………… 110
三、中国数字出版产业发展的思考 ……………………………………………… 113

2022 年中国印刷业发展报告 ………………………………………… 刘成芳 117
一、2022 年印刷业发展的主要亮点 ……………………………………………… 117
二、2022 年印刷业面临的困难与挑战 …………………………………………… 121
三、推动印刷业高质量发展的建议 ……………………………………………… 124

2022—2023 中国出版物发行业发展报告 …… 倪　成　焦　翊　王　霖 128
一、出版物发行业整体发展趋稳趋缓 …………………………………………… 129
二、出版物发行业发展面临四个难题 …………………………………………… 137

三、出版物发行业变革发展四个建议 ……………………………………… 138

第三编　专题报告

2022—2023出版业上市公司发展亮点与展望 ………… 程　丽　周蔚华 143
　　一、2022年出版业上市公司发展情况 ……………………………………… 143
　　二、2022年出版业上市公司发展亮点 ……………………………………… 157
　　三、2022年出版业上市公司发展存在的问题 ……………………………… 159
　　四、对出版业上市公司发展的展望 ………………………………………… 161

2022—2023全民阅读发展报告 ………………………… 张文彦　田　菲 163
　　一、"第二十次全国国民阅读调查"主要情况 …………………………… 163
　　二、全民阅读大会领航中国阅读 …………………………………………… 171
　　三、全民阅读法规制度建设新进展 ………………………………………… 173
　　四、全民阅读推广专业化新进展 …………………………………………… 174
　　五、总结与展望 ……………………………………………………………… 176

2022—2023少儿图书市场发展报告 ……………………………… 陈　香 178
　　一、2022—2023年少儿图书市场基本情况 ………………………………… 178
　　二、2022—2023年少儿图书市场的基本特征 ……………………………… 181
　　三、少儿图书市场现阶段存在的问题 ……………………………………… 185
　　四、重建少儿出版健康市场生态的对策与建议 …………………………… 187

2022年VR/AR出版情况分析 ……………………………………… 邓　杨 191
　　一、新闻出版与虚拟现实技术融合发展的基本情况 ……………………… 191
　　二、新闻出版与虚拟现实技术的融合应用 ………………………………… 195

三、新闻出版与虚拟现实技术融合发展中存在的问题以及前景分析 …………198

2022—2023 民营书业研究报告 ……………………………… 王子荣 204
  一、民营书业的发展现状 …………………………………………………204
  二、民营书业的发展趋势 …………………………………………………208
  三、民营书业发展的亮点 …………………………………………………211
  四、民营书业的发展困境 …………………………………………………212
  五、民营书业发展的对策建议 ……………………………………………215

2022—2023 出版物市场治理情况 …………………………………… 舒 彧 218
  一、2022 年出版物市场治理成效 …………………………………………218
  二、2022 年出版物市场治理典型案例 ……………………………………221
  三、2022 年出版物市场治理特点 …………………………………………226
  四、2023 年出版物市场治理重点 …………………………………………227

2022—2023 新闻出版标准化综述 ………………………………… 左志红 229
  一、标准化工作基本情况 …………………………………………………229
  二、新闻出版领域标准化发展特点、趋势与面临的挑战 ………………244
  三、推进新闻出版领域标准化工作的建议 ………………………………246

2022 年出版专业教育现状、问题、形势与
变革方向 ………………………………………………… 张文红　由云静 249
  一、2022 年出版专业教育的现状分析 ……………………………………249
  二、2022 年出版教育的问题与形势 ………………………………………258
  三、出版专业教育未来变革方向 …………………………………………262

2022 年出版学研究热点综述 ……………………………… 段乐川　王会娟 267

- 一、出版产业发展研究 ……………………………………… 267
- 二、出版新业态研究 ………………………………………… 268
- 三、出版融合发展研究 ……………………………………… 270
- 四、出版发行营销研究 ……………………………………… 271
- 五、出版基础理论研究 ……………………………………… 272
- 六、主题出版理论研究 ……………………………………… 273
- 七、出版学学科建设研究 …………………………………… 275
- 八、国际出版研究 …………………………………………… 277
- 九、出版史研究 ……………………………………………… 278

2022年出版"走出去"发展报告 ……………………… 刘莹晨 283
- 一、2022年出版"走出去"基本情况 ……………………… 283
- 二、2022年出版"走出去"发展亮点 ……………………… 288
- 三、推动出版"走出去"的对策建议 ……………………… 290

第四编 中国香港特别行政区、澳门特别行政区、台湾地区出版业发展报告

2022年中国香港特别行政区出版业发展报告 ………… 李家驹 299
- 一、努力说好出版故事 ……………………………………… 299
- 二、努力提升专业，推动转型 ……………………………… 301
- 三、业界变化与整合 ………………………………………… 304
- 四、努力推广阅读 …………………………………………… 306
- 五、出版风貌与特征 ………………………………………… 308
- 六、履行社会责任 …………………………………………… 311
- 七、结语："骐骥之速，非一足之力也" ………………… 312

2022年中国澳门特别行政区出版业发展报告 ·················· 王国强 313
  一、出版物统计 ·· 313
  二、图书出版情况 ·· 314
  三、出版单位类型及出版数量 ·· 317
  四、新成立出版单位情况 ··· 320
  五、报纸及期刊出版情况 ··· 321
  六、出版业界交流 ·· 322
  七、书店业 ·· 322
  八、结　语 ·· 323

2022年中国台湾地区出版业发展报告 ························· 黄昱凯 324
  一、台湾地区出版产业整体概况 ······································· 324
  二、台湾地区图书渠道现状 ·· 332
  三、疫情后的台湾出版产业 ·· 336
  四、结　语 ·· 337

第五编　出版业大事记

2022年中国出版业大事记 ······································ 邓　杨 341
2022年中国香港特别行政区出版业大事记 ·················· 潘翠华 354
2022年中国澳门特别行政区出版业大事记 ·················· 王国强 364
2022年中国台湾地区出版业大事记 ··························· 黄昱凯 366

第一编

主报告

中国式现代化绘就出版蓝图 出版强国建设稳步推进

——2022—2023中国出版业发展报告

课题组

2022年是党的二十大胜利召开之年,是国家"十四五"发展规划贯彻落实的关键一年,也是全面建设社会主义现代化国家、向第二个百年奋斗目标进军的重要一年。2022年出版界认真学习和贯彻二十大精神,深刻领悟"两个确立"的决定性意义,增强"四个自信",做到"两个维护",以"中国式现代化"为指引,稳步推进出版强国建设,贡献出版力量。

一、2022年中国出版业发展概况

(一)政策出台保驾护航

1.《"十四五"文化发展规划》颁布

2022年8月,中共中央办公厅、国务院办公厅印发了《"十四五"文化发展规划》(以下简称"《规划》"),从指导思想、工作原则、目标任务、实现路径等多个方面对"十四五"时期的文化发展作出了明确规划和部署。

《规划》虽是以建设社会主义文化强国为目标,但出版作为文化建设的排头兵和主阵地，其在《规划》中的地位得以凸显。《规划》中与出版业直接相关的内容多达十几项：编辑出版习近平总书记系列重要著作；制定实施出版物重点选题规划和古籍工作中长期规划，做好重大主题和重点出版物出版；推动学术期刊繁荣发展；推出更多优秀的数字出版产品、服务；实施网络精品出版；提升公共文化数字化水平，积极发展云展览、云阅读、云视听、云体验，促进供需在"云端""指端"对接；推进农家书屋数字化建设，建立智能化管理体系；加强民族地区公共文化建设，扶持民族地区新闻出版事业发展；加快发展数字出版、数字印刷、数字创意、数字动漫等新型文化业态；加强规划引导和政策指导，打通各层级公共文化数字平台，打造公共文化数字资源库群，建设国家文化大数据体系；用好出版等各类资金和基金；落实经营性文化事业单位转制为企业，以及支持从事出版的文化企业发展的相关政策；落实出版物在出版、批发和零售环节享受的增值税优惠政策；等等。这些政策的制定和规划为出版业的发展指明了方向，也为出版强国的实现提供了政策依凭。

2. 经济、文化数字化规划为推动出版深度融合提供顶层设计

进入 21 世纪以来，"融合"成为出版行业的关键词之一，伴随着融合出版的转型升级，"深度融合"成为行业发展的内在需求。2022 年 4 月 24 日，中宣部印发《关于推动出版深度融合发展的实施意见》（以下简称"《意见》"），这是中宣部首次专门就出版融合发展发布的政策文件。《意见》围绕加快推动出版深度融合发展，构建数字时代新型出版传播体系，坚持系统推进与示范引领相结合的总体思路，从战略谋划、内容建设、技术支撑、重点项目、人才队伍、保障体系 6 个方面提出 20 项主要措施，为出版融合从"相融"到"深融"指明了方向，并提供了政策保障。

其实，早在《意见》发布之前的 2022 年 1 月，国务院便印发了《"十四五"数字经济发展规划》，从国家经济发展角度对数字化转型作出了整体规划，明确了"十四五"时期推动数字经济健康发展的指导思想、基本原则、发展目标、重点任务和保障措施。此外，在《意见》发布之后的 2022 年 5 月，中共中央办公厅、国务院办公厅印发了《关于推进实施国家文化数字化战略的意见》，将"文化和科技深度融合"纳入工作原则，计划"十四五"时期末基本完成文化产业数字化布局，鼓励新闻出版等各类文化机构探索数字化转型升级的有效途径，培育发展新动能，发展数字化文化消费新场景。数字化成为"十四五"时期文化发展的重要任务之一，提出要加快文化产业

数字化布局,加快发展数字出版等新型文化业态,改造提升传统文化业态,促进结构调整和优化升级。[1]

由此可见,数字化战略已经上升到事关国家经济、文化转型发展的重要位置,党和国家将其作为重要任务加以部署。出版被认为是文化建设的重要排头兵和文化强国建设的经济支柱之一,因而这些政策的出台均将成为推动和实现出版深度融合的利好政策。

3. 政策利好为古籍出版和科普出版迎来新机遇

党的十八大以来,党中央高度重视中华优秀传统文化的传承发展,推动中华文明的创造性转化和创新性发展,保护古籍在内的文化遗产保护力度不断加大。2022 年 3 月发布的政府工作报告中,明确提出要"加强文物古籍保护利用和非物质文化遗产保护传承",这是"古籍保护"首次被写入政府工作报告。由此可见,国家层面对古籍保护的重视达至新高度,并针对古籍工作印发了相关"意见"和"规划"。

2022 年 4 月,中共中央办公厅、国务院办公厅印发了《关于推进新时代古籍工作的意见》,从指导思想、工作原则和主要目标 3 个方面提出了对古籍工作的总体要求,并就完善古籍工作体系、提升古籍工作质量、加快古籍资源转化利用、强化古籍工作保障作出了全面部署。2022 年 10 月,全国古籍整理出版规划领导小组会同有关部门编制并发布了《2021—2035 年国家古籍工作规划》(以下简称"《规划》"),这是古籍小组编制实施的第 8 个古籍中长期规划,首次将规划期设为 15 年。《规划》为我国未来一段时间内的古籍工作谋划路径、指明方向,并设计了重大工程、古籍保护工程、古籍整理研究和出版工程、古籍数字化工程、古籍资源普及推广工程、古籍对外传播工程、古籍人才工程七大工程确保古籍工作扎实推进。

在科普出版领域,2022 年 8 月,科技部、中宣部、中国科协印发了《"十四五"国家科学技术普及发展规划》,提出 6 个方面重点任务,包括鼓励国防科普作品创作出版、加大对原创科普作品的扶持力度等。2022 年 9 月,中共中央办公厅、国务院办公厅印发《关于新时代进一步加强科学技术普及工作的意见》,要求坚持把科学普及放在与科技创新同等重要的位置,推动科普全面融入经济、政治、文化、社会、生态文明建设。

以上文件的发布,为各出版单位带来了新的机遇和发展空间,也将以高质量的古籍出版和科普出版进一步助推文化强国建设。

4. 数字出版编辑正式成为国家认证的职业

2022年，数字出版人才建设取得了新进展。早在2022年3月全国两会期间，就有全国政协委员提出，要积极完善数字出版人才培养体系，加快设立"数字编辑"专业技术职称。2022年9月，这一建议终于落到了实处——《中华人民共和国职业分类大典（2022年版）》首次增加数字出版编辑等97个数字职业。数字出版编辑正式成为国家认证的职业，被标记为从事数字化出版产品策划、编辑、加工、转换的专业人员。这一举措使我国数字出版人才建设迈上新台阶，将有望进一步壮大我国数字出版编辑队伍，从而为出版业数字化转型发展奠定坚实的人才基础和保障。

5. 《马拉喀什条约》对中国生效

2022年5月，世界上迄今为止唯一一部版权领域的人权条约——《马拉喀什条约》（全称为《关于为盲人、视力障碍者或其他印刷品阅读障碍者获得已出版作品提供便利的马拉喀什条约》）对中国生效。这不仅为盲人、视力障碍者等阅读障碍者提供了更多获得和利用作品的机会，而且对于我国出版事业来说也是个利好消息。一是为我国完善版权保护体系提供了契机。我国现行《著作权法》已基本达到《马拉喀什条约》规定的标准，但该条约真正落地实施还面临着诸多具体问题需要解决，这些问题的推动解决为我国版权保护体系的完善提供了契机。二是有助于进一步深化和推动国际版权合作，扩大中国在国际版权领域的影响力，发挥版权大国应有的作用。三是通过对无障碍格式版作品的跨境交换，中国出版走出去打开了一扇新窗。

为保障《马拉喀什条约》在中国真正落地实施，国家版权局又于2022年8月印发了《以无障碍方式向阅读障碍者提供作品暂行规定》，以规范以无障碍方式向阅读障碍者提供作品的版权秩序，从而更好地把《著作权法》和《马拉喀什条约》对阅读障碍者的支持落到实处。

（二）内容生产成果丰硕

1. 主题出版

2022年3月，中宣部办公厅印发通知，明确强调2022年主题出版工作要"围绕党和国家工作大局，围绕建设社会主义文化强国目标，围绕塑造可信可爱可敬的中国形象，担当起举旗帜、聚民心、育新人、兴文化、展形象使命任务，做强做亮做活主题出版，打造更多讴歌新时代、满足新需求的出版精品"[2]。依据这一通知精神，各地区各部门各出版单位精心组织上报主题出版选题2 240种，经评选论证，最终确定2022年主题出版重点出版物选题160种，其中图书选题140种、音像电子出版物选题20种。[3]从立项数量上来看，与2021年（170种）略有下降。这些主题出版物选题类型多样、内容丰富，覆盖马列、学术文化、文艺、经管、少儿等多个方面。

2022年，党的二十大胜利召开、共青团成立百年、北京冬奥会成功举办、香港回归祖国25周年等一系列重大事件为主题出版提供了契机。多家出版社以习近平新时代中国特色社会主义思想为指导，紧紧围绕这些重大事件与活动进行集中性的策划与出版，推出精品力作，形成宣传合力。

党的二十大胜利召开是2022年具有历史意义的重大事件，出版界推出了一批反映新时代伟大变革和历史成就的精品图书，如人民出版社的《新时代这十年（2012—2022）》《十年伟大飞跃》、经济科学出版社的《中国经济这十年（2012—2022）》、当代中国出版社和重庆出版集团联合推出的"新时代这十年"丛书，以及人民出版社、新华出版社和各地人民出版社推出的重点文献系列"纪录小康工程"丛书等。为满足广大干部党员群众学习贯彻党的二十大精神的需求，多家出版社还推出了二十大文件及学习辅导读物，如人民出版社的《党的二十大报告》单行本、《中国共产党章程》单行本、《中国共产党第二十次全国代表大会文件汇编》、《党的二十大报告辅导读本》；党建读物出版社与学习出版社联合出版的《党的二十大报告学习辅导百问》；党建读物出版社出版的《二十大党章修正案学习问答》，等等。

2022年也是中国共产主义青年团成立100周年，围绕建团百年，出版界推出了一批相关内容的主题出版物。如人民出版社出版了由国务院新闻办公室发布的《新时代的中国青年白皮书》，这是我国首次专门针对青年群体发布白皮书。中国青年出版总社联合江苏人民出版社策划出版了《中国青年运动一百年（1919—2019）》，该书总结了100年来党领导下的中国青年运动历史。[4]

2022年，我国成功举办了北京冬奥会，并迎来了香港回归祖国25周年。针对前者，出版界推出了一批冬奥主题图书，如北京体育大学出版社的《北京冬奥组委工作人员简明知识读本》《冬季奥林匹克运动会竞赛项目知识读本》《冰雪舞动话冬奥——冰雪运动知识入门》《奥林匹克文化读本》、人民体育出版社的《高山滑雪竞赛规则（2021）》、北京出版集团的《跟世界冠军学滑冰》等；针对后者，习近平《在庆祝香港回归祖国二十五周年大会暨香港特别行政区第六届政府就职典礼上的讲话》单行本繁体版、英文版在香港出版发行，出版单位还推出了一批展现粤港澳大湾区建设丰硕成果和反映香港回归祖国25年历程的主题出版物，如广东人民出版社的《血脉——东深供水工程建设实录》、香港联合出版集团的《回归·情义25载》《数字香港——回归25年与大湾区新征程》《香港相册：香港回归25周年的历史记忆》等。

2. 大型出版工程

2022年，一批大型出版工程的问世成为出版界耀眼的明珠，引人瞩目。他们在赓续中华文脉、弘扬优秀传统文化、推进中华民族伟大复兴等方面发挥了出版的功效。

2022年9月，由山东大学、山东师范大学、山东人民出版社、齐鲁书社共同编纂出版的中华儒学经典著作集成《儒典》发布。《儒典》是历代儒学传世文献系统性整理出版的最新成果，集中体现了儒学形成和发展的主脉络。

2022年11月，由党中央批准实施的重大文化工程——《复兴文库》正式编撰出版。作为新时代的重大文化工程，《复兴文库》以中华民族伟大复兴为主题，全面梳理和精选鸦片战争以来与中华民族伟大复兴相关的重要文献，全景式展现中华民族由弱变强的伟大奋斗历程，全五编包含60多卷、300多册、1.1亿多字，已出版三编共计37卷、195册、6 190万字。[5]

2022年底，由习近平总书记亲自批准、高度重视、持续关注的"中国历代绘画大系"文化工程圆满结项，历时17年，编纂出版60卷226册，包括《宋画全集》《元画全集》《明画全集》《清画全集》，收录海内外263家机构收藏的中国绘画藏品12 405件（套），涵盖绝大部分传世国宝级绘画珍品。[6]

"藏之名山，传之后世"，为肩负中华文化典籍源远流长的历史使命，2022年7月，标志性文化传世工程中国国家版本图书馆落成典礼。作为国家版本资源总库和中华文化种子基因库，中国国家版本馆由中央总馆（文瀚阁）、西安分馆（文济阁）、杭州分馆（文润阁）、广州分馆（文沁阁）组成。它将全面履行国家版本资源保藏传承职责，赓续中华文脉。

3. 专业与学术出版

2022年，学术出版单位深耕各自专业领域，服务国家大局，聚焦研究前沿，适应市场需求，走高质量发展道路，推出一批精品图书，同时加快融合发展步伐，加速构建全媒体出版体系，积极向知识服务商转型。比如，中国人民大学出版社、人民卫生出版社、清华大学出版社等多家出版社发挥自身优势，聚焦党和国家经济建设和社会发展的前沿问题，通过大型学术项目引领、数据库建设、知识服务平台搭建等多种途径不断提升知识服务水平。

4. 少儿类、文学类图书

根据北京开卷发布的《2022年图书零售市场年度报告》，少儿类图书码洋占比28.62%，是各类图书中码洋占比最大的类别，且码洋比重进一步上升，较2021年上升0.43个百分点。受疫情影响，少儿出版单位在2022年面临较大的压力，少儿出版单位通过调整选题，提升市场竞争力；通过新媒体营销，应对疫情冲击。中国少年儿童新闻出版总社、江苏凤凰少年儿童出版社、安徽少年儿童出版社、明天出版社等多家少儿出版单位纷纷加强主题出版选题的开发力度，推出一批兼具社会效益和经济效益的少儿主题出版图书。

文学类图书码洋比重位居第3，与2021年相比增加了1.82个百分点，主要受网络文学纸书、经典读物以及名家新作的带动。面对日新月异的传播格局，文学出版单位加强与影视、游戏、文创等行业的合作，进行全版权开发，持续推动文学精品的多形态转化，实现效益增值。此外，文学出版单位还通过多平台全方位营销，创新升级传播方式，使好的内容获得更大的增值空间。

（三）出版融合在产业规模、市场需求、融合模式等方面向纵深拓展

1. 数字出版产业整体规模继续壮大，但游戏市场规模首次下降

2021年，我国数字出版产业规模突破1.2万亿元，达到12 762.64亿元，比前一年增加8.33%。2022年，在国家持续大力发展数字经济、推进国家文化数字化战略背景下，数字出版产业规模继续壮大。据初步统计，2022年数字出版产业规模将近1.4万亿元。另据国家统计局发布的数据，2022年，文化新业态特征较为明显的16个行业小

类营业收入 43 860 亿元，比上年增长 5.3%，高于全部规模以上文化企业 4.4 个百分点。[7] 其中，文化新业态特征较为明显的数字出版业表现亮眼，全国规模以上数字出版企业营收比上年增长 30.3%。2022 年，人们对有声内容的付费意愿也持续增长，有数据显示，2022 年包括有声读物在内的中国音频市场规模接近 500 亿元。[8]

在数字出版产业整体规模保持继续壮大的同时，游戏市场却出现了过去 8 年来的首次下降。根据《2022 年中国游戏产业报告》的数据：2022 年中国游戏市场实际销售收入 2 658.84 亿元，同比下降 10.33%；游戏用户规模 6.64 亿，同比下降 0.33%。这是继 2021 年规模增长明显放缓之后又出现的规模下降，表明产业发展已进入存量市场时代。[9]

2. 数字内容消费需求进一步释放

据中国互联网络信息中心（CNNIC）发布的《第 51 次中国互联网络发展状况统计报告》显示，截至 2022 年 12 月，我国网民规模达 10.67 亿，互联网普及率达 75.6%，比上一年同期均有所增加。2022 年，网络视听类内容用户规模持续增长。网络视频、短视频用户规模达 9.75 亿和 9.34 亿，用户使用率分别达 96.5% 和 94.8%，增长率分别为 5.7% 和 8.3%。在直播电商的带动下，截至 2022 年 12 月，我国网络直播用户规模达 7.51 亿，占网民整体超过 70%，其中，电商直播用户规模达 5.15 亿，占网民整体的 48.2%。

据中国新闻出版研究院《第二十次全国国民阅读调查报告》显示，2022 年，我国成年国民数字化阅读方式的接触率突破 80%，达 80.1%，较上一年 79.6% 增长了 0.5 个百分点。2022 年，用手机阅读的成年国民比例达 77.8%，较上一年增长了 0.4 个百分点，我国成年人人均每天手机接触时长达 105.23 分钟，在所有阅读方式中，有 32.3% 的成年国民倾向于在手机上阅读。2022 年，数字阅读视听化趋势进一步明显。"耳朵经济"热度持续。有 35.5% 的成年国民养成了听书习惯，较 2021 年的平均水平提高了 2.8 个百分点。[10] 从阅读习惯上来看，8.2% 的成年国民倾向于"听书"；有接近 3% 的成年国民倾向于"视频讲书"，视频讲书成为人们阅读的新方式。

3. "出版+元宇宙"拓宽出版融合空间

如果说 2021 年开启了元宇宙与出版业融合发展的新赛道，那么 2022 年以来，元宇宙与出版业的融合继续升温，内容更加丰富、形式更加多样，为数字阅读产业的的创新发展注入了活力。2022 年，武汉理工数字传播工程有限公司（以下简称"数传集团")推出了元宇宙品牌沐然星元宇宙书店,打造包括元宇宙书店、元宇宙图书、数字藏品在内的元宇宙体系。四川人民出版社、吉林科学技术出版社、山西春秋电子音像出版社等多家出版社与数传集团签署战略合作协议,探索"元宇宙图书"体系。此外,出版单位还利用元宇宙平台开展出版活动。2022年7月,商务印书馆出版的《四大圣哲》新书分享会在元宇宙平台 Cryptovoxels 上举行,同时举办围绕该书内容的主题大展"一本书照亮你我的存在"。紧接着,中译出版社的《产业元宇宙》新书发布会也在元宇宙平台举办。[11]

数字藏品是区块链技术衍生出的新产品,是2022年最火的元宇宙概念产品。不少出版机构尝试利用自有版权制作数字藏品,丰富了出版融合的模式和形态。据统计,从2022年2月至5月,短短3个月的时间,国内数字藏品平台从不足100家增长至上千家,数字藏品实现了爆发性增长。2022年4月,全国首个区块链图书融合出版发行项目"数字藏书"上线发布,首批近30家出版单位参与,实现了实体图书与数字资产的结合,用户购买后同时拥有纸质实体书和数字周边的资产。继2022年人民文学出版社、中国青年出版总社、浙江人民出版社、重庆出版集团等多家出版机构推出数字藏品之后,2023年又有多家出版机构追随数字藏品并取得了可观的收入。2023年3月,北京长江新世纪文化传媒有限公司推出的出版业首个数字藏品,限量8 888份,上线20秒即售罄;海峡出版发行集团首款数字藏品"天下妈祖"盲盒款上线发行,6 000份藏品上线5分钟售罄。5月,福建新华发行集团发布了首款3 200份数字藏品盲盒"天空之埕",开售2分钟售空;人民文学出版社限量发售正子公也《三国志》数字藏品,1分钟销售额近100万元。8月,中国地图出版集团推出的数字藏品"地图上的古城·成都",限量发售1万份,上线2分钟售罄。9月,上海社会科学院出版社打造的数字藏品平台"尚数藏"上线,发售的首款限量2 000份藏品"科技魔都"上线3秒即售罄。[12]数字藏品在丰富出版融合的形态和模式的同时,也为出版企业积累了数字版权和数字资产,拓宽了其深度融合的空间。

(四)出版上市企业营收(含主营业务)总体上涨,净利润总体下滑

1. 沪深两市新增1家出版业上市公司——"荣信文化"

2022年9月8日,中国书业"少儿图书第一股"——荣信教育文化产业发展股份有限公司上市。至此，我国出版业上市公司由 2021 年的 27 家增加到了 28 家。该公司创立于 2006 年，以少儿图书的内容策划与发行、少儿文化产品出口为主业，打造了图书品牌"乐乐趣"及"遨游猫"，产品覆盖了低幼启蒙、少儿科普百科、卡通/漫画/绘本、游戏益智等多个少儿图书领域，将内容和触摸、立体、发声、形式巧妙结合，为 0—14 岁的少儿提供了多元化的图书选择和亲子阅读服务。

2. 营业收入总体上涨，净利润总体下滑

2022 年，28 家出版业上市公司营业收入总额约 1 434.04 亿元，同比上年增长 4.22%。在 28 家出版业上市公司中，除 9 家公司的营业收入下跌外，其余公司的营业收入同比上年实现增长。营业收入涨幅前 3 名分别是掌阅科技、天舟文化和皖新传媒。28 家出版业上市公司归属于上市公司股东净利润总额约为 158.22 亿元，同比上年降低 3.52%。在 28 家出版业上市公司中，净利润超过 10 亿元的出版业上市公司有 7 家，净利润出现下滑和上涨的公司各占一半，其中净利润下滑 15% 以上的出版业上市公司有 9 家。

3. 主营业务总体营收上涨，多数公司主营业务占比超 95%

2022 年，28 家出版业上市公司的主营业务收入总额约为 1 399.05 亿元，较 2021 年增长 4.63%，占总营收比例为 97.56%。在主营业务收入占比方面，28 家出版业上市公司中，掌阅科技的主营业务收入占总营收的比例高达 100%，仅有 2 家公司主营业务收入占总营收比例低于 95%，分别是新华传媒（占比 91.64%）和读者传媒（占比 59.40%）。在传统业务方面，多数出版业上市公司的出版和发行业务营业收入同比上年有所增长。28 家出版业上市公司中，发行业务营业收入排名前三的是凤凰传媒（104.31 亿元）、中南传媒（98.37 亿元）、新华文轩（96.48 亿元）；出版业务营业收入排名前三的是中国出版（45.49 亿元）、凤凰传媒（45.25 亿元）、中文传媒（38.35 亿元）。

（五）出版走出去稳步推进

1. 出版走出去各项指标稳中有增

2022 年，全球新冠肺炎疫情大流行情况逐渐结束，全球出版业交流、版权贸易活动也逐渐复苏、展开。据中国新闻出版研究院国际室不完全统计，2022 年全年，我国版权输出项目 14 000 多项，版权引进项目 15 000 多项，合计版权贸易项目近 30 000 项，版权逆差进一步缩小。2022 年我国大陆出版单位共向全球 100 多个国家和地区输出版权，其中向港澳台地区、俄罗斯、新加坡、美国、越南、埃及、韩国、马来西亚、德国等输出项目较多，占比接近总量的六成；随着"一带一路"倡议的不断推进，我国与"一带一路"相关国家交往进一步加深，全年共向 70 余个"一带一路"相关国家输出版权近 8 000 项。

2. 主题出版成为出版"走出去"的重要力量

2022 年，中宣部第一次在《主题出版重点出版物申报指南》中增加第 6 项"主题出版国际化"内容，有力推动了有关出版单位积极做好主题出版的国际化工作。主题出版"走出去"已成为业界共识。为配合中韩建交 30 周年，中图公司"阅读中国"专页登录中国驻韩大使馆官网，对外展示推广主题出版物。2022 年，作家何建明的《革命者》获得 2021 年度俄罗斯出版界最高奖"最佳图书"奖，是中国作家的原创作品第一次获此奖项。为了推动主题出版"走出去"，除了通过建立主题图书海外编辑部、收购海外出版企业、版权交易、图书翻译、合作生产等方式外，一些出版单位甚至开始直接面向海外读者进行选题策划和本土化运作，比如，2022 年外文出版社邀请了来自英国、西班牙等国际出版机构的代表参加中国主题图书国际选题策划研讨会，对选题内容、受众群体、翻译质量及营销推广等进行研讨。[13]

（六）出版学科建设和出版人才培养开启新篇章

2022 年是推动我国出版学科建设的一个重要年份。一是学科共建取得了实质性进展。2022 年 7 月，首届全国出版学科共建工作会在北京大学召开，首批参与共建的单位包括：北京大学和中国出版集团、北京师范大学和广东省委宣传部、华东师范大学和上海市委宣传部、四川大学和四川省委宣传部、北京印刷学院和中国出版协会。新时代的出版学科将以"共建"为抓手，构建出版产业与学科建设深度对接的新格局，为文化强国、出版强国建设贡献智慧和力量。二是出版专业人才可被授予出版博士专业学位。2022 年 9 月，国务院学位委员会、教育部发布《研究生教育学科专业目录（2022 年）》和《研究生教育学科专业目录管理办法》，这是我国第 5 版研究生教育学科专业目录，自 2023 年起实施。在新版目录中,"出版"位列其中,意味着出版专业人才培养由原先可授予出版硕士专业学位,提升到同时可授予出版博士专业学位。这是 2022 年出版专业教育领域的大事件,开启了出版学科建设和出版人才培养的新篇章。

二、中国出版业发展趋势分析

(一)出版现代化绘就出版强国蓝图

党的二十大胜利召开是 2022 年的一件大事,大会明确了中国共产党的中心任务就是团结带领全国各族人民全面建成社会主义现代化强国、实现第二个百年奋斗目标,以中国式现代化全面推进中华民族伟大复兴。党的二十大还对中国式现代化作出了阐释:中国式现代化是人口规模巨大、全体人民共同富裕、物质文明和精神文明相协调、人与自然和谐共生、走和平发展道路的现代化。"中国式现代化"成为建设社会主义强国的关键词,也为出版业发展、文化强国建设提供了难得的机遇。

出版作为社会主义事业的重要组成部分,也是中国式现代化的有机组成部分,那么出版现代化便成为出版业实现高质量发展的不二选择。有学者对出版现代化的本质特征进行了概括:中国特色社会主义是其制度特征,以人民为中心是其价值特征,出版深度融合发展是其技术特征,充分发挥市场与政府的作用是其运行特征,社会效益优先是其社会特征,提升国际竞争软实力是其国际特征。[14] 出版现代化为出版业的发展提供了机遇,也为出版强国、文化强国的实现绘就了蓝图。我国出版业必须抓住这个难得的历史机遇,为中国式现代化的实现贡献出版力量。

(二)人工智能将为出版业的深度融合发展带来机遇

2022 年 4 月 24 日,中宣部印发《关于推动出版深度融合发展的实施意见》(以下简称"《意见》"),这是中宣部首次专门就出版融合发展发布的政策文件,为出版融合从"相融"到"深融"指明了方向,并提供了政策保障。2023 年,ChatGPT 的爆火为出版业的深度融合发展提供了机遇,它对于提升出版的信息搜索能力、内容策划能力、编校质量和效率、产品制作水平和服务营销能力等均具有较大的潜力，有可能会形成融合出版的新模式、新业态和新生态。

伴随着ChatGPT在世界范围内和多个领域被广泛关注，国内一批互联网巨头也纷纷介入。2023年8月31日，首批国产大模型正式通过国家《生成式人工智能服务管理暂行办法》备案，百度"文心一言"、抖音"云雀大模型"、智谱AI"智谱清言"、中国科学研"紫东太初大模型"、百川智能"百川大模型"、商汤"商量SenseChat"、MiniMax"MiniMax开放平台"、上海人工智能实验室"书生通用大模型"均可正式上线面向公众提供服务，从而拉开了中国大模型商业化变现的帷幕，这对推动出版深度融合将极为有利。

有学者分析，ChatGPT类人工智能技术在文本生成领域已相对成熟，成为一种重要的内容创作工具和模式，可能会对包括出版在内的数字内容产业产生深远的影响。[15]出版业作为内容产业，与目前生成式人工智能相对成熟的领域相一致，因此，出版业积极探索人工智能技术与出版流程、产品、渠道、管理等要素的融合，实现深度融合发展应是未来趋势之一。

（三）数字出版意识形态阵地作用日益凸显

国家文化数字化战略强调以培育和践行社会主义核心价值观为引领，以国家文化大数据体系建设为抓手，推动中华民族最基本的文化基因与当代文化相适应、与现代社会相协调，发展中国特色社会主义文化，凝魂聚气、强基固本，建设中华民族共有的精神家园。巩固意识形态阵地是国家文化数字化战略的题中之义，数字出版已成为当前社会主义意识形态建设的重要着力点。党的二十大报告中指出，建设具有强大凝聚力和引领力的社会主义意识形态，全面落实意识形态工作责任制，巩固壮大奋进新时代的主流思想舆论，加强全媒体传播体系建设，塑造主流舆论新格局，为数字出版发展提供了根本遵循。数字出版作为国家文化数字化战略和文化强国建设的重要着力点，意识形态属性日益凸显。主题出版加速网络化、数字化、融媒化发展，以电子图书、有声读物、动画、VR/AR图书、视频课程等形态呈现，大大提升了主题出版和主流思想的渗透力、表达力、感染力。与此同时，数字藏品等新兴领域，为主题出版融合发展拓宽了新路径。如浙版数媒利用发行"千年运河·水蕴中华"数字藏品，为古老、厚重的大运河文化注入流行的国潮元素，营造穿越时空的大运河场景，实现年轻化的表达，增强主题出版的传播力、感染力。[16]

（四）数字环境下著作权保护意识将愈益凸显

2022年赵德馨教授上诉知网侵权，并获得70万元赔偿的事件引发期刊界热议。赵德馨教授的胜诉，不仅引发了市场监管机构对于期刊独家授权模式的监管，且数字出版平台也开始重视作者的著作权。数字出版平台逐渐认识到，真正的商品是单篇的文章而不是期刊，文章应该成为数字出版的最小单位。作为单篇文章的作者，应该拥有对文章是否授权给数字出版平台的决定权。笔者登录中国知网的"作者服务平台（试用版）"，可以看到该平台为作者提供了"成果认领""成果授权""稿酬申领"等功能。虽然"稿酬申领"一栏中作出温馨提示——学术论文稿酬领取已开放，其他类型成果稿酬标准还在制定中，但这至少说明了著作权保护意识的提升以及知网为此所作出的努力。

伴随着数字技术的发展和出版融合的推进，数字环境下的知识产权问题愈益突出。国家和行业管理层面均对此给予高度重视。2022年1月，中宣部版权管理局负责人在答记者关于"'十四五'时期版权工作的基本原则是什么"的问题时，明确指出："把全面保护作为版权工作主基调，把网络版权保护作为主战场，不断提高版权保护水平，维护良好的版权秩序和环境。"[17] 2023年2月17日，第十二届中国数字出版博览会的主题论坛"数字版权经济论坛——数字出版产业版权保护与合规使用"在北京成功举办，参会嘉宾聚焦"数字出版产业版权保护与合规使用"这一主题，进行研讨和交流。在中宣部版权管理局的指导下，中国文字著作权协会联合30余家行业协会、学术期刊出版单位和数字出版机构共同发布倡议书，发起成立共同体，共同探索期刊的版权保护和合规使用。可以看出，期刊出版业也在积极地寻求版权保护的新出路，越来越多的业内人士开始关注政策和法律上的漏洞，并推动法律的完善，从而做到有法可依，违法必究。

在知识经济时代，唯有尊重版权才能激发知识创新的动力，因此对知识产权保护的愈益重视也将成为出版业发展的趋势之一。

三、推进中国出版业高质量发展的建议

（一）加强出版融合战略整体谋划

2023年3月，中共中央、国务院印发了《数字中国建设整体布局规划》（以下简称"《规划》"）。《规划》强调，数字中国建设要加强整体谋划、统筹推进。关于数字文化的建设，《规划》也给出了明确的方向：深入实施国家文化数字化战略，建设国家文化大数据体系，形成中华文化数据库；提升数字文化服务能力，打造若干综合性数字文化展示平台，加快发展新型文化企业、文化业态、文化消费模式。出版作为文化建设的排头兵，在打造文化自信方面发挥了重要作用。同样，在打造自信繁荣的数字文化过程中，也离不开出版深度融合发展的助推。根据《规划》整体布局和平台化建设的精神，对出版深度融合发展提出以下建议。

一是主管部门要作出战略整体谋划，整合资源，重点投资和长期孵化几个具有带动示范意义的重点项目，致力于打造融合出版的"国家舰队"。对出版机构而言，规模化、集约化的机构并不多，各自独立开发的成本较高，且易出现同质化，这就为"国家舰队"的打造提供了资源整合的空间。

二是要致力于推动内容生产和传播的平台化转型，推动传统编辑向平台编辑转型。建议在国家层面建设"国家出版生产大数据平台"和"国家学术成果发布平台"。前者构建以数据为驱动的出版生产、传播、营销体系，为出版选题策划、产品开发、技术应用、个性化定制、品牌营销等环节的精准决策提供依据，实现出版供需的信息对称；后者应着力通过数字化技术变革学术内容（主要指学术论文）生产、传播和评价机制，重建优良学术生态。

（二）加大对实体书店的政策支持，引导实体书店转型升级

面对生存危机，实体书店也主动探索新渠道、新模式、新服务，通过空间设计、销售品类组合、消费体验塑造、场景打造、线上线下全渠道营销等多种方式寻求新的

增长空间，但在目前无法阻挡的数字化浪潮冲击下，尤其是经历了疫情的重创后，更进一步改变了读者的购物习惯和阅读习惯，线上渠道成为首选，极大地压缩了实体书店生存的空间。在这一背景下，如果将实体书店完全推向市场，与电商平台进行竞争，其必然要被资本的力量排挤出局。

一是打造集知识服务和文化服务于一体的"社区书店"。小而精、受众精准、定位清晰是社区书店的主要特征，它是推进"文化服务精准化和便民化"体系中的重要一环。作为文化公共服务基础设施的社区书店，不能再以"卖场逻辑"来运营，而是要注重它独特的文化价值，为"社群"提供"文化消费场""思想汇集地"和"心灵归属地"。

二是重塑实体书店的经营模式。作为图书发行商的实体书店，其传统经营模式以售卖图书为主。在电商的冲击下，这种经营模式严重挤压了书店的生存空间，甚至威胁到其生死存亡。在这种情况下，实体书店只有充分挖掘自身优势，转换传统经营模式，才能变变动为主动。2023年暑假，山东书城、湖北外文书店、凤凰书城等多家实体书店打造研学品牌，开展研学活动，在素质教育内容平台上取得了社会效益和经济效益的双丰收。这些都为实体书店经营模式创新提供了很好的思路和借鉴。

三是发起成立"实体书店公益基金"，鼓励社会力量通过捐助共同参与具有公益属性的实体书店建设。此外，实体书店要走出困境、"起死回生"，还需要政府机构为其提供良好的外部发展环境。比如，对危害实体书店生存的盗版书泛滥、零售价格乱象等问题，应尽快出台相关政策予以规范和治理，为实体书店发展营造良好的外部环境。

（三）创新推进国际传播理念，推动出版高质量"走出去"

党的十八大以来，习近平总书记多次强调要"讲好中国故事，传播好中国声音"。"十四五"规划也明确指出："加强对外文化交流和多层次文明对话，创新推进国际传播，利用网上网下，讲好中国故事，传播好中国声音，促进民心相通。"出版业作为传播中国声音的重要载体，是一个国家文化感染力的重要指标，也是一个国家软实力的突出象征。针对目前我国出版"走出去"的问题和不足，新时代的出版走出去应以高质量发展为目标，着力实现从数量增长到质量提升的转型升级，具体建议如下。

一是尽快制定出版走出去效果评价体系。近些年来，出版走出去的政策、资金力度都在不断加大，但在输出国的落地效果如何却很难界定，这对于进一步推进出版"走出去"工作的开展极为不利。课题组建议，管理机构应尽快制定并出台出版走出去效果评价体系。《关于进一步加强和改进中华文化走出去工作的指导意见》提出，"以价值导向、艺术水准、受众反馈、社会影响、经营业绩等为主要指标，建立相应的文化走出去评估体系"。依据此指导文件的精神，对出版企业走出去效果的评估，在保障价值导向和艺术水准的前提下，可重点考虑经营业绩和传播效果。一方面通过实物出口贸易收入、版权输出数量与版税收入、本土化运营能力等指标评估其经营业绩；另一方面可通过海外受众反馈和接受情况等指标评价其国际传播力和影响力。此外，在出版单位社会效益考核指标中，也建议加大出版单位对外交流与合作的考核占比。以此检验出版"走出去"的实际落地效果，督促出版"走出去"提质增效。

二是在输出对象上要由周边转向全球，并采取分众化输出策略。近些年来，伴随着我国新闻出版"走出去"战略和"一带一路"倡议的实施，我国版权贸易输出在规模数量上有了较大增长。但从输出地来看，以华人文化圈辐射的东南亚和周边国家为主，在全球范围内尤其是对欧美发达国家输出的"质"与"量"均有待提升。因此，建议在保持出版"走出去"存量的基础上，应以"一带一路"国家和欧美发达国家为重点挖掘增量，并针对不同国家、不同需求采取分众化策略：对经济相对发达的国家和地区，应采取政府推动、企业主营、市场运作的方式；对经济相对落后的发展中国家，应以政府为主、企业为媒介，侧重于非贸易方式；对海外华侨聚集的华人文化圈，应多采取实物出口的方式；对其他在中文方面存在语言障碍的地区，应以版权贸易为主。[18]

三是在输出方式上，通过全方位的本土化实现从"走出去"到"走进去"的转变。我国所输出的出版产品往往很难进入国外的主流市场，一个重要原因在于一些出版单位闭门造车，靠"想当然"策划和输出产品，其目的多是为了完成"走出去"的任务指标，并没有真正走进图书市场，更没有走进国外读者心中。为改变这种状况，建议出版机构应在选题组稿、编辑加工、印刷制作、推广营销等方面全方位融入所在国的政治、经济和文化环境，淡化中国经营模式，注重与海外资金、技术、渠道、人才等要素相结合，以海外读者想听爱听的方式讲述中国故事，"包装"中国价值内核。

四是在输出载体上,要从以纸媒为主进一步转向与数字媒体并举。在融合出版成为出版业发展重要趋势的背景下,数字出版将为出版"走出去"打开新的空间、开辟新的渠道。建议出版"走出去"应加快向数字出版产业转变,借助数字媒体的力量构建出版"走出去"的立体化新格局。比如,以国家为主体,集结出版界各方力量,搭建对外传播数字化平台,打造数字内容资源海外知识服务平台,实现与海外读者的实时互动,动态掌握其反馈信息,以便不断完善和改进走出去策略。

(四)从政府层面为出版业提供休养生息之机,刺激并拉动消费

近些年来,在疫情反复、"双减"落地、纸价上涨、人口拐点等多重不利因素的影响下,一个不争的事实是,出版业在生产、营销、市场需求等多个方面都受到严重冲击,产业链条遭遇严峻挑战,利润下滑,产业规模收缩。如果任由其照此态势发展下去,将与"出版强国"的目标渐行渐远。

每一次危机都是"危"与"机"的并存,当前各家出版社也在积极寻求自身突围之路,比如,在数字版权、融合出版、网络营销等方面均做出了努力和尝试。在这一前提下,建议政府管理层面也应为其提供宽松的环境和休养生息之机。

一是建议以基金、项目等多种形式给予出版业资金资助,推动实现出版业的"以工代赈"。比如,加大当前出版基金的资助力度,尤其是对于中小出版企业的资助力度;针对当前出版领域亟待解决的融合发展、质量提升、人才培养、影响力提升等问题设置多个扶持发展项目,给予出版机构普惠性的支持。

二是建议政府通过刺激和拉动消费提振出版业。比如,加大力度推动全民阅读活动,通过旺盛的需求拉动出版业的发展;通过发放购书券、举办各种读书活动等方式来活跃图书消费市场,拉动图书消费。

三是建议减少对企业利润指标的压力。在确保国有资产保值增值的前提下,可适当下调对企业考核的利润指标,减轻其经济压力。

(五)深化全民阅读体制机制建设

阅读是现代社会公民的权利。由政府主导的全民阅读工作是出版公共文化服务的

重要组成部分。自2006年"全民阅读"上升到国家策略高度以来，工作成效显著。2022年4月，首届全民阅读大会召开，习近平总书记发来贺信表示"希望全社会都参与到阅读中来，形成爱读书、读好书、善读书的浓厚氛围"。但全民阅读工作的"全民"性还有待进一步发挥，建议通过建立健全全民阅读长效机制，全面深化全民阅读工作。

一是需要加强国家层面的全民阅读协调机制建设。目前全国所有的省、自治区、直辖市均已设立全民阅读组织协调机构。实践表明，全民阅读协调机制有利于加强领导，统筹协调各地各部门资源，形成合力，有利于建立长效机制，形成国家长远战略，有利于解决全民阅读工作中的重点难点问题。开展全民阅读活动是一项战略工程，需要各地各部门齐心协力共同推动。需要协同的政府部门、社会组织众多，如开展未成年人阅读推广离不开教育部门的支持；开展基层公共阅读服务设施的建设离不开民政、文化部门的协作；全民阅读设施建设、阅读推广人队伍发展、阅读活动的开展，离不开财政部门的统筹规划和科学投入等，急需建立国家层面的全民阅读组织协调机构。

二是需要将全民阅读纳入国家公共文化服务财政保障，探索资金投入新模式。全民阅读作为一项重大公共文化服务项目，需要纳入国家公共服务投入体系，加大国家财政资金投入力度。同时以国家财政资金为主导，引导社会力量参与投入，通过社会募捐、企业赞助等方式不断扩大基金额度。积极推动把全民阅读设施建设、全民阅读活动开展、全民阅读推广等工作纳入公共财政经常性支出预算，建立健全全民阅读事业经费投入长效机制。加大国家对全民阅读活动的资金投入，将全民阅读工程列入各级政府年度预算，明确并不断提高政府对全民阅读工程的财政投入在各级政府预算中的比例。同时，转变公共财政投入方式，通过政府购买服务、项目补贴等方式，鼓励和引导社会力量提供全民阅读公共设施和服务，鼓励和引导民间资本参与全民阅读事业发展，逐步形成以政府为主导、社会力量积极参与的全民阅读工作投入机制。

三是需要加强全民阅读立法，健全全民阅读法制建设。全民阅读是为公众利益服务，因此必须破除部门壁垒，为保障公共阅读服务设施建设和统筹管理有据可依，应尽快出台全民阅读法律法规，通过立法来约束和推动各级部门、相关单位履行公共阅读服务相关的职责，为全民阅读提供优异的政治环境、社会环境、舆论环境和市场环境。以政策法规的形式对倡导阅读、阅读活动、阅读内容、推广主体、机制建设等方面做出规范，以此提升全社会的阅读氛围，保障居民阅读权利。

参考文献

［1］中共中央办公厅　国务院办公厅印发《"十四五"文化发展规划》［EB/OL］.（2022-08-16）［2023-08-09］. https：//www.gov.cn/zhengce/2022-08/16/content_5705612.htm.

［2］李婧璇，商小舟. 2022出版业：砥砺奋进谋突破谋创新［EB/OL］.（2022-12-26）［2023-09-14］. http：//www.cnpubg.com/news/2022/1226/60003.shtml.

［3］孙磊. 中宣部公布2022年主题出版重点出版物选题（160种），广东共5种入选［EB/OL］.（2022-09-08）［2023-09-14］. https：//baijiahao.baidu.com/s?id=1743329950387553329&wfr=spider&for=pc.

［4］张雪娇. 弘扬五四精神 凝聚青年力量［N］. 中国新闻出版广电报，2022-05-09（6）.

［5］史竞男，王鹏. 坚定历史自信 打造传世精品——专访重大文化工程《复兴文库》编纂出版方负责人［N］. 新华社，2022-11-24.

［6］周玮，商意盈，史竞男，朱涵. 盛世修典 赓续文脉 再铸辉煌［N］. 人民日报，2022-12-12（1）.

［7］国家统计局：2022年全国规模以上数字出版企业营收增长30.3%［J/OL］. 中国印刷，2023-02-08［2023-08-09］. https：//mp.weixin.qq.com/s?__biz=MzA5NTQ3MjQzMw==&mid=2656641229&idx=1&sn=17bc2f4f43fa5065c25480f99bdfc465&chksm=8b135e93bc64d785e78a81650da920b32aab274d2cf79c353482c3a1a85e23faafc3bde9f5c3&scene=27.

［8］王飚，毛文思. 2022年我国数字出版发展态势盘点及2023年发展展望［J］. 科技与出版，2023（3）：6-19.

［9］青瞳视角. 我国游戏产业公布2022年成绩单：销售收入2658亿、用户6.64亿［EB/OL］.（2023-02-15）［2023-08-09］. https：//baijiahao.baidu.com/s?id=

1757885427318615263&wfr = spider&for = pc.

［10］第二十次全国国民阅读调查报告［EB/OL］.（2023-04-23）［2023-09-14］. https：//www. nationalreading. gov. cn/wzzt/dejqmyddhzq/cgfb/202304/t20230423_713063. html.

［11］范燕莹，李美霖. 出版人如何在元宇宙赛道跑出加速度［EB/OL］.（2022-08-15）［2023-09-14］. https：//mp. weixin. qq. com/s?__biz = MjM5MzQzMDY2Nw == &mid = 2653343745&idx = 6&sn = 1ebbc469e4aa4fa4e2840cea8fb0fdd7&chksm = bd455de58a32d4f3eef0d985870ddf8931f31a5f9c93035238c0459cd1e18909d8d88bc83c19&scene = 27.

［12］靳艺昕. 政策导航技术开路，2022 年出版融合迎蝶变［N/OL］. 中国出版传媒报，2022-12-30［2023-09-14］. http：//dzzy. cbbr. com. cn/html/2022-12/30/content_ 55904_ 15659420. htm.

［13］韩建民，付玉. 2022 年上半年主题出版新变化新趋势［EB/OL］.（2022-07-01）［2023-06-05］. https：//www. sohu. com/a/562866016_ 121418230.

［14］周蔚华. 中国式出版现代化的时代内涵、本质特征与动力机制［J］. 编辑之友，2023（1）：21-28.

［15］徐敬宏，张如坤. ChatGPT 在编辑出版行业的应用：机遇、挑战与对策［J］. 中国编辑，2023（5）：116-122.

［16］数字出版"触电"元宇宙　打造新型阅读消费新场景［EB/OL］.（2022-09-23）［2023-06-16］. https：//baijiahao. baidu. com/s? id = 1744121857376812446&wfr = spider&for = pc.

［17］加快推进版权强国建设　开设新时代版权工作新局面——中央宣传部版权管理局负责人谈《版权工作"十四五"规划》［EB/OL］.（2022-01-09）［2023-09-13］. https：//www. gov. cn/xinwen/2022-01/09/content_ 5667291. htm.

［18］范军. 出版走出去要加强五个转向［N/OL］. 中国新闻出版广电报，2020-08-24［2023-09-14］. http：//chinesefilm. cctss. org/article/headlines/6054.

（课题组组长：魏玉山；副组长：徐升国、杨春兰；成员：周蔚华、程丽、杨伟、赵文义、毛文思、刘成芳、倪成、张文彦、田菲、邓杨、张文红、刘莹晨、于秀丽；执笔人：杨春兰）

第二编
分报告

2022—2023中国图书出版业发展报告

程 丽　周蔚华

2022年，图书出版业克服新冠肺炎疫情背景下的重重困难，获得稳步发展。这一年，图书出版业开启"出版+元宇宙"探索之路，同时积极推动出版"走出去"，并开展多元化的全民阅读活动助力书香中国建设。图书出版业在主题出版、大型出版工程、教育出版、专业与学术出版以及大众出版等板块有诸多亮点，但也存在主题出版发展水平有待提升、出版"走出去"受到挑战和制约、"出版+元宇宙"乱象丛生等问题，需要改进和完善。本文还对2023年的发展趋势做出预测和研判。

一、2022年图书出版业的基本情况

2022年，虽然新冠肺炎疫情给图书出版业发展带来诸多困难，但出版业同人的奋力拼搏、攻坚克难，使得图书出版业仍然保持了一定的增长态势，图书总册数创历史新高，达到了114亿册（张），比上一年增长4亿册（张），人均图书拥有量也比上一年有所增长，达到8.09册（张）。[1]2022年，中宣部印发了《关于推动出版深度融合发展的实施意见》，把出版融合发展提升到了新高度，图书出版业在元宇宙、数字藏品、虚拟数字人等新领域有了更多的探索，拓宽了出版业融合发展的空间；图书出版业积极推动出版"走出去"；主题出版在"量"上实现增长。但也存在融合发展不均衡、走出去外在环境复杂多变、主题出版在"质"上有待提升等诸多问题。2023年，疫情有了新的变化，疫情防控政策也有重大调整，经济逐步复苏，图书出版业如何在

后疫情时代谋求高质量发展，这是出版业需要迫切关注的问题。

（一）政策与管理情况

1. 发展规划：《"十四五"文化发展规划》颁布

2022年8月，中共中央办公厅、国务院办公厅印发了《"十四五"文化发展规划》（以下简称"《规划》"），对"十四五"期间的文化发展工作作出明确部署。其中，对"十四五"时期文化发展的工作原则提出了明确要求：坚持党的全面领导，坚持人民至上，坚持新发展理念，坚持固本培元、守正创新，坚持把社会效益放在首位、社会效益和经济效益相统一，坚持统筹兼顾、全面推进。

《规划》中与图书出版业直接相关的容多达十几项，主要包括：编辑出版习近平总书记系列重要著作；制定实施出版物重点选题规划和古籍工作中长期规划；做好重大主题和重点出版物出版；推出更多优秀的数字出版产品、服务；实施网络精品出版；提升公共文化数字化水平，积极发展云展览、云阅读、云视听、云体验，促进供需在"云端""指尖"对接；推进农家书屋数字化建设，建立智能化管理体系；加强民族地区公共文化建设，扶持民族地区新闻出版事业发展；加快发展数字出版、数字印刷、数字创意等新型文化业态；加强规划引导和政策指导，打通各层级公共文化数字平台，打造公共文化数字资源库群，建设国家文化大数据体系；用好出版等各类资金和基金；落实经营性文化事业单位转制为企业，继续实施支持出版发展的各项相关政策；落实出版物在出版、批发和零售环节享受的增值税优惠政策等。[2]

2. 融合发展：《关于推动出版深度融合发展的实施意见》发布

2022年4月，中宣部印发《关于推动出版深度融合发展的实施意见》（以下简称"《实施意见》"），从战略谋划、内容建设、技术支撑、重点工程项目、人才队伍、保障体系等6个方面提出20项主要措施，回答了出版单位"为何融、融什么、怎样融"的问题，为出版单位探索融合发展提供了行动指引。这是以中宣部名义发布的首个专门针对出版融合发展的政策文件，它的出台把出版融合发展提升到新高度，凸显了出版融合发展的重要地位，标志着出版融合发展进入新的阶段。《实施意见》与国家新闻出版署自2021年启动的出版融合发展工程相互支撑，形成政策合力，共同推动出版业提升融合发展的整体能力和水平。

《实施意见》中的诸多新提法和新要求值得关注。在"战略谋划"中，对"出版融合集约化、差异化、高质量发展"做了描述，首次提出"培育出版融合发展第一方阵和示范矩阵"，对出版融合发展水平提出更高要求。在"内容建设"中出现了"提高优质数字出版内容的到达率、阅读率和影响力"的新提法，对出版融合发展的传播效果提出新要求。在"重点工程项目"中，首次提出"用好重要展会平台，全面展示出版融合发展重要成果"。出版单位应重点关注这些新提法和新要求，在掌握文件精神的基础上，不断提升融合发展水平。

3. 无障碍阅读：《马拉喀什条约》对中国生效

2022年5月，《关于为盲人、视力障碍者或其他印刷品阅读障碍者获得已出版作品提供便利的马拉喀什条约》（以下简称"《马拉喀什条约》"）对中国生效。《马拉喀什条约》是世界上迄今为止唯一一部版权领域的人权条约。这部条约在通过版权限制与例外，为盲人、视力障碍者等阅读障碍者提供获得和利用作品的机会，从而保障其平等获取文化和教育的权利。[3] 2022年8月，国家版权局印发《以无障碍方式向阅读障碍者提供作品暂行规定》，对以无障碍方式向阅读障碍者提供作品的版权秩序加以规范，以进一步推动《著作权法》和《马拉喀什条约》的有效实施。

目前，我国无障碍格式版作品存在数量较少、精准性不足的问题。《马拉喀什条约》的落地生效，降低了无障碍格式版作品的获取难度与制作成本，让更多的出版单位能够参与无障碍格式版作品的制作中，这将增加无障碍格式图书的供给，丰富盲用电子音像产品、有声读物的出版内容，改善我国阅读障碍者的精神文化生活。出版单位进行无障碍格式版作品的制作和供给时，应注意平衡版权方利益与视障群体享受精神文化产品的权益。在满足视障人士阅读需求的同时，还应注意在作品制作环节防止内容泄露，在作品供给环节严格受益人身份认定，避免损害著作权人的合法权益。

（二）五大板块基本情况

1. 主题出版

围绕着党的二十大胜利召开、共青团成立百年、北京冬奥会成功举办、香港回归祖国 25 周年等重大事件，各出版单位立足自身，推出了一批讴歌新时代、满足新需求的主题出版精品力作，展现新时代主题出版新作为、新担当、新使命。

出版界在党的二十大召开前后推出一批精品主题出版物，多角度、全景式呈现了新时代十年的伟大变革和历史成就。比如，人民出版社的《新时代这十年（2012—2022）》《十年伟大飞跃》，经济科学出版社的《中国经济这十年（2012—2022）》，当代中国出版社、重庆出版集团联合推出的"新时代这十年"丛书，人民出版社、新华出版社和各地人民出版社推出的重点文献系列"纪录小康工程"丛书。为满足全国广大党员干部群众学习贯彻党的二十大精神的需求，人民出版社、党建读物出版社、学习出版社等出版社推出了二十大文件及学习辅导读物。比如，人民出版社出版的党的《二十大报告》单行本、《中国共产党章程》单行本、《中国共产党第二十次全国代表大会文件汇编》、《党的二十大报告辅导读本》，党建读物出版社与学习出版社联合出版的《党的二十大报告学习辅导百问》，党建读物出版社出版的《二十大党章修正案学习问答》等。党的二十大文件及学习辅导读物数字出版产品在"学习强国"学习平台、中国共产党理论资源数据库等多家网络平台同步上线发布。

2022 年是中国共产主义青年团成立 100 周年，出版界推出了一批主题出版物，引导当代青年了解红色历史，传承五四精神，凝聚青春力量。人民出版社出版了由国务院新闻办公室发布的《新时代的中国青年白皮书》，这是我国首次专门就青年群体发布白皮书。中国青年出版总社联合江苏人民出版社策划出版的《中国青年运动一百年（1919—2019）》，总结了 100 年来党领导下的中国青年运动历史。[4]

2022 年 2 月，北京冬奥会成功举办，出版界推出了一批冬奥主题图书，既助力营造奥运氛围，又向大众普及冰雪运动相关知识。比如，北京体育大学出版社推出的《北京冬奥组委工作人员简明知识读本》《冬季奥林匹克运动会竞赛项目知识读本》《冰雪舞动话冬奥——冰雪运动知识入门》《奥林匹克文化读本》，人民体育出版社推出的《高山滑雪竞赛规则（2021）》，北京出版集团推出的《跟世界冠军学滑冰》等。

2022 年是香港回归祖国 25 周年，相关主题的图书受到关注。习近平《在庆祝香港回归祖国二十五周年大会暨香港特别行政区第六届政府就职典礼上的讲话》单行本繁体版、英文版在香港出版发行。出版单位还推出了一批展现粤港澳大湾区建设丰硕成果和反映香港回归祖国 25 年历程的主题出版物，包括广东人民出版社的《血脉——东深供水工程建设实录》，香港联合出版集团的《回归·情义25载》《数字香港——回归25年与大湾区新征程》《香港相册：香港回归25周年的历史记忆》等。

2. 大型出版工程

2022年，经过多方共同努力，历经多年编撰，一批大型出版工程得以问世，引人瞩目。2022年9月，中华儒学经典著作集成《儒典》发布。《儒典》是历代儒学传世文献系统性整理出版的最新成果，由山东大学、山东师范大学、山东人民出版社、齐鲁书社共同编纂出版。《儒典》集中体现儒学形成和发展的主脉络，是一部大型文献影印丛书，包含《经解》《义理》《志传》三个分典，共1 816册4 789卷，集成了儒学经典著作的优良版本，为赓续中华文脉作出积极贡献。[5]

2022年11月，由党中央批准实施的重大文化工程——《复兴文库》正式编纂出版。《复兴文库》以中华民族伟大复兴为主题、以思想史为基本线索，全面梳理和精选1840年鸦片战争以来与中华民族伟大复兴相关的重要文献，系统反映中华民族从积贫积弱走向伟大复兴的光辉历程。全五编包含60多卷、300多册、1.1亿多字，已出版三编共计37卷、195册、6 190万字，时间跨度达百余年。"修史立典，存史启智，以文化人，这是中华民族延续几千年的一个传统。"习近平总书记为这部卷帙浩繁的丛书作序，指出这部典籍的出版，对于我们坚定历史自信、把握时代大势、走好中国道路，以中国式现代化推进中华民族伟大复兴具有十分重要的意义。[6]

2022年底，历时17年的"中国历代绘画大系"文化工程圆满结项，编纂出版60卷226册，包括《宋画全集》《元画全集》《明画全集》《清画全集》，收录海内外263家机构收藏的中国绘画藏品12 405件（套），涵盖绝大部分传世国宝级绘画珍品。"中国历代绘画大系"是习近平总书记亲自批准、高度重视、持续关注并多次作出重要批示的一项规模浩大、纵贯历史、横跨中外的国家级重大文化工程，也是目前同类出版物中精品佳作收录最全、出版规模最大的中国绘画图像文献。[7]

2022年7月23日，中国国家版本馆举行落成典礼。中国国家版本馆虽然不是直接的出版工程，但它主要功能是保存各类出版物版本，是国家版本资源总库和中华文化种子基因库，由中央总馆文瀚阁、西安分馆文济阁、杭州分馆文润阁、广州分馆文沁阁组成，历时3年建设，目前均已竣工。建设国家版本馆，是以习近平同志为核心的党中央批准实施的重大文化工程，旨在履行国家版本资源保藏传承的职责。[8]

3. 教育出版

2022年，国内疫情反复，纸张价格上涨，加上"双减"政策的落地和新课标的出台，教育出版的发展面临多重压力，教育出版单位积极应对多重挑战，寻找发展出路。面对疫情带来的不确定性，教育出版单位通过增加人力资本投入、优化内部流程、举办在线培训等方式应对疫情突发状况，降低疫情影响，争取平稳发展。

为应对多重挑战，教育出版单位加快布局融合发展，同时推动教育出版向教育服务转型。广东教育出版社推进50门6 000余学时的课后服务课程资源的开发，包括机器人、人工智能等课程，建构规模化"粤教课程超市"，并打造智慧学习服务平台"南方E课堂"，为广大师生提供教学资源、精准作业、素养测评等服务。四川教育出版社不断延伸教育出版产业链，探索提供知识服务、在线服务、课后延时服务等，建立全面系统的新媒体矩阵。浙江教育出版社大力推进教育出版的数字化改革，积极打造数字化教材服务平台和优秀教育资源供给平台。[9]

2022年4月，教育部印发《义务教育课程方案和课程标准（2022年版）》以及语文、数学、历史、科学等16门学科课程标准，并于2022年秋季学期开始执行。教育出版单位快速反应，启动相关教材教辅修订工作，根据新课程标准调整教材教辅内容。此外，还有出版单位根据新课标的理念策划推出了一批图书。比如，根据新课标规定，劳动教育从综合实践活动课程中独立出来，劳动课成为义务教育阶段必修课程，反应迅速的出版机构相继出版了劳动教育相关图书，如四川人民出版社的"中小学劳动指南系列"。

大学出版社着力加强基础课教材和新工科、新文科、新农科、新医科教材开发，满足高校教学改革与人才培养的需求，以一流教材建设融入和支撑高校的一流专业和一流课程建设。此外，"马克思主义理论研究与建设工程"教材也加快推进。2022年2月，教育部印发《新时代马克思主义理论研究和建设工程教育部重点教材建设推进方案》，提出用5年时间重点建设200种精品教材，形成以马克思主义为指导、体现中国特色的高校哲学社会科学教材系列。计划分两批实施，分别发布重点建设教材目录：第一批计划建设110种左右，于2022年启动；第二批计划建设90种左右，于2023年启动。

近年来，考研、考公、考级以及各类职业资格考试的热度持续不减，相关的学习、辅导用书在市场上受到欢迎。根据2022年度京东图书畅销榜，"肖秀荣考研政治""星火英语""王道考研"系列图书,以及建造师、会计师、经济师、公务员、司法考试等多部考试考级教材均进入榜单。

4. 专业与学术出版

2022 年,专业与学术出版单位深耕各自专业领域,服务国家大局,聚焦研究前沿,适应市场需求,走高质量发展道路,推出一批精品图书,同时加快融合发展步伐,加速构建全媒体出版体系,积极向知识服务商转型。比如,中国人民大学出版社聚焦马克思主义理论研究及其中国化研究、当代中国社会主义建设理论研究的学术著作出版,聚焦国家经济建设和社会发展前沿课题,以大型学术项目引领学术出版,同时不断提升知识服务水平,做好中国思想与文化名家数据库、中国审判案例数据库等的建设工作。人民卫生出版社进一步加大对医学专业书籍、工具书及相关电子图书选题的开发和出版。清华大学出版社将高水平学术著作出版与清华大学"双一流"建设结合起来,面向国际学术前沿和国家战略需求,围绕人工智能、航天航空、智能制造、先进光学等自然科学领域出版一批精品力作,同时在专业知识服务领域,打造基于知识图谱构建的全媒体资源及信息知识服务平台,建设"纸质图书 + 专业知识库 + 云服务平台"的智能服务体系。此外,古籍出版工作进一步受到重视。2022 年 4 月,中共中央办公厅、国务院办公厅印发《关于推进新时代古籍工作的意见》,这是继 1981 年 9 月 17 日中共中央发布《关于整理我国古籍的指示》后,中央又一次对古籍工作作出重要指示。2022 年 10 月,全国古籍整理出版规划领导小组印发《2021—2035 年国家古籍工作规划》,对全国古籍工作重点方向、重点任务和重点工程项目作出规划部署。

5. 大众出版

从图书零售市场来看,少儿出版仍然是大众出版中占比最大的类别。根据北京开卷发布的《2022 年图书零售市场年度报告》,少儿类图书码洋占比 28.62%,是各类图书中码洋占比最大的类别,且码洋比重进一步上升,较 2021 年上升 0.43 个百分点。受疫情影响,少儿出版单位在 2022 年面临较大的压力,少儿出版单位通过调整选题、提升市场竞争力、新媒体营销,应对疫情冲击。中国少年儿童新闻出版总社、江苏凤凰少年儿童出版社、安徽少年儿童出版社、明天出版社等少儿出版单位纷纷加强对主题出版选题的开发力度,推出一批兼具社会效益和经济效益的少儿主题出版图书,比如,江苏凤凰少年儿童出版社推出了反映习近平总书记"绿水青山就是金山银山"这一科学论断的"金山银山·我和自然"系列丛书。

根据北京开卷发布的《2022年图书零售市场年度报告》,文学类码洋比重位居第三,与2021年相比增加了1.82个百分点,主要受网络文学纸书、经典读物以及名家新作的带动。面对日新月异的传播格局,文学出版单位加强与影视、游戏、文创等行业的合作,进行全版权开发,持续推动文学精品的多形态转化,实现效益增值。比如,江苏凤凰文艺社2022年出版的《不老》,从出版之日起,文学和影视的宣传推广就同步推进。文学出版单位还通过多平台全方位营销,创新升级传播方式,使好的内容获得更大的增值空间。比如,浙江文艺出版社的《望江南》,上市半年就实现了16次加印,其有声书、电子书、数字藏品、影视版权等,也取得了不错的成绩。

根据北京开卷发布的《2022年图书零售市场年度报告》,从不同细分类新书的原创占比来看,文学类新书中原创图书占比最高,品种占比和码洋占比均超过50%。从原创新书码洋品种效益看,心理自助、生活、自然科学、计算机、文学和艺术类原创新书的单品收益能力要高于相应新书整体水平。

二、2022年图书出版业发展亮点

虽然新冠肺炎疫情给图书出版业发展带来诸多困难,但经过出版业同人的奋力拼搏、攻坚克难,2022年图书出版业仍然保持了稳定增长;通过新技术的应用,拓宽了出版业融合发展的空间;图书出版业积极推动出版"走出去",取得了一定成效同时开展多元化全民阅读活动,主动履行出版公共服务的社会责任,形成了良好的社会效应。

(一) 开启"出版+元宇宙"探索之路,拓宽出版业融合发展空间

2022年5月,中宣部印发了《关于推动出版深度融合发展的实施意见》,把出版融合发展提升到了新高度。在政策的指引下,出版单位在元宇宙、数字藏品、虚拟数字人等新领域有了更多的探索,拓宽了出版业融合发展的空间。

2021年被称为"元宇宙元年"。元宇宙在世界范围内被视为新增长点和下一个具

有战略意义的竞争领域。2022年，元宇宙持续风靡全球，并向各行各业渗透，国内图书出版业也开始在元宇宙领域布局，以掌握先机。元宇宙的出现，在阅读产品、阅读服务、阅读平台、内容生产等多方面为行业发展带来了新的机遇，革新阅读方式和阅读场景，为数字阅读产业的创新发展注入新活力。元宇宙图书、元宇宙书店、元宇宙新书发布会、元宇宙文化实验室……"出版+元宇宙"的探索之路已经开启。

出版单位与技术公司合作，探索构建元宇宙图书体系。2022年，武汉理工数字传播工程有限公司（以下简称"数传集团"）推出了元宇宙品牌——沐然星元宇宙书店，打造包括元宇宙书店、元宇宙图书、数字藏品在内的元宇宙体系。四川人民出版社、吉林科学技术出版社、山西春秋电子音像出版社等多家出版社与数传集团签署战略合作协议，探索"元宇宙图书"体系。此外，出版单位还利用元宇宙平台开展出版活动。2022年7月，商务印书馆出版的《四大圣哲》新书分享会在元宇宙平台Cryptovoxels上举行，同时举办围绕该书内容的主题大展"一本书照亮你我的存在"。紧接着，中译出版社的《产业元宇宙》新书发布会也在元宇宙平台举办。[10]

数字藏品是区块链技术衍生出的新产品，是2022年最火的元宇宙概念产品。元宇宙的风靡也引发了出版业布局数字藏品的尝试与探索。2022年3月，长江新世纪和海峡出版发行集团分别推出的数字藏品，数千份数字藏品上线几分钟甚至几十秒即告售罄。[11]数传集团与中国纺织出版社、湖北教育出版社、吉林科技出版社、湖南文艺出版社等合作推出近百本元宇宙图书，发行多款数字藏品，取得了较好的实践效果。[12]以数字藏品的形式出版发行图书，一方面，可以有效降低图书的生产成本、运输成本、仓储成本等经营性支出，开拓图书发行形式与渠道；另一方面，可以突出图书的稀缺性和收藏价值，激起消费者的购买欲望。出版单位丰富的内容资源、与读者和作者的高黏和度等优势，都有助于出版单位开发数字藏品。

虚拟数字人是元宇宙率先落地的应用场景之一。以动作捕捉、语音合成、人工智能等技术协同造就的虚拟数字人，可以在图书出版全流程中的创作、编辑、运营、服务等多个环节加以运用。2022年，掌阅科技在其短视频账号上推出了旗下首位阅读推广虚拟数字人"元壹梦"，创新了阅读推广方式。此外，图书出版中丰富的IP资源也能以虚拟数字人的形态呈现，创新IP的应用场景。2022年，中华书局的子公司古联数字公司基于古籍文献和数字技术推出了"苏东坡"虚拟数字人，在出版、影视、文旅、国际传播等方面都能应用。未来，古联公司还将借助古籍大数据，精选出更多能代表中华文化的先贤人物，形成"中华文化数字人"矩阵，布局中华文化的元宇宙产业。

（二）推动主题出版"走出去"，在海外书展讲好中国故事

党的二十大报告提出，推进社会主义文化强国建设是全面建设社会主义现代化国家的必然要求。出版业是文化事业与文化产业的重要组成部分，在文化强国建设中发挥着重要作用。作为从出版大国到出版强国升级的重要组成部分，出版"走出去"推动一批契合国外阅读习惯、贴近国外市场需求的出版物与当地读者见面，向世界展现真实、立体、全面的中国。贯彻落实党的二十大报告要求，出版业要讲好中国故事、传播好中国声音，展现可信、可爱、可敬的中国形象。[13]

2022年，中宣部第一次在《主题出版重点出版物申报指南》中增加第6项"主题出版国际化"内容，对有关出版单位积极做好主题出版国际化工作是有力推动。主题出版"走出去"已成为业界共识。为配合中韩建交30周年，中图公司"阅读中国"专页登录中国驻韩大使馆官网，对外展示推广主题出版物。2022年，作家何建明的《革命者》获得2021年度俄罗斯出版界最高奖"最佳图书"奖，是中国作家的原创作品第一次获此奖项。为了推动主题出版"走出去"，除了通过建立主题图书海外编辑部、收购海外出版企业、版权交易、图书翻译、合作生产等方式外，一些出版单位甚至开始直接面向海外读者进行选题策划和本土化运作。比如，2022年外文出版社邀请了来自英国、西班牙等国际出版机构的代表参加中国主题图书国际选题策划研讨会，对选题内容、受众群体、翻译质量及营销推广等进行研讨。[14]

2020年以来，海外书展的举办受到新冠肺炎疫情的影响，不少书展都停办或仅仅以线上形式进行。2022年，伦敦书展、首尔书展、明斯克书展、法兰克福书展等海外书展如期线下举行。受新冠肺炎疫情影响，虽然中国出版单位无法派人线下参展，但通过精品图书线下参展、精编精译严审版贸图书并于线上平台亮相以及多种线上交流分享等形式，在海外书展讲好中国故事。2022年适逢中英建立大使级外交关系50周年，在中宣部的指导和部署下，中国图书进出口（集团）有限公司组织60多家中国出版单位参展，以"阅读中国"为主题，通过60平方米的中国出版联合展台展出约500种、1 000册精品出版物。同时，中国出版单位还积极开展线上图书展示、版权洽

谈及重点图书宣传等活动。[15]

（三）开展多元化全民阅读活动，履行出版公共服务的社会责任

2022年世界读书日，习近平总书记致信祝贺首届全民阅读大会举办，"希望全社会都参与到阅读中来，形成爱读书、读好书、善读书的浓厚氛围"。这体现了以习近平同志为核心的党中央对推动全民阅读、建设书香中国的高度重视。习近平总书记的贺信，对做好新时代全民阅读工作指明了方向。首届全民阅读大会在北京召开，大会推出了多场线下论坛、展览及线上互动等活动，探讨全民阅读活动的未来方向，集中展现全民阅读活动的新方式、新形态。2022年，"深化全民阅读活动"被写入党的二十大报告，这是"全民阅读"第二次被写入全国党代会报告。

图书出版单位认真落实习近平总书记致首届全民阅读大会的贺信精神，深化全民阅读活动，服务书香中国建设，积极履行出版业在公共服务方面的社会责任。2022年9月，书香河南首届全民阅读大会顺利举办，主会场展出河南12家图书出版社、4家电子音像出版社的4 000余种精品出版物。2022年11月，湖南出版投资控股集团、中南出版传媒集团主办了首届岳麓书会，通过多种多样的读书活动，助力书香湖南建设。2022年11月，深圳出版集团承办了首届全民阅读推广（深圳）峰会，来自新闻出版领域的专家学者通过线上线下的形式进行研讨，为全民阅读事业建言献策。

三、图书出版业发展存在的问题及对策建议

2022年，图书出版业在主题出版、大型出版工程、教育出版、专业与学术出版以及大众出版等板块有诸多亮点，但也存在主题出版发展水平有待提升、出版"走出去"受到挑战和制约、"出版＋元宇宙"乱象丛生等问题，需要改进和完善。

（一）图书出版业发展存在的问题

1. 主题出版的策划含量、学术含量、融合发展水平有待提升

近年来，主题出版已成为国内图书出版界的热点，许多出版单位将主题出版作为

工作主线，推出了大批的主题出版物，但这些主题出版物的质量参差不齐。国家新闻出版署印发的《出版业"十四五"时期发展规划》明确以"出版业高质量发展"作为主题，将"做强做优主题出版"作为九大任务之首。可见，在"十四五"时期，主题出版不应停留在"量"的增长，还应注重"质"的提高。目前来看，主题出版还存在许多有待完善的地方。首先，主题出版的策划含量有待进一步提升。主题出版物的选题主要集中于对年度重大主题的呈现，出版单位对于主题出版长远发展的顶层设计不够清晰，推出的主题出版物体系化不足，难以形成联动效应。其次，主题出版的学术含量和专业水准有待进一步提高。主题出版物的科学性和严谨性还存在不足，部分主题出版物在道理阐释方面显得生硬，难以让读者信服。另外，主题出版还存在数字化产品、融媒体产品发展相对薄弱的问题。主题出版发展过程中还存在内容与技术的隔阂，部分主题出版物采用传统出版的方式进行过于宏大的叙事，容易陷入枯燥说理当中，难以满足新媒体时代大众的阅读需求。

2. 出版"走出去"面临外部舆论挑战，人才不足制约出版"走出去"

党的二十大报告指出："深化文明交流互鉴，推动中华文化更好走向世界。"新时代以来，以习近平同志为核心的党中央高度重视包括出版在内的中华文化走出去工作。但 2020 年以来新冠肺炎的全球大流行和 2022 年俄乌冲突的爆发，使我国面临更为复杂的外部舆论环境，加上长期以来西方国家对中华文化的偏见，以及英美文化在国际传播中的强势地位，我国出版"走出去"面临复杂和严峻的挑战。

出版"走出去"是讲好中国故事，传播好中国声音的重要方式之一，要讲好中国故事、传播好中国声音，一流的翻译不可或缺，但目前国内翻译整体水平不高，翻译人才不足。小语种翻译人员极度匮乏，多语种翻译人才凤毛麟角。目前来看，愿意从事翻译工作的人才越来越少，这主要是由两方面原因导致的：一方面，翻译稿酬不高；另一方面，翻译成果在职称评价体系中得不到承认，导致翻译人才的流失。此外，在出版单位中从事"走出去"工作的专业人员较少，其中部分还是兼任或半路出家担任出版"走出去"工作，这部分人员对国际市场、国际出版贸易规则等不甚了解。以上这些因素，都制约了出版"走出去"的步伐。

3. 图书出版界"跑步入场"元宇宙，但"出版 + 元宇宙"存在虚热现象

2022 年，各行各业纷纷入局元宇宙，图书出版业也不例外，部分出版单位甚至

"跑步入场"元宇宙。有些出版单位还以元宇宙之名,开展了一些与出版相关的活动,但受制于不成熟的技术,存在形式大于内容、噱头大于实际的问题。作为元宇宙概念产品之一的数字藏品也受到国内出版界的追捧,出版单位纷纷开发数字藏品。但目前来看,出版类数字藏品发展还不成熟,存在诸多交易乱象。与国外交易不受限的 NFT 收藏品不同,具有中国特色的数字藏品按照当前的监管政策,大部分只支持转赠和收藏,二次交易受限。[16]但是在一些私下开放二次交易的平台,"割韭菜"、宣传炒作、私下交易、消费者权益受到侵害的现象频现。[17]

国内图书出版界掀起了一股元宇宙图书出版热潮,在较短时间内,出版单位就完成了元宇宙图书由选题、策划、组稿到出版的全流程,元宇宙图书表现出了出版周期短、内容更新快的特征,其中有的图书存在"标题党""蹭热度"的问题,内容肤浅,体系零碎,并且内容大多局限于与投资相关的领域,有的图书甚至做成了投资指南。

(二) 促进图书出版业发展的对策建议

1. 多措并举做强做优主题出版,推动主题出版高质量发展

"十四五"时期,出版单位做强做优主题出版,推动主题出版高质量发展,建议从以下几方面入手。首先,加强对主题出版的策划和规划。主题出版的选题不应局限于年度重大主题,还应围绕当前和未来一段时间党和国家的工作重点进行策划。负责主题出版选题策划的编辑应具有较高的政治素养、政治敏锐性和前瞻性,对国家形势和政策有全面的把握和深刻的理解,敏锐地发现新问题、新热点、新趋势。出版单位应结合自身优势和特点,推出特色化的主题出版物,形成独特的竞争力。出版单位还应进行主题出版的长远规划,推出体系化的主题出版物,形成联动效应。其次,提高主题出版物的学术含量和专业水准。主题出版物既要有政治高度,又要有学术高度;[18]既要有专业性,也要有通俗性。要以学术话语、学术视角、学术方法将党的理论和思想讲清楚、讲透彻。要以专业的知识、专业的语言打造精品,同时也要考虑到老百姓的理解能力,做到通俗易懂。另外,提升主题出版融合发展水平。出版单位要增加主题出版数字出版产品、融媒体产品的开发和供给,加快主题出版与人工智能、AR、VR、元宇宙等新兴技术相结合,以多元化形式呈现主题出版内容,将主题出版融合发展纳

入出版单位长远规划与绩效考核中，不断提升主题出版融合发展水平。

2. 加强舆情研判和国际合作，重视人才队伍建设，推动出版"走出去"

面对复杂的外部舆论环境，为更好地推动出版"走出去"，提升中国出版的国际传播力和影响力。一方面，出版单位应该加强舆情研判，建立重点国家和重点地区国际舆情收集和监测机制，分析研判国际传播发展趋势，及时调整出版"走出去"的策略；另一方面，出版单位应加强国际合作，减少中国出版跨文化传播中的文化折扣，根据不同国家的文化特征，制定"一国一策"的传播方案和工作指南，促进中国出版的"在地化"。

对于出版"走出去"面临的翻译水平不高、翻译人才不足的问题，首先，实行更加积极、灵活、有效的人才政策，吸引更多翻译人才加入出版"走出去"的翻译队伍；建立出版"走出去"中外专家库、翻译人员库等服务平台，并及时进行信息更新。其次，适度提升翻译稿酬。对于发行量大的译著，出版单位在保证盈利的基础上，可以考虑以版税的方式回馈译者。另外，提高翻译成果在高校职称评价体系中的认可度。高水平的翻译成果，对理论视野的拓展、学术方法的创新、知识素养的提升等都有积极意义，因而需改变目前翻译成果在学术评价体系中被边缘化的现状。

3. 避免对元宇宙跟风式追捧，把好元宇宙图书质量关

虽然近年来倡导出版业的融合发展，但出版单位要避免对新技术浮于形式、流于表面、盲目跟风式的追捧。在新技术尚未成熟，与出版的融合不佳的情况下，急于打着新技术之名，将新技术投入使用，并不能真正达到技术赋能出版的效果，反而是资本操纵下的资源浪费。对于"元宇宙+出版"的融合发展，首先，出版单位要加强对元宇宙客观而全面的认知，既要认识到元宇宙所具有的优势，也要认识到元宇宙目前技术尚未成熟、安全治理体系尚未完善、存在法律和伦理风险等方面的局限；其次，出版单位布局元宇宙，要做好顶层设计，做好通盘规划，而不是跟风应景。另外，还要不断探索元宇宙与出版的更好融合，跨越元宇宙与出版之间的"鸿沟"，提升出版的传播效果。

而部分出版单位以"标题党""抢热点"的方式推出一批低质量的元宇宙图书，不仅损害社会效益，而且降低出版单位的公信力和美誉度。因此，出版单位在面对新概念"风口"的时候，应保持冷静，警惕新概念炒作之风，拒绝低质量功利化出书，应把社会效益放在首位，当好图书质量"把关人"。

四、2023年图书出版业趋势展望

（一）持续做强做优主题出版

2023年1月5日，中宣部（国家新闻出版署、国家版权局）在北京召开2023年全国出版（版权）工作会议，以习近平新时代中国特色社会主义思想为指导，深入学习贯彻党的二十大精神，贯彻落实全国宣传部长会议精神，研究部署2023年出版（版权）工作，推动出版业高质量发展。[19]

2023年是全面贯彻党的二十大精神的开局之年，也是学习宣传贯彻党的二十大精神的重要一年。2023年全国出版（版权）工作会议中强调，"要高举思想旗帜，持续做好习近平新时代中国特色社会主义思想出版宣传，围绕宣传阐释党的二十大精神做好主题出版，深化全民阅读活动，以高度的政治判断力、政治领悟力、政治执行力做好出版工作"。中共中央政治局3月30日召开会议，决定从2023年4月开始，在全党自上而下分两批开展学习贯彻习近平新时代中国特色社会主义思想主题教育。因此，出版单位将把深入学习宣传贯彻党的二十大精神、学习贯彻习近平新时代中国特色社会主义思想作为首要政治任务，结合党的二十大报告中涉及的中国式现代化、马克思主义中国化时代化等概念，及时出版一批有分量、有标杆性意义的主题出版物。比如，广东人民出版社根据党的二十大报告首次提出的"中国式现代化"概念，策划了"中国式现代化新征程丛书"、《中国式现代化广东实践》等重点选题。

2023年还是改革开放45周年、毛泽东同志诞辰130周年、抗美援朝胜利70周年，围绕这些重要的时间节点，围绕《政府工作报告》，围绕重大典型人物，紧扣新时代中国特色社会主义事业总体布局和战略布局，出版单位将策划推出一批主题出版精品力作。随着主题出版的内涵和外延不断充实拓展，出版单位也将丰富主题出版物的类别，创新主题出版物的形式，持续做强做优主题出版，不断增强主题出版的竞争力、创新力和影响力。

（二）加快推进出版深度融合发展

2022年4月，中宣部印发的《关于推动出版深度融合发展的实施意见》为出版单位探索融合发展指明了方向，高质量融合发展已成为出版行业共识。2023年，出版单位将进一步加快融合发展的步伐，新技术、新业态应用将不断加深，融合产品的打造、新服务新模式的开发、新媒体营销的应用将持续推进。

2022年，图书出版业积极布局了元宇宙赛道，在数字藏品、虚拟数字人、元宇宙书店、元宇宙新书发布会等方面进行了探索。2023年，图书出版业将进一步推进出版与元宇宙的深度融合。"元宇宙+出版"将使出版形态更加多元，个性化、定制化的内容将更多涌现，全景式、沉浸式、交互式的阅读将逐渐成为发展趋势。

2022年11月底，美国人工智能公司OpenAI推出了人工智能对话聊天机器人ChatGPT，引发了全球范围内的热议与思考。2023年，图书出版业将进一步探索和推进人工智能技术在出版业的应用，出版智能化的趋势将越来越明显。图像智能处理、命名实体识别、文本自动分析、知识图谱、语音识别、多模态人机交互、区块链等新兴技术将进一步为图书出版业赋能。

（三）加大对图书出版业的支持力度

2023年，随着国内疫情防控政策的调整，经济逐步复苏，社会有序发展。随着复工复产的有序推进，图书编辑、出版、印刷、发行工作逐步常态化开展。受疫情冲击的图书市场逐渐回暖，人们对精神文化产品的需求得以释放，图书市场将更加活跃。比如，2023年2月举办的第35届北京图书订货会，吸引了710家参展单位展示近40万种图书，参展商热情和参展规模都创下了历届之最。[20]随着全民阅读政策的进一步落地，各地政府将出台保障全民阅读的机制，比如河南省委、省政府制定了《书香河南建设实施方案》，北京市印发了《北京市关于深入推进新时代书香京城建设的实施意见》。在2023年4月第二届全民阅读大会上，中共中央政治局委员、中宣部部长李书磊强调，要把阅读作为最基本的文化建设，大力倡导读书之风；要坚持为人民出好书，着力提高出版品质，打造更多新时代新经典；要大力倡导全民阅读、终身学习的理念，在全社会营造浓厚阅读氛围。[21]这些要求都必将为出版业带来新的发展机遇。

2023年，我国图书出版业将不仅在国内市场释放活力，还将在国际交流与合作舞台上一展风采。过去3年受疫情影响，出版"走出去"受到阻碍。2023年国内疫情防控政策放开后，出版"走出去"有望恢复到疫情前水平，出版单位在国际合作交流方面将有更多积极表现。比如，2023年，凤凰传媒将以版权输出、实物出口、合作出版、全球组稿等为发力点，推动版权贸易由数量优先向质量优先转变，优化布局海外凤凰书架，更好满足海外受众需求，进一步提升走出去的层次与水平。中国图书进出口（集团）有限公司将加快推动中图自主打造的出版元宇宙——图壤，与国际元宇宙平台接轨，面向海外用户尤其是"Z世代"年轻群体推广沉浸式的中国传统文化AR/VR/MR内容。[22]

（程丽　中国人民大学新闻学院博士研究生；
周蔚华　中国人民大学新闻与社会发展研究中心研究员、中国人民大学新闻学院教授）

参考文献

[1] 国家统计局. 中华人民共和国2022年国民经济和社会发展统计公报［R/OL］.（2023－02－28）［2023－06－05］. http：//www.stats.gov.cn/sj/zxfb/202302/t20230228_1919011.html.

[2] 中共中央办公厅　国务院办公厅印发《"十四五"文化发展规划》［EB/OL］.（2022－08－16）［2023－06－05］. http：//www.gov.cn/zhengce/2022－08/16/content_5705612.htm.

[3] 赖名芳.《马拉喀什条约》：为阅读障碍者带来福音［N］. 中国新闻出版广电报，2022－05－05（5）.

[4] 张雪娇. 弘扬五四精神　凝聚青年力量［N］. 中国新闻出版广电报，2022－05－09（6）.

[5] 章红雨.《儒典》发布会及《齐鲁文库》启动仪式在鲁举行［N］. 中国新闻出版广电报，2022－09－29（1）.

［6］史竞男，王鹏．坚定历史自信　打造传世精品——专访重大文化工程《复兴文库》编纂出版方负责人［N］．新华社，2022－11－24．

［7］周玮，商意盈，史竞男，朱涵．盛世修典　赓续文脉　再铸辉煌［N］．人民日报，2022－12－13（1）．

［8］新华社．中国国家版本馆举行落成典礼［N］．人民日报，2022－07－24（4）．

［9］袁舒婕．开局稳字当头　布局更为关键［N］．中国新闻出版广电报，2022－05－23（5）．

［10］范燕莹，李美霖．出版人如何在元宇宙赛道跑出加速度［EB/OL］．（2022－08－15）［2023－04－13］．https：//www.chinaxwcb.com/info/581709．

［11］单益波．数字藏品或成出版业新宠［N］．中国新闻出版广电报，2022－03－31（3）．

［12］尹琨．2023融合发展：新技术　新产品　新动能［EB/OL］．（2023－01－06）［2023－04－13］．https：//www.chinaxwcb.com/info/584872．

［13］尹琨．树立可信、可爱、可敬的中国出版形象［EB/OL］．（2023－01－20）［2023－06－05］．https：//www.chinaxwcb.com/info/585190．

［14］韩建民，付玉．2022年上半年主题出版新变化新趋势［EB/OL］．（2022－07－01）［2023－06－05］．https：//www.sohu.com/a/562866016_121418230．

［15］李婧璇．中国精品出版物将"双线"亮相伦敦书展［N］．中国新闻出版广电报，2022－04－01（1）．

［16］施其明，郭雪吟．文化数字化背景下出版业数字藏品发展路径探究［J］．出版广角，2022（11）：42－46．

［17］孙艳华．数字藏品赋能出版：价值重构与价值提升［J］．出版发行研究，2022（11）：24－30．

［18］韩建民，杜恩龙，李婷．关于主题出版与学术出版关系的思考［J］．科技与出版，2019（06）：43－50．

［19］2023年全国出版（版权）工作会议在京召开［EB/OL］．（2023－01－05）［2023－06－05］．http：//m.news.cn/2023－01／05/c_1129258769.htm．

［20］第35届北京图书订货会闭幕 710家参展单位展示近40万种图书［EB/OL］.（2023-02-27）［2023-06-05］. https：//news.cnr.cn/native/gd/20230227/t20230227_526165583.shtml.

［21］第二届全民阅读大会在杭州举办 李书磊出席开幕式并讲话［EB/OL］.（2023-04-23）［2023-06-05］. https：//www.nationalreading.gov.cn/wzzt/dejqmyddhzq/dhzx/bd_31615/202304/t20230423_713067.html.

［22］中外出版人共话出版业的未来与抉择，2022北京出版高峰会议成功举办［EB/OL］.（2023-01-09）［2023-06-05］. http：//www.cptoday.cn/news/detail/14835.

2022—2023 中国图书市场发展报告

杨 伟

2022年是"十四五"规划落地的重要年份，又恰逢党的二十大召开和新华书店成立85周年，从图书市场表现来看，2022年是各出版发行单位在压力中"酝酿新生"的一年。一方面与图书出版相关的一系列重大出版项目实施落地，给行业带来新的机会；另一方面，各电商平台的流量竞争还在继续甚至更加激烈，图书零售市场结构越来越"多元化"甚至"碎片化"。2022年疫情影响仍旧存在，好在从2023年开始疫情对经营秩序的直接干扰终于逐渐淡去。

"沉着坚持"与"突破尝试"共同构成了这一年度的市场主基调。

一、2022—2023中国图书零售市场基本情况

北京开卷[①]数据显示，2019年及以前我国图书市场增长速度比较可观，图书零售码洋规模连续多年保持两位数以上的增长速度。但在疫情暴发以后的3年间，图书行业整体的正常工作节奏被打破，给行业运行带来了长时间的不确定性。在上游出版环节，新书组稿、印制、物流经常不能按计划进行；在下游零售端，实体卖场动辄闭店歇业，连基本的营业秩序都不能保障；同时，电商的物流体系也不定期受到影响。加

---

① 北京开卷，全称北京开卷信息技术有限公司。本文中关于零售市场规模、结构等相关数据，未经特殊说明，均来自北京开卷相关数据分析，其数据统计来自1998年开始建立的"全国图书零售市场观测系统"。截至2023年，该系统覆盖全国线上、线下的上万家图书零售终端，图书零售主流渠道和平台均纳入其中。

之防疫期间社会公众的生活和消费习惯发生改变，反映在图书市场端，直接的表现是读者的购书需求及消费方式发生了一些变化，而对于出版单位和零售商来说，需要在谨慎中不断跟进变化、尝试创新。[1]

（一）动销品种数持续累加，新书出版规模低位运行

尽管近几年零售市场上的动销品种数不断累加，但是新书品种数已经出现了先升后降的现象。2019年以前，全国零售市场的新书品种数已经连续多年保持在20万—21万种之间，2019年新书品种数再次回到20万种以下（19.4万种），见图1。当时我们认为零售市场上新书出版走向"弱化数量、强化质量"的发展模式，市场理性在增强。如无意外，市场将进入一种有序的自我调节阶段，并且在新的模式下达成新的平衡。但突发疫情打乱了品种调节节奏，2020年市场动销的新书品种数大幅度缩减到17.1万种，2021年回弹到19.7万种，之后在2022年再次回落到17.1万种。2023年一季度，新书品种数不足4万种。在未来一段时间的新书品种规模方面，短期的"后疫情恢复作用"和长期的"出版理性"将会共同发挥作用。

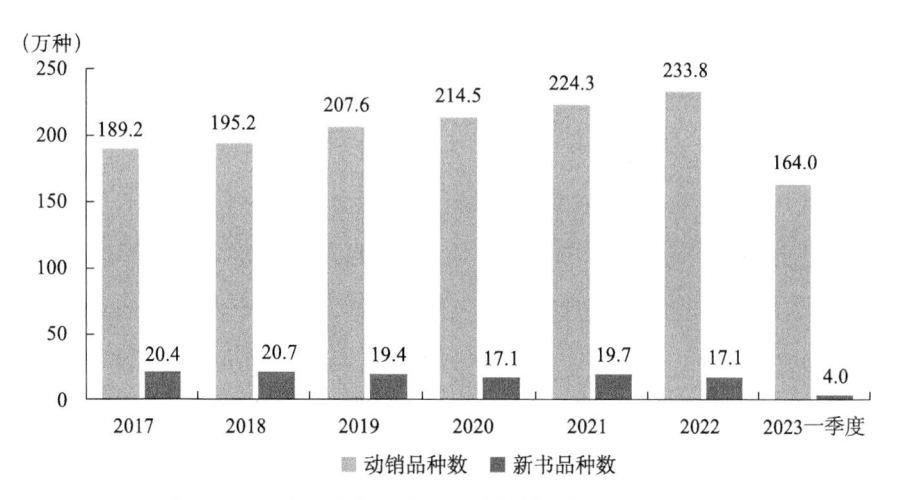

图1 近6年图书零售市场品种规模比较（开卷数据）

（二）2022年图书零售再次负增长，进入2023年市场温和复苏

2020年图书零售市场在疫情严重影响下首次出现负增长，全年同比下降5.08%；2021年图书零售市场缓慢恢复，全年同比增长了1.65%。2022年底，疫情防控政策逐

步放开，图书市场秩序逐步恢复，但 2022 年市场受疫情影响仍旧较多，因此全年图书零售仍旧出现了 11.75% 的负增长，见图 2。

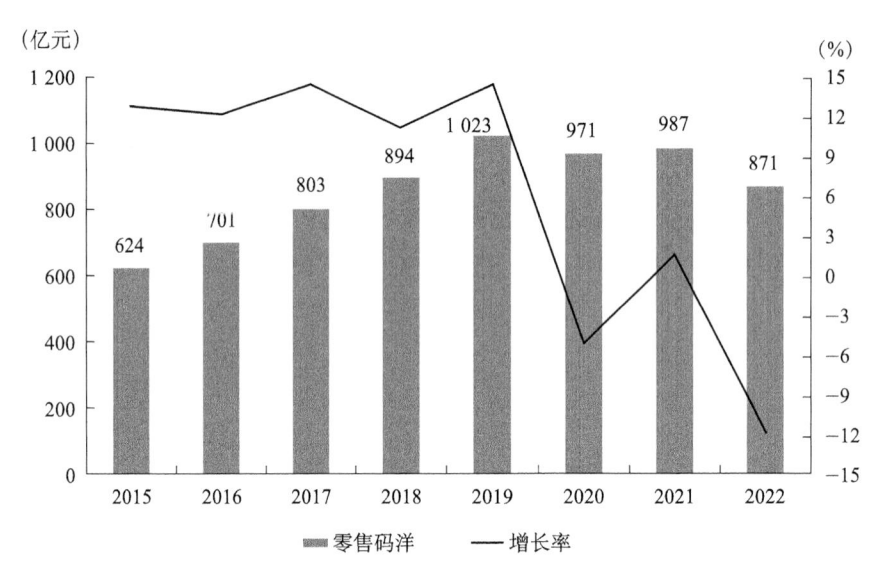

图 2　2015—2022 年图书零售市场码洋规模发展变化（开卷数据）

2023 年初，"恢复生产"成为各行各业普遍的全年主基调，出版业也加速动作弥补"失去的三年"。2 月召开的北京图书订货会人气爆棚，展商数量和参会人次均创历届之最，被业内视作行业复苏的标志性事件之一。不过从实际市场销售表现来看，市场的复苏节奏相对温和，并未出现"报复式反弹"。2023 年第一季度，图书零售市场较 2022 年同期同比下降了 6.55%，虽然没能恢复正向增长，但与 2022 年全年相比降幅明显收窄。[2]

从"开卷全国图书零售指数"来看，网店渠道的 2022 全年高点出现在 6 月，此后各月均未超过 2021 年同期水平，见图 3。在实体店渠道，2022 年内零售指数高点仍旧出现在寒、暑假两季，不过下半年各月零售指数均低于 2021 年同期水平，见图 4。

进入 2023 年，网店渠道零售指数在 2 月以后就超过了上年同期，见图 3；实体店零售指数虽然还未超过上年同期，但是与上一年度的差距在明显缩小，见图 4。

（三）短视频网店渠道仍为增长亮点，折扣销售是最大推动力

根据不同网店平台的经营模式和特点差异，开卷将图书网店渠道细分为"平台电

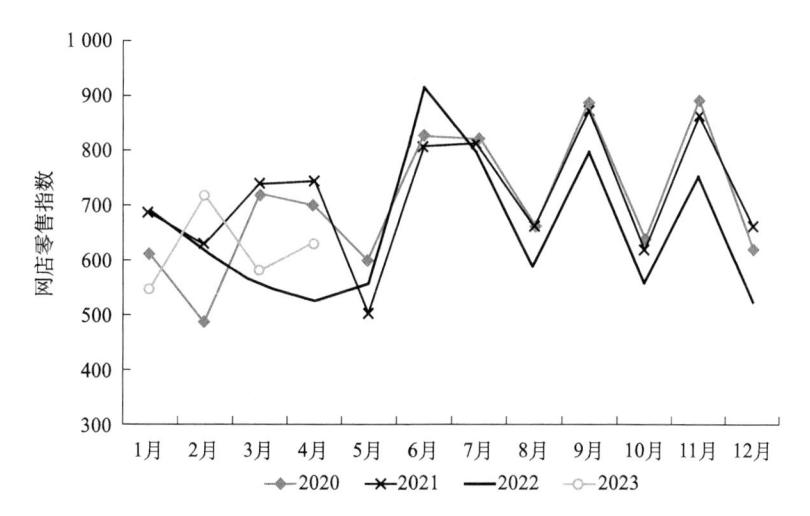

图 3　2020 年初以来网店渠道图书零售指数（开卷数据）

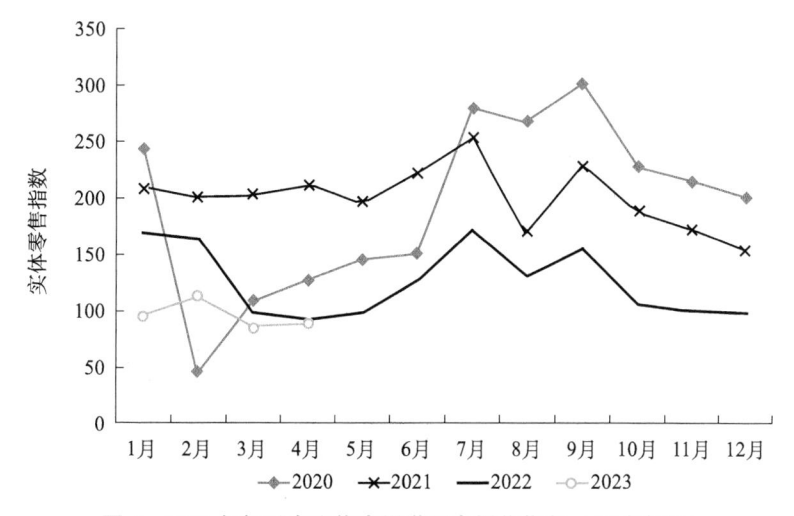

图 4　2020 年初以来实体店渠道图书零售指数（开卷数据）

商渠道"①"短视频电商渠道"②和"垂直及其他电商渠道"③。

数据显示，在 2022 年市场上，实体店渠道、平台电商渠道、垂直及其他电商渠道均出现了不同程度的负增长，仅短视频渠道正向增长了 42.9%。2023 年第一季度，除

---

① "平台电商"是指由电商提供平台，图书发行经营单位入驻开店的销售方式。目前典型的平台电商包括天猫书城、京东图书 POP 业务、当当图书 POP 业务、拼多多图书等。

② "短视频电商"是指以短视频、视频直播为主要内容方式的图书销售平台，包括抖音/快手等。

③ "垂直电商"是指电商经营者采取自营方式，即"进货——销售"的方式进行图书零售的方式，典型代表包括当当图书自营业务、京东图书自营业务、互动出版网、大 V 店新华发行集团自建电商站点等。除了上述三种电商以外，还有其他的电商经营模式因为规模较小，所以作为"其他"与垂直电商合并进行数据统计。

垂直及其他电商渠道以外，其他各细分渠道的同比表现均有所改善，表现为降幅缩小或涨幅增加；其中短视频渠道获得了 65.1% 的大幅同比增长率，见图 5。

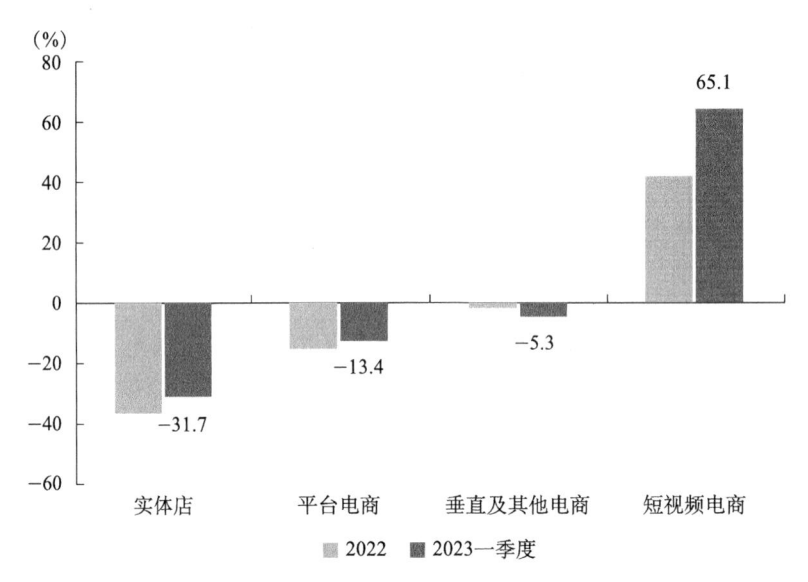

图 5　2022 年 & 2023 年一季度零售市场各细分渠道同比增速比较（开卷数据）

细观短视频电商渠道与其他细分渠道的差异，可以用"起步晚、品种少、折扣低、增长快"四个关键词来形容。首先，短视频电商的主要平台（抖音、快手）最初以内容为特色，其电商业务开展较晚，而平台电商和垂直电商早已经营多年；其次，从全年动销品种数来看，短视频电商渠道 2022 全年仅动销了 5.7 万种，与其他几个细分渠道的"上百万"动销品规模相距甚远；再次，短视频电商售书的销售折扣（4.2 折）明显低于其他几个细分渠道——姑且不论鲜少打折的实体店渠道和"因满减促销导致页面折扣偏高"的垂直及其他电商渠道，单就平台电商的"5.6 折"相比，短视频电商售书折扣也低了 10 个百分点以上，见表 1。

表 1　2022 年各细分渠道品种规模及售书折扣①比较（开卷数据）

渠道	折扣	动销品种数（万种）	新书品种数（万种）	新书品种占比
平台电商	5.6	184.9	11.2	6.1%

---

① 本表中，各零售渠道售书折扣均指页面售价折扣，不包含满减、满赠等优惠活动的影响。

续表

渠道	折扣	动销品种数（万种）	新书品种数（万种）	新书品种占比
垂直及其他电商	7.8	112.1	10.2	9.1%
短视频电商	4.2	5.7	0.7	12.3%
实体店	8.8	148.0	15.2	10.3%

作为一个后发渠道，短视频电商之所以能逆势增长且实现超高涨幅，除了短视频平台自身的流量增速可观以外，更重要的原因就在于该渠道明显偏低的售书折扣吸引了大量的读者。在短视频平台上，达人主播与出版社合作带货的一个常见要求就是"限时低价"甚至"全网最低"的模式，也因此形成了短视频平台上众多图书主播的直播间里"品种轮动、低价常在"的现象。

（四）短视频电商规模首次超过实体店渠道，该渠道成为新品首发重地

2022年，短视频电商渠道的整体市场码洋占比达到16.4%，以"码洋"计的市场规模已经超过实体店渠道（15.3%），正是这几年短视频电商持续快速发展的结果。同期，平台电商渠道、垂直及其他电商渠道所占码洋比重分别为45.1%和23.2%，见图6。

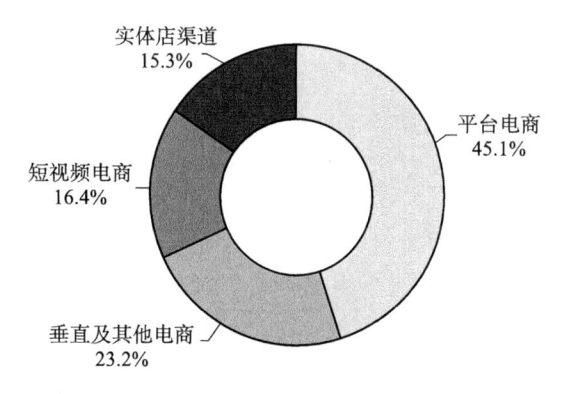

图6 2022年图书零售市场细分渠道码洋结构构成比较（开卷数据）

除了规模增速可观以外，短视频电商渠道也正在成为出版单位新书首发的重要选择。市场数据显示，2022年短视频渠道动销的5.7万品种当中，新书接近7 000种，而且其中多为销售表现好的畅销品。也就是说，尽管短视频电商渠道品种总量不多，但

是该渠道当中的新书品种占比尤其是畅销新品占比反而是最高的。见图7。

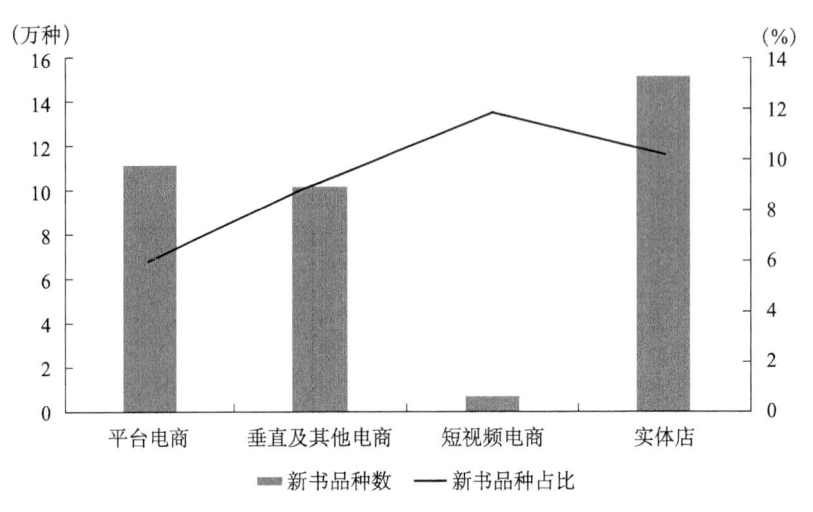

图7 2022年图书零售市场细分渠道新书品种数及占比

因为短视频平台不仅具有电商属性，还具有内容属性，因此兼具"销售＋营销"的效果。一些出版单位将短视频电商渠道作为"新书首发"的主推渠道，就是希望通过"优先预售""首发特别待遇"等方式先在短视频电商渠道快速上量并形成营销爆点，然后才全面推向其他市场渠道。

（五）零售市场品类结构缓慢演化，不同细分渠道类别结构有所不同

近几年市场上，图书零售的品种结构也在缓慢发生变化，而且在不同的细分渠道当中，图书销售的类别结构也有所不同。

在2022年整体零售市场上，少儿类仍旧保持为码洋占比最大的类别（28.6%）；社科类码洋比重（25.9%）仅次于少儿类，相比上一年度略有收缩；教辅教材类因受到"双减"政策影响，码洋比重进一步收缩到17.5%；而文艺类图书的码洋比重较上一年度有明显增加，从12.7%增加到15.0%。见图8。

对比各个细分渠道的类别结构可以发现，实体店渠道销售中少儿类的码洋占比并不高，反而是社科类图书和教辅教材图书销售比例最大，两者合计超过65%。平台电商渠道、垂直及其他电商渠道的销售结构与整体市场结构更为相近，而且各类别码洋比例相对均衡；而在短视频电商渠道当中，少儿类一枝独秀（占据了过半的销售码洋），这也代表了该细分渠道的销售特点，见图9。

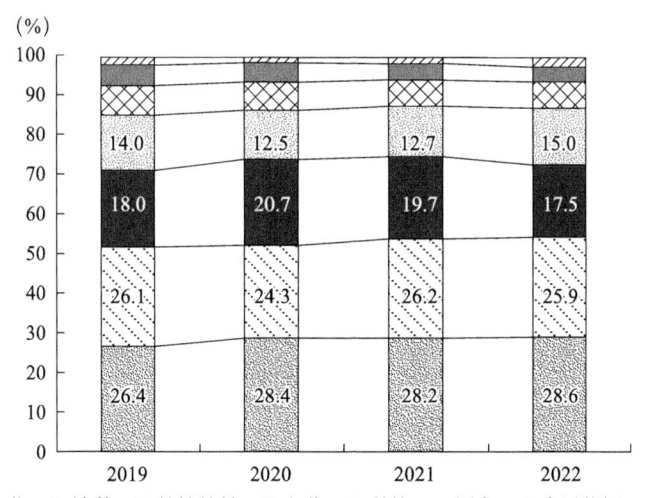

图 8 2019—2022 年图书零售市场各类别码洋占比构成（开卷数据）

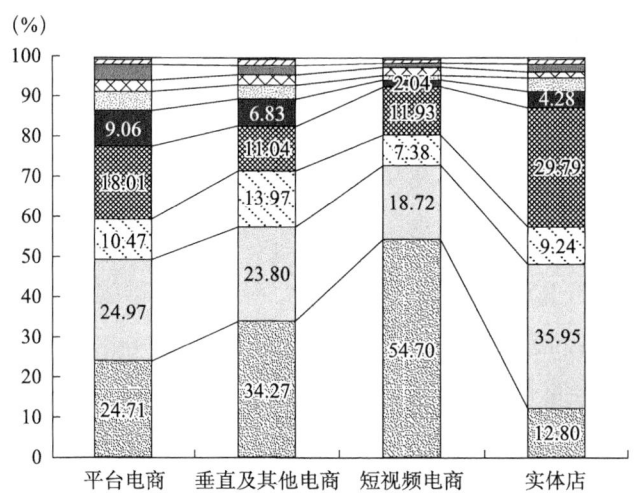

图 9 2022 年图书零售市场各细分渠道分类码洋占比构成（开卷数据）

二、2022—2023 影响和推动图书市场的重要因素和事件

（一）新兴电商平台更受关注，社会化媒体成为营销主阵地

2022 年是疫情影响下的第三个年头，对于图书零售端来说，各月同比持续负增长

成为常态，各单位经营压力比前两年更加突出。在现实压力面前，业内机构不得不寻找新的增长点，并借机沉淀和寻求转型的可能，这就直接体现在了渠道管理和营销投向两个方面的变化。

首先，上游出版机构和图书经销商对新兴电商平台的投入度增加。因为疫情对于实体店的影响更严重，所以无论是出版社还是书店在这几年都增加了对线上渠道的关注和扩展。典型表现就是出版社、书店进驻大型电商平台，尤其是流量增长相对较好的新兴平台。三年来，在抖音、拼多多上开旗舰店的书业机构越来越多，其中既有出版社、图书公司，也有新华书店以及实体连锁品牌。尽管新兴电商平台也存在一定不足，比如拼多多的"盗版"问题、抖音的"破价"问题等，但面对业务压力，各家机构只能在整体渠道结构中不断对存量和增量做平衡，希望不错过新的流量机会。

其次，愈发多元化的图书渠道也提升了营销工作的复杂程度，而且在媒体传播方面，新老社会化媒体平台的选项也在越来越多元化——微博声量在降低，豆瓣相对小众，微信体系的订阅号和视频号影响力仍旧不容小觑，而以小红书、B站为代表的新平台正在成为吸引更多用户的潮流传播地。于是，出版机构营销工作的范围越来越广，多平台营销投放、KOL与达人合作，都开始成为图书营销工作的重要组成部分。一部重要新品的上市宣发，可能会需要一份历时数月、跨越众多平台、连接数十个乃至更多合作方的综合方案。对出版社来说，图书营销已经成为一项系统工程，社会化媒体则成了图书营销传播的核心阵地。而且，社内营销工作的责任群体也放大了，越来越多的图书编辑加入到其中来，甚至在部分中小型出版单位内部开始形成"全员营销"的局面。

（二）出版单位自销业务增加，上游向渠道端的渗透不断加强

在整个疫情影响期间，渠道风险在增加，出版社越来越倾向于"对外严控风险、把更多确定性留在自己手里"；而电商平台又恰好提供了出版单位可以直接面向读者进行销售的可能，这就强化了出版单位自销业务的重要性。

北京开卷根据平台电商渠道、短视频电商渠道的具体店铺信息，识别出其中的出版单位自营店（含出版社店铺、出版集团店铺、出版公司店铺等），然后统计这些出版单位自销店铺在近16个月中的本渠道占比情况。数据显示，近两年来出版单位的自销

业务在两个细分渠道当中的码洋占比均呈现出增长的趋势。在平台电商渠道，出版单位自销店铺增速相对稳定，其码洋占比从2022年初的8.8%增加到2023年4月的12%以上。在短视频电商渠道，出版单位自销店铺规模占比呈现波动增长的现象，2022年初该比例为13.4%，到2023年4月达18.8%，其间最高值一度到22%以上——其波动幅度偏大的现象，与短视频电商渠道的销售"爆品化"特点直接相关，详见图10。

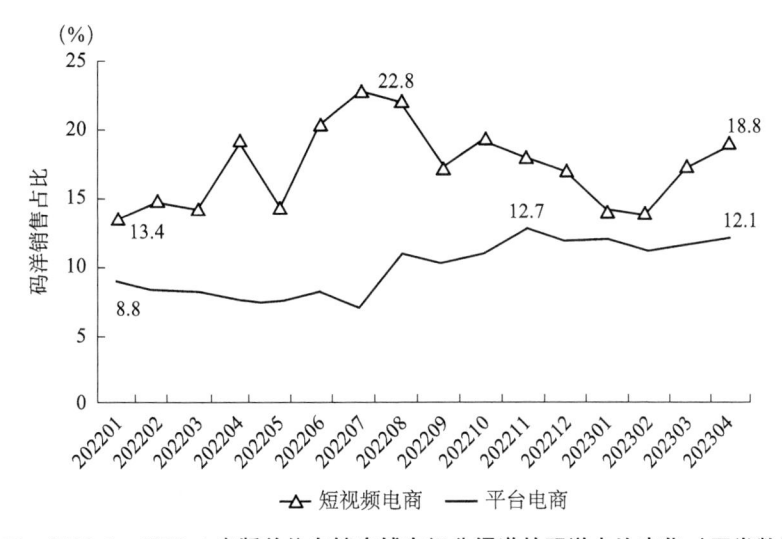

图10　2022.1—2023.4 出版单位自销店铺在细分渠道的码洋占比变化（开卷数据）

我们也可以看到，2022年以后开始自播售书的出版社官方店铺也越来越多。当出版机构的自销规模越来越大，原有以"经销合作"为主的图书发行方式开始转化为"经销＋自销＋分销"的组合发售方式，这对于上游机构的发行业务来说是一种结构型的变化。

总体来说，目前整体图书市场的销售渠道更加分散，出版机构的"图书发行"也转变为"图书发售"，上游单位对渠道端的渗透在不断加强。依靠不同渠道平台的特点投放不同的产品、策划不同的活动；对于不同的产品，制定不同的发售策略和分渠道节奏，正在成为当下出版机构面对的新局面。这种更加复合的业务结构，也对出版单位的整合营销能力以及供应链管理能力提出了更高的要求。

（三）私域运营受重视度提升，出版单位和书店纷纷强化社群运营

图书电商平台上的流量越来越贵，"高流量成本"与"低客单价现实"让图书业务从公域渠道获取流量愈发不划算，图书零售的经营者们也一直在寻找更高效、可持续的销售方式，"私域流量"积累开始成为不得不的选择。于是，越来越多的图书零售商、出版社在开店售书的同时，加大了对私域流量的积累和运营。

对实体店来说，店面客流本就是书店的私域流量，但是疫情的阻隔让原有客流方式失效。无奈之下，实体店也开始构建与顾客的线上联系通道。在疫情期间，仓促建起的微信群为读者在特殊时期应急买书，尤其是学生急用教辅等需求提供了有力支持。当防疫放开之后，这些积累下来的微信群转入日常运营模式，通过定期荐书、组织互动等方式将读者互动常态化；也有书店开发了专用小程序提供"线上选购、预约"等各项服务。线上社群的建立，让实体店不再只是等待读者上门，而是具备了"线下线上双栖"的能力。比如，大众书局依托自建会员系统进行针对会员体系的社群营销和内容传播；再比如山东省新华书店在2022年正式提出"店员变群主"计划，推动各下辖门店引导顾客入群并开展后续的群内服务。据了解，有的出版社已经积累了数十个读者社群，还有的大型新华书店甚至在同时运营着超过500个以上的读者社群。

目前行业机构常用的私域运营方式有"自有会员系统"和"电商平台粉丝群"等，但更主要的还是"微信群"。有的机构采取普通微信群方式聚集顾客，也有的已经升级成企业微信群或专属小程序的方式进行管理，后者在会员运营方面更加专业和便利。

在国民阅读率并不突出的国内市场，精准锁定有消费意愿的读者一直是上下游关注的难题。如今，通过社群方式能够把那些真正对图书购买有兴趣的消费者聚集和沉淀下来，无论是对出版社还是书店来说都是相当高效的做法。一方面，线上社群可以让图书经营单位积累和沉淀自己的专属顾客，识别有高认同度以及消费黏性的忠实客群；另一方面，通过私域社群，经营者也有了可以主动影响和触达顾客的方式，有助于增加黏性、形成更持续的复购效果。此外，在积累的社群数量越来越多之后，经营者还可以根据不同读者的兴趣爱好、需求类型对社群成员进行拆分重组，进一步提升社群服务的针对性和转化效果。

（四）实体店在压力下突围，业务拓展与融合升级并举

实体书店是当前市场环境下压力最大的一环——既不掌握上游产品定价权和进货折扣，又难以支撑和网店的价格竞争，疫情之下的店面零售更是一降再降。近几年来，实体店群体在重重压力下寻求业务突围的可能。

1. 店面零售不给力，机构服务支撑业务经营

疫情期间的营业停滞、客流减少给实体书店业务经营带来了很大的不确定性，而私域社群的尝试还不能在短期内弥补销售业绩的下滑。于是在店面零售不给力的情况下，各地书店纷纷加大了面向政、企、事业单位的团购服务和以阅读为核心的定制服务。

围绕政企客户的党建需求，不少书店提供了"党建学习园地""廉政书屋"的全套设计和实施方案，形成了长期荐书和供书服务，甚至由新华书店团队操盘进行党建空间打造，并提供图书空间代运营、活动承办服务。通过上述多种形式，书店将对机构客户的服务全面落到实处。

针对企事业单位的内部培训、文化建设用书等需求，各地书店因地制宜，结合具体的客户行业特点和实际客群年龄结构，提供精选书单列表；也有的书店集团为了方便大型客户的职工自主选书需求，还提供小程序定制功能，可以为单家客户定制专属线上书屋，实现了"机构对接、职工选书、统一结算"的"一条龙"服务。

据了解，经过疫情三年之后，不少地市级新华书店的机构业务规模明显增长。相比于持续乏力的店面零售，机构业务开始占据更大的比例，这也成了特殊时期书店实际经营的主要利润来源。

2. 折扣差异继续突出，实体店通过"内容价值产品化"提升卖场附加值

因为售书折扣的渠道差异，"在实体店买书"对读者来说缺乏吸引力，实体店在C端零售方面的价值逻辑因此不断被挤压。疫情期间店面业务的被迫停滞也给了书店跳出原有服务模式、重新考虑自身定位的机会。"图书不仅是图书，更是优质内容和知识的载体。"当把定位放到"提供阅读服务、传播优质内容"上来，书店就有了开启更多内容服务产品并实现价值转换的可能。

随之,"内容产品"的概念被明确出来。在一贯的大众阅读活动之外,书店开始策划"小型化、精细化"的收费活动来创造收益,或作为收费会员权益来促进店面零售的深度转化;面对书店顾客中最常见的家庭亲子群体,不少书店围绕"知识研学""职业体验"进行专门设计,将"图书+知识教育"整合打包成为新的产品方案,让"图书卖场"升级为"知识服务场",这也让书店群体在"双减"后强化素质教育、科普教育的要求下找到了一条服务学龄人群的新业务链条。

据报道,全国范围内已经有十多家新华书店集团开展研学创新业务,有的地区更是专门成立了独立子公司专门进行研发和运营。比如,山东新华书店集团早在2018年就启动研学业务,并于2020年正式成立山东新铧教育投资有限公司,为研学服务提供平台,满足中小学生综合实践活动需求。[3] 青岛新华书店在2022年成立了城市传媒(青岛)研学旅行有限公司,青岛书城开展的"图书管理员职业体验"项目受到家庭顾客的广泛认可,预约名额供不应求。

3. 实体书店的融合模式开启,助推新一轮转型升级

"融合出版"是出版集团、出版社多年来广泛关注的话题,但似乎一直与实体书店没有太多关系。近几年,实体店的经营模式逐步改变,随着实体店上网开店、社群运营以及更多的业务模式开启,实体书店也开始了融合模式,被誉为实体书店的新一轮转型升级。

与早期的POS系统、ERP体系给图书零售带来的技术变革类似,新技术赋能将把实体店的信息能力和运营能力带到一个新的高度,"创新""融合""数字化"开始成为实体书店发展的主攻方向,推动书店从以往单一的实体店面"商品管理"主线,扩展到"人—货—场"的全面融合、"线上服务与线下服务"融合,"图书业务与更广泛的其他业务"融合的复合模式当中来。线上线下全渠道布局、推进数字化发展、拓展经营范围、创新营销模式等正在成为多省份基层门店全面推进的重要举措。

2021年以来,石家庄市新华书店依托河北省店打造完成的"新华优选网上商城",不断追求"当日达""品种全""优惠多"等特色服务亮点,力争成为当地读者网购图书的最佳选择。[4] 2022年4月,新华文轩旗下166家实体书店对应的166家新华文轩云店正式上线。2022年底,江苏凤凰新华升级自有电商业务系统,全面支持全省各门店在线上直接对接政企机构客户。

实体店的融合发展阶段正在到来，实体店的新一轮转型升级也正在发生。

（五）首届全民阅读大会召开，各地书店深入落实阅读推广活动

2022年4月，首届全民阅读大会召开，习近平总书记发来贺信表示"希望全社会都参与到阅读中来，形成爱读书、读好书、善读书的浓厚氛围"。首届全民阅读大会围绕主题"阅读新时代、奋进新征程"，大会期间举办各类论坛、展览展示、新闻发布、主题活动，通过多元化形式加强了对全社会的阅读引领。2023年3月，全民阅读第十次被写入政府工作报告。政府工作报告指出，"丰富人民群众精神文化生活，深化群众精神文明创建，加强和创新互联网内容建设，实施文化惠民工程，深入推进全民阅读，支持文化产业发展"。

一直以来，在全民阅读工作的推进指导下，各地书店和文化单位积极承担社会责任，在各省份的年度书展、"读书节"活动中起到了核心支撑作用。在书店实体卖场中，书店也组织了丰富多彩的阅读推广活动，很多书店的全年活动场次达300场以上，助推了学生群体、中青年群体的阅读习惯和全社会关注阅读的良好氛围。而广大读者的阅读需要，也正是图书行业的社会价值所在和服务基础，这也为图书市场的长期发展奠定了消费基础。

（六）部分类别图书出版质量强化，细节规范化要求完善

2022年，受教育部全面彻查教材插图与质量问题工作的带动，在中小学教材、教辅图书、学生读物等相关的图书出版领域掀起了一轮质量检查和自查自纠的热潮。这也成为2022年度教育出版领域一项重要的工作内容。

同时，面向特定人群的出版物也对细节规范提出了更多要求。2022年3月，由国家市场监督管理总局批准发布的国家标准《儿童青少年学习用品近视防控卫生要求》正式实施，对中小学阶段的教科书正文最小用字，目录、注释等辅文用字都提出了具体要求。《要求》还对与近视防控相关的教辅材料、试卷、课业簿册（作业本）、学习用杂志、报纸及其他印刷品、出版物等儿童青少年学习用品卫生要求及检测方法进行规定。[5]

因此，2022年上半年，教辅出版单位对图书产品的质量核查、规范化改版加大了投入。到秋季开学之前，市场上在售的各类学生用阅读、教辅图书也出现了大规模的改版更新，在新版图书当中，出版方对图书开本、字号、版式等方面进行了相应的调整和优化。

三、2023年及未来图书市场发展展望

（一）行业规划与重大项目落地为繁荣图书市场蓄力

在《出版业"十四五"时期发展规划》指引下，2023年各项重大出版项目、出版工程已经全面铺开，未来几年也将会有更多的出版项目落地。可以预见，在未来一段时间内，图书市场上将会涌现出覆盖各个出版领域的一大批优秀图书出版物，这无疑将为图书市场高质量发展带来强大推动力。

在古籍出版、科普出版、教育出版领域，随着相关规划和重点项目开展实施，各家出版单位将有机会获得更加丰富的图书选题和内容资源，由此策划开发的产品通过图书市场与广大读者和人民群众见面，满足全社会更广泛的学习和阅读需求。

1. "十四五"规划全面落地，重大出版项目、出版工程引领市场

2021年底，国家新闻出版署印发《出版业"十四五"时期发展规划》，这是对图书出版行业未来五年发展方向和路径设计的纲领文件。经过一年多的持续推动，各项重大出版项目、出版工程名录在2022年到2023年陆续发布，多项重大奖项陆续颁布，这些优秀的图书产品在社会各界引起广泛关注。

2022年3月，国家发改委组织召开"十四五"规划102项重大工程实施部际联席会议首次会议，审议推动重大工程工作规则和2022年工作要点。会议强调，102项重大工程是《中华人民共和国国民经济和社会发展第十四个五年规划和2035年远景目标纲要》的重要内容，也是推动"十四五"规划实施的重要抓手。同月，国家出版基金

公示的拟资助项目名单开启公示，包括498种图书类项目，其中中华优秀传统文化传承、科技强国建设方向的项目比例最多，古籍出版也是亮点。2023年5月，国家出版基金新一年度拟资助项目发布公示，486个图书类项目在列。国家出版基金鼓励原创精品、坚持高质量发展的资助导向，与国家重点出版规划和出版奖项相衔接，对承担重大项目、精品生产能力强的出版单位给予重要支持。[6]

在主题出版方面，中宣部办公厅于2022年3月印发通知，就做好2022年主题出版工作作出部署。7月，国家新闻出版署决定开展国家重点出版物出版规划项目增补和调整工作，增补范围为《"十四五"时期国家重点图书、音像、电子出版物出版专项规划》的11个子规划，其中，古籍出版规划、辞书出版规划增补被纳入专项管理。

2. 行业规划助推古籍出版与科普出版机遇，新的出版亮点正在萌发

2022年3月，"加强文物古籍保护利用"首次写入政府工作报告，古籍出版即将迎来新的机遇。4月，中共中央办公厅、国务院办公厅印发《关于推进新时代古籍工作的意见》，这正是推进新时代古籍工作的纲领性文件。8月，全国古籍整理出版规划领导小组办公室发布2022年度古籍工作重点课题，明确了古籍出版工作年度核心方向。以古籍作品为代表的各类典籍作品是中华文明智慧的结晶，在实现中华民族伟大复兴的背景之下，古籍作为传统文化的主要载体，承担起弘扬民族精神、树立文化自信的重要使命。[7]国家图书馆出版社社长魏崇认为，古籍活化利用更加注重精品化、普及化、时代化，新时代古籍出版应该让经典贴近现实，融入社会，以文化人，以文培元，古籍出版正在迈向更高质量发展新阶段。[8]这些传统经典作品具有强大的生命力，也一直是图书零售市场中常销书的重要来源。在《意见》指引下，各地古籍专业出版社积极响应，主动推进古籍出版资源的统筹与整合，倾力打造属于自己的拳头产品。古籍出版工作的重要性提升，无疑将为图书市场和广大读者带来更多的学习资源与文化食粮。

在科普出版领域，出版业正在迎来新的机遇。2022年8月，科技部、中宣部、中国科协印发《"十四五"国家科学技术普及发展规划》，提出六大方面重点任务，包括鼓励国防科普作品创作出版，加大对原创科普作品的扶持力度。9月，中共中央办公厅、国务院办公厅印发《关于新时代进一步加强科学技术普及工作的意见》，要求坚持把科学普及放在与科技创新同等重要位置，推动科普全面融入经济、政治、文化、社会、生态文明建设。作为科普工作的重要组成部分，科普出版在普及科学知识、倡导

科学方法、传播科学思想、弘扬科学精神上发挥了不可替代的作用。[9]图书是科学普及实施的天然适用载体,而科普内容的丰富性也决定了该领域拥有极为丰富的出版机会。上述《规划》和《意见》的发布,为科普图书出版带来了新的机遇和发展空间。一时间,各地出版机构开启了对科普图书策划出版的广泛关注,尤其是不少具备专业资源的科技社加大了对科普方向的投入力度,也有的出版社专门组建科普出版团队。

(二) 新技术发展带动出版产品创新,新产品形态丰富市场供给

1. "深度融合发展"成果市场影响力加强,数字藏品等新的出版形式试水

数字出版推进多年,图书市场上结合数字化应用的产品也越来越多。图书不仅是内容的纸质载体,也开始成为链接更多数字化内容的入口。融合出版正在成为出版机构提升产品价值,丰富读者阅读和学习体验的重大助力。而且这些产品在丰富了读者体验的同时,也为出版单位的选题发展和产品升级带来了更多的思路方向,使得出版单位从产品形态相对单一的"出版商"正在变成提供多元服务方式的"内容和知识提供商"。

2022年4月,中共中央宣传部印发《关于推动出版深度融合发展的实施意见》,围绕加快推动出版深度融合发展做出了全面、系统安排。5月,中共中央办公厅、国务院办公厅印发《关于推进实施国家文化数字化战略的意见》,明确指出,到"十四五"时期末,基本建成文化数字化基础设施和服务平台,形成线上线下融合互动、立体覆盖的文化服务供给体系。两项《意见》的发布,为出版单位的数字化发展树立了新的目标,也为探索融合发展新模式、新业态、新领域提供了行动指引。

从图书市场来看,在少儿类、教辅类、语言类、科技类等领域,越来越多的图书通过二维码、VR、AR等技术关联数字资源,多种类型的"智慧阅读""智能教辅"等产品已经成为图书市场上的常见类型。除了科技科普图书搭载相关数字内容之外,教辅领域也在近两年发生了明显变化。受"双减"政策影响,以学而思、猿辅导为代表的教培机构转型进入图书出版领域,通过图书搭载数字化视频资源的方式研发了一批高定价的"智能教辅",在一定程度上满足了学生家长课后辅导的辅助型需求。

2022年,多家出版机构在数字藏品方面有所尝试。3月7日,北京长江新世纪文化传媒有限公司推出首个NFT数字藏品,上线仅20秒就售罄——这也是国内出版业的

首个NFT数字藏品的试水案例。此后，海峡出版发行集团、人民文学出版社、中国图书进出口集团、中国青年出版社、浙江人民出版社、湖南人民出版社、重庆出版集团、四川人民出版社等众多出版机构纷纷试水数字藏品。[10]出版社基于自身拥有的优势内容创意发展出新的产品形态，由此实现内容产品在数字化领域的价值扩展。7月，由国家新闻出版署批准设立的出版业科技与标准综合重点实验室区块链版权应用中心发布《数字藏品应用参考》，为数字藏品行业提供详尽的合规应用参考。尽管数字藏品只是出版融合发展的多种形式之一，而且目前还处于探索阶段，但出版单位的众多尝试也让疫情压力下的纸质图书出版者们看到了一些新的做法和可能。

2022年7月，人力资源和社会保障部修订发布了新版《中华人民共和国职业分类大典》，在"编辑"类别中新增"数字出版编辑"。"数字出版编辑"的定义为从事数字化出版产品的策划、编辑、加工、转换的专业人员。这也为融合出版的人才发展提供保障和规范指引。

2. 人工智能影响图书出版和销售的多个环节，ChatGPT成为焦点

2023年，全球最大的技术亮点莫过于人工智能实验室OpenAI发布的ChatGPT。作为对话式大型语言模型，ChatGPT的互动性和多语言处理能力非常强大。ChatGPT的优势可能被应用在信息整合及写作方面，这就与出版业密切相关。

ChatGPT不仅可以直接进行内容创作，还可以协助编辑在审读、校对等方面提高效率。截至目前，国内外都已经有了用ChatGPT出书的案例。2023年2月，韩国出版商Snowfox Books出版了一本完全由ChatGPT撰写的图书《找到人生目标的45种方法》，整本书的写作、翻译、校对、插图均由各种AI工具完成，全过程仅仅花费了9个小时。在ChatGPT发布仅一个月后，美国亚马逊Kindle提供的直接出版平台上将ChatGPT列为作者或合著者的电子书就已超过200本。[11]国内出版界也对ChatGPT保持了高度关注，电子工业出版社于2023年3月出版的《人人都能玩赚ChatGPT》的创作过程就全面引入了ChatGPT作为辅助，而这本书从提出选题到所有内容尘埃落定只用了28天。[12]

与此同时，ChatGPT也被国内出版发行机构用于在图书营销方面的尝试。互联网时代，大量的图书品种通过多元化的零售渠道进行销售，就会需要丰富的宣传文案和物料准备。据部分出版公司尝试，使用ChatGPT进行图书卖点提炼和宣传文案撰写，不仅速度相比人工大有提升，而且在文案质量方面甚至能够超过营销人员的一般水平。业内也有人建言，有了 ChatGPT 的加持，图书宣传相关的短视频制作、客服机器人甚至都可以通过人工智能来完成，未来人工只用负责创意和效果监督，因此相关人力成本将可能降低。目前，虽然这些想法大多还处于尝试阶段，但是人工智能辅助图书销售的未来已经并不遥远。

（三）渠道强势反向渗透选题策划，定向出版现象增加

随着网店图书零售渠道的增速收窄，该渠道的成熟度也日渐增加，为了能够持续推动流量和业绩增长，多家电商平台开启了流量下沉策略。对于图书品类来说，下沉流量将会为图书销售带来一定的增量，但是这些新扩展出的读者很多来自四五线城市，甚至有可能来自于以往的图书销售渠道未能覆盖的区域或人群类型，他们的阅读需求和品种选择也会和传统读者群体存在一定的不同。

为了能够满足扩展人群的阅读需要，也为了提升售书环节的利润水平，近期市场上开始出现了由渠道端主导的定向出版现象。与当当、京东自营图书部门在新书上市前与出版社洽谈版本定制和新书包销的做法不同，在定向出版的具体案例中，渠道端参与度更深、切入点更靠前，甚至一个图书选题本身就是以渠道商为主而策划产生的。2022 年度全国少儿类畅销书第 5 名是《漫画小学生心理》（全 4 册），其主要销售发生在短视频渠道——广东省新华书店（以下简称"广东新华"）的直播间。经了解，该书属于广东新华主导的策划品种，经广东人民出版社出版，主要通过广东新华的线上店铺进行销售。后来，广东省新华又以类似的方式出版了《漫画中小学生自我管理》（全套 4 册），也取得了快速销量突破。另外，同样进入年度少儿畅销书前 100 名的"小羊上山儿童汉语分级读物"系列，其策划出版过程也与知名图书经销商"葫芦弟弟"颇有关联。

这一现象也提示我们，在出版单位纷纷开店卖书并强化自身供应链体系的同时，图书零售商开始依托自有渠道资源来策划和定制图书，也是另一个方向的"纵向一体化"。当图书行业链条不断"去中间化"，出版端与零售端的距离也就越来越小，"出版单位自销卖书""零售单位参与出版"本质上相类似，上下游之间的互相渗透和融合也是一种必然。

(四)图书市场竞争前置,主导方式从单纯的"销售战"向"营销战+销售战"转移

在实体店作为主要零售渠道的时代,"上架"是新书上市的常规动作,只要进入卖场和读者见面,就有了接受市场评测、发生动销的基础。而在网络书店时代,流量分配具备非常强的头部效应,虽然网店的货架相比于实体店可以认为是无限的,但是非头部品在页面上被曝光的机会却是非常有限的;尽管短视频电商以"兴趣+算法"的方式让流量集中在头部的现象有所减弱,但是"网络营销"已经取代了"店铺上架"成为新的销售前置动作。

营销最广泛的触点是内容。网络上已经沉淀了海量的内容,每时每刻还在更新发布。为了获取更多的关注力与销售可能,各类产品纷纷主动渗透到目标客户群可能看到的信息发布平台当中,这就形成了社会化媒体上全面开花的"内容营销"。这些内容营销素材往往图文丰富、形式多样,并通过数字化的形式可以被记录和扩散,再以"一键跳转""关联埋点"等各种数字化手段进行关联和跟踪。在这些数字化的方式之下,"营销"与"销售"的关系前所未有得紧密。营销工作的KPI也不再只关注传统的"曝光度",而是进入了关注"转化率"时代。

也有的营销工作以"活动"为主导,或者以定向人群的专属服务为主导,由此扩大曝光度或服务黏性,最终导向销售。

正是由于营销范畴和功能的变化、营销与销售关系的变化,使得目前图书市场上的竞争模式已经发展转变。各家出版单位之间的竞争和各家零售店铺之间的销量争夺,已经从传统的"销售战"走到了当前"营销战"先行的阶段——只有在营销环节为图书产品提供了更有效的曝光机会,后续销售才可能发生;如果一个图书产品没有通过营销被读者"看到",那么甚至销售都不可能发生。

(五)长期人口趋势与教育结构影响部分类别,市场影响将逐步显现

2022年全国新生儿数量降到956万,相比上一个高峰(2016年)下降超过40%,见图11。2016年出生的孩子在2023年刚满7岁,也就是说6岁以下的幼儿人口数量正

在逐年下降。生育率走低以及低龄儿童的绝对数量减少,将直接影响孕产育儿等方向的图书需求,进而对少儿类图书尤其是低幼年龄段的图书需求产生影响。对于这些类别方向来说,未来的市场规模能否保持?如果要保持现有规模或实现增长是否将倚赖于对图书品质需求以及产品价格水平的提升?对于这些疑问,目前尚难判断。

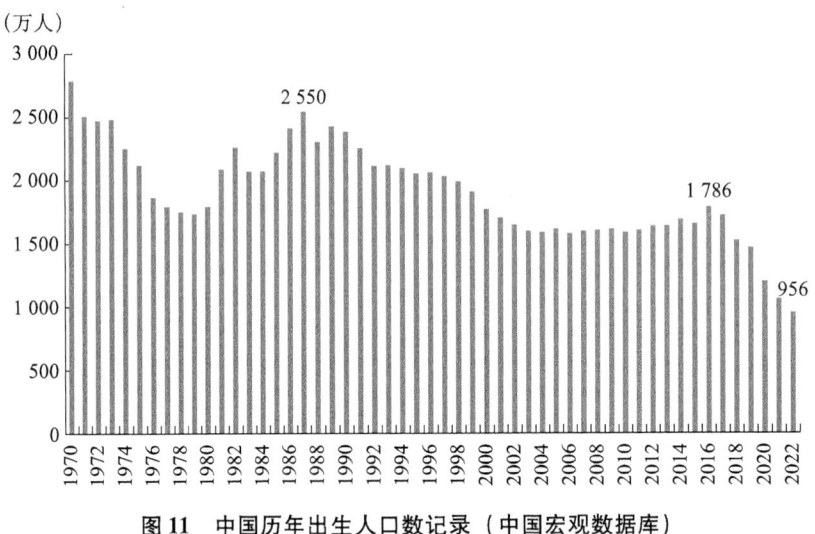

图 11 中国历年出生人口数记录(中国宏观数据库)

2022年初,《家庭教育促进法》正式颁布实施,家庭教育被纳入国家教育事业发展规划和法治化管理轨道,出版行业有望在宏观、中观、微观三个角度分别对标国家层面、教育生态、家庭领域各种需求。[13]在高等教育和职业教育领域,相应规模结构也在酝酿变化。高等教育规模大致稳定,职业教育市场规模逐年扩大。

与新生儿数量减少和教育需求稳定对应的是正在国内正在面临的"老龄化"趋势,围绕着老年人群的文化服务和阅读需求,图书出版市场也可能面临新的变化,2022年对"编辑出版大字本图书"的提议就源于此。

总之,随着国家经济结构的发展趋势,围绕着人口结构和教育结构的变化,部分出版方向的需求规模及需求结构将会发生改变,图书市场也将面临新的供需可能。

四、推进图书市场发展的对策建议

"后疫情"时代的图书零售市场,挑战与机会并存。为了更好地繁荣市场发展、规范市场秩序，未来有必要从以下几个方面加大关注与投入。

（一）做好重大项目产品的市场推广，让"叫好"的产品更"叫座"

在以往的图书出版中，一些大型出版项目的图书产品因为主题相对小众、专业度高等原因通常只面向专业读者，出版社甚至不会主动向零售市场进行推广，普通大众对这些优质产品知之甚少。

随着重大项目选题方向的扩展和丰富，尤其是一些具有大众阅读属性的题材加入，出版单位有必要对重大项目产品的运营模式做进一步的扩展，在这些重大课题图书的策划和出版过程中，也同步考虑产品面世后的市场宣传和发售渠道安排，让"叫好"的产品更"叫座"，充分满足人民群众对高品质图书出版物的需要。2022年11月，新时代重大文化工程、出版工程《复兴文库》正式出版发行，在市场上形成了广泛关注和重大影响。在大众出版方向，也有多部国家出版基金资助项目的作品在2022年市场上取得了非常好的销售成果，浙江文艺出版社的《望江南》、安徽人民出版社的《觉醒年代（上下）》、江苏人民出版社的《中国青年运动一百年（1919—2019）》均在零售市场表现出不俗的销售业绩。

除了大众阅读产品以外，对于一些非强专业属性的重大项目图书产品，出版单位都可以放大在零售市场的推广和营销尝试。比如，一方面可以通过灵活化的数字营销手段覆盖目标读者，并且对重点产品的读者群体形成沉淀甚至形成社群，为类似内容题材的图书未来发行形成积累；另一方面，通过生动化、通俗化的内容宣传吸引更多潜在读者，也可以进一步放大这些优质产品的社会影响力。

（二）引导各大电商平台规范管理，严控盗版现象并规范价格秩序

随着线上售书规模的逐步扩大，网店渠道已经成为图书零售领域新的"主渠道"，而网店渠道普遍的"低折售书"现象、屡禁不绝的"盗版"现象也是令行业颇为困扰的难题——各大电商平台发展和竞争过程中，销售"破价"让出版单位进退两难；2021年拼多多平台售书的"盗版"现象一度引发全社会关注。在近几年"两会"期间，出版界的人大代表多次提交"规范图书市场价格秩序"方面的提案，行业主管机

构也对相关问题保持了高度关注。

鉴于网店渠道的图书销售主要集中于京东、当当、天猫、拼多多、抖音等主要电商平台，各入驻店铺也多依托于平台的活动运营和流量分发体系开展业务，因此从平台角度对图书零售过程中可能发生的问题进行跟踪和规范，将会是效率较高的切入点。而且各电商平台拥有完善的数据跟踪和智能化监测能力，通过算法对盗版书和恶性价格竞争的做法进行识别，将比对出版单位独立进行跟踪更加迅速。因此建议从各大电商平台规范管理的角度进行规范化引导，提升发现问题并及时处理的能力。

（三）发挥新技术手段在图书市场中的正向作用，防范潜在风险

新技术对各行各业的影响不断深入，图书市场上的"电商"的快速发展、全媒体营销及数字化营销的出现，背后无疑都是互联网技术的推动。上游出版单位供应链能力的提升、下游各地新华集团的数字化融合，以及ChatGPT的应用尝试在未来都可能给图书市场运行带来更多的变化。

每一次新技术的变革不仅会带来大幅效率提升和巨大的市场机会，同样也可能带来新的问题——比如快速发展的电商平台上出现的"盗版维权不力"，再比如GhatGPT在训练和应用中可能面临的版权和伦理问题等。对于所有新技术应用初期出现的新问题，行业将会积极面对，充分发挥其正向作用的同时也对其潜在风险进行关注与防范。

（杨伟　北京开卷信息技术有限公司副总经理）

参考文献

[1] 开卷研究. 2022年中国图书零售市场报告［R］. 北京开卷，2023-1-6.

[2] 开卷研究. 2023年第一季度图书零售市场分析［R］. 北京开卷，2023-4-7.

[3] 新华书店研学纵向深挖横向拓展［N］. 中国出版传媒商报，2022-9-23（21）.

[4] 创新融合发展成实体书店主流［N］. 中国出版传媒商报，2022-3-29（14）.

[5] 陈麟. 2022年1—7月书业大事记：新规、纸价、盗版、教材、闭店……［EB/OL］. 中国出版传媒商报，（2022-7-29）［2023-4-5］. https://mp.weixin.qq.com/s/

oQSqtVlxygbt5faH3geq5w.

［6］2023 国家出版基金"花落谁家"［N］.中国出版传媒商报，2023－5－19（1）.

［7］陈香.2022 年出版十件大事［N］.中华读书报，2022－12－28（18）.

［8］魏崇.守正创新，古籍出版迈向高质量发展［N］.光明日报，2022－9－20（3）.

［9］鞠强.科普图书出版十年成绩斐然［N］.中国出版传媒商报，2022－9－16（1）.

［10］左志红.出版业试水数字藏品机遇几何［N］.中国新闻出版广电报，2022－6－20（8）.

［11］首本由 ChatGPT 写的实体书出版，国内出版界如何应对？［EB/OL］.正观新闻，（2023－2－28）［2023－4－30］.https：//www.zhengguannews.cn/news/272013.html.

［12］徐永倩.国内第一本用 ChatGPT 写 ChatGPT 的书出版了，只用了 28 天［EB/OL］.出版商务周报，（2023－5－11）［2023－5－20］.http：//www.cptoday.cn/news/detail/15459.

［13］陈麟.2022 年 1—7 月书业大事记：新规、纸价、盗版、教材、闭店……［EB/OL］.中国出版传媒商报.（2022－7－29）［2023－4－5］.https：//mp.weixin.qq.com/s/oQSqtVlxygbt5faH3geq5w.

2022—2023中国期刊出版业发展报告

赵文义

中国期刊出版业是新闻出版行业的重要组成部分，它发挥着文化的引领与传承作用。在融合创新的大背景下，中国期刊出版业把握自身定位，勇立潮头御风行，在新时代展现出了生机和活力。

一、2022—2023年期刊业发展基本情况

2022年是党的二十大胜利召开之年，是"十四五"规划贯彻落实之年，是朝着实现第二个百年奋斗目标大步迈进的一年。这一年，中国期刊出版业取得不凡成就，造就新发展态势；这一年，期刊业以融合发展为主节奏，各种期刊不断契合时代特色进行转型升级，向世界展现中国发展的新成果、科技创新的新成就，加快成为世界期刊强国的步伐。

（一）顶层设计指引方向，贯彻融合创新主题

党的二十大报告为期刊出版业的发展绘制蓝图，以中国式现代化的科学内涵推动行业新实践。期刊出版业肩负着物质和精神文明发展的使命和重担，其高质量发展不仅是整个行业前进的方向和主题，也是加快科技创新、积极转化知识成果、构建新发展格局的应有之义，更是丰富人民精神世界，满足人民日益增长的精神文化需求的社

会主义现代化根本要求。2022年，党和国家出台了一系列重要文件以推动期刊业发展，进一步完善顶层设计，为行业发展提供了有力的政策保障，引领期刊业迈入更深层次、更高质量的新发展阶段。

2022年1月，《"十四五"数字经济发展规划》发布后，数字化作为行业关键词的重要作用再次被强调。党的二十大报告中也明确指出促进数字经济和实体经济的深度融合，打造具有国际竞争力的数字产业集群，[1]因此期刊出版业要加快打造数字化产业的步伐。中共中央宣传部于2022年4月印发了《关于推动出版深度融合发展的实施意见》，围绕加快推动出版深度融合发展，构建数字时代新型出版传播体系，从战略谋划、内容建设、技术支撑、重点项目、人才队伍、保障体系等6个方面提出了20项主要措施，将出版业的融合创新置于未来发展的重要位置。[2]

2019年印发的《关于深化改革培育世界一流科技期刊的意见》和2021年印发的《关于推动学术期刊繁荣发展的意见》，两份意见明确了我国科技期刊的发展目标。[3]在建设世界一流科技期刊的战略指导下，中国科技期刊卓越行动计划（以下简称"卓越行动计划"）持续发力。2022年共计140种高起点新刊受到资助，在国际学术影响力的建设上发挥了重要作用。卓越行动计划推动了我国科技期刊的高质量发展，期刊的数量、规模、影响力和海外传播能力表现十分亮眼。

党的二十大报告还指出要实施科教兴国战略，要完善科技创新体系、深化科技体制改革、深化科技评价改革、加大多元化科技投入、加强知识产权法制保障，形成支持全面创新的基础制度。[4]2021年国务院印发《"十四五"国家知识产权保护和运用规划》，在顶层设计的指引下，期刊出版业版权保护意识不断加强，这不仅为科技、学术创新营造了良好的环境，更为期刊出版业的发展擘画蓝图。

（二）期刊行业形势向好，各类期刊纵深发展

根据《2021年新闻出版产业分析报告》，2021年，全国共出版期刊10 185种，总印张118.97亿印张，定价总金额217.33亿元。期刊出版实现营业收入224.63亿元，利润总额36.88亿元。如表1所示。

表 1　期刊出版总量规模

单位：种，亿册，亿印张，亿元，%

总量指标	数　值	较 2020 年增减
品　种	10 185	-0.07
总印张	118.97	-1.29
总印数	20.09	2.21
定价总金额	217.33	2.55
营业收入	224.63	15.67
利润总额	36.88	21.49

注：数据来源为《2021 年新闻出版产业分析报告》

根据科睿唯安 2022 年 6 月发布的《期刊引证报告》（JCR-2021）显示，2022 年我国科技论文发表数量不断增长且质量呈现提升的态势，JCR-2021 发文量大于等于 200 篇且影响因子位于 Q1 区的中国大陆期刊有 24 种，[5]中国大陆期刊被 Scopus 收录 142 种，占总量的 10%。[6]据 2022 年的 SCI 数据库统计，我国发表科技论文高达 61.2 万余篇，占 SCI 期刊发文总量的 24.5%。2022 年 12 月 29 日，中国科学技术信息研究所发布的《2022 年中国科技论文统计报告》显示，我国热点论文世界占比持续增长，世界热点论文数量首次排名第 1。[7]中国卓越科技论文总体产出持续增加，更多发表在国内重要科技期刊上的论文入选卓越科技论文，我国科技期刊的发展取得了可喜的成绩。

2022 年 9 月，国务院办公厅发布《关于新时代进一步加强科学技术普及工作的意见》，从全局和战略的高度提出构建大科普发展格局。[8]此外，科普期刊积极构建传播矩阵，布局新媒体平台，打造个人 IP，取得了良好的传播效果。其中以《中国国家地理》杂志与《博物》杂志最具代表性。如《博物》杂志副主编、《中国国家地理》融媒体中心主任张辰亮的抖音账号"无穷小亮的科普日常"，用短视频的形式将《博物》期刊的精华内容加以深度解读，对大众进行科普，截至 2023 年 5 月 24 日已拥有 2 316.6 万粉丝量。在我国积极打造"大科普"社会、新媒体融合的环境下，科普传播、学术交流不再拘泥于刊发文章的形式。如依据 2023 年中国科协发布的《中国科协自然科学研究系列科普专业职称评审标准（试行）》，对于申报助理研究员的人员来说，网络阅读量不少于 10 万的科普作品在学术技术条件审核上，与 1 篇公开发表的期刊论文等效。[9]无论是依托短视频平台科普的形式还是在微信公众号上刊发文章的形式，都为处于高位的专业知识走向大众、晦涩知识便于理解构筑了中间层的缓冲，搭建了大众学习和接受知识的桥梁。

随着中国老龄化程度越来越高，老年群体的阅读需求引起更多重视。老年期刊的内容更加重视个性化差异化，追求类型多样化。同时老年期刊紧跟新时代的文化需求，不断进行媒体融合探索和数字反哺，在迎合数字化的过程中降低老年人数字阅读的门槛。如《老人春秋》在杂志中以二维码的形式链接有声阅读，解决老年群体阅读障碍。很多期刊采用调大字号、发行大字版本期刊的方式，方便老年人的阅读。只有切实了解老年群体的需求，才能真正为老年群体服务。

据《2021年全国新闻出版业基本情况》显示，全国共出版少年儿童期刊208种，占期刊总品种的2.04%，与上年相比，种数降低0.48%。[10] 我国少儿期刊在融媒体时代不断拓展其边界，进行品牌搭建的探索，积极利用新技术，打造新时代"大阅读"概念，提供更多精品的少儿读物。在形式上，AR、VR等虚拟空间技术与少儿科普类期刊的结合，极大地拓展了纸页的阅读空间，读者通过扫描二维码、播放音频动画，可以生动有趣地掌握知识。中国少年儿童新闻出版总社主办的少儿科普期刊《我们爱科学》《幼儿画报》开发了与其杂志相配套的App应用，扫描每期杂志书页附带的二维码就可获取现实增强画面。少儿期刊也更加注重主题策划，如《一百岁的红领巾》从历史角度贯穿讲述红领巾与现代的关联，将爱国教育融会贯通，打造具有时代特色的少儿精品读物。

时尚类期刊经历纸媒时代的衰落后，迅速转向新媒体平台，迎合流量场找到新的生存之道。以《时尚芭莎》《ELLE》《时尚COSMOPOLITAN》《服饰与美容VOGUE》和《嘉人》为首的五大时尚刊物，积极布局新媒体平台，对纸刊、新媒体平台、客户端分别进行区域经营与管理。在粉丝经济的推动下，借助粉丝和流量的高度聚集，链接明星、期刊和受众之间的关系，时尚电子刊爆发出了惊人的销量，如6元一本的《时尚芭莎》电子刊成了饭圈粉丝的狂欢地，几分钟内的百万销量不仅是时尚杂志电子刊吸金能力的有力证明，更意味着时尚期刊的成功转型。

二、2023 年期刊业发展趋势

回首过去，随着出版融合的深入发展，期刊业不断延展自身广度和深度，积极迎合互联网时代潮流，技术赋能出版流程，期刊评价日趋完善，版权保护为内容生产和学术创新营造良好的环境。聚焦当下，开放获取渐成趋势，ChatGPT 横空出世，以强势姿态给整个期刊业带来震荡，机遇和挑战并存。展望未来，期刊不仅是重要的文化载体，更具有深刻的战略意义，它仍将以高质量发展为目标，立足本土放眼国际，为我国文化产业的建设和发展作出重要贡献。

（一）期刊融合日益深化，主体性缺失渐成隐忧

新媒体环境下，期刊出版机构纷纷将出版融合作为转型升级的策略，不断探索融合路径，推进期刊融合发展。其中，内容呈现形式多元化是期刊融合最直观的表现。《中国国家地理》《中国中药杂志》《北京交通大学学报》《金属加工》《自动化学报》《航空知识》等期刊以视频形式呈现文章内容，并在视频号、抖音、B 站等平台进行发布，取得较好的传播效果；《环球人物》《读者》《意林》《青年文摘》《中外文摘》《三联生活周刊》等期刊将内容转换为音频形式，提供有声阅读服务，顺应移动化阅读趋势；《上海大学学报（自然科学版）》《奇趣百科》《幼儿画刊》《少儿科学周刊》等借助 VR、AR 技术增强内容沉浸感和体验感。

除了内容形式的丰富多元，策、编、发等出版流程持续优化也是期刊深度融合的重要方向。《社会》杂志借助大数据、算法等智能技术，对社会热点、学术热词、用户需求进行抓取和分析，进而把握社会需求和学术前沿，为期刊选题策划提供有效参考；科学出版社的 SciEngine 平台基于智能语义分析技术实现 XML 结构化排版，能够自动校对内容，并生成适合不同终端的格式文件，提高了编排环节的效率；中国激光杂志社自主研发的科云生产管理平台打通了稿件上传、编辑校对、排版定稿、网络发布等期刊出版全流程，方便编校资源共享与整合，减轻编辑工作负担；中国科学杂志社在办

好纸质版期刊的同时，还积极利用官网、微信公众号、视频号、微博、B 站等渠道推送内容，构建新媒体传播矩阵，提高内容触达率，扩大期刊影响力。

"用户至上"的互联网环境下，期刊可持续发展离不开用户群体的良好口碑，因此从用户需求出发优化期刊服务将成为期刊深度融合发展的必然趋势。就学术期刊而言，科研人员既是读者又是作者，着眼于科研人员的需求并为其提供便捷服务是学术期刊深度融合的发展趋势。例如，截至 2023 年 5 月 23 日，已有 1 945 家期刊社加入"OSID 开放科学计划"，这些期刊出版机构会在单篇文献上附加二维码，通过扫描二维码的方式为读者提供语音介绍、相关论文推荐、在线问答、学术讨论等增值服务，扩大读者范围；中山大学医学期刊联盟基于集群化优势，优化投稿流程，投稿人的文章被联盟内某本期刊拒绝后，若符合联盟内其他期刊的要求，则可在该刊编辑协助下将文章和评审意见转投到相关期刊，简化了投稿流程，提高了作者投稿的积极性。

期刊融合深入发展，推动了行业转型升级，但也存在着主体性缺失的隐忧。一方面，期刊在融合转型中往往需要与互联网公司、高新技术企业、业务外包公司等组织机构展开合作。在这一过程中，期刊出版活动容易受到外部组织干涉，导致其自主性降低，甚至部分期刊将征稿权、组版权等交给第三方公司运营，使期刊质量难以保证。另一方面，微信、微博等社交平台拓展了期刊传播渠道的同时，其运作逻辑也会限制期刊出版活动，弱化期刊对期刊传播的控制权。例如，期刊微信公众号发布文章后，推文被哪些用户接收完全取决于微信的算法推荐，期刊无力干预。此外，随着期刊出版的数字化转型，投稿、编辑排版、期刊出版等流程都可以在线上完成，纸质期刊出版作为期刊的主体工作，其存在价值也越发受到质疑。

（二）期刊业新场景渐显，生成式 AI 带来机遇

2022 年 1 月，国务院颁布了《"十四五"数字经济发展规划》，表明了政府部门对于数字技术发展的美好愿景和规划，也为我国期刊业运用最新技术打造新的行业场景指明了发展方向。自从 2021 年以来，元宇宙的发展势头一直火热，它融合了 5G、6G、云计算、人工智能、虚拟现实、区块链等各种技术形态，以一种强有力的发展引发各行各业的变革。随着 OpenAI 和百度相继上线大型语言生成模型 ChatGPT 和文心一言，人类正在逐步迈入 AIGC（人工智能生成内容）时代。面对生成式 AI 的异军突起，期

刊业尤其需要严阵以待。在新的技术变革之下，期刊业看到了其中暗含的未来新场景，并做出了很多新的探索和尝试。

对于期刊出版业来说，元宇宙的出现将带来期刊交流和阅读的全新场景，助力学术活动回归到最初的在场交流。2022年2月，国内第一本元宇宙数字杂志 MO Magazine 创刊，打开了对数字期刊终极形态的探索之门，为阅读带来了新的场景和体验。面对困扰学术界的版权保护问题，元宇宙会通过技术赋能带来新的解决方案。在元宇宙建构的全新空间中，也可以借助区块链来搭建全新的经济体系。2023年1月，《国家地理》杂志与 NFT 平台 Snowcrash 合作发布"GM：Daybreak Around the World"系列 NFT（非同质化代币）。通过与元宇宙接轨发行 NFT，《国家地理》杂志传达出了纸媒突破固有传播形式、寻求新的利润增长点的渴望，通过探索虚拟空间，为受众带来了全新的沉浸式场景体验。

以 ChatGPT 为代表的生成式 AI 的崛起，不仅是人工智能领域的一次重大变革，同时也将给期刊业带来新的变革，助力期刊业打造新的场景。对于期刊出版机构来说，首先，运用生成式 AI 可以直接处理一些论文排版格式问题，改正基本内容错误，并承担大量枯燥和重复的文本处理任务，从而减少编辑人员的冗余工作。其次，期刊出版机构可以运用生成式 AI 对期刊内容文本进行训练，创建出专属的领域知识库。[11]对于期刊作者来说，生成式 AI 可以成为辅助工具来帮助其进行学术写作，如自动生成摘要、提取文章关键词、结合大量数据库资料来帮助文献综述撰写、进行格式和细节检查、进行文章润色、克服写作过程中的语言障碍等。

但是，随着生成式 AI 的突然火爆，也引起了很多期刊从业者对于学术伦理问题的担忧。目前，多家知名学术期刊为了应对生成式 AI 的出现可能带来的负面后果，都做出了一系列的应对措施。*Science*、*Nature* 明确禁止将 ChatGPT 列为合著者。*Springer Nature* 和 *Elsevier* 虽然允许使用人工智能工具来提高文章的可读性，但表明其不能取代作者完成关键任务，如解释数据或得出科学结论，同时，作者在投稿时必须说明他们是否使用 AI 工具，以及他们具体是如何使用的。2023年4月，国内科幻期刊《科幻世界》宣布拒绝接收 AI 创作的科幻小说。[12]

尽管生成式 AI 的出现不可避免地会对现有的期刊出版业带来一定的冲击，可是一项新技术的发明和应用，必然会与当下的场景产生广泛而深刻的连接，从而带来整个行业的变革。正是由于生成式 AI 的出现，今后反而更需要期刊编辑和同行评议人对论文进行更加细致、专业的评阅和筛选。如果从这个角度来看，期刊和编辑的地位和作用反而是更重要了。总之，任何一项新技术的出现都不应是一些人眼中的"洪水猛兽"，期刊业也在变革之中看到了新的机遇。

（三）期刊授权仍待规范，著作权保护意识凸显

2022 年中国知网侵权事件引起了期刊业的广泛关注，知网高价垄断引起了行业内的高度不满，也让有关机构看到了数字出版平台同期刊签订独家授权协议的危害，并且期刊作者的著作权保护也引发了各方热议。

在数字出版平台最开始起步的时候，其实并不存在独家授权的问题，各类平台可以说是在同一起跑线上竞争。但是，很快这种模式的发展就造成了平台的重复建设和资源的浪费。因此，知网和万方等平台开始寻求同期刊社的独家授权，从而快速扩大自己的规模，在一批趋于同质化的平台中脱颖而出。对于期刊社而言，数字出版平台往往会给予其独家授权的优惠价格，该价格理论上是要高于期刊社授权给多个数字出版平台的价格之和，同时数字出版平台一般会承诺提供给签订独家协议的期刊更优质的服务，比如优先出版等。[13]因此，数字出版平台同期刊社签署独家协议，在一段时间内实现了双赢。

但是，随着独家授权模式的普遍化以及受众展现出使用的路径依赖，不可避免地造就了知网的一家独大。知网借此开始了无厘头的涨价，引发了市场的失衡，激起业内群愤。在独家授权模式之下，作者作为学术成果的创作者也逐渐在出版平台与期刊的博弈中被忽视。在学术生产传播过程中，作者、期刊和数字出版平台本应是相互依存、相互成就的关系，即作者生产学术成果，期刊对学术成果进行认证，再由数字出版平台进行广泛的传播。但事实上，作者、期刊和数字出版平台之间的地位是极度不平等的。目前来说，期刊取得作者授权的方式主要有以下三种：与作者签署论文著作权转让协议、签署论文著作权许可使用协议、学术期刊单方面发表著作权声明。在这三种授权方式之下，期刊轻易就取得了作者学术成果的网络传播使用权。而数字出版平台通过与期刊编辑部签署格式化协议，忽视自身的侵权风险，轻易就获得了期刊的数字出版权。最后，数字出版平台通过学术评价等衍生的功能牢牢将期刊与作者控制

在手中，让其成为廉价的数据源提供者，从而最大化了数字出版平台的利益。在知网进行数据库建设的过程中，没有充分地尊重期刊，给读者只留下了知网这个唯一的"大刊"形象。知网与期刊社之间长期存在着品牌、利益和权利矛盾。

赵德馨教授的胜诉，不仅引发了市场监管机构对于期刊独家授权模式的监管，且数字出版平台也开始重视作者的著作权。数字出版平台也逐渐认识到，真正的商品是单篇的文章而不是期刊，文章应该成为数字出版的最小单位。作为单篇文章的作者，应该拥有对文章是否授权给数字出版平台的决定权。

2023年2月17日，第十二届中国数字出版博览会的主题论坛"数字版权经济论坛——数字出版产业版权保护与合规使用"在北京成功举办，参会嘉宾聚焦"数字出版产业版权保护与合规使用"这一主题，进行研讨和交流。在中宣部版权管理局的指导下，中国文字著作权协会联合30余家行业协会、学术期刊出版单位和数字出版机构共同发布倡议书，发起成立共同体，共同探索期刊的版权保护和合规使用。可以看出，期刊出版业也在积极寻求版权保护的新出路，越来越多的业内人士开始关注政策和法律上的漏洞，并推动法律的完善，从而做到有法可依，违法必究。

（四）学术成果认定多元，期刊评价功能淡化

期刊评价是在图书馆经费预算的约束下催生出来的，并伴随着时代变迁和技术发展不断趋于科学化。科睿唯安JCR期刊分区依据影响因子将期刊划分为Q1、Q2、Q3和Q4区，影响广泛。中科院文献情报中心为弥补影响因子计算的局限，提出"期刊超越指数"，即某期刊论文的被引频率高于其他期刊同主题、同类型论文的概率，并用其替换"影响因子"，于2022年开始作为期刊分区主要参考指标。中国科协遵照同行评议、价值导向、等效应用原则，经过科研群体推荐、专家评议等程序，形成T级期刊分区目录，一定程度上修正了纯定量评价的偏差。此外，在新媒体兴盛的背景下，还出现了2022"CSSCI源刊微信公众号传播力指数"年榜、2022数字阅读影响力期刊TOP100等与期刊相关的评价和排行，评价方式多元。

随着期刊评价的发展和完善，越来越多的机构和组织将期刊评价作为学术评价和科研评价的重要参考指标，期刊被赋予了评价功能。但期刊评价不能直接等同于学术评价。2023年3月，在科睿唯安发布的SCI目录中，影响因子高达7.310的Oxidative

Medicine and Cellular Longevity 期刊由于质量不达标被剔除，这足以说明期刊的影响力不完全等同于学术文章的质量。当期刊评价被生硬地和学术评价划上等号时，就容易引发期刊行业乱象。对学者而言，出于升学、评职称等目的，会尽可能将论文发表在核心期刊上，导致大量高质量学术成果涌向影响因子高的期刊。这些优质内容也会进一步提高期刊的影响因子，使期刊业呈现马太效应，不利于行业健康发展。对于期刊而言，为了提高自己的影响力，会更倾向于接收篇幅较长的或行业知名学者的文章。但期刊版面资源是有限的，发表大量篇幅过长的文章，意味着更多学者的论文公开发表需求将难以满足，不利于正常的学术沟通和交流。对于青年学者而言，在期刊上发文的难度将会更大。全国政协委员刘宁曾做过简单统计，发现在人文社会科学核心期刊中，单独署名的博士生撰写的论文占比在 4% 以下，单独署名的硕士生撰写的论文几乎绝迹。[14] 由于青年学者尚无知名度和影响力，文章拒稿率极高。

为优化学术评价体系，目前国内许多机构和高校着眼新媒体渠道，探索学术成果多元认定方式，一定程度上淡化了期刊的评价功能。《浙江大学优秀网络文化成果认定实施办法（试行）》实施后，浙大师生在媒体及"两微一端"发表的网文达到一定的数据要求，经专家委员会严格评审后，可被认定为国内权威、一级、核心等学术期刊论文。在此之前，南京大学现代工程与应用科学学院《研究生奖学金评定办法》《吉林大学网络舆情类成果认定办法（试行）》《上海交通大学高校思想政治工作简报》2017 年第 16 期等也有类似的举措，冲击了单一的学术评价体系。

尽管这些认定办法多数处于试行阶段，但仍然为期刊业敲响了警钟。随着新媒体不断发展，学术成果发表渠道愈发多元，期刊不再是唯一的学术成果公开渠道，其被赋予的评价功能也相应淡化。这种背景下，期刊若一味地追求影响因子，有意地增加文章篇幅以减少刊载的文章数量，就会使更多学者倾向于在新媒体渠道上发表文章。内容质量是期刊的立身之本，当高质量文章来源不再稳定时，期刊也就彻底丧失了生存空间。因此，如何转变经营策略以适应新的形势，值得每个期刊深思。

（五）商业出版转变思维，探索 OA 发展新方向

2022 年是布达佩斯开放获取倡议（Buda—pest Open Access Initiative）发布的第 20 年，这 20 年来开放获取在理论和实践方面齐头并进，在全球范围内带来了期刊业的大

变革。开放获取之所以得到各方大力支持，是因为 OA 期刊不仅是商业出版的必要补充，同时也是制约和对抗商业出版发展为寡头垄断的一个强有力的武器。2018 年 9 月 4 日，在欧盟委员会和欧洲研究理事会的支持下，启动开放获取科研资助联盟（cOAlition S），并发起开放获取 S 计划，通过类似于行政上的强制命令，督促出版集团让渡出部分利益，促进学术资源的开放获取。[15] 联合国教科文组织于 2021 年 11 月发布《开放科学建议书》，呼吁世界各国致力于更加开放、透明、协作和包容的科学实践，充分彰显出开放科学已经成为国际共识。2021 年 12 月，《中华人民共和国科学技术进步法》经过修订也确立了开放获取为国家科学技术发展方向。

一直以来，期刊出版商都是通过收取高额的文章订阅费来维持运营获取利润的，但是随着开放获取成为不可抵挡的现实潮流，他们也开始转变思维，从开放获取中发现新的利润来源。期刊出版商开始利用 OA 市场的增长，将商业战略从传统的订阅转向 OA。在从商业出版到开放获取的过程中，出版商首先要考虑的问题就是成本该如何分配。他们面临四难选择：通过订阅费维持出版，读者受影响；通过 APC（文章处理费）维持，作者受影响；通过机构资助维持，机构承担很大资金压力；通过降低出版成本，读者会面对劣质的内容。对此，期刊出版商从一开始的手足无措逐渐转变为"积极拥抱" OA。一方面，商业出版商会通过双重收费来维持自己的利润，所谓双重收费就是部分传统出版商开始推出混合期刊，兼容基于订阅的模式和作者付费的模式。另一方面，大型期刊出版商会创建一些下属的 OA 刊，把以前因为高要求无法收录的文章，用以开放获取，逐渐会形成一种业内共识，即完全 OA 的期刊在质量上不如双重收费的期刊。

期刊出版商思维的转变，让业界开始探讨 OA 模式的多元化和可持续发展，在回归理性之后，业界也逐渐认识到 OA 是无法完全取代商业出版的，因此期刊业需要做的是不断完善 OA 的模式，从而达到各方共赢。

当下期刊出版商最热衷的 OA 发展路径就是开放获取 S 计划所支持的转换协议。[16] 目前，开放获取转换协议对于期刊出版商来说已成为一项具有高度影响力的过渡战略。图书馆、国家或地区联盟等机构用户与出版商之间经过谈判，将达成集订阅与开放获取于一体的协议，它将改变学术期刊出版的商业模式，从基于订阅的方式转变为因出版商提供开放获取出版服务而获得合理报酬的方式。[17] 这些协议意味着，机构只要与特定出版商签订转换协议，机构所属作者就可以在不支付任何额外费用的情况下发表开放获取文章。在实现完全 OA 的愿景之下，把阅读和出版结合在一个协议的做法将更被提倡。2022 年，开放获取转换协议数量飞速增长，不仅仅是欧洲，美洲与亚洲的期刊出版商也看到了这种模式的发展潜力。利用这种 OA 模式，期刊出版商有可能继续保持利润增长。因此，转换协议也被认为是新型的"大宗交易"，它的发展将挤压小型出版商及 OA 出版商的生存空间，从而保持甚至加剧垄断。

总之，虽然 OA 在理论上可以克服学术出版的不公平，但大型出版商已经利用 APC，以及阅读和出版交易来获取利润。因此，在商业出版开始拥抱 OA 期刊的过程中，如何让 OA 期刊保持可持续发展也是当下需要关注的事情。即使开放获取成为一种发展趋势，但如何让开放获取保持初心，真正地为学术界健康持续发展提供动力才是重中之重。只有当商业出版和开放获取真正达成某种合作上的默契，才能让期刊出版业走向成熟。

（六）造船出海任重道远，多方尝试探索新路径

学术期刊是先进文化思想和科研成果的重要体现，承载了文化科技思想的交流与传播，在促进中国学术出版走出去，提高我国国际学术影响力的过程中发挥着重要作用。

当前，我国学术期刊在走出去的路径上多采用"借船出海"，即和国际出版商如 *Elsevier*、*Springer Nature* 等合作，借助其现有平台的知名度和影响力帮助我国学术期刊更快走向国际。《浙江大学学报》（英文版）就与施普林格进行合作，借助 SpringerLink 数字化出版平台面向全球。根据《2022 年外文期刊评价名单及分类公示》，目前我国具有 CN 号的 428 种英文期刊中 80% 以上都与国际出版商合作出版。但这种"借船出海"的出版模式存在一定问题，会将一些知识产权、科研数据为他人所用，事实上是中国科技工作者以中国财政资金培育出来的科研成果流向了中国学术期刊的竞争对手，进而压缩了中国学术期刊的自主发展道路，导致在国际学术话语权的争夺上处于不利位置，形成恶性循环。[18]

目前，缺乏自主成熟的数字化传播平台成为我国学术期刊"走出去"的重要难题，为摆脱路径依赖，学界各方都开展了新尝试。卓越行动计划提出建设国际化数字出版

服务平台项目,要求以数字化重构出版流程,推动融合发展。中国知网、科学出版社的 SciEngine、中国激光杂志社的 Researching、高等教育社的 Frontiers Journals、中华医学会的中华医学期刊网等出版传播平台已经建成投入使用。此外,清华大学出版社搭建了集投审稿系统、生产系统、全媒体发布系统、集群门户系统、移动端/社交系统、知识服务系统和运营管理系统 7 个子系统于一体的 SciOpen 科技期刊国际化数字出版平台。[19] SciOpen 截至 2022 年 11 月已上线 30 多种英文期刊、1 万多篇论文,在打造国际化数字出版平台上的表现十分抢眼。

虽然新尝试层出不穷,国家数字化出版平台的建设也取得了一定成就,但与国际知名出版企业的数字化平台相比,仍有较大差距。从整体来看,平台小且布局分散,合作的期刊数量有限,难以形成规模效应,并且大多数没有形成出版传播全流程的服务链条;从传播渠道来看,与国际搜索引擎或国际社媒等第三方平台合作推广不够深入,造成其国际知名度低和影响力弱;从人员组成上来看,技术人员对平台的维护和更新不够,平台开发人员缺乏出版知识图谱,难以打造出一个能够真正服务出版全流程的数字化平台;另外编辑人员自主性不足,审稿周期漫长,语言能力不够,缺乏一定对接国际的能力。尽管各方在造船出海的路径搭建上做出了新的探索与尝试,但面临的种种问题与挑战仍需在实践中解决与完善。

三、2023 年期刊业发展建议

期刊出版业的边界在不断扩展,内涵亦在不断丰富。数字化带来的影响需要期刊出版业做出顺势而为的变动,期刊应该重视自身功能,发挥文化引领作用,助力文化强国建设,从业人员也需不断调整心态,在技术创新中找到职业定位,为行业贡献力量。

(一)调整图书馆功能定位,助力期刊回归 C 端市场

学术期刊的出版与图书馆密不可分。首先,图书馆承担着购买、收藏和传播学术

期刊的责任，学术期刊的编辑、出版、发行以及学术成果的传播都需要依赖图书馆。其次，学术期刊是图书馆馆藏不可或缺的一部分，图书馆通过学术期刊来建构自身，服务用户，实现对人类知识和文化的存储。从学术期刊数字出版的需求侧来说，主要分为机构客户和个人客户，机构客户主要就是高校图书馆，但机构客户的终端消费者还是其所覆盖的人群，包括教师和学生等。[20]机构客户所支付的费用要占学术期刊数字出版平台收入的绝大部分，因此对于学术期刊数字出版平台来说，其面向的主要销售客户是机构用户。

在数字出版时代，图书馆更像是一个中介，一个总括性的形象代替了形形色色的个人用户。传统纸质出版时代，高校图书馆对于期刊出版的影响微乎其微。因为读者可以根据自身的需要来订购期刊，获取学术资源。但是在数字出版时代，图书馆和期刊的关系发生了改变，各大高校的读者几乎都是通过图书馆订购的期刊资源进行阅读。因此，图书馆成为了读者与期刊之间的一个重要中介，但它也阻断了期刊与读者的直接交流。由于图书馆在购买期刊资源时，需要考虑经费问题，为了利益最大化，必然会舍弃一些冷门小众的数字出版平台和学科期刊。这些被图书馆抛弃的期刊，他们的生存就成了问题，对于部分读者来说，他们也就无法获取自己真正所需要的学术资源。所以，在数字出版时代，图书馆作为一个中介在某种程度上也在压抑学术创新。

以图书馆等机构用户为主的 B 端市场降低了期刊多元化发展的积极性。图书馆等机构的经费一般都是由政府公共财政予以补贴，在采购的过程中更加注重的是学术期刊数字出版资源的质量和数量，对于一些读者的个性化需求难以满足。因此，图书馆需要调整功能定位，认清自身在学术交流中承担的中介作用，考虑经费的同时也要考虑读者的个性化需求，最大程度服务于读者用户。数字出版平台也应该看到图书馆的中介作用，努力扩宽自己的用户边界，在将图书馆等机构用户作为主要客户的同时，也要看到个人用户的需求。在政策层面上，需要对图书馆等机构用户进行限制，将市场需求逐步让步给读者，连接起读者和期刊数字出版资源。最后，国家也可以进一步加大公共财政资金的投入，资助期刊数字出版平台，让一些个性化的"小精强"的数字出版平台和期刊能够存活下去。

（二）重视学术知识普及，服务文化强国建设

社会主义文化强国是社会主义现代化建设的重要目标，是实现中华民族伟大复兴的应有之义。学术期刊作为各领域最新文化成果的汇集地之一，是国家文化软实力的重要组成部分，与文化强国建设有着深刻的内在联系，在服务文化强国战略方面发挥着不可替代的作用。具体来说，社会主义文化强国意味着理论思想能深刻地指导社会发展，国民文化素养能得到提高。期刊推动学术知识普及能够使理论更好地指导社会发展，提高人们的知识素养，进而服务社会主义文化强国建设。

期刊学术知识普及有利于推动学术成果实践与应用，增强对社会发展的指导意义。当前中国经济高速发展，技术更迭十分迅速，各行各业都紧锣密鼓地转型升级以更好地生存和发展。在这一过程中，企业会面临多样复杂的新选择、新问题、新挑战，需要科学理论依据来做出有效的决策，对前沿知识的需求日益迫切。学术知识成果是科研群体基于大量的实证研究和理论储备，对各行各业的发展进程进行前瞻性分析的产物。学术期刊作为学术成果的重要载体，若能着眼于社会行业发展需求和困境，进行针对性学术普及，则能够为行业实践提供相对可靠的决策依据，促进学术成果落地，助力社会发展。

期刊学术知识普及也有利于提高国民整体文化素养，增强文化自信。党的二十大报告指出"推进文化自信自强，铸就社会主义文化新辉煌"。[21]增强文化自信除了要了解优秀传统文化外，还需要让公众了解自然科学和社会科学的前沿动向，从前沿学术成果中感受文化的生机与活力，培养文化自信。因此，作为受国家财政支持的公益事业，学术期刊不应局限于学术传播、成果评价等学术功能，还应推进学术知识普及化，让公众了解学术文化前沿动向，增强公众文化自信，为建设社会主义文化强国助力。

当下，新媒体发展日新月异，为学术期刊知识普及提供了新的契机。根据第二十次全国国民阅读调查结果显示，2022年有77.8%的成年国民选择手机进行阅读，手机阅读成为人们的主要阅读方式。[22]期刊出版机构应积极布局移动新媒体，通过多种形式向大众普及学术知识。例如，《编辑之友》入驻微信公众号，依照微信推文呈现逻辑，对文献学术观点进行提炼，精简内容，方便公众接收和理解；中国社会科学杂志社的《我说》系列融媒体节目，邀请作者以短视频方式就论文内容简要阐述，并在讲解中穿

插资料画面，辅助公众理解内容，普及学术知识。总之，学术知识普及化在当下符合时代要求、具备技术条件，期刊出版机构应当重视学术知识普及，服务社会发展，增强公众文化自信，肩负起助推文化强国建设的责任与担当。

（三）划定版本馆开放边界，发挥文化传承功能

2022 年 7 月，国家版本馆（中国国家版本馆北京总馆，西安、杭州、广州分馆）的落成标志着"十四五"规划和国家重大文化工程远景规划的部分实现。作为国家版本资源总库与中华文化种子基因库，版本馆的存在对我国赓续中华文脉、坚定文化自信有着重要意义。中国国家版本馆的前身国家版本图书馆已建馆 70 余年，根据《出版管理条例》规定，报纸、期刊、图书、音像制品、电子出版物等出版物样品要依例向其呈缴。版本馆的成立，很大程度上扩展了版本资源，内容上从古籍到现代文本，类型上从兵马俑到健康码的第一行代码，包含了古今中外载有中华文明印记的各类版本资源。

在文化层面上，积极建造功能多样的版本馆益处良多。民族精神的传承、民族文化的赓续，需要我们保存文明的火种，只有留下的种子越全面、越精细，民族记忆对于后代来说才会更加深刻生动。国家版本馆的建立，提高了我们对文明种子收集、存储的能力，并增强了我们保护自己文明的种子在中华大地生根发芽的意识。

版本馆丰富的数据资源是否开放值得深思熟虑。依托版本馆的政策资源优势，数据平台建设与数字资源的集中水到渠成，自然而然地可以建立大而全的数据库。在这样的状况下，国家版本馆的数据库是否开放，似乎陷入两难的选择，版本馆的功能定位也陷入困境。一方面，与其他承担着传承、记录的功能馆厅，如档案馆相比，版本馆独享丰厚的数据资源。但是版本馆如果只是对丰富的资源存而不用，则无法更好地肩负起传承的重任。知识的价值不在于"藏之名山"，而在于广泛传播：传播范围越广，知识价值越大；传播效率越高，知识增值越快。传承只有在不断的提及、日常化的使用中才能得到真正的延续。[23]另一方面，如果将数据库从静态的存储转化为动态的使用，则可能打破期刊市场微妙的平衡，甚至带来无法预计的负面影响。

在商业出版模式占据市场主导地位的情况下，开放获取模式作为与之抗衡的力量正在逐渐崭露头角。从开放获取的角度来看，国家版本馆拥有国内出版物的全部数据资源与信息，一旦它选择开放所有数据，建立免费的访问链接，就会增强开放获取的

实力。但从期刊商业出版角度来看，国家版本馆如果不计后果不讲分寸地全面开放海量的数据，提供免费的应用，势必会强势地削弱人们对商业出版期刊的需求与购买，压缩其盈利与生存空间。

虽然局部开放获取可能暂时不会有过多的影响，但由于版本馆数据资源的全面，它的开放程度与零星的开放获取并不属于同一量级。总之，开放获取模式在期刊业中发挥不可替代的作用，但商业出版期刊也必须要有足够的生存空间，国家版本数据库是否开放仍是一个值得思考的问题。整体来看，突出版本馆的文化传承功能，对于保护期刊出版生态的健康稳定发展更有利。

（四）打造优质期刊品牌，塑造真实国家形象

中国外文出版发行事业局是承担党和国家对外宣传任务的国际传播机构，于2022年1月调整对外名称，以"中国国际传播集团"面向世界，中国外文出版发行事业局国际传播事业由此进入新阶段。中国外文出版发行事业局编辑出版《北京周报》《对外传播》《中国报道》《今日中国》等多种中外文期刊，面向世界180多个国家和地区。新生的"中国国际传播集团"深耕讲好中国故事的领域，精心打造外国人讲中国故事、国际交流对话平台、精准传播联合行动等三大品牌体系，为我国外宣事业提供品牌支撑。

外宣传播需要借助期刊群的力量，外宣期刊是我们优质文化的重要载体。但近年来，外宣期刊逐渐出现了同质化的现象，期刊品牌作用不够明显，市场区分度不高。品牌具有标记、区分和识别等基本功能，在市场扩张中起到重要作用。所以在出海路上，期刊格外需要打造优质品牌，在中国式话语中寻找自己的品牌定位，帮助其挖掘自身优势，形成独特的期刊品牌。尽管我们针对不同的国家地区发行不同的期刊，但往往对象国对我们的期刊并没有一个具象的感知，一个权威的期刊品牌符号就能够弥补这一缺憾，因为品牌符号是基于文化形成的，它正是高度凝结中国文化的具象表现。

经过市场筛选的期刊品牌更具有竞争力和说服力，当前国际局势复杂严峻，西方精心打造的东方主义视角让我们的国家形象时常处于污名化之中，优质的期刊品牌能够帮助期刊纵深发展，传播真实、全面、立体的国家形象。然而，我国的外宣期刊品牌建设缺乏市场孕育环境，顶层设计虽有助于勠力同心，形成声量，但传播效果往往一般，容易被国外受众贴上意识形态输出的标签。期刊品牌的孕育需要市场化的过程，

在摸爬滚打中探索契合海外读者的传播路径。

基于市场形成的品牌除了具有更强的竞争能力，也能在增加用户黏性，培养自己的用户圈层上发挥重要作用。拥有自己的海外受众圈层是期刊从"走出去"到"走进去"的要义所在，也是中国外文出版发行事业局打造的外国人讲述中国故事品牌体系的重要前提。

此外，在进行国际版权贸易的过程中需要借助品牌的力量。在国际出版市场上，欧美等国具有先发优势，占据了大量的市场份额，在出版市场上掌握绝对的话语权，而我国期刊出版业想要突围，就格外需要塑造优质品牌，以增强自身的信誉和区分度。每一个国家都有自己的形象，或有利或不利、或正面或负面。无论这些看法如何，它们都影响着投资者或消费者对一国之国家"品牌"的判断。而这些判断将部分决定该品牌的销路，或影响其出口，或左右外国投资者的选择。[24]高端优质的品牌也有利于我们与国际知名出版社如爱思唯尔、施普林格·自然等进行合作，尤其是在出版的边界不断扩张的背景下，打造 IP、影视化等合作将成为出版业的新方向，优质权威的期刊品牌能更好地帮助出版企业与国际接轨，开展全方位立体化的合作。

（五）强化期刊文化引领，重塑文摘期刊功能

2023 年 4 月，《读者》35 周年典藏版的发布又一次唤醒了一代代人曾经的青春记忆。在那个文化知识获取渠道匮乏的年代，《读者》成了大众最主要的读物之一，它充分发挥了文摘的特性和优势，将很多优秀的国内外文章转译刊登，成为读者了解文学、获知信息的重要渠道，让国内外文学融合在大众日常文化生活中。

当下网络环境纷繁复杂，各种形态的文化进入人们生活之中，人们面对多元文化往往表现出随波逐流和不知所措，原本发挥文化引领作用的期刊在时代的浪潮里失去了其本意。期刊的形态无论发生怎样的变化，无论是纸刊还是电子刊，都应该坚持其文化引领作用，在多元文化的冲击中为受众作以方向指引，夺回自己失去的文化阵地。

期刊可以借助文摘功能，选择适应我国人民精神文化需求的优质内容，发挥其文化引领作用。《读者》就是文摘类期刊的典型代表，曾经它也正是借助文摘功能，刊登世界经典文学作品，引领时代文化潮流。

文摘期刊在学术领域发挥着另一种作用，学界有《新华文摘》《中国社会科学文摘》《高等学校文科学术文摘》《人大复印报刊资料（系列）》等文摘类期刊。与《读者》不同，这些期刊更多发挥的是评价功能，即某一文章是否被这些知名学术文摘收录，是评判该文章质量高低的重要指标之一。

学术文摘期刊除发挥评价功能外，更应该重视其文摘的摘录和传播功能。比如，学术文摘期刊可以像早期的《读者》一样，将国外优秀的学术文章进行摘录转译总结，以提纲携领的方式将一个学科的最新研究成果带给读者。美国化学学会化学文摘社编辑出版的《化学文摘》（*Chemical Abstracts*，简称 CA），它组建了世界上最大的有关化学信息文献检索的数据库。通过 CA，读者可以快速找到需要的文献信息，从而提高自己的学习科研效率。这种论文呈现形式能够帮助研究人员节省搜集、阅读、翻译外文文献的时间，使研究人员在有效获得最新学术前沿的同时，能够将更多精力投入在细分领域文献内容的理解上。这种模式值得我国学术文摘期刊借鉴。

事实上，学术文摘期刊的功能并不局限于此。学术文摘期刊可以在数据库被封锁、学术资源被切断的紧急情况下，提供必要的信息获取渠道。俄乌战争爆发后，*Clarivate*、*Elsevier*、*Springer Nature* 等多家国际学术出版和信息服务机构对俄罗斯学术领域展开制裁，停止相关商业活动，使俄罗斯处于"论文断供"的困境。这种情境下，文摘的战略意义凸显。我国期刊业应该注重培育和发展文摘期刊市场，通过多渠道、多手段对国际学术前沿知识进行摘录，汇集成文摘，凸显文摘期刊的情报价值，帮助学界在学术资源被切断的极端情势下获取信息，维持本国学术研究。

（六）感知行业结构变化，反思从业者自我价值

随着互联网时代的到来，越来越多的数字技术层出不穷，每一次科技的飞跃，都为整个出版行业带来剧烈的震荡。读者、作者和期刊产品，构成了整个期刊出版业的三大支柱，随着数字革命的开始，这三大支柱也在发生着一系列变化。海量信息让人目不暇接，碎片化阅读成为常态，于是期刊在数字化转型过程中更多地被拆成单篇售卖，大型数据库结合智能算法推荐以更好满足读者的个性化需求；全民触网的时代里，伴随着平台化经济的发展让人人都能成为知识分享的作者，作者群体不断泛化，随着知识付费和在线创作的发展，随写随发，作者自己编辑内容也开始将专业编辑和出版人的地位边缘化；在这二者的变动下，期刊产品的形态也逐渐泛化，从以纸张为主要

介质到数屏时代,现在随着媒介融合的发展,结合音视频呈现出更加丰富的形态。耿相新在《出版的边界》一书中也提道:"数字技术正在颠覆出版的概念,至少可以说它正在颠覆传统的出版商业模式。"[25]

对于期刊出版业而言,数字出版商已经崛起,在国外以 *Elsevier* 和 *Springer Nature* 为代表,在国内有知网、万方和超星等数据库。传统纸质时代下高昂的复制成本已经被数媒时代几乎可以忽略不计的成本取代,专业数据库越发凸显作者的身份而淡化整本期刊的色彩,传统期刊的生存空间在不断缩小,传统期刊从业者又该何去何从?

纸稿时代优秀编辑所具有的组稿能力和远见卓识在数媒时代同样稀缺重要,当前作者边界的泛化,让文章内容质量参差不齐,平台上海量的信息和文章往往让人摸不着头脑,分不清重点,找不到前沿,垂直细分领域的深耕离不开优秀编辑的组织策划。期刊走出去需要顶层设计议题内容,开放式投稿平台更需要具有战略眼光的编辑进行筛选,争夺更优质的内容资源。此外,编辑仍旧是对接作者,聆听读者的重要桥梁。这样看来,从业者在随着技术不断提升自身能力的同时,更为重要的是去反思自我在这个行业中真正的价值,真正的能力所在,人工智能替代新闻出版领域从业人员的声调不绝于耳,在技术焦虑面前,改变思维找准定位远比一再唱衰有用。

面对日新月异的行业变化,催动从业者顺应时代潮流,增强专业能力,培养新媒体实践能力的说法不断,但这总是带有一种深深的无力感,一种人被技术裹挟被动前行的感觉,从业者总是慢半拍的话无法引领行业前行。无论身处哪个时代,真正的核心竞争力应该是人,人不应该将自己放在技术的赛道上作比。新技术出现后,从业者应该先去敏锐地感知行业微小的蝴蝶效应,反思技术的正负价值。比如,ChatGPT 带来的究竟是帮助我们期刊业向好向善的发展,还是埋藏着学术伦理和虚假信息服务的饵雷;各大数据库结合算法智能推荐究竟是帮助专业领域学者深耕还是带来了信息茧房和复合思维的难以发展;每一次新技术介入到期刊出版业都让这个行业产生摇晃,纸媒衰落的冲击始终弥漫在各种期刊领域,每一份经典期刊的停刊在让读者心中充满遗憾的同时更是为期刊从业者带来了深深的焦虑。而为了让期刊业紧跟时代发展,似乎每一次技术浪潮来临,我们都选择了不假思索的跟随,可那些我们所丢失的纸媒时代的荣光似乎再也无从找寻。

(赵文义　长安大学图书馆馆长、长安大学人文学院教授)

参考文献

[1] 习近平：高举中国特色社会主义伟大旗帜 为全面建设社会主义现代化国家而团结奋斗——在中国共产党第二十次全国代表大会上的报告［EB/OL］．（2022－10－25）［2023－05－25］．http：//www.qstheory.cn/yaowen/2022－10/25/c_1129079926.htm.

[2] 国家新闻出版署．中共中央宣传部印发《关于推动出版深度融合发展的实施意见》［EB/OL］．（2022－04－24）［2023－05－25］．https：//www.nppa.gov.cn/nppa/contents/279/103878.shtml.

[3] 梁徐静．新时代我国科技期刊高质量发展的逻辑演变与实践进路［J］．科技与出版，2022（04）：16－22.

[4] 习近平：高举中国特色社会主义伟大旗帜 为全面建设社会主义现代化国家而团结奋斗——在中国共产党第二十次全国代表大会上的报告［EB/OL］．（2022－10－25）［2023－05－25］．http：//www.qstheory.cn/yaowen/2022－10/25/c_1129079926.htm.

[5] 任胜利，杨洁，宁笔，陈哲，马峥．2022年我国英文科技期刊发展回顾［J］．科技与出版，2023（03）：50－57.

[6] Scopus中国学术委员会．2022年Scopus新收录中国期刊［EB/OL］．（2023－01－05）［2023－02－11］．https：//goingglobal.cnpiec.com.cn/news/info?id=7f4e2951e57c4678877003dfe9b5b3ca.

[7] 中国科学技术信息研究所．《2022年中国科技论文统计报告》［EB/OL］．（2022－12－29）［2023－05－25］．https：//stm.castscs.org.cn/u/cms/www/202212/29180350w9yt.pdf.

[8] 中共中央办公厅 国务院办公厅印发《关于新时代进一步加强科学技术普及工作的意见》［EB/OL］．（2022－09－04）［2023－05－26］．https：//www.gov.cn/zhengce/2022－09/04/content_5708260.htm.

[9] 中国科协．《中国科协自然科学研究所系列科普专业职称评审标准（试行）》［EB/OL］．（2023－4－23）［2023－05－26］．https：//crsp.org.cn/uploads/soft/2304/2023－04－18_0001.doc.

[10] 国家新闻出版署．《2021年全国新闻出版业基本情况》［EB/OL］．（2023－2－22）［2023－05－25］．https：//www.nppa.gov.cn/nppa/upload/files/2023/2/877677fb7ff-

ba21. pdf.

[11] 沈锡宾，王立磊，刘红霞．人工智能生成内容时代学术期刊出版的机遇与挑战［J］．数字出版研究，2023，2（02）：27－33．

[12] 杜蔚，丁舟洋．科幻期刊拒收 AI 创作的小说 ChatGPT 是文学灾难还是福音？［N］．每日经济新闻，2023－04－11（006）．

[13] 张耀坤，胡方丹．中文学术期刊开放存取、独家授权与文摘索引服务——在无序中寻找突破口［J］．情报资料工作，2016（02）：58－62．

[14] 怎样支持青年学者独立发表学术成果［EB/OL］．（2020－05－26）［2023－05－26］．http：//zqb. cyol. com/html/2020－05/26/nw. D110000zgqnb_ 20200526_ 3－07. htm．

[15] 崔丽媛，刘春丽．开放获取 S 计划演进历程、动因及对我国的启示［J］．图书情报工作，2021，65（04）：102－110．

[16] 徐丽芳，邹青，周伊，罗婷，田峥峥．在博弈中迈向开放科学：2022 年海外科技期刊出版与数据出版盘点［J］．科技与出版，2023（03）：36－49．

[17] 韩子静，颜沁莹，田稷．基于开放获取转换协议的数据库采购价格博弈分析——以 ACM OPEN 模型为例［J］．大学图书馆学报，2022，40（05）：48－57．

[18] 赵文义．科研论文本应写在祖国的大地上［J］．出版广角，2017（17）：27－29．

[19] 张莉，石磊．科技期刊数字出版平台的建设思考与实践［J］．中国科技期刊研究，2022，33（05）：610－613．

[20] 赵文义．略论学术期刊数字出版需求侧与供给侧的结构性改革［J］．出版发行研究，2016（05）：17－19．

[21] 习近平：高举中国特色社会主义伟大旗帜 为全面建设社会主义现代化国家而团结奋斗——在中国共产党第二十次全国代表大会上的报告［EB/OL］．（2022－10－25）［2023－05－25］．http：//www. qstheory. cn/yaowen/2022－10/25/c_ 1129079926. htm．

[22] 第二十次全国国民阅读调查成果［EB/OL］．（2023－04－24）［2023－05－26］．https：//www. nppa. gov. cn/nppa/contents/280/106729. shtml．

[23] 沈丹，张福颖．新媒体时代学术期刊的社会评价——学术期刊评价指标与服

务创新［J］．中国编辑，2018（12）：53－59．

［24］刘继南，何辉等．中国形象：中国国家形象的国际传播现状与对策［M］．北京：中国传媒大学出版社．2006：13．

［25］耿相新．出版的边界．［M］．北京：中国传媒大学出版社，2020：11－13．

2022—2023 中国报业发展报告

陈国权　宋泽晖

从报纸阅读率、发行量、广告额等传统报业数据来看，报业的的确确是一个正在衰退并终将走向消亡的行业；但是有关报业的传播指数、融合传播、新技术、新业务，以及新机会的数据和事实却揭示着，这是一个欣欣向荣的朝阳产业。这似乎是一个悖论。报业已不是"报"业，绝大部分报社也已不是"报"社；通过媒体融合和业务再造，报业的传播力得到极大提升，已深深地嵌入主流舆论格局中，在全媒体传播体系建设中扮演重要角色，并有望在服务中国式现代化进程中发挥更大作用。

一、数据悖论：衰亡行业与朝阳行业

根据国家统计局网站发布的 2022 年 1—11 月全国规模以上工业企业利润数据显示，印刷和记录媒介复制业（主要涉及报纸期刊等）实现营业收入 6 834.7 亿元，同比下降 0.3%；利润总额 354.2 亿元，同比下降幅度更大，为 5.9%。[1] 而根据中国报业协会印刷工作委员会《关于 2022 年度全国报纸印刷量的调查统计报告》，参与调查的 153 家报纸印刷单位中，2022 年报纸印刷总量是 385.13 亿对开印张，2021 年的报纸印刷总量是 401.23 亿对开印张，同比下降 4.01%。

虽然新冠肺炎疫情的寒冬已经过去，2022 年度纸媒却并未如很多人预料的一样迅速回春。报业仍在入不敷出和转型探索的夹缝中艰难生存。

（一）报纸阅读量持续下降，多家纸媒停刊

根据中国新闻出版研究院每年实施的全国国民阅读调查（第十九次），2021年报纸阅读率为24.6%，较2020年的25.5%下降了0.9个百分点，见图1。[2] 2021年，报纸的人均阅读量较上一年度继续减少，降至15.13份，见图2。阅读量的持续下降是报业危机的根源所在，报纸在居民日常生活中的能见度越来越低，随之而来的就是广告主对纸媒投放兴趣的日渐消失。报纸作为媒介产品的广告价值正不断缩水，直至归零。

图1　2011—2021年成年国民报纸阅读率变化

数据来源：中国新闻出版研究院。

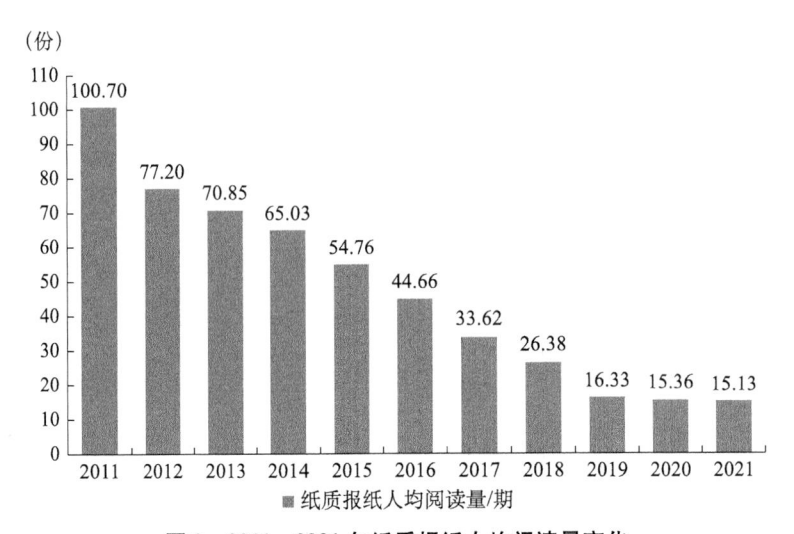

图2　2011—2021年纸质报纸人均阅读量变化

数据来源：中国新闻出版研究院。

在这样的严峻形势下，又有一大批纸媒宣布休刊。据不完全统计，2022年—2023年1月共有20家报刊停刊或休刊，见表1，其中不乏创刊历史悠久、过往成绩辉煌的报纸。

表1 2022年—2023年1月部分停刊报刊一览表

序号	停刊时间	报刊名称	所在地	报刊性质	办刊时长
1	2023年1月	《牡丹江晨报》	黑龙江	都市报	23年
2	2023年1月	《绵阳晚报》	四川	都市报	22年
3	2023年1月	《海曙新闻》	浙江	都市报	29年
4	2023年1月	《孤独星球》杂志（中国版）	北京	休闲刊物	10年
5	2023年1月	《今日永嘉·教育周刊》	浙江	教育刊物	2年
6	2023年1月	《都市热报》	重庆	都市报	11年
7	2023年1月	《温州商报》	浙江	都市报	23年
8	2023年1月	《城市画报》	广东	休闲刊物	23年
9	2022年12月	《处州晚报》	浙江	都市报	28年
10	2022年1月	《无锡新周刊》	江苏	都市报	67年
11	2022年1月	《锦州广播电视报》	辽宁	都市报	29年
12	2022年1月	《温州广播电视报》	浙江	都市报	33年
13	2022年1月	《南方法治报》	广东	机关报	11年
14	2022年1月	《宜宾晚报》	湖北	都市报	20年
15	2022年1月	《巴中晚报》	四川	都市报	12年
16	2022年1月	《贵阳晚报》	贵州	都市报	42年
17	2022年1月	《合肥广播电视报》	安徽	都市报	37年
18	2022年1月	《童话大王》	山西	文学刊物	36年
19	2022年1月	《河北科技报》	河北	都市报	63年
20	2022年1月	《洛阳商报》	河南	都市报	13年

（二）广告持续缩水，报业开辟营收新业务

据CTR媒介智讯数据，2022年1—7月的广告市场刊例花费同比下降了11.3%，见图3，市场规模与2021年相比出现明显回调，广告行业面临着整体缩水的现状，广告市场的结构性改革步入深水区。

受疫情持续影响，2022年企业的经营成本和压力仍然较高，广告主的信心回落，

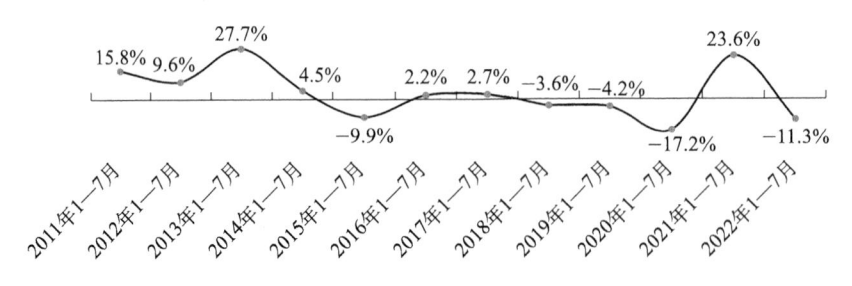

图 3　2011—2022 年 1—7 月广告刊例花费变化

数据来源：CTR 媒介智讯、广告监测数据库。

图 4　2009—2022 年广告主市场信心（10 分制）

数据来源：国家统计局、CTR。

广告市场整体呈现不景气的状态，见图 4。而对于报刊行业而言，广告收入更是持续下滑，广告主不断缩减对传统媒体的广告投放预算。而互联网广告市场的扩张更是不断蚕食传统媒体的广告收入市场，驱使传统媒体必须另谋出路，寻求开辟营收新业务。

（三）深耕重大主题报道，党报融合传播提质增效

虽然从报纸的发行量、阅读率和广告收入等数据上来看，报业无疑是身处寒冬的夕阳产业，但媒体融合、全媒体传播体系建设却为传统媒体打开了转型升级的大门，报业在融合传播中仍大有可为。2022 年 3 月，国家发展改革委正式发布了《市场准入负面清单（2022 年版）》，强调非公有资本不得从事新闻采编播发业务、不得投资设立和经营新闻机构等 6 项内容。此类准入规则有利于保障新闻真实性，帮助传媒行业激浊扬清，并在一定程度上巩固了主流媒体地位。这对于党报而言也是其转型升级、提升传播力的宝贵机遇。

随着主流媒体在移动传播建设上的持续发力，党报在融合传播力建设方面进步明显，主流价值影响力版图不断扩大，见表2。CTR监测数据显示，截至2022年底，包括《人民日报》、新华社、《中国日报》等在内的8家央媒共有18款新增下载量过百万的自有App产品，超1200个第三方平台活跃账号。虽然与2021年相比整体规模有所精简，但在内容质量和传播力上，主流媒体表现亮眼，进步明显，共有480个百万级以上粉丝/季度阅读量的头肩部账号矩阵，较上年提升9%，累计生产7.9万篇爆款作品，比2021年增长11%。[3]

表2 2022年主要央媒网络传播力评估结果

排名	评价对象	综合得分
1	中央广播电视总台	95.23
2	人民日报	83.76
3	新华社	65.74
4	中新社	57.37
5	中国日报	53.25
6	光明日报	52.52
7	经济日报	51.69
8	求是	50.05

数据来源：CTR媒体融合研究院。

在2022年北京冬奥会和党的二十大等重大事件的报道中，各级党报创新表达方式，丰富报道内容，提升用户体验，将主流思想注入媒体产品中，营造了正面舆论环境。《人民日报》推出的《新千里江山图》原创视频形成爆款效果，人民日报微博号运营的#你好二十大#话题总阅读量超过19.5亿次；《中国日报》推出国风H5《十年刊·致祖国》，以具有中国传统美感的方式再现了过去十年的重要时刻和重大事件。[4]《南京日报》使用360度全景航拍技术，以手绘等多媒体形式，聚焦南京城市建设成果；《北京日报》发挥专家资源优势和编辑选题策划优势，推出系列短视频《解码党代会》，以小见大地分析了党代会的重要意义，提升主阵地舆论声量。[5]2022年，各级党报充分发挥深度融合优势，持续打造精品内容，牢牢把握主阵地，实现了传播力、引导力、影响力、公信力的全方位提升。

(四) 先进技术引领，报业融合加快

技术创新正推进传媒在新闻产制、产业结构、战略升级等方面全方位发生颠覆性变化。低延时、高带宽的 5G 技术打造了万物互联的传媒格局；云计算与数据中台等为媒体的云端化运营和保存提供支撑；人工智能技术促使新闻生产流程再造；区块链技术在版权保护、传播共享领域为媒体提供保障。在我国打造经济新发展格局的构建路径中，传媒数字经济展现出巨大的发展潜力。如今，媒介技术不断更新迭代，引导着媒体行业的发展走向智能。

2022 年北京冬奥会成为媒体技术融合的重要里程碑，借助于 5G 技术、云端制作、4K/8K 超高清运输等技术，媒体首次实现了全面"云转播"奥运赛事。这是数字技术赋能下，媒体融合取得的新突破。此外，主流媒体还利用数字技术，延伸"新媒体+"能力，不断立足存量资源，开发高质量 IP。如 2022 年儿童节之际，《人民日报》发布有毛主席等领导人亲笔题词的"新中国第一个儿童节"，与数藏中国共同推出《人民日报》头版数字藏品。此外，部分报业也积极布局元宇宙赛道，如河南日报报业集团有限公司在 2022 年推出了"《河南日报》创刊号"数字藏品，利用区块链技术实现了宝贵报纸资料在数字领域的不可篡改及永久保存。这充分体现了传统报业正以数字经济为抓手，借力新兴赛道，探索新商业模式，加快自己融合升级的转型步伐。

二、2022—2023 发展关键词：整合

（一）媒体整合

地市级媒体的整合正在全面铺开。仅 2022 年 3 月至 2023 年 3 月，通过整合报纸、广播电视、出版社、杂志社、网站等多种媒介而形成的地市级媒体就有 29 家，具体见表 3。

表 3　2017 年以来我国部分地市级以上媒体整合概况表

时间	整合后的媒体名称	整合的媒体
2017 年 6 月	营口新闻传媒中心	营口广播电视台、营口日报社、营口晚报社等市直新闻媒体

续表

时间	整合后的媒体名称	整合的媒体
2018年3月	中央广播电视总台	中央电视台、中央人民广播电台、中国国际广播电台
2018年7月	辽宁报刊传媒集团	辽宁日报传媒集团、辽宁党刊集团
2018年8月	大连新闻传媒集团	大连当地的报业、广播、电视、出版社、京剧院等11家单位
2018年9月	芜湖传媒集团	芜湖日报报业集团、芜湖广播电视台
2018年10月	晋城市新闻传媒集团	太行日报社和晋城广播电视台
2018年11月	天津海河传媒中心	天津日报社、今晚报社、天津广播电视台、天津广播电视传媒集团有限公司、天津报业印务中心、中国技术市场报社
2019年3月	鄂州市融媒体中心	鄂州日报社、鄂州广播电视台
2019年4月	珠海市新闻中心	珠海报业集团、珠海广电集团
2019年4月	绍兴市新闻传媒中心	绍兴日报社、绍兴广播电视总台
2019年5月	齐齐哈尔市新闻传媒中心	齐齐哈尔市全市传媒资源,包括报社、广播电台等
2019年8月	三明市融媒体中心	三明日报社、三明市广播电视台、三明市新媒体发展中心等机构
2019年10月	贵州日报报刊社	贵州日报社、当代贵州杂志社
2019年10月	淮北市传媒中心	淮北日报社、淮北市广播电视台
2019年12月	湖州市新闻传媒中心	湖州日报社、湖州广播电视总台
2020年5月	上海传媒集团	上海报业集团、上海东方网股份有限公司
2021年11月	邯郸新闻传媒中心	邯郸日报社,邯郸广播电视台
2022年3月	嘉峪关市融媒体中心	嘉峪关日报社、嘉峪关广播电视台、政府网站以及政府发布平台
2022年3月	定西市融媒体中心	当地报纸、广播、电视、新媒体等平台
2022年3月	金昌市融媒体中心	当地报纸、广播、电视、新媒体等平台
2022年3月	武威市融媒体中心	当地报纸、广播、电视、新媒体等平台
2022年3月	张掖市融媒体中心	当地报纸、广播、电视、新媒体等平台
2022年4月	宜昌三峡新闻传媒中心	三峡日报社、宜昌三峡广电台
2022年5月	红河州融媒体中心	红河日报社、红河广播电视台、红河网等
2022年6月	抚州市融媒体中心	抚州日报社、抚州市广播电视台
2022年6月	荆门九派通传媒中心	荆门日报社、荆门广播电视台
2022年7月	昌吉州融媒体中心	昌吉日报社、昌吉广播电视台
2022年8月	白银市融媒体中心	当地报纸、广播、电视、新媒体等平台
2022年9月	鄂尔多斯市融媒体中心	当地报纸、广播、电视、新媒体等平台
2022年9月	赣州市融媒体中心	赣南日报社(赣州客家新闻网管理中心)、赣州市广播电视台
2022年11月	衢州市新闻传媒中心	衢州日报报业传媒集团、衢州广电传媒集团

续表

时间	整合后的媒体名称	整合的媒体
2022年11月	钦州市融媒体中心	当地报纸、广播、电视、新媒体等平台
2022年12月	烟台市融媒体中心	烟台日报社、烟台广播电视台
2022年12月	台州市融媒体中心	当地报纸、广播、电视、新媒体等平台
2022年12月	雅安市融媒体中心	当地报纸、广播、电视、新媒体等平台
2022年12月	永州市融媒体中心	当地报纸、广播、电视、新媒体等平台
2022年12月	酒泉市融媒体中心	当地报纸、广播、电视、新媒体等平台
2023年1月	嘉兴市新闻传媒中心	当地报纸、广播、电视、新媒体等平台
2023年1月	丽水市新闻传媒中心	当地报纸、广播、电视、新媒体等平台
2023年1月	新余市融媒体中心	当地报纸、广播、电视、新媒体等平台
2023年1月	呼和浩特市融媒体中心	当地报纸、广播、电视、新媒体等平台
2023年2月	来宾市融媒体中心	当地报纸、广播、电视、新媒体等平台
2023年2月	吉安市融媒体中心	当地报纸、广播、电视、新媒体等平台
2023年2月	驻马店市融媒体中心	当地报纸、广播、电视、新媒体等平台
2023年2月	金华市新闻传媒中心	当地的报纸、广播、电视、新媒体等平台
2023年3月	佛山市新闻传媒中心	佛山传媒集团、佛山日报社、佛山人民广播电台、佛山电视台、珠江时报社、珠江商报社和市内其他国有媒体

（二）移动平台整合

《关于加快推进媒体深度融合发展的意见》中两次提及打造新型传播平台。报业在移动优先的思维指导下，强化新闻客户端建设，通过平台吸引用户，提升新闻产能。

北京日报客户端全面对接全市各区、各委办局以及教育、卫生、文化等系统，积极邀请北京市内各类政务机构、融媒体中心、教育单位入驻，形成多层次的内容矩阵，打造最具北京特色的自主可控新媒体综合平台。此外，各报社还积极入驻各大移动互联网平台，成为目前各类App的典型模板。相对而言，芒果TV、长江云的模式有其特殊性，并不能够轻易地被借鉴。

主流媒体运营的大部分自主可控的互联网平台，虽然为主流媒体贡献了较大的传播力增量，但由于客观上赢家通吃效应与发展时机、机制等原因，与商业互联网平台相比，仍有较大差距。

在商业互联网占绝对优势的市场条件下，主流媒体运营的新媒体平台的市场空间很小，更遑论一个集团有多个 App。现在，大部分的传媒集团旗下都拥有数个 App，甚至有一些县级融媒体中心都有两三个 App 在同时运营，造成了精力和资源的极大浪费。如果传媒集团资源被分散到不同的新媒体端口，必然导致无法集中资源和精准发力。如何从盲目做加法向高质量做减法转变，考验着主流媒体的能力与智慧。

目前，浙江省的许多媒体都已启动整合移动平台的方案措施，在避免资源浪费和同质化竞争方面迈出了坚实步伐。2022 年 11 月 21 日，《衢州日报》和衢州广电传媒集团的新媒体编辑部开始集中办公，同时将"掌上衢州"客户端和"无线衢州"客户端整合为一，推出"三衢"客户端，极大地减少了资源分散和浪费；2023 年 2 月 16 日，嘉兴市委市政府唯一新闻客户端——"读嘉"上线，整合了原报社"读嘉"和原广电"禾点点"两大客户端，集中发力共同打造具有长三角特色的市级新型主流媒体平台；2023 年 2 月 18 日，浙江日报报业集团旗下的"浙江新闻"与"天目新闻""小时新闻"三端合一为"潮新闻"，进行必要的精简和整合，标志着浙江省内的媒体融合正向纵深方向发展。这是新媒体竞争环境下的正确应对，也是趋势所在。当媒体融合步入深水区，无限制扩张新的移动平台已经不能获取更多用户，遑论与商业平台争夺流量，精简机构、精准发力才是深度融合的正确方向。

三、机遇：全媒体传播体系与中国式现代化

根据报业近年来的发展趋势研判，报业未来发展的关键词是体系化，在建设全媒体传播体系中扮演应有的角色，起到应有的作用；将报业的发展融入建设全媒体传播体系的大局中，融入中国式现代化的进程中。

（一）体系化建设

加强全媒体传播体系建设是服务中国式现代化进程的重要文化建设方向和目标，也是新闻事业中国式现代化的重要特征。

近年来，在新兴媒体的冲击和媒体融合的纵深推进下，我国长期形成的中央、省、

市、县四级媒体架构,以及广播、电视、报纸、期刊、网站多元媒体格局,面临挑战和重构。一方面,新媒体传播的无疆域特征消解了四级媒体架构的传统传播价值,新媒体传播并无层级的区别,区域特性几乎无法凸显;另一方面,在媒体融合向纵深发展中,广播电视台、报社、杂志社、网站等各自为政的多元媒体格局面临挑战与重构,都是全媒体,你中有我、我中有你,一个城市并不需要多个同质全媒体机构。

建立全媒体传播体系的价值正在于此,必须将改造现有媒体结构和布局放在首要位置,这也是媒体融合发展步入系统化、全局化的更高要求。全媒体传播体系在本质上就是一个由众多构成要素按照一定结构组成的具有某种特定属性的开放性的系统工程。[6]党的二十大报告中所提出的全媒体传播体系建设,绝不是指某个单位的全媒体传播体系,而是指宏观上全国的全媒体传播体系建设。"资源集约、结构合理、差异发展、协同高效"所指的对象也只能是各级各类传播主体。传播体系应该包括四个方面的特征:一是整体性,各个传播主体以一定的客观联系组合构成的在结构和功能上具有统一性的有机整体,强调体系的各个主体在孤立状态下所不具有的整体特征;二是结构性,传播体系被解构为具有不同功能、不同层级、不同特性的不同传播主体;三是功能性,传播主体间的功能是不同的,而且,传播体系所具有的功能绝不是传播主体的简单相加;四是开放性,体系的生产和发展都处在特定环境中,与外部环境在多个层面和维度进行物质和信息的交换,从而保证体系的竞争力。

全媒体传播体系的建设也不是指每一个主体都由计划安排传播角色和传播方式,那样就回归计划经济的老路了,而是按照"资源集约、结构合理、差异发展、协同高效"的顶层设计要求,各个主体在传播竞争中自然形成的一个传播生态系统。管理层所能做的是总体规划、布局和调节,让传播体系在一个限定的框架内进行市场竞争。

每一种新媒介的出现,都将催生新的媒体生态物种,原有的传媒生态圈都需做出适当调适。在这个生态系统中,每一个媒体、每一种媒介在激烈的传媒竞争中重新找到适合自己的"生态位",找到适合自己的生存方式,形成具有强大竞争力的中国特色全媒体传播体系。[7]

(二) 服务中国式现代化

新闻事业中国式现代化是中国式现代化的重要组成部分,是推进中国式现代化的重要力量,其具备的信息传播能力、社会整合与社会动员能力是助推中国式现代化的重要方式和手段。[8]报业的转型探索必须扎根于服务中国式现代化,才能实现融合升级的高质量发展,助力中国特色社会主义现代化建设。

1. 报业建设智库化

媒体智库与一般智库的区别或者优势在于:媒体智库不仅具有智库内容的生产能力以及与之相匹配的优质内容的生产流程与机制,还拥有智库内容的大范围、高频率传播能力。

当前媒体智库存在的主要问题是:具有足够传播能力,但生产优质智库报告的生产流程与机制还远未成熟,缺乏优质智库报告的生产能力。这种生产缺陷所导致的后果是媒体智库对于所谓"关系营销"的依赖不仅没有减弱,反倒一定程度上在不断加强。追求智库这种市场化产品的非市场化运作,依靠媒体原有资源吃老本、拉关系,实现智库产品生产的拉单与最终变现。

目前,媒体智库需要突破的方向最主要就是智库产品生产人员的专业能力提升,以及与提升专业能力相匹配的智库产品生产模式、流程,以及智库产品绩效考核机制的建立。

2. 产业边界不断延伸

媒体除新闻资讯外,服务于更加多元的使用场景,教育、医疗、交通、旅游等产业边界不断延展,在服务"非市场需求"领域行稳致远。2022年11月,河南日报社成立"河南助农联盟",联盟成员有《中国市场监管报》、央广网河南频道、《潇湘晨报》、消费日报网、郑州交通广播等,并同步启动"百家媒体聚力河南公益助农"行动。

青岛报业集团自主打造的客户端"掌上青岛",除传统新闻信息服务外还开辟了包括电子商务、生活服务、社交互动等多领域的业务内容,可以同时提供交通购票、路况信息、购物推荐、社保医疗查询、学区服务、保洁等服务,成为当地居民便捷生活的有力助手。

可见,传统媒体在市场化、平台化的转型环境中仍然大有可为,媒体应充分发挥自身的传统优势,汇聚多方资源,在完善自有产业的同时进行跨领域合作,连接政务、强化服务、对接商务,将媒体打造成为综合性的完整产业链。传统媒体只有在市场机制下丰满自身羽翼，延伸产业边界，才能实现主动"造血"的成功自救。

3. 参与基层社会治理

在"加强和创新基层社会治理"的时代背景下，传统媒体纷纷布局社会治理领域，其中《四川日报》打造的"四川云"新媒体平台成为全省的"政务通"平台。2020年"四川云"迭代2.0版本，进化成为一朵由数据共享平台、智能融媒平台、社会治理平台3大矩阵构成的"科技+传媒+服务"党媒云，是四川日报全媒体党报、党端、党网、党云核心矩阵的重要组成部分。[9]四川"云平台"的成功搭建为其他传统媒体参与基层社会治理提供了范本蓝图。

习近平总书记指出："媒体融合不仅仅是新闻单位的事，要把我们掌握的社会思想文化公共资源、社会治理大数据、政策制定权的制度优势转化为巩固壮大主流思想舆论的综合优势。"[10]传统媒体融合不能仅仅停留在机构内部，媒体在发挥新闻宣传和其他基本功能的同时也要在其平台上聚合社会文化公共资源、统筹社会治理大数据、提供多样社会服务，参与基层社会治理。这是传统媒体在互联网催生的媒介融合与平台社会的背景下所应当承担的重要任务和职责使命。

**（陈国权　新华社研究院主任编辑、中国记者编辑室副主任；
宋泽晖　北京外国语大学国际新闻与传播学院硕士研究生）**

参考文献

[1] 国家统计局. 2022年1—11月份全国规模以上工业企业利润下降3.6%［EB/OL］.（2022-12-27）［2023-10-11］. https://www.gov.cn/xinwen/2022-12/27/content_5733695.htm.

[2] 第十九次全国国民阅读调查主要发现［EB/OL］.（2022-04-24）［2023-10-11］. https://baijiahao.baidu.com/s?id=1730959183135296678&wfr=spider&for=pc.

[3] 盘点2022：主流媒体年度网络传播力榜单及解读［EB/OL］.（2022-12-30）［2023-10-11］. https://mp.weixin.qq.com/s/o4E2tDS4a5tXnqX-xB3eyw.

[4] 兰旭，范以锦. 创新驱动强化深融效能　传播体系建设日臻完善——中国报业2022回顾与2023展望［J］. 中国报业，2023，No.554（01）：21-23.

［5］兰旭，范以锦. 创新驱动强化深融效能 传播体系建设日臻完善——中国报业 2022 回顾与 2023 展望［J］. 中国报业，2023，No.554（01）：21－23.

［6］刘东，荆蕙兰. 新时代加强全媒体传播体系建设的系统思考——学习党的二十大报告关于新闻宣传工作的重要论述［J］. 理论导刊，2022（11）：4－9.

［7］美 约翰·W. 迪米克. 媒介竞争与共存：生态位理论［M］. 王春枝译，北京：清华大学出版社，2013：17.

［8］陈国权. 新闻事业中国式现代化的探索历程与未来使命［J］. 编辑之友，2023，No.318（02）：5－14.

［9］董晓尚. 四川云 2.0 重磅发布! 媒体融合与社会治理新平台"破圈"进化［EB/OL］.（2020－12－28）［2023－10－11］. https：//baijiahao.baidu.com/s？id=1687309699792066428&wfr=spider&for=pc.

［10］新华通讯社课题组. 学习习近平关于新闻舆论的重要论述［M］. 北京：新华出版社，2022：146.

2022年中国数字出版产业发展报告

毛文思

一、2022年中国数字出版产业发展基本状况

2022年是不平凡的一年,新冠肺炎疫情反复延宕,百年未有之大变局加速演进,产业发展的外部环境复杂性、严峻性、不确定性持续加剧;党的二十大胜利召开,以习近平同志为核心的党中央统筹国内国际两个大局,统筹疫情防控和经济社会发展,擘画发展新蓝图,向高质量发展迈出坚定步履。立足于社会主义文化强国建设,国家文化数字化战略加快推进。数字出版作为落实国家文化数字化战略的重要落脚点,在助力文化强国、出版强国建设中展现更大作为。据初步统计,2022年,中国数字出版产业规模接近1.4万亿元。

(一)行业顶层设计逐步完善

2022年以来,国家围绕文化数字化建设作出全面部署。2022年5月,中办、国办印发《关于推进实施国家文化数字化战略的意见》,明确实施国家文化数字化战略的指导思想、工作原则、主要目标等,围绕关联形成中华文化数据库、夯实文化数字化基础设施、搭建文化数据服务平台、促进文化机构数字化转型升级、发展数字化文化消费新场景、提升公共文化服务数字化水平、加快文化产业数字化布局、构建文化数字

化治理体系等方面对国家文化数字化战略做出具体部署。2022年4月,中宣部出台《关于推动出版深度融合发展的实施意见》,从内容建设、技术支撑、重点工程项目、人才队伍建设、健全保障体系等方面,对未来一段时间推动出版业深度融合发展、构建数字时代新型出版传播体系提出方向任务,明确主要路径。这是中宣部首次就出版业融合发展专门发布的政策文件,引领出版业融合发展迈向更深层次、更高质量的新阶段。2022年8月,中办、国办印发《"十四五"文化发展规划》,提出以国家文化大数据体系建设为抓手,加快文化产业数字化布局,加快发展数字出版等新型文化业态。无论从党中央和国家层面,还是主管部门层面,都将文化数字化作为重要任务加强部署安排,为数字出版高质量发展提供了有力的保障。

(二)数字内容消费需求不断释放

2022年以来,在全国新冠肺炎疫情多点散发、局部规模性反弹的形势下,我国数字消费更深地融入人们的日常工作、学习与生活,数字消费理念更加深入人心。据中国互联网络信息中心(CNNIC)发布的《第51次中国互联网络发展状况统计报告》显示,截至2022年12月,我国网民规模达10.67亿,互联网普及率达75.6%。2022年,网络视听类内容用户规模持续增长。网络视频、短视频用户规模达9.75亿和9.34亿,用户使用率分别达96.5%和94.8%,增长率分别为5.7%和8.3%。在直播电商的带动下,截至2022年12月,我国网络直播用户规模达7.51亿,占网民整体超过70%,其中,电商直播用户规模达5.15亿,占网民整体的48.2%。

中国新闻出版研究院《第二十次全国国民阅读调查报告》显示,2022年,我国成年国民的数字化阅读方式的接触率突破80%,达80.1%,较上一年的79.6%增长了0.5个百分点。2022年,用手机阅读的成年国民比例达77.8%,较上一年增长了0.4个百分点,我国成年人人均每天手机接触时长达105.23分钟,在所有的阅读方式中,有32.3%的成年国民倾向于在手机上阅读。2022年,数字阅读视听化趋势进一步明显。"耳朵经济"热度持续。有35.5%的成年国民养成了听书习惯,较2021年的平均水平提高了2.8个百分点。从阅读习惯上来看,8.2%的成年国民倾向于"听书";有接近3%的成年国民倾向于"视频讲书",视频讲书成为人们阅读的新方式。[1]

(三) 出版业融合发展全面推进

2022年以来,我国出版业转型升级、融合发展持续向深入推进。以《关于推动出版深度融合发展的实施意见》为指引,我国出版业融合发展的动力更加强劲,目标更加清晰。出版单位融合发展意识进一步加强,深化出版融合的统筹,在内容整合、技术创新、业务布局、运营管理等方面全方位推进,取得积极进展。主题出版融合发展加快进程,有越来越多的主题出版项目通过电子书、在线课程、有声读物、数据平台、VR动画等数字化方式呈现,实现可读、可听、可看,有效提升主题出版传播力、影响力、感染力。如中原出版传媒集团旗下河南教育电子音像出版社推出的《那年的红军(VR动画)》,面向少年儿童,以VR动画的形式,直观、全景式再现红军爬雪山、过草地等场景,沉浸式感受胜利会师等历史时刻。[2]该项目入选了"2022年主题出版重点出版物选题"。2022年出版单位不断更新发展理念,在精品建设、产品开发、服务模式、平台搭建、品牌建设、运营管理等方面开拓创新,推动融合发展迈向更深层次。同时,积极布局新业态,延伸品牌链、价值链。如长江新世纪出版社把握数字藏品的热潮,以预祝公司成立20周年为契机,从20年间出版的2 000多部图书的封面中精选出近700幅具有时代代表性的封面,集成了"贰拾年·光阴的故事"数字藏品,上线不到半分钟,限量8 888份数字藏品即刻售罄。

2022年以来,出版单位加速构建全媒体营销体系,加强线上渠道建设,"直播+短视频"成为出版单位品牌建设的重要着力点。加强与头腰账号合作,实现线上线下联动,促进图书销量增长。长江新世纪选择与2022年的直播电商"黑马"——东方甄选进行合作,根据以往销售数据、作者影响力,调配运营团队和销售印数,协调刘震云、倪萍、敬一丹等作家做客东方甄选直播间,三场直播活动销售额突破千万,场均销售图书6万册。[3]

(四) 网络文学价值引领作用进一步增强

2022年以来,网络文学保持良好发展态势。据中国社会科学院《2022中国网络文学发展研究报告》显示,截至2022年底,网络文学作家数量累计超过2 200万名,产值规模达389.3亿元。网络文学作品质量进一步提升，现实题材和科幻题材并驾齐驱。2022年，网络文学新增作品300多万部，其中现实题材作品20余万部，同比增长17%；脱贫攻坚与乡村振兴、中国制造、创新创业、科教兴国、传承中华优秀传统文化等成为网络文学的重要主题，网络文学对国家发展、民族复兴和人类命运等深刻主题体现出深切关照。2022年，新增科幻题材作品30余万部，同比增长24%，科幻题材成为网络文学的重要增长点。以阅文集团为例，2022年，起点中文网新增科幻作品4.2万部，同比增长近70%。2022年，网络文学的社会影响力进一步增强。144部网文作品被收入国家图书馆馆藏，10部网络文学作品的数字版本被收入中国国家版本馆。[4]

2022年，网络文学版权运营机制进一步成熟。据中国作协网络文学中心《2022中国网络文学蓝皮书》显示，60%热播的影视剧、约50%的上线动漫由网络文学作品改编而成；2022年度播放量前10的国产剧中，网络文学改编剧占7部；网络文学IP有声授权近10万部，占IP授权总数的80%以上，2022年有声书改编授权3万余部，同比增长47%。微短剧成为网络文学IP改编的新方向，2022年新增IP授权超300部，同比增长55%。网络文学作为文化出海的重要新生力量，海外影响力持续提升。[5]2022年，网络文学累计海外输出作品1.6万余部，海外读者超过1.5亿。值得一提的是，2022年，16部网络文学作品被收录至世界最大的学术图书馆之一——大英图书馆的中文馆藏书目之中，网络文学作为中国特有的文化形态正在得到海外主流文化的认可。[6]

（五）数字教育市场变革加剧

2022年，在国家大力推进教育信息化背景下，数字教育持续稳步发展。新冠肺炎疫情的反复，促使线上学习需求增加，为数字教育发展注入动力。2022年，数字教育受政策影响较大。"双减"政策落实，带来教育的赛道变化，教育市场格局迎来变革重构。"双减"政策明确提出要征集、开发丰富优质的线上教育教学资源，推动数字教育的精品化、规范化、标准化发展，为在教育资源的专业性和权威性方面具有较大优势的传统教育出版单位发展提供了发展机遇。教育出版单位加快转型升级、融合发展步伐，在产品形态、服务方式和运营模式等方面开拓创新，围绕课外阅读、课后服务等教育市场需求，调整业务结构和产品体系。如广东教育出版社启动校内课后服务项目，根据广大师生需求，搭建校内课后服务课程体系，推进课程内容和课后服务品牌标识建设升级。该社为课后服务项目成立了专项团队，围绕教育课程、教学、作业、评价等环节，按照阅读、艺术、文体、科技、劳动、社团活动等类别，设置涵盖基础拓展与素质拓展等在内的"课后服务课程菜单"。课后服务课程资源包括教材（学生活动手册）、教具、材料包、授课教案、教学 PPT、微课等，配套教师培训、线上答疑等资源和服务。[7]同时，"双减"政策对线上教学的内容、服务方式、收费、教授时限等方面都提出了要求，学科培训机构发展受限，纷纷向素质教育、职业教育等领域转型。2022 年，职业教育在政策层面得到大力支持。十三届全国人大常委会第三十四次会议通过新修订的《职业教育法》，于 2022 年 5 月 1 日起正式施行。2022 年 3 月，"国家职业教育智慧教育平台"上线，该平台涵盖"专业与课程服务中心"等 4 个中心和德育、体育、美育等若干个专题模块，具有个性化推荐、智能化搜索、实训教学、研修交流、教学选用等功能。10 月，中共中央办公厅、国务院办公厅印发《关于推动现代职业教育高质量发展的意见》，明确提出创新教学模式与方法，推动现代信息技术与教育教学深度融合。宏观政策上的有力支持，为职业数字教育带来发展机遇，成为在线教育机构布局的重要业务方向。如腾讯课堂聚合了超过 13 万家教培机构和 40 多万门职业教育课程，每月为超过千万的用户提供线上学习服务。[8]知识服务与线上教学相结合，成为数字职业教育的重要模式。此外，新业态、新领域的不断涌现，也催生了大量新职业，数字职业培训教育需求日益增长，呈现良好的发展前景。

二、中国数字出版产业发展趋势

迈入新时代，在习近平新时代中国特色社会主义思想的强劲指引下，在国家大力推进数字中国建设、促进数字经济发展的背景下，生产生活加快向线上迁移，线上内容获取和线上消费也逐渐成为常态，数字内容消费需求得到进一步释放。国家文化数字化战略深入推进，数字出版作为重要的切入点和着力点，具有广阔的发展潜力和发展空间，向高质量发展加快迈进。新技术、新业态、新模式涌现与出版业相加相融，催生出新的服务场景，数字内容产业生态持续演变。具体到未来一段时间，有望看到以下趋势。

(一) 数字出版意识形态阵地作用日益凸显

国家文化数字化战略强调以培育和践行社会主义核心价值观为引领，以国家文化大数据体系建设为抓手，推动中华民族最基本的文化基因与当代文化相适应、与现代社会相协调，发展中国特色社会主义文化，凝魂聚气、强基固本，建设中华民族共有的精神家园。巩固意识形态阵地是国家文化数字化战略的题中之义，数字出版已成为当前社会主义意识形态建设的重要着力点。党的二十大报告指出，建设具有强大凝聚力和引领力的社会主义意识形态，全面落实意识形态工作责任制，巩固壮大奋进新时代的主流思想舆论，加强全媒体传播体系建设，塑造主流舆论新格局，这为数字出版发展提供了根本遵循。数字出版作为国家文化数字化战略和文化强国建设的重要着力点，意识形态属性日益凸显。主题出版加速网络化、数字化、融媒化发展，以电子图书、有声读物、动画、VR/AR图书、视频课程等形态呈现，大大提升了主题出版和主流思想的渗透力、表达力、感染力。与此同时，数字藏品等新兴领域，为主题出版融合发展拓宽了新路径，如浙版数媒利用发行"千年运河·水蕴中华"数字藏品，为古老、厚重的大运河文化注入流行的国潮元素，营造穿越时空的大运河场景，实现年轻化的表达，增强主题出版的传播力、感染力。[9]

(二) 出版业深度融合发展路径将持续开拓

立足于数字中国建设，在大力推进国家文化数字化战略背景下，出版业融合发展的必要性、紧迫性日益增强。出版单位普遍加强了对数字化建设和融合发展的系统谋划，在选题策划、产品线建设、版权运营、经营管理方面，加快建立健全传统出版与新兴出版一体化发展机制。主管部门将以持续深化出版融合发展工程为抓手，在精品建设、示范企业、平台搭建、人才队伍等层面，健全出版深度融合发展推进机制，更高质量、更大成效地推动出版业融合发展。在政策、技术、需求等外部环境影响下，不断催生出的文化新形态、新业态，将持续为出版业融合发展提供新路径和新模式。以数字教育领域为例，新形态教材开发成为传统教育出版单位融合发展的重要方向，运用二维码、虚拟仿真、VR/AR等技术的活页式教材，不是知识点的简单描述，也不是纸版教材的数字化，而是围绕教学、目标、学习效果评估等模块，进行教材内容和样式设计，并可根据教学需求及时更新，实现教材的内容动态性和使用方式的灵活化。新形态教材在功能上更加强调实践性与交互性，将满足更多场景的教学需求，教材、课程、平台等多元一体的教育服务体系正在加快构建。

（三）人工智能将深刻改变出版生产范式和商业模式

2022年末，一款名为ChatGPT的聊天应用程序在社交网络频繁刷屏，ChatGPT是生成式AI工具，是基于注意力机制和深度学习的语言生成模型，具有超强的学习能力、响应速度及拟人程度，该款应用不仅可以进行人机对话，还可以辅助人们写代码、做题、写方案、写文章等。2023年1月，平均每天约有1 300万独立访客访问ChatGPT，累计用户超过1亿。[10] AIGC（人工智能生成内容）作为人工智能技术的重要领域，成为国内外各个领域争相涉足的风口。百度、阿里巴巴、腾讯、字节跳动等我国互联网大型企业都在AIGC领域实施布局。AIGC在数字阅读、视频、直播、教育、电商等多个领域都具有良好的发展前景，应用场景持续拓展。AIGC将成为继UGC和PGC之后的内容生产新范式，也将对知识服务的产品形态和服务模式带来改变。但值得注意的是，以AIGC为代表的人工智能技术在意识形态、版权、个人隐私等方面也受到争议，数字内容生态治理面临新挑战。

（四）数字内容质量保障体系将不断健全

伴随技术发展持续催生数字文化新形态、新业态、新模式，数字藏品、沉浸式剧本、云游戏、AIGC等新兴领域改变数字内容生产范式和服务模式、体验场景，延展数字版权价值链条，对数字内容质量建设及数字内容治理能力建设提出更高要求。推进国家文化大数据标准体系建设是国家文化数字化战略的重要任务之一，将促进数字出版标准化建设的与时俱进、提档换速、结构优化。最新修订的《国家标准管理办法》于2023年3月1日起实施，为健全数字出版标准体系提供了有力支撑。《数字出版内容资源管理通则》《儿童有声读物优质内容创作通用要求》等团体标准相继出台，《数字教材 中小学数字教材质量要求和检测方法》等国家标准出台；《基于5G数字音乐音质要求》团体标准入选 2022 年出版业科技与标准创新示范项目的标准创新成果。由此可见，为推进数字出版规范化、专业化、精品化发展，数字内容质量管理相关标准将成为数字出版标准体系建设的重点。

三、中国数字出版产业发展的思考

"十四五"行之近半，伴随文化建设在全局工作中的地位进一步提升，国家文化数字化战略部署深入推进，数字出版在迎接新的发展机遇的同时，也面临着新的挑战。总体而言，未来数字出版需要在以下几方面进一步加强。

（一）深化融合发展认识，加强系统谋划

新形态、新业态、新模式持续涌现，为出版业融合发展提供了新的空间，也提出了新的挑战。这需要主管部门加快健全推进出版业深度融合发展的政策体系与实际举措；引导数字出版精品化、高质量、可持续发展，健全网络文学、有声读物、网络游戏、知识服务、数字教育等重点领域的政策体系，健全管理规范制度；拓宽管理视野，针对出版新形态、新业态、新模式，加强前瞻性研究。特别是加强对 AIGC、虚拟数字人、数字藏品等新技术、新领域的研判，加快研究出台相关政策，为出版业应用提供科学引导，加强规范管理。出版单位要进一步深化对出版业融合发展的理解和认识，不断优化深度融合的发展思路和实施路径，围绕资源整合、重点项目、出版流程、产品体系、业务架构、渠道建设、人才队伍、管理机制等方面全方位推进。

（二）加强精品建设，打造优质品牌

高质量内容是高质量发展的重要基础，立足于质量强国建设要求，充分发挥数字出版对数字中国的支撑作用，数字出版要把内容建设放在首要位置，加快推进数字出版供给侧结构性改革。按照数字出版精品遴选计划等精品出版项目要求，加强数字出版精品建设。对接国家文化数字化战略，出版单位要加强优势资源整合、运用水平，

建设数字出版精品资源库、选题库、项目库，健全精品出版推进机制。网络文学、有声读物、网络游戏等新兴出版业态，要进一步加强精品建设，提高供给质量，大力弘扬社会主义核心价值观，积极传承中华优秀传统文化，着力打造更多导向正确、内容优质、立意深远、形式新颖、双效俱佳的数字出版产品。加强产品线建设，创新优质内容的呈现方式、传播形式和服务模式。同时，根据不同读者用户的文化获取需求和习惯，加强优质内容的分众化、差异化、个性化供给。加强品牌培育，深挖优质出版资源内涵，着力打造一批有代表性、影响力、竞争力的数字出版优质品牌。

（三）提高技术创新能力，强化数据赋能

随着人们文化消费需求日益多元，要求出版业的供给更加高效、精准，技术作为重要工具在出版流程中的支撑作用不断提升。出版单位需要加强对技术的驾驭能力，基于自身优势资源，结合自身业务板块，明确技术创新路径。对待AIGC等先进技术领域，出版单位应采取积极主动和客观审慎的态度。既要充分重视技术对出版融合的支撑作用，运用新技术提升出版质量与效率，创新出版模式和产品形态；也要注重技术应用的合规性、有效性，要做到技术与内容、产品、场景的良好适配，通过运用新技术能够更充分地发挥出版资源优势，更好地满足读者需求。同时，出版单位要高度重视数据价值，提高数据采集、挖掘、分析、管理、运用水平，打通数据链路，促进供需匹配，释放数据价值，推动数据资源成为数据资产。

（四）深入推进"走出去"，提升国际传播效能

数字出版已经成为我国文化走出去的重要生力军，在增强国际传播影响力、中华文化感召力、中国形象亲和力、中国话语说服力、国际舆论引导力方面发挥日益重要作用。未来，需要在数字出版走出去方面进一步加强系统谋划，在内容建设、渠道建设、路径模式创新等方面持续开拓。一是加强内容建设，着力打造融入中华文化符号、文化标识和价值理念，贴合海外读者受众喜好的出版产品。加强海外市场研究，针对不同国家和地区文化市场环境和读者的数字文化消费习惯，注重差异化、分众化表达。二是加强海外传播平台建设，进一步创新拓展海外传播渠道，深化本地化战略，健全

海外运营机制，打造高水平海外运营团队，提高"走出去"的专业化水平。

（毛文思　中国新闻出版研究院副研究员）

参考文献

[1] 第二十次全国国民阅读调查成果［EB/OL］.（2023-04-23）［2023-05-20］. https://www.nationalreading.gov.cn/wzzt/dejqmyddhzq/cgfb/202304/t20230423_713063.html.

[2] 秦华.2022年主题出版重点出版物选题公布，中原出版4种项目入选［EB/OL］.（2022-09-08）［2023-05-20］. https://www.zzrbnews.com/chengshi/31/202206/content-6ca5ebf9d669a8bd.html.

[3] 长江新世纪推广部. 一家出版机构的2022年回顾：为了转型，我们付出了不少［EB/OL］.（2023-01-18）［2023-05-20］. http://www.cptoday.cn/news/detail/14871.

[4]《2022中国网络文学发展研究报告》课题组.2022中国网络文学发展研究报告［EB/OL］.（2023-04-11）［2023-05-20］. https://www.cssn.cn/wx/wx_xlzx/202304/t20230411_5619321.shtml.

[5] 徐萧，朱一宁.2022中国网络文学蓝皮书发布：网文日益成为世界级文化现象［EB/OL］.（2023-04-10）［2023-05-20］. http://www.chinawriter.com.cn/n1/2023/0410/c404023-32660665.html.

[6] 李安. 网络文学以开创性传播走向世界［EB/OL］.（2022-10-21）［2023-05-20］. https://www.chinanews.com/gn/2022/10-21/9877193.shtml.

[7] 广东教育出版社. 开展课后服务收入超8000万元，这家出版社有哪些经验？［EB/OL］.（2022-08-15）［2023-06-15］. https://learning.sohu.com/a/576978455_121418230.

[8] 钟经文. 腾讯课堂2022职业教育行业大会发布全新扶持计划，全方位助力机构成长［EB/OL］.（2022-05-23）［2023-06-15］. http://cn.chinadaily.com.cn/a/202205/23/WS628b2937a3101c3ee7ad6b07.html.

［9］BookDNA 读书荟．数字出版"触电"元宇宙 打造新型阅读消费新场景［EB/OL］．（2022-09-23）［2023-06-16］．https：//baijiahao.baidu.com/s？id=1744121857376812446&wfr=spider&for=pc．

［10］鞭牛士．ChatGPT 月活用户突破 1 亿，成史上增速最快消费级应用［EB/OL］．（2023-02-03）［2023-06-16］．https：//new.qq.com/rain/a/20230203A07L0V00．

2022年中国印刷业发展报告

刘成芳

印刷业作为新闻出版和文化产业的重要组成部分，在产业形态上具有服务型制造业的典型特征，发展状况受到新闻出版、轻工制造、商务交流等相关行业的直接影响。2022年，面对疫情给社会经济和相关行业带来的冲击，印刷业也遇到了很多困难和挑战，面临较大的市场下行压力。

为稳定经济增长，帮助企业度过难关，国家采取了一系列助企纾困措施，通过减税降费降低企业的经营成本，增加信贷投放降低融资成本，扩投资促消费稳外贸稳市场需求。印刷业也积极利用各项有利政策，坚定发展信心，加大创新转型力度，保持了行业基本盘的稳定，涌现出一系列亮点，为进一步实现高质量发展奠定了重要基础。

新冠肺炎疫情已经基本结束，搞建设促发展成为当前各地各行业的重要工作主题。随着社会消费的升温和生产经营活动的正常开展，印刷业在疫情期间面临的不确定因素已经基本消失，行业企业要积极行动起来，抓住市场复苏的机遇，以实现高质量发展为目标，争取实现更大的发展和突破。

一、2022年印刷业发展的主要亮点

2022年，印刷业与各行各业一道，以实际行动迎接党的二十大胜利召开，认真学习贯彻党的二十大精神，克服疫情对生产经营工作的影响，在确保重大主题出版物、

中小学教科书印制任务的基础上,积极参与承担冬奥会等重大产品的设计印制工作,取得了良好成果。与此同时,印刷业在区域协调发展、对外加工贸易和世界技能大赛等方面也取得了积极的进展和突破。

(一)印刷人积极参与全力保障2022年北京冬奥会各类印刷品的设计印制工作

精美的印刷品在各类重大活动中都发挥着不可或缺的重要作用。2014年,在申报期间,知名印刷企业雅昌文化集团便承担了《北京2022年冬季奥林匹克运动会和残奥会申办报告》及其他部分印刷品的印制任务。

2022年北京冬奥会召开前夕,国内外疫情形势仍十分严峻,承担冬奥会印刷品印制任务的企业克服各种困难,在做好疫情防控的同时,确保高质量高效率完成印制任务,展现了印刷人的责任和担当。冬奥会开闭幕式手册均由北京印刷学院专业团队承担设计工作,雅昌文化集团完成印制。印制过程中,雅昌文化集团在时间紧、要求高的情况下成立专项项目小组,圆满完成了印制任务。石家庄印钞有限公司承担了冬奥会门票的印制任务,将最新的防伪技术用于印制中;鹤山雅图仕印刷有限公司承担了由国家体育总局冬季运动管理中心和电子工业出版社共同策划的立体书《打开中国冰雪》的印制任务,它们充分发挥自身技术优势,用1 000多个零部件充分展现了冰雪运动的历史和文化。北京日报印务有限责任公司承担了冬奥会官方会刊的印制任务,公司上下精心组织,调动精干技术力量,确保了每期会刊的按时出版和及时上市。

此外,由中国科学院化学研究所绿色印刷实验室研发的绿色盲文印刷技术,被应用于冬奥会及冬残奥会相关印刷品中,使用效果良好。

(二)印刷业区域协同一体化发展再有新举措

2022年6月,国务院印发的《广州南沙深化面向世界的粤港澳全面合作总体方案》明确提出,推动建设粤港澳大湾区印刷业对外开放连接平台,为粤港澳三地印刷业强化区域合作、协同发展,扩大对外开放指明了方向。

为落实《方案》要求,粤港澳三地印刷行业协会、商会经过前期沟通于2023年

3月在广州南沙签订"共同编制具有产学研协作导向的培训教材"合作框架协议，并成立粤港澳大湾区印刷标准化工作组，启动粤港澳大湾区印刷标准化协同创新工作，强化粤港澳三地交流与合作，为大湾区印刷业协同一体化发展奠定基础。

作为贯彻落实《长三角区域印刷业一体化发展升级指南》的一项重要举措，上海市新闻出版局于2022年发布了首批"长三角印刷业一体化升级发展重点名单"，评定印刷优势企业61家、印刷创新中心18个、印刷先进产业集群7个，入选名单的企业作为行业重点支持发展的对象，在政策上得到一定倾斜，在区域一体化发展中发挥了引领作用。

作为服务首都核心功能，推进京津冀印刷业协同的重要举措，北京市在部分印刷企业疏解外迁的基础上，不断推动区域内印刷企业提升发展水平，于2022年发布了《北京市推进出版物印刷企业高质量发展评价分级管理办法（试行）》和《北京市出版物印刷企业绿色化发展奖励资金管理办法（试行）》，并公布了"北京市出版物印刷企业高质量发展评价分级结果"和"北京市出版物印刷企业绿色化发展奖励项目入围企业名单"。

（三）印刷业对外加工贸易逆势增长，外向型印刷企业盈利向好

2022年，国际经济贸易环境复杂多变，我国对外贸易克服疫情蔓延、地缘冲突升温、海外需求放缓等超预期因素影响，展现出强劲的发展韧性。海关总署数据显示，全年实现对外出口额23.97万亿元，同比增长10.5%。

对外加工贸易是印刷业的重要组成部分，是中国印刷业国际竞争力的重要体现。近年来，随着土地、劳动力等要素成本的提高，我国印刷业对外加工贸易额出现一定波动，与高峰期相比有所下滑。2022年，在各种困难因素的交织之下，广大印刷企业创新与海外客户沟通交流的方式，在稳定既有客户的同时努力开发新市场、新客户，实现了对外加工贸易额的逆势增长。根据海关总署发布的数据，2022年全年我国印刷品出口额达到158.76亿美元，同比增长9.4%，出版物印刷品、包装印刷品、商业印刷品全部实现同比增长。

与此同时，受益于美元升值等因素，部分外向型印刷企业的盈利也实现较好增长。上市公司年报显示，以创意类印刷品出口为主的宁波创源股份，2022年实现归属于上

市公司股东的净利润 7 494.33 万元，同比增长 691.65%；以桌游、贺卡等产品为特色的隽思集团，实现净利润 1.27 亿港元，同比增长 6.5%；有七成左右营收来自海外市场的鸿兴印刷集团，实现净利润 5 450.8 万港元，同比增长 10.5%。

（四）抓住资本市场深化改革机遇，印刷产业链企业上市迎来小高潮

近年来，我国资本市场改革不断提速。2019 年，主要面向世界科技前沿、面向经济主战场、面向国家重大需求的科创板正式开始，并率先试点注册制改革；2020 年，为增强对成长型创新创业企业的服务功能，更好促进经济高质量发展，创业板进行改革并试点注册制；2021 年，定位于服务创新型中小企业的北京证券交易所正式开市；2023 年，全面实行股票发行注册制正式实施，我国资本市场改革迈出关键性一步。

资本市场改革的不断深化，让上市规则变得更加清晰透明，提高了企业的上市效率，也为印刷产业链更好利用资本市场实现直接融资创造了机遇。近年来，我国印刷产业链企业上市融资的积极性明显提高，仅 2022 年一年便有 6 家印刷产业链企业成功在 A 股上市，上市企业数量处于近年来的相对高点。这 6 家企业包括：山东新巨丰科技包装股份有限公司，主要生产液体食品无菌包装产品；中荣印刷集团股份有限公司，主要生产折叠彩盒、礼盒等产品；浙江炜冈科技股份有限公司，主要生产标签印刷设备等产品；深圳市柏星龙创意包装股份有限公司，主要生产酒包装、化妆品包装等产品；广东鸿铭智能股份有限公司，主要生产制盒机等产品；昆山佳合纸制品科技股份有限公司，主要生产纸箱、彩盒、产品展示盒等产品。6 家企业中，新巨丰、中荣股份、鸿铭股份在创业板上市，炜冈科技在深交所主板上市，柏星龙、佳合科技在北京证券交易所上市。此外，主要生产环保纸袋和食品包装的福建南王环保科技股份有限公司也在 2022 年通过上市审核，拿到了登陆 A 股的"通行证"。

（五）中国印刷人首次获得世界技能大赛印刷媒体技术项目金牌

2022 年 9 月中旬到 11 月下旬，世界技能大赛特别赛在 15 个国家分散举行，中国代表团参加了全部 62 个比赛项目中 34 个项目的角逐，共获得 21 枚金牌、3 枚银牌、4 枚铜牌和 5 个优胜奖，在金牌榜上名列第一。其中，代表中国参赛的上海出版印刷高等专科学

校教师顾俊杰，获得印刷媒体技术项目金牌，实现了我国在该项目上金牌零的突破。

自2013年第42届世界技能大赛以来，我国选手先后获得了印刷媒体技术项目的铜牌、银牌、优胜奖，本次实现金牌零的突破既是选手自身努力的结果，更体现了我国印刷专业技能人才培养达到的高水平。顾俊杰是上海新闻出版职业技术学校和上海出版印刷高等专科学校中高职贯通印刷媒体技术专业的毕业生，两所学校均以印刷技能型人才培养见长。为了备战大赛，上海出版印刷高等专科学校专门建立了实训基地，根据比赛要求为选手有针对性地安排训练项目，并组建专业的参赛保障团队，为选手提供后勤保障。我国参加世界技能大赛印刷媒体技术项目的获奖选手均出自上海出版印刷高等专科学校，这既是对该校专业技能人才培养水平的充分证明，也说明我国的印刷技能人才培养体系和培养能力，在世界上处于领先位置。

二、2022年印刷业面临的困难与挑战

2022年，受疫情反弹影响，我国经济面临的需求收缩、供给冲击、预期转弱的三重压力有所加大。由于国民经济和相关行业增速放缓，印刷业也遭遇了营收增长乏力、盈利能力下滑等困难和挑战，尤其是上海、北京等受疫情影响较大的地区，印刷业受到的冲击更为明显。同时，主要服务于线下营销和交易活动的数字印刷和商务印刷企业，在需求端面临的压力比书刊印刷企业和包装印刷企业更大。

（一）疫情反弹令印刷业遭遇营收增长乏力、盈利能力下滑的困难和挑战

2022年，新冠肺炎疫情进入第三年，我国坚持"外防输入、内防反弹"，全力筑牢疫情防控屏障，并根据疫情形势变化科学精准、动态调整防控措施，最大限度减少疫情对经济社会发展的影响，实现了经济平稳运行。从全年来看，二季度疫情形势最为严峻，印刷业与很多行业一样面临着计划外停工停产和供应链紊乱，正常生产经营秩序难以保证的问题。进入三季度后，疫情形势有所好转，社会消费需求不足的问题

又有所凸显,部分印刷企业订单不足的问题也较为突出。12月上旬,疫情防控措施优化调整后,各地陆续出现感染高峰,部分印刷企业遭遇员工到岗率不足的问题。

面对疫情带来的一系列冲击,广大印刷企业不惧挑战、迎难而上,通过采取闭环生产、优化供应链等措施尽可能保证企业生产经营的正常运转,不过在营收和盈利方面仍受到较大影响。据国家统计局发布的数据,2022年印刷和记录媒介复制业规模以上企业实现营收7 645.2亿元,同比下降1.5%;利润总额431.3亿元,同比下降3.7%。这是自2020年以来,印刷和记录媒介复制业规模以上企业利润总额连续第三年出现负增长,反映了疫情对印刷业带来的困难和挑战。此外,根据上市公司年报,41家在A股上市的印刷业上市公司,2022年共实现营收1 239.41亿元,同比增长2.21%;归属于上市公司股东的净利润56.97亿元,同比下降26.21%。41家上市公司多是行业不同细分市场的龙头企业,在营收小幅上涨的情况下,净利润出现超过四分之一的大幅下滑,从一个侧面体现了印刷企业面临的盈利压力。

(二)区域间行业发展态势分化,上海、北京地区印刷业压力相对较大

印刷业属于加工服务业,不同地区印刷业发展水平与当地的经济结构关联度较高。从整体上看,我国东部地区新闻出版和文化产业较为发达,制造业具有较高水平,印刷业在全国也处于领先位置;中部地区近年来经济发展提速,同时承接了东部地区部分产业转移,印刷业发展势头良好;西部地区受制于经济结构,印刷业与发达地区有一定差距。在全国各省市自治区中,北京、上海、广东作为我国主要中心城市和经济大省,印刷业在全国也处于领先位置。

2022年,受疫情反弹程度和波及范围影响,不同区域印刷业发展分化明显。根据各地统计局发布的数据,广东作为我国第一印刷大省,印刷业发展态势相对较好,印刷和记录媒介复制业规模以上企业全年实现营收1 398.44亿元,同比下降3.0%;利润总额92.02亿元,同比增加28.3%。上海、北京两地统计部门发布的数据显示,两地印刷业面临的压力则相对较大,上海印刷和记录媒介复制业规模以上企业全年实现营收209.77亿元,同比下降9.8%;利润总额2.86亿元,同比下降64.5%;北京印刷和记录媒介复制业规模以上企业全年实现营收138.29亿元,同比下降12.3%;利润总额8.68亿元,同比下降8.3%。

不同区域印刷业发展态势的差异，一方面受疫情因素影响，另一方面也与当地印刷业的产业结构有关。2022 年，广东印刷和记录媒介复制业规模以上企业在营收下滑的情况下，利润总额出现较大幅度的上涨，便部分受益于当地外向型企业占比较大，美元相对人民币升值导致汇兑收益增加。

（三）数字印刷和商务印刷企业受冲击较为明显，少数企业出现破产倒闭情况

在各类印刷企业中，数字印刷和商务印刷企业主要服务于线下营销和交易活动。疫情期间，出于防控需要，很多线下商务活动，如展览、会议、赛事、演出等被取消或延期，尤其是 2022 年，由于疫情波及范围较大，形势较为严峻，各种线下商务活动难以正常开展，举办数量大幅减少。根据中国国际贸易促进委员会发布的《中国展览经济发展报告（2022）》，2022 年我国共举办经贸类展览 1 807 个，比 2021 年减少 38.72%。

各种线下商务活动的大幅减少，对数字印刷和商务印刷的市场需求造成了较大冲击，部分数字印刷和商务印刷企业映年度营收降幅约 30%。加之大型数字印刷和商务印刷企业普遍把遍布大街小巷的图文快印店作为重要业务入口，而在疫情之下很多图文快印店难以正常运营，这导致数字印刷和商务印刷企业面临的压力，普遍大于书刊印刷企业和包装印刷企业。

为了提高产能利用率，改善经营状况，部分商务印刷企业尝试向书刊印刷、包装印刷转型，并取得一定成效，但也有个别企业由于在现金流方面出现问题陷入破产清算的境地。数字印刷和商务印刷市场面临的挑战，还影响到了企业的投资意愿。根据海关总署发布的数据，2022 年我国数字印刷机进口额为 1.91 亿元，同比下降 13.86%，跌至近年来低点。

（四）印刷企业心态趋于谨慎，行业内企业并购数量明显减少，部分投资项目取消

2022 年，受疫情反复、经济下行压力加大、下游需求不足等因素影响，印刷企业

的心态趋于谨慎，投资意愿和投资能力有所下滑。海关总署数据显示，作为印刷企业投资走向的重要参考指标，2022年我国各类印刷设备进口额为18.93亿美元，同比下降23.46%，计算机直接制版机、胶印机、数字印刷机、书刊装订设备、包装印后设备等均出现不同幅度的下滑。

与此同时，行业内企业并购数量明显减少。以上市公司为例，2022年基本上没有出现以同业企业为标的的大型并购案例，但出现了金额较大的跨界并购行为，这反映了印刷企业在印刷业务之外寻求新的增长点、推进业务多元化所作的努力。如上市公司公告显示，深圳市裕同包装科技股份有限公司以4.02亿元的对价收购深圳市仁禾智能实业有限公司60%的股权，布局智能家居包装材料领域；汕头东风印刷股份有限公司宣布拟通过发行股份和支付现金相结合的方式，收购深圳市博盛新材料有限公司51.06%的股权，布局锂电池隔离膜业务。

此外，部分上市公司还终止了部分计划中的投资项目。如厦门合兴包装印刷股份有限公司终止了福建长泰智能环保纸包装项目，美盈森集团股份有限公司终止了位于郑州的战略性包装工业4.0项目和位于西安的智能包装研发生产基地项目，龙利得智能科技股份有限公司终止投资建设河南绿色智能文化科创园项目。

三、推动印刷业高质量发展的建议

当前，新冠肺炎疫情已经基本结束，我国经济社会恢复常态化运行，在一系列促消费稳增长措施的推动下，社会消费回稳向好，经济发展潜力不断得到释放，国际组织和投资机构纷纷调高2023年我国GDP增长预期，受疫情影响较大的行业出现明显反弹。印刷业受益于宏观经济向好和相关行业回暖，也呈现出恢复向上的发展态势。但目前我国经济运行好转主要是恢复性的，内生动力不强，需求不足的问题依然存在，印刷企业的发展信心尚未完全恢复，需要进一步提振，部分企业在订单、流动资金方面依然面临较大压力。

面对新形势，要进一步激发行业活力，推动行业实现高质量发展，实现《印刷业"十四五"时期发展专项规划》确定的各项目标，推动、帮助企业解决发展中遇到的阶段性困难和问题。

（一）加强分析研究，引导印刷企业客观看待行业形势，增强发展信心

随着疫情基本结束，经济社会恢复常态化运行，印刷企业普遍对市场回暖抱有较高预期，但社会消费的回稳、相关行业的修复，以及订单需求的逐层传导都需要时间，市场回暖不可能一蹴而就。

根据国家统计局发布的数据，进入 2023 年以后，印刷业发展仍面临一定压力，一季度印刷和记录媒介复制业规模以上企业实现营收 1 574.0 亿元，同比下降 6.8%；利润总额 55.2 亿元，同比下降 19.9%。这主要是由于一、二月份部分地区出现疫情感染高峰，印刷及上下游行业的生产和订单需求受到冲击。进入二季度后，疫情影响逐步消散，行业营收和盈利状况有望得到明显改善。

要鼓励行业协会、大专院校、科研机构、专业媒体加强分析研究和宣传报道，引导印刷企业客观看待行业形势，在增强发展信心的同时，对行业回暖抱有充分的耐心，努力巩固即有竞争优势，积极探索新业态、新模式，拓展新市场、新需求，以更好适应后疫情时代的发展要求。

（二）争取政策支持，帮助印刷企业解决发展中面临的实际问题

印刷业是较为典型的重资产行业，对企业的投融资能力具有较高要求。过去三年，受疫情等因素影响，部分印刷企业营业收入减少，盈利能力下滑，资产负债率走高，再投资能力下降，还有少数企业由于资金周转率下降，面临暂时性的现金流困难。

面对印刷企业在发展中遇到的实际问题，一方面要鼓励企业充分利用各级政府部门出台的减税降费、降低社保费率、助企纾困专项资金等扶持政策；另一方面要结合印刷业的行业特点，争取行政主管部门的支持，协调发展改革、科技、工信、财政等部门出台完善的、有针对性的行业扶持政策，对印刷企业的技术改造和创新发展给予资金支持和政策倾斜，支持行业协会发挥协作平台作用，积极与银行等金融机构对接，为印刷企业争取授信额度，帮助企业拓宽融资渠道，协调有关银行对资信良好但遇到暂时性困难的企业不抽贷、不断贷，满足企业对发展资金的合理需求。

（三）以智能化建设为抓手，鼓励印刷企业转变发展模式，孕育行业发展新动能

当前，智能化建设已经成为印刷业重要的发展趋势。即使在三年疫情期间，我国印刷业的智能化建设仍稳步推进，涌现出深圳市裕同包装科技股份有限公司、中荣印刷集团股份有限公司、深圳劲嘉集团股份有限公司、北京印刷集团有限责任公司、北京建宏印刷有限公司、北京虎彩图书装订有限公司等智能化建设的代表性企业。据初步统计，目前我国在建的印刷智能工厂项目超过 2 000 个，且项目数量仍处于快速增长中。

智能化建设是提高印刷企业科技含量，提升生产过程自动化、数字化水平，改进生产效率，降低生产成本，实现两化融合的有效手段，能够有效增强企业的市场竞争力。要根据《印刷业"十四五"时期发展专项规划》有关部署和要求，继续推进印刷智能制造，建设一批示范智能工厂和示范数字化车间，建设若干个印刷智能制造应用示范中心，推动按需印刷出版、个性化包装等新业态、新模式发展，通过示范引领鼓励印刷企业通过智能化建设转变发展方式，孕育行业发展新动能。

（四）完善印刷专业人才培养体系，为行业发展提供有力梯队保障

人才是行业发展的基石。推动印刷业高质量发展，实现建设印刷强国的目标，需要一支具有较高专业水准的技术和管理人才队伍。经过多年来的建设与发展，我国基本上形成了涵盖博士、硕士、本科、高职高专、中职中专在内多层次、复合型的印刷专业人才培养体系，但近年来随着社会产业结构和人们就业观念的改变，我国印刷专业人才培养面临了一些新情况、新问题，其中最主要的挑战是不同层次的院校都较为普遍地面临招生困难。由于招不到足够的学生，部分院校不得不撤销印刷、包装等相关专业，这导致印刷专业人才的入口收窄，与印刷企业对专业人才的旺盛需求形成了错配。

要改变这一局面，一方面需要行业共同努力，积极向全社会宣传介绍印刷业的新发展、新成就，树立行业新形象；另一方面要根据行业发展，不断优化专业人才的培

养方案,让不同层次的专业人才都能够学有所得、学以致用,在行业中找到自己的用武之地。同时,广大印刷企业还要不断改善工作环境,提高员工薪酬和福利待遇,加强企业文化建设,以增强专业人才的行业认同感、企业归属感,强化印刷业对年轻一代的吸引力。

(刘成芳　中国新闻出版研究院印刷研究所副研究员)

2022—2023中国出版物发行业发展报告

倪 成 焦 翊 王 霖

2022年是党的二十大胜利召开之年，是国家"十四五"发展规划实施的关键之年。这一年，在发行业"十四五"发展规划的指引下，经历了3年疫情冲击影响的出版物发行业市场格局整体趋稳趋缓，但图书零售下滑严重，各销售渠道表现各异。据《2022年图书零售市场年度报告》显示，2022年我国图书零售市场码洋规模为871亿，较2021年下降11.77%。其中实体店渠道零售图书码洋同比下降37.22%，平台电商同比下降16.06%，短视频电商实现正增长。

面对技术进步带来的持续多年的行业发展变局，以及近年来愈加沉重的零售经营压力，各市场主体主动迎难而上、加速转型升级、持续推进创新，走出了一条逐渐向好的发展道路。

一是新华书店进一步发挥图书发行主渠道、主阵地作用。2022年，新华书店全力做好《习近平谈治国理政》第四卷、党的二十大相关读物等图书发行工作，成效显著；千方百计完成春秋两季教材发行，保证"课前到书，人手一册"的政治任务；加强技术引领，持续推进实体书店"云店""上云工程""云馆配"等线上发行平台建设，用好直播带货、短视频带货等新营销手段；加速转型升级，持续对外拓展，不断丰富门店多元业务体系，延伸教育服务、政企服务产业链，进一步强化理念创新、经营创新和体制机制创新。二是民营书店受疫情、资金、积累等影响，部分书店经营举步维艰甚至关张；部分品牌书店通过积极自救或转型调整迎来新生，如重庆西西弗、杭州晓风书屋等逆势拓店，上海钟书阁、深圳覔书店、重庆新山书屋、南京可一书店、浙江无料书铺、广州方所书店等通过门店升级、经营调整开启新尝试；不少地方政府加大了对实体书店的扶持力度，助力民营书店渡过难关，如2022年底北京市公布的317家扶持书店中，多数为民营书店。三是图书电商渠道格局调整加速，以当当、京东、天猫、拼多多等为代表的传统电商平台增速放缓，抖音、快手、视频号、小红书等兴趣电商向全域兴趣电商发展，覆盖用户全场景、全链路购物需求，图书零售码洋占比增加；出版机构自办发行规模、线上销售占比进一步扩大，线下实体渠道全面触网、加速抢占线上市场份额，直播带货、短视频带货成为最主要的销售方式。《2022年图书零售市场年度报告》显示，2022年短视频电商零售图书码洋同比上升42.86%，码洋占比赶超实体书店，成为新书首发重要渠道。

一、出版物发行业整体发展趋稳趋缓

（一）新华书店主业经营稳定，新技术引领新发展

2022年，各地发行集团、新华书店在稳中求进、守正创新的发展主基调下，深化改革创新和提质增效，坚持新技术引领下的线上线下发行数字化新体系建设，深化主营业务市场运营体系改革，持续强化服务能力，以高质量服务推动高质量发展，实现了平稳可持续发展。

一是"两教"发行圆满完成，全力做好主题图书发行。2022年，由于全国教育市场调整，叠加疫情频发和部分地区高温等不利因素，新华书店负责发行的两季教材尤其是秋季教材发行，面临着较大的压力。各大发行集团克服极端困难，连续实现了44年"课前到书、人手一册"的政治任务。如河南省新华书店发行集团（以下简称"河南新华"）克服教材定版时间晚、印制周期短、发运时间紧等不利因素，提升教育服务专业化、标准化、精细化水平，开辟教材教辅发行绿色通道，启动24小时收发货机制，圆满完成教材发行任务。如广东新华发行集团（以下简称"广东新华"）2022年全省发行中小学教材（含教育书店）4.11亿册，码洋31.15亿，确保了中小学教材发行的稳定有序，强化了市场化教材教辅的维稳提升，巩固了大中专教材市场的标杆地位。如江西新华发行集团（以下简称"江西新华"）春秋两季教材发行同比增

长3.29%，面对"双减"的政策调整，教辅征订未出现严重下滑。如重庆新华书店集团（以下简称"重庆新华"）用足政策空间，提升服务品质，确保每季中小学教材"课前到书，人手一册"；充分发挥新华书店优势，不断完善教辅营销推广机制和考核激励机制，拓展市场空间，巩固区域市场主导力。如山东新华书店集团（以下简称"山东新华"）圆满完成"课前到书、人手一册"的政治任务，并不断优化产品结构，创新服务模式，实现主营业务的稳步发展。

各家发行集团围绕2022年党的二十大胜利召开的重要节点，全力做好重点理论读物等主题图书发行工作。如江苏凤凰新华书店集团（以下简称"江苏新华"）党的二十大相关出版物发行量，湖南新华书店集团（以下简称"湖南新华"）重点主题出版物发行量，均位居全国前列。如浙江省新华书店集团（以下简称"浙江新华"）通过复盘、创新、完善主题出版物发行服务体系，创新探索征订发行和阅读推广同步启动等举措，实现了党的二十大文件、重点主题出版物发行覆盖面、服务水平的较大提升。如广东新华在政治读物发行上，采用网格化发行模式，通过保障供应、门店主推、线上同步、专线专人服务、流动售书推广等方式进行推广，全年重点政治读物总发行21种、746.4万册。如重庆新华始终把发行好重点主题出版物放在首要位置，广泛宣传征订、优质优先服务，提高覆盖率、满足率。如广州新华出版发行集团（以下简称"广州新华"）依托广州全市31家实体书店网络，线上线下共同发力，专人专责落实保障，全力做好重点政治读物、主题读物的征订、发行工作。如河南新华通过强化网格化营销管理、开展拉网式上门征订服务、举办红色主题阅读活动等举措，全力推动重点主题出版物的发行工作。

二是积极应对实体店零售下滑，线上线下发行新招频出。2022年，面对疫情闭店给实体零售带来的冲击和销售下滑，新华书店通过线上线下结合运营提升销售。如新华文轩出版传媒股份有限公司（以下简称"新华文轩"）负责实体书店业务的零售连锁事业部在2022年更名为阅读服务事业部，确立了"线上线下融合、店内店外结合"的发展思路，在做好线下门店经营的同时，覆盖四川全省实体门店的新华文轩云店上线60余天，销售便突破千万大关。如浙江新华线下打造了有活力的实体书店体系，实施旗舰店、标杆店、标准店、特色店的标准化管理和制度化运营；线上全面推进以"智慧书城"为统领的数智化体系改革整体方案，探索建立线上连锁运营体系，加快推进书店"上云工程",持续迭代"钱塘鸿书"线上标准门店平台建设,会员数突破90万。如山西新华书店集团(以下简称"山西新华")连锁门店转型升级建设稳步推进,新增社区书店、校园书店、智慧书房等发行网点,打造山西首家全会员制书店,线上线下融合发展步伐稳健。如山东新华初步探索打造了"老年大学分校""新华自习室""名师公益讲堂""双新融合"等一批新业态新项目,进一步拓宽了互联网平台布局,图书销售业务快速增长,社群运营工作成效明显,新媒体运营工作实现破冰。如湖北省新华书店集团(以下简称"湖北新华")持续推进"智慧书店"建设,进一步推动从"传统卖场"向"智慧空间"转型,加快推动教育服务和文化消费传统业务向互联网化、数字化转型。

部分新华书店在线上发行方面的努力持续深入,推出的一系列线上平台、第三方店铺成为零售新的增长点。如安徽新华发行集团(以下简称"安徽新华")大力推广"皖新云书""阅佳优选""皖新云馆配"等线上服务平台,拓展天猫、京东、拼多多、抖音、快手等多渠道网上商城。如河南新华联动全省600余家实体门店,构建了云书网、百姓文化云自有平台引领,微信、微博、短视频等联动呼应,用户广泛互动的大传播体系。如广东新华持续巩固传统电商份额,加强对天猫直通车、京东快车、拼多多直通车等渠道的投放管理,大力推进线上业务,组织子(分)公司建立线上销售渠道,自建平台"通读在线"已上线147家门店;新成立的广东新荷传媒有限公司快速进入新媒体营销市场。如宁波新华书店集团(以下简称"宁波新华")实施上线智慧书城"新华伴读"小程序,搭建微店连锁版和企业微信,新增微信公众号图书推送添加购买链接、视频号的商品管理销售等功能。如重庆新华加快阅淘网迭代创新步伐,丰富平台功能,优化读者体验,持续推广阅淘网大客户平台,全面推广重庆新华专营店小程序和"新华优享"社群营销平台。如广州新华在2022年完成小程序网店与京东供应链的对接,实现30多万图书品种的自动化对接,发货时间缩短至原来的1/3,极大提升了服务效率。

三是持续推进"教育+""文化+",延伸产业链条。立足文化领域,长期服务教育的新华书店,近年来努力提质增效,持续推进"教育+""文化+"等新产业布局,不断延伸产业发展链条,为实现新发展赋能。

在"教育+"方面,如湖南新华不断提升教育服务质量,推出的"四维阅读"产品销售火爆，主题活动"叫好又叫座"，"五育并举"资源包研发推广卓有成效，创新打造"智趣新课后"全公益服务平台已服务湖南全省近 400 万中小学生和 9 万老师；文化用品板块"一手好字"系列产品，研学实践板块、考试服务板块相关产品均有不俗表现。如安徽新华以文化新零售、智慧教育、智慧供应链三大重点项目为牵引，培育壮大新型业态和服务模式。如湖北新华通过建设"线上新华"教育服务平台，实现全渠道全媒体数字化终端触点层布局，构建深度融合的数字化产品和服务体系，推动 K12 阶段数字化教育产品和服务体系建设，进一步集成数字资源，构建覆盖全学段、"纸电音"一体的数字化产品生态和服务体系。如江西新华"新华＋教育"战略进一步发展，其推出的"人教畅读"点读笔项目，《我和我的祖国》研学路线、课程广受欢迎；全省幼儿教材、《中小学安全教育读本》等图书发行反响较好。如河北新华高度重视校园书店建设，将其作为延伸服务范围、提升服务水平、服务教育教学的重点工作内容，统筹规划、强力推进，已建成校园书店 144 家。

在"文化＋"推广应用上，如重庆新华以最美阅读空间、最好体验场景为目标，由"做书店"向"做文化"转变，坚持以图书为主、多元文化业态为辅，推动文旅融合，打造一批"网红书店"，放大体验优势，丰富互动内涵。如河南新华联合各党政机关、单位、学校等共同打造了图书室、阅读吧、读书角等多种类型个性化的书香阅读空间。如山东新华多元产品经营更加注重提升总部服务支撑，与品牌供应商开展战略合作，积极推进文旅融合发展，与近 20 家研学旅行合作单位签订战略协议，注重开发精品课程，推出"云上研学"系列课程，推进营地建设与运营，积极推动文旅产业链形成闭环。如江西新华"新华＋文化"发展战略进一步增强，组织开展了党的二十大文件及学习辅导读物首发式、"书香赣鄱·喜迎二十大　书香润洪城"全民阅读活动等 1 255 场次。如宁波新华多元业务不断拓展，重点发力资源整合及品牌价值构建，以"飞卫眼镜"为试点，不断调整运营思路，重新划分品牌构建比重，拓宽线下项目主体及点购功能。

四是政企业务、全民阅读服务能力全面提升。新华书店在 2022 年加大了政企服务与全民阅读服务的推进力度，既为销售提供了新的增长点，也对培养市民阅读习惯、营造全民阅读氛围起到积极的促进作用。

在政企服务方面，如新华文轩不断提升政企业务服务能力，以优于他人、独具特色的展陈、导购、活动等服务到店读者，同时以时政读物发行、送书上门、定制推荐、阅读空间打造、文化活动承办等方式服务机构客户，通过开发大客户商城，实现销售订单突破1万笔。如安徽新华提升重点读物发行服务创新体系，拓展公共文化服务一体化项目，成功签约海尔家电直播电商、耐克着装业务等供应链一体化业务项目。如宁波新华持续发力文化服务，承接各类公益广告景观小品项目，提供全流程的设计建设服务安装。如广州新华围绕党政企事业单位和人民团体的阅读学习需求，为630多家单位提供一站式、全流程、专业化的实体阅读空间建设服务。

在全民阅读推广上，借助地方书展、阅读活动等营销契机，新华书店进行了一系列新尝试。如江苏凤凰新华在第12届江苏书展期间，全省新华书店线上线下共实现图书销售码洋1.55亿，同比增长67.7%，主分联动、云端办展模式带动了江苏书展的进一步破圈；以"凤凰读书会"为核心品牌的营销矩阵，全年累计开展凤凰读书会品牌营销活动3 050场。如湖南新华积极筹办中国作协在湘系列活动、岳麓书会等文化活动，建成党建学习书屋7 000家，建成乐之特色品牌书店10家。如浙江新华策划"之江好书节""喜迎二十大　最美'浙'十年"等主题活动，围绕年度主题做好图书联展、地方读书会等创新服务。如安徽新华承办"首届全民阅读大会·乡村阅读推进论坛"暨"2022新时代乡村阅读季"活动，举办"皖新传媒读者节""中国黄山书会"等全民阅读活动，举办第九届"皖新教育杯"安徽青少年科技发明大赛、寻访安徽最美"阅读点灯人""阅读领航人"等教育公益活动。如河南新华在"书香河南"建设战略引领下，打造"最美读书声"等全民阅读强劲IP，策划推出特色鲜明、双效俱佳、形式多样、内容丰富的主题阅读活动，策划推出了"最美四月天""书香润万家、喜迎二十大""黄河文化读书月"等推书荐书、惠民书展、阅读分享、文化沙龙等主题活动。如广东新华年度主题活动南国书香节，聚焦党的二十大，以线上线下高度融合、文旅联动跨界融合，城乡联动、馆店联动、粤澳联动的方式，在全省设立373个分会场，举办1 263场文化活动，覆盖超5 000万人。如重庆新华承办重庆市"全民阅读月"、文化惠民消费季书展、"百本好书送你读"等市级层面阅读推广活动，打造重庆书城"阅淘读书联盟"、沙坪坝书城"吟诵经典"、南岸店"童心故事绘"、永川店"书香校园"赠书活动、万州店"故事点亮心灯"等阅读活动品牌。如广州新华承办广州读书月阅读盛典、羊城书展、广州诗词系列活动等大型全民阅读活动，全年开展

"书纽学堂""新时代红色文化少年宣讲团"等品牌活动超 150 场。如北京发行集团承办首届"全民阅读大会·全民购书节"、第 20 届北京国际图书节大型文化展等，助推全民阅读。

（二）品牌民营书店强化运营，不断优化经营管理模式

部分品牌民营书店面对不利局面，持续强化运营创新，通过打造新书店品牌、开展特色经营、建设社区书店等方式，不断优化经营管理模式，在 2022 年同样实现了稳扎稳打，平稳发展。

一是品牌民营书店加速调整，拓展转型开启新尝试。如上海钟书阁、深圳覔书店、重庆新山书屋、内蒙古青城阅立方等老牌民营书店，依托资源尝试打造新品牌书店。其中，上海钟书阁新开浙江台州店、宁夏银川店、山东淄博店 3 家门店，银川店开业当天销售额突破 10 万；深圳友谊书城的子品牌覔书店着力构建"城市家庭大书房"，先后在湖南长沙、湖北襄阳、广西南宁、浙江宁波、福建福州等地开业。重庆购书中心新山书屋 2022 年贵阳首店落地，符合当代年轻人喜好的多元社交空间逐渐成型。如以几何书店、无料书铺、时见鹿书店为代表的新型民营书店发展迅猛，其中几何书店以空间设计吸引年轻读者，以"文化＋增值服务"模式，打造满足全年龄、全阶层的文化空间，2022 年新添 6 家门店。如杭州纯真年代书吧、青岛如是书店、上海三联书店北京微言小集书店、南京可一书店、江苏大众书局等持续向社区型书店转型，打造"15 分钟阅读服务圈"，开展少儿课堂、亲子活动、文化分享等活动。如武汉鹅舍书店、北京黑胶书店等特色书店，以某一特定的文化标签为主题开展经营，其中武汉鹅社书店艺术馆集合经典人文社科书籍、青年艺术、青年文创、原创音乐等，举办"鹅蛋时界欧洲经典版画展""东方拱廊街计划当代青年艺术家邀请展"等艺术展览，年吸引 10 万人次观展。

二是重塑"书店＋N"模式，线上线下双向导流寻求破局。向线上转型已成为民营书店近年来的重要发力方向。如云南大方书店、无锡百草园书店、北京布衣书局、重庆西西弗书店、江苏慧源书城等民营书店，在 2022 年加大线上渠道建设投入，通过构建微信小程序，发力短视频、直播，打造社群等方式，致力于将线下各类优质服务同步到线上。通过建设专业化线上运营团队，开展直播带货、社群运维，组织线上销售，

开办云讲座等方式,实现"线上+线下"融合发展闭环。如北京布衣书局利用空间场地、文化属性尝试进行线上特色直播,书店主理人以类似脱口秀形式,固定时间上线,以有品质的旧书和低折扣价格汇聚人气,并通过与出版品牌合作,扩大影响力,提升图书销售。2022年6月24日,布衣书局联合中华书局开启了一场长达九个半小时的中华书局专场线上直播,活动共吸引了5 364人围观、成交3 824单、销售实洋约31.85万元。

三是推进定制阅读服务、政企服务实现创新发展。随着全民阅读的深入推进、企事业单位文化建设的需求,越来越多的民营书店像新华书店一样走出门店,凭借自身图书选品能力和运营能力,走进机关、企事业单位等,开展TOG和TOB业务。如南昌青苑书店因选品和文化活动的专业服务,在2021年中标南昌高新图书馆、艾溪湖美书馆、青云谱图书馆等区域的项目,2022年积极跟进和参与社会单位馆配业务,还组建专业团队,为企事业单位量身定制读书会、文化讲堂活动。如陕西嘉汇汉唐书城发力政企阅读空间共建新模式,在2022年将书店开进了陕西省委机关,满足政务阅读需求,并依托自身实力和资源,协助机关单位设计图书馆、阅读室。如山东文友书店重点发力"阅读定制服务",为地方政府、企业打造文化定制的阅读一体化服务。如湖南弘道书店依托30余年的积累,推出弘道·文化服务定制项目,实现向文化消费服务商转型,为企业提供多维度的文化服务,目前已为湖南省直机关、光大银行、长房云时代等企事业单位,提供图书空间运维、文化活动定制、创意产品定制等服务。如铁岭缘园书店持续发力与当地政府合作共建城市书房,并融入公益影吧、党建活动室、党建阅览室等功能。

(三) 短视频电商零售码洋持续攀升,传统电商增速放缓

图书电商在过去3年间实现了空前的发展,规模进一步扩大,与线下实体渠道的销售差距进一步缩小甚至实现反超。线上图书电商格局发生巨变,短视频电商零售码洋占比超过实体书店渠道,传统图书电商增速放缓,新兴电商全面崛起。

一是传统电商增速放缓,多措并举参与竞争。当当、京东图书、天猫图书、文轩在线等传统电商平台,面对被兴趣电商挤占市场的不利局面,发挥各自强项与优势,通过多种营销举措参与竞争,争取市场主动。如京东图书以"好书好实在"的理念,对高质量图书倾斜重点资源,加大畅销单品打造力度,强化图书销售分级策略,打造

了包括尖货、超级爆品、秒杀单品、蓄水潜力品等在内的丰富产品线，依托京东物流下沉到更多的乡镇，触达偏远地区读者；通过加大对POP商家的扶持力度，扩充市场份额；加强与MCN等渠道合作，实现了市场增量。如文轩在线构建覆盖全国的仓储网络，打造物流体系，服务书业发展是其重要的发力方向；通过强化物流能力，不断推进供应链数字化升级，以西南、华北、华东、华南四大物流中心，持续完善全国仓储网络布局，提升客户服务体验；利用技术手段，加强大数据分析在品类运营、客群运营、渠道经营、供应链管理、上下游协同等日常经营环节中的应用，提升经营成效。

二是加码直播、短视频带货，兴趣电商占比扩大。直播带货、短视频带货已成行业上下游经营者的经营标配，成交金额节节攀升。巨大的流量，让线上销售尤其是以快手、抖音等为主的兴趣电商，在图书销售中的占比越来越大。数据显示，2022年短视频渠道的上市新书品种、码洋占比均高于其他渠道。快手电商统计数据显示，2022年1—10月，快手电商图书文娱行业GMV同比增长77%，动销卖家数同比增长77%，平台总卖家数同比增长118%。越来越多的消费者养成在兴趣电商平台消费的习惯，行业经营主体持续加码扩张，电商平台也加大了对图书商品的重视程度与营销力度。如快手电商图书教育联合图书行业特色服务商，在操盘、代运营、货品供给等方面提供扶持，为满足不同类型、不同定位的图书商家提供帮助，并成立"图书短视频项目组"，为图书商家提供短视频带货的流量红利和激励政策，助力兴趣电商的快速发展。

三是精细化运营线上流量，寻求趋稳发展。线上流量大、发展潜力深，但投入的资源多，竞争也愈加激烈。合理利用流量资源，实现精细化运营至关重要。如文轩在线2022年加强了在天猫、京东、拼多多、当当等电商平台的纵深经营，加快了在抖音、快手的布局步伐，积极探索B站、小红书等平台运营；以用户为中心，解构读者多元化阅读需求；以细分产品线为轴，多维度挖掘产品内容；通过多元形式，针对性地精选、推荐优秀出版物，做深、做细品类精细化运营。如当当在2022年精细化运营主站流量，打造更多的新品、爆品，还注重将流量引导至有利润的产品和商户，强化头部产品和商户；并专注在外卖场运营，在抖音和拼多多平台销售增幅均超过100%。

二、出版物发行业发展面临四个难题

(一) 购书渠道更趋线上　阅读载体转向数字化

2022年，实体书店受疫情防控影响较大。2022年12月，中国书刊发行业协会发布的《全国实体书店经营情况调研报告》显示，在针对全国994家实体书店进行的问卷调查中，2022年上半年，9.56%的实体书店没有收入，32.09%的实体书店收入在10万元以下。疫情期间，实体书店受闭店、限流影响，销售额持续下滑，与此同时线上购书渠道迎来飞速发展，并在潜移默化中改变着读者的购物习惯，更加便捷的线上购书、一站送达渐成主流。此外，读者阅读的数字化倾向进一步增强。据2023年4月23日发布的《第二十次全国国民阅读调查》显示，2022年我国成年国民数字化阅读方式的接触率为80.1%，较上年增长0.5个百分点；数字化阅读倾向进一步增强，手机移动阅读成为主要形式，有77.8%的成年国民进行过手机阅读，较上年增长0.4个百分点。网络技术、数字技术的发展，线上购物的便捷，阅读载体的多元，使得读者的购物习惯更趋线上，阅读载体持续转向数字化，对实体书店的经营造成了更大冲击。

(二) 转型升级方向难定，体制机制受限难解

实体书店为实现逆境突围，尝试探索多种新的经营模式与方法，目前来看成效未能尽显。一是转型升级之路不明晰。随着大部分书店改造升级的完成，不少书店在装修等硬件设施上提升了书店的外在"颜值"、丰富了书店业态，但内在"兼修"还未实现。二是大多数实体书店并没有找到可持续发展的商业模式，有客流无商流、有流量无销量，多元经营、教育服务等新业务未能达到预期效果。三是受体制机制的影响，大部分实体书店还在采用"内部一体化"商业模式，人力、物力和财力成本居高不下，管理模式落后、销售增长乏力，经营定位不清晰、营销方式落后等，都影响着书店转型升级的成效。

(三) 实体书店流量减少，整体经营全面萎缩

从2020年开始，受疫情防控和读者消费习惯的转变，直接影响了实体书店的线下

客流，进一步倒逼部分书店向线上渠道探索。2022年《全国实体书店经营情况调研报告》显示，实体书店私域流量建设情况并不乐观，实体书店45.47%无私域流量，44.97%私域流量在1万人以下，仅有不到10%的企业拥有1万—50万人的私域流量。此外，据《2022年图书零售市场年度报告》显示，2022年我国图书零售市场码洋较2021年下降11.77%，较2019年同比下降了56.7%，实体书店零售形势依然严峻，经营整体萎缩。同时，近几年全国部分民营品牌书店出现了"关店潮"，如言几又书店，2020年关闭成都凯德天府店、宁波印象城店；2021年关闭两家广州门店和上海虹口瑞虹店；2022年正式撤离北京、杭州等区域。实体书店经营压力较大。

（四）线上发行快速推进，配套建设稍显不足

受疫情防控常态化、发行渠道日益多元、线上营销持续升级、屏端阅读习惯加速兴起、购买习惯不可逆等的影响，实体书店快速推进线上渠道建设，传统的出版物发行业整体格局加速转变。如新华文轩上线166家"云店"，构建店内店外融合、线上线下结合的新型文化消费服务体系；浙江新华直营10家地市新华书店线上门店，同步布局抖音、快手、小红书、B站等内容社交平台；湖南新华构建起注册用户数突破800万的阅达书城、阅达教育两大线上平台和以"三微一抖"为主体的宣传推广矩阵。但随着实体书店线上渠道建设的加快，也暴露出了不少问题。如线上门店投入产出比尚有待考量，线上渠道前期投入大，产出效果如何暂未有较多数据支撑；线上渠道的商业盈利模式有待进一步优化。如受体制机制影响，缺乏灵活的人才吸引和激励政策，对于行业亟须的高科技复合人才的吸引力较弱，很难吸引到满足需求的优秀专业人才。

三、出版物发行业变革发展四个建议

（一）全面推进全民阅读，提升全民阅读水平

全民阅读自2014年以来，连续10次被写入政府工作报告。2022年4月23日，首

届全民阅读大会在北京召开，习近平总书记在贺信中指出："希望全社会都参与到阅读中来，形成爱读书、读好书、善读书的浓厚氛围。"全民阅读上升为国家战略有利于提升全民整体文化素质，是利国利民的好事；实现全民阅读高质量发展，持续提升国民阅读率，相应会提升出版物发行总量，对行业整体发展有利。国家、社会、行业、企业层面都需要加大推进全民阅读服务的力度，管理部门、行业协会要自上而下对全民阅读工作进行扶持、倡议，大力支持相关工作的开展；各经营主体要切实做好经营、服务工作，全面提升全民阅读的水平与整体质量。

（二）做好阅读配套服务，打造阅读文化高地

提升全民阅读水平，对出版物发行业来说是重大的发展契机，行业企业尤其是实体书店要结合实际，切实做好全民阅读配套服务工作。如进一步加快实体门店的升级改造提升经营环境，引入更多业态打造一站式文化购物中心，举办多样阅读活动吸引更多读者进店，使书店成为区域阅读文化高地。如进一步提升地方书展的办展规模、水平与影响力，让书展成为推进全民阅读的重要展示窗口和读者的阅读嘉年华，吸引更多的读者参与，引起行业的广泛关注。如进一步提升企业与员工的服务水平与专业能力，以优良选品、专业推荐、个性化服务等方式与线上平台进行差异化经营，提升实体书店的整体竞争力。如通过构建城市书房、设立职工书屋、开展读书活动等方式，做好文化阅读服务。

（三）提升整体经营水平，强化线上发行能力

在短视频电商零售图书码洋占比已赶超实体书店的当下，实体书店的经营市场空间被进一步压缩，零售市场面临的压力越来越大。图书经营的传统渠道，要加强体制机制创新，以适应行业变革和企业发展；要引进与培养相结合，建设适应行业发展的人才队伍；要推进发行网点布局，建设更多校园书店、社区书店、商圈书店，抢占新兴市场；要做好教育服务，开发更多教育及相关产品，向教育服务运营商转型；要引进更多业态，打造多元文化体验中心，吸引更多读者进店；要进一步提升政企服务、公共文化服务、馆配业务的运营能力。同时，要进一步加速推进线上线下融合发展，

建设运营好自有线上平台，做好第三方平台电商销售，布局抖音、快手、小红书、B站等社交平台，提升线上发行能力和成效。

（四）密切交流强化协作，共同推动行业发展

随着疫情防控的放开，原本受限的行业交流逐渐恢复。面临发展困境，行业主管部门、各经营主体在当下加强联络、密切交流、强化协作尤其重要。行业协会要进一步加强行业引领，组织多种形式的交流活动，传递先进经验、群策群力解决存在的问题，为行业指引方向，提供更优服务；行业企业间要密切联络，通过考察研讨、学习交流、培训服务等加强学习，互通有无，让更多新经验、新探索、新思考在更大范围内应用；行业上下游企业间，要强化协作，在图书折扣、联合营销、资源共享上做出新成效；行业媒体要充分发挥观察引领作用，总结行业发展经验，研判行业前景，多方协力推动行业发展。

（倪成、焦翊、王霖　中国出版传媒商报社）

第三编
专题报告

2022—2023 出版业上市公司发展亮点与展望

程　丽　周蔚华

2022 年，出版业上市公司受到行业整体需求萎缩的影响，经营业绩出现波动。28 家出版业上市公司中，大多数营业收入和总资产实现增长，但净利润出现下滑和上涨的各占一半，其中净利润下滑 15% 以上的出版业上市公司有 9 家。出版业上市公司主动承担社会责任，为宣传党的二十大精神营造浓厚氛围，同时积极推动全民阅读，助力书香中国建设。出版业上市公司还积极布局 AIGC 领域，并突破固有模式推动创新发展，资本运作的效益也得以凸显。但出版业上市公司也存在转型发展不及预期、渠道成本上升拉低盈利能力、选题策划偏离市场需求等问题。本报告基于 28 家出版业上市公司 2022 年的年度报告，对其发展现状和未来发展路径进行分析。

一、2022 年出版业上市公司发展情况

2022 年，沪深两市新增 1 家出版业上市公司（均使用该公司的股市简称），即荣信教育文化发展产业股份有限公司（以下简称"荣信文华"）。纳入本报告统计范围的 28 家出版业上市公司分别是（排名不分前后）：城市传媒、出版传媒、读客文化、读者传媒、凤凰传媒、果麦文化、龙版传媒、南方传媒、内蒙新华、荣信文化、山东出版、时代出版、世纪天鸿、天舟文化、皖新传媒、新华传媒、新华文轩、新经典、长江传媒、掌阅科技、浙版传媒、中国出版、中国科传、中南传媒、中文传媒、中文在线、中信出版、中原传媒。其中，荣信文化属于 2022 年新上市的出版文化企业。该公司创

立于2006年，以少儿图书的内容策划与发行、少儿文化产品出口为主业，打造了图书品牌"乐乐趣"及"傲游猫"，产品覆盖了低幼启蒙、少儿科普百科、卡通/漫画/绘本、游戏益智等多个少儿图书领域，将内容和触摸、立体、发声、形式巧妙结合，为0—14岁的少儿提供了多元化的图书选择和亲子阅读服务。2022年，公司在深圳证券交易所创业板挂牌上市。需要说明的是，由于阅文集团为港股上市的出版企业，业绩统计标准有所不同，所以本报告未将其纳入统计范畴。2022年，28家出版业上市公司总体经济指标呈现小幅波动。其中，营业总收入为1 434.04亿元，较上年增长4.22%；归属于上市公司股东的净利润总额为158.22亿元，较上年降低3.52%；资产总额为2 761.18亿元，较上年增长4.87%；政府补助为9.59亿元，较上年降低1.46%。

（一）营业收入总体上涨，净利润总体下滑

2022年，28家出版业上市公司营业收入总额约1 434.04亿元，同比上年增长4.22%。营业收入超百亿元的公司同上年保持一致，仍为7家。其中，凤凰传媒已连续5年营业收入位居第一，见表1。

在28家出版业上市公司中，除9家公司的营业收入下跌以外，其余出版业上市公司的营业收入同比上年实现增长。营业收入涨幅前3名分别是掌阅科技、天舟文化和皖新传媒。营业收入涨幅达24.71%的掌阅科技，主要是其免费阅读业务增长所致。2022年，掌阅科技加大战略转型力度，大力发展免费阅读，显著加大营销推广力度。在连续2年营业收入下滑后，2022年天舟文化营业收入实现增长，同比上年增长19.86%，这主要得益于其教育出版板块营业收入的快速增长，达到4.26亿元，同比增长51.27%。

营业收入同比上年跌幅最大的是荣信文化，同比上年下滑15.39%。这主要是因为荣信文化以实体书店为代表的传统销售渠道收入下滑较多，而其短视频电商渠道尚处在探索期，对业绩的贡献不稳定，导致其整体销售出现了下滑。

表1 2022年出版业上市公司营业收入情况

序号	公司简称	2022年营业收入（亿元）	2021年营业收入（亿元）	同比上年增长率
1	凤凰传媒	135.96	125.17	8.62%
2	中南传媒	124.65	113.31	10.00%

续表

序号	公司简称	2022年营业收入（亿元）	2021年营业收入（亿元）	同比上年增长率
3	浙版传媒	117.85	113.95	3.42%
4	皖新传媒	116.87	101.12	15.57%
5	山东出版	112.15	108.91	2.98%
6	新华文轩	109.30	104.60	4.49%
7	中文传媒	102.36	107.15	-4.46%
8	中原传媒	96.29	92.61	3.97%
9	南方传媒	90.55	84.96	6.57%
10	时代出版	76.46	78.94	-3.13%
11	长江传媒	62.95	60.23	4.52%
12	中国出版	61.41	63.21	-2.85%
13	中国科传	27.09	26.33	2.88%
14	出版传媒	26.11	28.69	-8.98%
15	掌阅科技	25.82	20.71	24.71%
16	城市传媒	25.54	24.15	5.77%
17	龙版传媒	18.06	17.91	0.85%
18	中信出版	18.01	19.22	-6.31%
19	内蒙新华	16.58	15.92	4.19%
20	读者传媒	12.91	12.22	5.67%
21	新华传媒	12.59	12.84	-1.93%
22	中文在线	11.80	11.89	-0.78%
23	新经典	9.38	9.22	1.72%
24	天舟文化	6.06	5.05	19.86%
25	读客文化	5.14	5.19	-1.04%
26	果麦文化	4.62	4.61	0.16%
27	世纪天鸿	4.33	4.11	5.25%
28	荣信文化	3.21	3.79	-15.39%
	合计	1 434.04	1 376.01	4.22%

28家出版业上市公司归属于上市公司股东净利润（以下简称"净利润"）的总额约为158.22亿元，同比上年降低3.52%。在28家出版业上市公司中，净利润超过10亿元的出版业上市公司有7家，净利润出现下滑和上涨的公司各占一半，其中净利润

下滑 15% 以上的出版业上市公司有 9 家，见表 2。

2022 年，净利润同比上年增长率最大的是天舟文化，但净利润仍亏损 3.29 亿元，同比减亏 51.45%。天舟文化 2022 年重点推进控股子公司人民今典的教育读本、《习近平新时代中国特色社会主义思想学生读本（大学）》等项目落地，实现了新的利润增长点，但其游戏业务收益总体仍不理想。净利润降幅最大的是中文在线，亏损 3.62 亿元，同比下滑 466.45%。受到大环境影响，中文在线业务订单减少，渠道等成本增加，其在线教育平台项目等计提减值准备及公允价值变动损失 1.95 亿元，导致中文在线净利润亏损。

表 2 2022 年出版业上市公司净利润情况

序号	公司简称	2022 年净利润（亿元）	2021 年净利润（亿元）	同比上年增长率
1	凤凰传媒	20.82	24.57	−15.26%
2	中文传媒	19.30	20.43	−5.53%
3	山东出版	16.80	15.33	9.63%
4	浙版传媒	14.14	13.17	7.33%
5	中南传媒	13.99	15.15	−7.67%
6	新华文轩	13.97	13.06	6.95%
7	中原传媒	10.32	9.75	5.85%
8	南方传媒	9.43	9.69	16.70%
9	长江传媒	7.29	6.97	4.57%
10	皖新传媒	7.08	6.40	10.65%
11	中国出版	6.51	7.81	−16.56%
12	龙版传媒	4.78	4.43	7.91%
13	中国科传	4.69	4.86	−3.63%
14	时代出版	3.44	3.59	−4.16%
15	城市传媒	3.36	2.78	20.63%
16	内蒙新华	2.68	2.29	17.20%
17	新经典	1.37	1.31	4.82%
18	中信出版	1.26	2.42	−47.81%
19	读者传媒	0.86	0.85	1.08%
20	出版传媒	0.75	1.09	−30.71%
21	读客文化	0.62	0.67	−7.34%
22	掌阅科技	0.58	1.51	−61.77%

续表

序号	公司简称	2022年净利润（亿元）	2021年净利润（亿元）	同比上年增长率
23	果麦文化	0.41	0.57	-28.07%
24	世纪天鸿	0.36	0.35	2.78%
25	荣信文化	0.23	0.41	-42.38%
26	新华传媒	0.09	0.33	-73.72%
27	天舟文化	-3.29	-6.78	51.45%
28	中文在线	-3.62	0.99	-466.45%
	合计	158.22	163.99	-3.52%

（二）多数公司总资产增长，政府补助总体小幅下降

28家出版业上市公司2022年总资产约为2 761.18亿元，较2021年增长4.87%。总资产超过200亿元的出版业上市公司由上年度的4家增加到6家，其中，新华文轩和山东出版为新增的总资产超过200亿元的出版业上市公司，见表3。总资产同比上年增幅最大的是荣信文化，增长率为88.81%，这主要是因为荣信文化在2022年首次公开发行了股票。总资产同比上年增幅较大的是世纪天鸿，同比上年增长34.46%，这主要与其进行资本运作有关，世纪天鸿进行了再融资，募集资金总额2.44亿元，募集资金将全部用于教育内容AI系统建设项目。

2022年，总资产下滑幅度最大的是天舟文化，同比上年下降19.93%，天舟文化已连续3年总资产出现下滑，这主要与其持续优化资产和业务结构有关，天舟文化转让、注销、退出了部分子公司以优化资源配置、回笼投资资金。

表3 2022年出版业上市公司总资产情况

序号	公司简称	2022年总资产（亿元）	2021年总资产（亿元）	同比上年增长率
1	凤凰传媒	297.02	286.72	3.59%
2	中文传媒	287.31	265.67	8.14%
3	中南传媒	248.19	240.62	3.15%
4	浙版传媒	220.72	206.00	7.15%
5	新华文轩	206.51	187.74	10.00%
6	山东出版	205.66	196.16	4.84%

续表

序号	公司简称	2022年总资产（亿元）	2021年总资产（亿元）	同比上年增长率
7	皖新传媒	175.05	169.14	3.49%
8	中原传媒	158.01	149.07	6.00%
9	中国出版	148.62	145.27	2.31%
10	南方传媒	148.18	141.36	4.82%
11	长江传媒	124.72	116.91	6.68%
12	时代出版	76.87	74.23	3.54%
13	中国科传	67.89	65.35	3.87%
14	龙版传媒	50.38	46.88	7.48%
15	出版传媒	42.04	41.53	1.22%
16	城市传媒	40.94	39.57	3.45%
17	内蒙新华	40.27	36.12	11.49%
18	新华传媒	39.66	41.53	-4.50%
19	掌阅科技	34.03	34.53	-1.45%
20	中信出版	31.93	33.85	-5.67%
21	读者传媒	24.48	23.10	5.96%
22	新经典	22.02	21.88	0.61%
23	中文在线	18.65	21.95	-15.05%
24	天舟文化	15.95	19.92	-19.93%
25	世纪天鸿	10.42	7.75	34.46%
26	荣信文化	10.08	5.34	88.81%
27	读客文化	8.09	7.78	4.00%
28	果麦文化	7.48	6.87	8.82%
	合计	2 761.18	2 632.86	4.87%

2022年，28家出版业上市公司计入当期损益的政府补助（与公司正常经营业务密切相关，符合国家政策规定、按照一定标准定额或定量持续享受的政府补助除外，以下简称"政府补助"）总额约为9.59亿元，见表4，同比上年下滑1.46%。获得政府补助涨幅超过100%的有5家公司，分别是中国科传、读客文化、荣信文化、掌阅科技、读者传媒。其中涨幅最大的是中国科传，同比上年增长332.29%，主要包含增值税返还、中国科技期刊卓越行动计划资助等。获得政府补助额最高的出版业上市公司

是凤凰传媒，约1.50亿元，主要包含税收返还、财政拨款、国家出版基金等。

表4 2022年出版业上市公司的计入当期损益的政府补助情况

序号	公司简称	2022年（万元）	2021年（万元）	增长率
1	凤凰传媒	14 974.93	13 116.39	14.17%
2	中国出版	12 993.39	21 062.87	-38.31%
3	南方传媒	9 567.00	6 290.51	52.09%
4	出版传媒	6 848.06	6 318.39	8.38%
5	浙版传媒	5 870.90	3 844.11	52.72%
6	中南传媒	5 661.55	6 005.93	-5.73%
7	山东出版	5 596.52	5 199.74	7.63%
8	中文传媒	4 612.95	4 685.89	-1.56%
9	内蒙新华	4 610.81	3 111.63	48.18%
10	皖新传媒	3 604.47	3 530.20	2.10%
11	时代出版	2 770.15	4 123.79	-32.82%
12	长江传媒	2 652.92	4 075.87	-34.91%
13	读者传媒	2 618.76	1 255.73	108.54%
14	新华文轩	2 405.18	2 263.86	6.24%
15	龙版传媒	2 071.47	2 651.04	-21.86%
16	中原传媒	1 729.99	2 926.97	-40.89%
17	城市传媒	1 678.29	1 719.68	-2.41%
18	荣信文化	1 269.57	504.19	151.81%
19	掌阅科技	1 229.06	581.18	111.48%
20	中信出版	1 047.03	1 020.63	2.59%
21	中文在线	730.29	672.97	8.52%
22	天舟文化	358.04	313.68	14.14%
23	读客文化	256.60	85.23	201.08%
24	新华传媒	199.05	201.31	-1.12%
25	中国科传	188.81	43.68	332.29%
26	世纪天鸿	169.42	189.13	-10.42%
27	新经典	100.21	1 082.66	-90.74%
28	果麦文化	93.46	456.00	-79.50%
	合计	95 908.89	97 333.27	-1.46%

（三）主营业务总体营收上涨，多数公司主营业务占比超 95%

28 家出版业上市公司 2022 年主营业务收入总额约为 1 399.05 亿元，较 2021 年增长 4.63%，占总营收比例为 97.56%，见表 5。其中，8 家出版业上市公司主营业务收入出现下滑，其主营业务中的出版业务、发行业务、印刷业务、物资销售业务等均出现营业收入的下滑。荣信文化主营业务收入下滑幅度最大，同比上年减少 15.48%，主要是其传统销售渠道收入下滑导致。

在主营业务收入占比方面，28 家出版业上市公司中，掌阅科技的主营业务收入占总营收的比例高达 100%，仅有 2 家公司主营业务收入占总营收比例低于 95%，分别是新华传媒（占比 91.64%）和读者传媒（占比 59.40%）。

主营业务毛利率排名前三的分别是掌阅科技（73.10%）、中文在线（49.85%）、果麦文化（49.19%），见表 6。主营业务毛利率同比上年增长率增幅最大的是掌阅科技，同比上年增长 20.60%。2022 年，掌阅科技主营业务中数字阅读平台的营业收入比上年增长 43.25%，同时其营业成本比上年降低 30.77%，大幅拉动了其主营业务毛利率的增长。

在传统业务方面，多数出版业上市公司的出版和发行业务营业收入同比上年有所增长。28 家出版业上市公司中发行业务营业收入排名前三的是凤凰传媒（104.31 亿元）、中南传媒（98.37 亿元）、新华文轩（96.48 亿元）。出版业务营业收入排名前三的是中国出版（45.49 亿元）、凤凰传媒（45.25 亿元）、中文传媒（38.35 亿元）。在传统业务的毛利率方面，新华传媒的报刊及广告业务毛利率最高，达 80.52%。

表 5 2022 年出版业上市公司主营业务营业收入情况

序号	公司简称	2022 主营业务收入（亿元）	2021 主营业务收入（亿元）	同比上年增长率	占总营收比例
1	凤凰传媒	131.46	119.62	9.90%	96.69%
2	中南传媒	123.01	111.78	10.05%	98.69%
3	浙版传媒	114.94	111.40	3.18%	97.53%
4	皖新传媒	114.58	98.38	16.48%	98.05%
5	山东出版	109.51	105.37	3.93%	97.65%

续表

序号	公司简称	2022主营业务收入（亿元）	2021主营业务收入（亿元）	同比上年增长率	占总营收比例
6	新华文轩	107.78	102.94	4.71%	98.61%
7	中文传媒	100.67	104.88	-4.01%	98.35%
8	中原传媒	93.55	89.62	4.39%	97.15%
9	南方传媒	88.74	82.30	7.82%	98.00%
10	时代出版	75.83	78.22	-3.05%	99.17%
11	长江传媒	61.62	58.70	4.99%	97.89%
12	中国出版	59.73	61.45	-2.81%	97.25%
13	中国科传	26.86	25.92	3.62%	99.16%
14	掌阅科技	25.82	20.71	24.71%	100.00%
15	出版传媒	25.32	28.03	-9.68%	96.95%
16	城市传媒	25.12	23.60	6.44%	98.35%
17	龙版传媒	17.55	17.41	0.77%	97.18%
18	中信出版	17.53	18.79	-6.68%	97.38%
19	内蒙新华	16.17	15.45	4.68%	97.53%
20	中文在线	11.72	11.78	-0.54%	99.34%
21	新华传媒	11.54	11.64	-0.81%	91.64%
22	新经典	9.32	9.20	1.29%	99.39%
23	读者传媒	7.67	7.44	3.14%	59.40%
24	天舟文化	5.87	5.03	16.69%	96.94%
25	读客文化	5.06	5.06	0.04%	98.48%
26	果麦文化	4.56	4.50	1.21%	98.66%
27	世纪天鸿	4.29	4.08	5.02%	98.97%
28	荣信文化	3.20	3.79	-15.48%	99.86%
合计		1 399.05	1 337.09	4.63%	97.56%

表6　2022年出版业上市公司主营业务毛利率情况

序号	公司简称	2022年毛利率	2021年毛利率	同比上年毛利率增长
1	掌阅科技	73.10%	52.50%	20.60%
2	中文在线	49.85%	70.98%	-21.13%

续表

序号	公司简称	2022年毛利率	2021年毛利率	同比上年毛利率增长
3	果麦文化	49.19%	47.82%	1.37%
4	新经典	48.76%	47.41%	1.35%
5	龙版传媒	42.46%	43.35%	-0.89%
6	中南传媒	41.98%	43.62%	-1.65%
7	山东出版	38.70%	37.28%	1.42%
8	内蒙新华	38.55%	37.64%	0.91%
9	中文传媒	38.20%	38.48%	-0.28%
10	读客文化	37.70%	35.23%	2.47%
11	凤凰传媒	37.28%	35.35%	1.93%
12	新华文轩	35.98%	35.56%	0.42%
13	中原传媒	35.68%	35.09%	0.59%
14	荣信文化	35.40%	36.15%	-0.75%
15	长江传媒	34.90%	34.11%	0.78%
16	城市传媒	34.41%	34.13%	0.28%
17	中信出版	33.43%	34.76%	-1.33%
18	世纪天鸿	32.77%	31.38%	1.39%
19	天舟文化	32.13%	39.71%	-7.58%
20	南方传媒	30.82%	30.84%	-0.01%
21	中国出版	30.04%	30.75%	-0.71%
22	新华传媒	27.23%	27.95%	-0.73%
23	中国科传	27.13%	29.59%	-2.46%
24	浙版传媒	26.70%	26.11%	0.59%
25	读者传媒	25.57%	25.84%	-0.27%
26	皖新传媒	19.25%	19.46%	-0.20%
27	出版传媒	17.78%	18.65%	-0.87%
28	时代出版	10.99%	9.94%	1.05%

（四）数字出版业务营收波动较大，掌阅科技数字阅读表现亮眼

2022年，大部分数字出版业务营业收入较上年增减波动较大。表现最为突出的数字出版业务是掌阅科技的数字阅读平台业务，其营业收入、营业收入的增长率、毛利率、毛利率的增长率都为最高，见表7。掌阅科技持续专注于数字阅读领域，通过"付费+免费"融合发展模式提升数字阅读平台商业价值，2022年其数字阅读平台已从主要通过终端预装获取流量转型成为通过互联网市场化获取流量，其中免费阅读业务成为其增长的主要驱动力。数字出版业务营业收入增幅较大的还有果麦文化的数字内容业务，同比上年增长22.46%，主要为电子书、有声书业务。

表7　2022年出版业上市公司主营业务中数字出版业务情况

公司简称	数字出版业务	营业收入（万元）	营业收入比上年增减	占总营收比例	毛利率	毛利率比上年增减
读客文化	数字内容	5 842.16	-4.71%	11.37%	52.36%	-3.45%
凤凰传媒	软件行业	11 073.12	-21.83%	0.81%	50.35%	9.54%
凤凰传媒	数据服务	27 156.31	8.89%	2.00%	65.11%	4.09%
果麦文化	数字内容业务	1 294.97	22.46%	2.80%	61.79%	-4.82%
时代出版	数字出版及电子商务	39 858.77	5.09%	5.21%	17.27%	2.55%
天舟文化	移动网络游戏	17 934.25	-19.77%	29.60%	45.44%	-13.62%
新经典	数字内容	2 750.74	17.48%	2.93%	67.22%	5.76%
掌阅科技	数字阅读平台	222 867.66	43.25%	86.30%	74.81%	26.39%
掌阅科技	版权产品	31 540.30	-34.69%	12.21%	62.05%	-4.22%
中南传媒	数字出版	5 291.39	-59.98%	0.42%	-0.73%	-5.46%
中文在线	文化业务	115 283.46	1.34%	97.73%	49.58%	-21.46%

备注：本表为不完全统计数据，有部分出版业上市公司年报中将数字出版业务归入"其他"或"新业态"板块，将数字出版业务与其他业务混合统计，未单独对数字出版业务进行统计，这部分数字出版业务数据未纳入本表；主营业务分析中与传统业务混合统计的数字出版业务数据也未纳入本表。

从数字出版业务的毛利率来看，大多数的数字出版业务毛利率在50%以上。比较特殊的是，中南传媒的数字出版业务的毛利率为-0.73%，2022年中南传媒的数字出

版业务的营业收入和营业成本都出现接近 60% 的缩减。毛利率降幅最大的是中文在线的文化业务,毛利率比上年减少 21.46%,这主要是其营业成本大幅增加导致的。

从数字出版业务营业收入占总营收的比例来看,中文在线和掌阅科技两家公司的数字出版业务占比都大于 97%。除天舟文化(占比 29.60%)和读客文化(占比 11.37%),其余的出版业上市公司主营业务中数字出版业务营业收入占总营收的比例都低于 6%。由此可见,多数出版业上市公司的数字出版业务仍没有成为营业收入的主要来源。

(五)国企和民企净利润均下滑,营业收入和总资产均上涨

在 28 家出版业上市公司中,20 家为国有企业,其余 8 家为民营企业,分别是新经典、掌阅科技、世纪天鸿、天舟文化、中文在线、读客文化、果麦文化、荣信文化。2022 年,这 8 家民营企业营业收入、净利润、总资产、政府补助排名相对靠后。

20 家国有出版业上市公司 2022 年的相关数据为:营业总收入 1 363.70 亿元,同比上年增长 3.99%;净利润 161.56 亿元,同比上年降低 2.07%;总资产 2 634.46 亿元,同比上年增长 5.09%;政府补助 9.17 亿元,同比上年下降 1.87%。由此可见,2022 年国有出版业上市公司营业收入和总资产均上涨,净利润和政府补助均出现下降。

8 家民营企业 2022 年的相关数据为:营业收入 70.35 亿元,同比增长 8.94%;净利润为 -3.35 亿元,同比上年下滑 238.61%;总资产 126.72 亿元,同比增长 0.55%;政府补助 0.42 亿元,同比上涨 8.28%。除净利润出现大幅下滑以外,8 家民营企业的营业收入、总资产、政府补助同比上年均实现增长。民营企业的净利润总额与上年一样,仍处于亏损的状态,主要是由于中文在线和天舟文化的净利润存在亏损,大幅拉低了民营企业的净利润总额。

(六)出版"走出去"稳进提质,积极推进海外合作与布局

版权输出数量是衡量出版业上市公司"走出去"成效的重要指标,13 家出版业上市公司披露了这一指标,见表 8。出版业上市公司持续推进版权输出,出版"走出去"稳进提质。

中国出版版权输出数量 900 余种，入选国家出版"走出去"重点项目超百种，在"中国图书对外推广计划"年度综合排名中稳居全国第一。时代出版实现版权输出 508 种，《觉醒年代》等 18 个项目入选"经典中国国际出版工程"等国家级"走出去"重点工程，为时代出版近五年入选数量最多。

在国际合作方面，2022 年 9 月，由山东出版倡议筹备并积极推动的中日韩出版协作共同体正式成立，为下一步推进中日韩出版合作开辟了新途径。2022 年，中国科传与法国 EDP Sciences 共同创办的首个专注于网络安全与功能安全的交叉领域英文期刊 *Security and Safety* 和综合性自然科学期刊 *National Science Open* 均已正式创刊并上线发布，并通过法国 EDP Sciences 公司来实现国际化出版与传播。

在海外布局方面，中文在线已设立美国子公司 COLMEDIA、COLPICTURE、COLSTUDIOS，新加坡子公司 COLWEB，并在日本设立了分支机构。中文在线充分利用既有优势、深度结合自有海量内容和优质 IP，在全球范围内多点布局。新经典海外业务实现营业收入 8 802.95 万元，较上年同期增长 28.93%。2022 年新经典积极进行海外布局，其美国子公司收购了专注出版儿童漫画的 TOON Books 和深耕科幻奇幻市场 50 余年的 DAW Books，进一步丰富了新经典海外公司的产品线。

在数字出版"走出去"方面，浙版传媒的数字公司持续拓展海外发行渠道，共输出 2 500 余种数字产品，同比翻番，与全球第二大电子书平台 Kobo、北欧有声书平台 Storytel 完成全流程对接和结算，进一步增强国际传播力与影响力。时代出版推动《为此青绿》《宣纸之美》《追风》等图书实现纸质版、电子书、有声书多语种全 IP 输出。

表 8 2022 年部分出版业上市公司版权输出数量

公司简称	版权输出数量（种）
中国出版	900 以上
时代出版	508
新华文轩	490
凤凰传媒	433
中文传媒	431
中信出版	415
中南传媒	331

续表

公司简称	版权输出数量（种）
南方传媒	311
中国科传	167
中原传媒	152
山东出版	92
荣信文化	近90
城市传媒	近20

（七）主动践行社会责任，创造良好社会效益

2022年，在党的二十大胜利召开之际，出版业上市公司全力做好二十大理论读物的发行工作，为干部群众学习宣传贯彻党的二十大精神营造浓厚氛围。中南传媒全年发行党的二十大文件及学习辅导读物698万册，发行《习近平谈治国理政》第四卷295万册。凤凰传媒发行党的二十大报告单行本、党章等二十大重要文件出版物1 180万册。浙江出版发行二十大文件总码洋突破2 100万元，《习近平谈治国理政》第四卷发行量较第三卷增长40%。

2022年世界读书日，习近平总书记致信祝贺首届全民阅读大会举办，"希望全社会都参与到阅读中来，形成爱读书、读好书、善读书的浓厚氛围"。出版业上市公司积极践行职责使命，推动全民阅读，助力书香中国建设。中国出版策划组织了系列品牌活动，包括举办商务印书馆125周年、中华书局110周年、三联书店90周年等庆典活动，举办"首届全民阅读大会新时代主题阅读推广论坛"和"乡村阅读推进论坛"；人民文学出版社联合央视举办"4·23全民阅读十小时直播活动"，累计阅读量36.74亿；三联书店整合媒体平台，"三联生活实验室""三联·新知大会""三联学术论坛"等品牌IP活跃全网。

出版业上市公司还积极参与到乡村振兴工作中，巩固脱贫成果，深化文化帮扶。山东出版派驻工作队和"第一书记"扎根基层，积极发展适合驻村的产业项目，为驻村增加收益，创办了"新华订单班"培训项目，招收应届初中毕业生，通过培训帮助他们掌握就业技能。内蒙新华运用农牧民草原书屋打通公共文化服务群众的"最后一

公里",为乡村振兴注入文化活力。浙江出版全年共向中国光华科技基金会公益书海工程项目捐赠图书 22.16 万册,向浙江省内偏远地区中小学图书馆、山区农家书屋、农村文化礼堂和企业"职工书屋"捐赠图书超 10 万册。

出版业上市公司还进一步规范公司治理,严格遵守《公司法》《证券法》《上市公司治理准则》等法律法规及其他规范性文件的规定,定期召开股东大会、董事会、监事会、专门委员会,认真履行信息披露义务,切实维护股东和投资者的合法权益。

此外,出版业上市公司还在维护员工合法权益、加强知识产权保护、落实安全生产、加强环境保护、促进绿色发展、投身公益慈善等方面主动践行社会责任,形成良好的社会效益。

二、2022 年出版业上市公司发展亮点

(一)积极布局 AIGC 领域,加快 AIGC 落地数字阅读

2022 年,从 AI 作画领域的 DALL–E2、Stable Diffusion 等 AI 模型,到以 ChatGPT 为代表的接近人类水平的对话机器人,AIGC(AI Generated Content,利用人工智能技术来生成内容)强大的内容生产能力备受瞩目。根据腾讯研究院《AIGC 发展趋势报告 2023》,AIGC 代表着 AI 技术从感知、理解世界到生成、创造世界的跃迁,正推动人工智能迎来下一个时代。AIGC 对数字内容生产和阅读至少有三个方面的潜在影响:首先,降本增效。AIGC 有助于降低内容生产成本,在提升内容生产效率的同时,还能提高内容生产质量。其次,个性化内容生成。人工智能模型可根据个人用户喜好生成个性化内容。再次,多模态拓展。人工智能增加内容生产的多样性,同时可以低成本、高质量、多模态衍生数字阅读行业的 IP,引领数字阅读从单一的文字向文字、图片、视频相互结合的多模态演变。

目前已有部分出版业上市公司积极布局 AIGC 领域。掌阅科技加大人工智能技术研发投入,利用其在内容版权资源、创作者生态、海量用户资源、出海领先地位等领域的优势,加快 AI 大模型在数字阅读垂直领域的调优工作,推动 AIGC 在内容生产、营

销推广、丰富产品形态等多方面深化应用，目前掌阅科技的数字阅读平台已经实现了个性化推荐、智能审核和 TTS（Text To Speech，从文本到语音）等人工智能相关的产品和服务。中文在线将全面拥抱 AIGC，在 ChatGPT 风行之前，中文在线就开始与国内顶尖的 AI 科技公司合作，用高质量数据资源的供给提升技术层模型的研发进度和精度，提速 AIGC 在垂直领域的产业化落地进程。

（二）突破固有模式，创新驱动发展

面对日新月异的行业环境，出版业上市公司积极进行探索，突破固有的出版发行模式，提升内容生产效率，丰富图书内容呈现形式，提升发行渠道的影响力，增加经济效益。

读客文化长期专注于畅销书研发的方法体系建设，将创意生产的过程拆解为"文化母体""购买理由""超级符号"和"货架思维"四个要素，形成了推进"创意工业化"的"读客方法"，旨在打造"创意流水线"。2022 年，读客文化将"读客方法"彻底与公司经营活动整合在一起，实现了创意生产的快速复制。此外，读客文化还推出了"一小时标准创意车间"，在一个小时的时间里项目组成员高强度地按秒推进从品类、文化母体、购买理由到封面、文案等一系列内容的完整研发，通过这种高压方式，提升项目组成员创意生产的专注度。

荣信文化专注于少儿图书产品开发，针对少儿图书的互动特点，打破了传统图书策划行业中策划环节与创作环节的界限，一方面公司作为图书策划者从事图书选题策划，另一方面公司作为创作者从事图书整体内容创意与设计、组织作品创作和研发图书工艺技术等工作，实现了"策划＋创作"的业态创新。荣信文化积累了包括翻翻书、触摸书、立体书、推拉书等几十种互动类图书工艺设计技术，综合运用"翻""转""层""拉""折"等纸艺技术，突破传统少儿图书的内容表达方式，实现了工艺设计技术创新与传统少儿出版的融合。

2022 年，新华文轩创新天府书展办展模式，将专业化办展和市场化办展相结合，坚持"行业资源整合、线上线下融合、省市展场联合"的模式，形成自身特色。影响力扩至海外，受到了来自俄罗斯、英国、意大利、巴基斯坦、埃及、智利等全球数十个国家的出版商关注。书展期间，共组织 80 余万种优质图书展示展销，举办 430 余场

文化阅读活动，线上线下共有 5 000 万人次参展，实现总销售码洋 1.37 亿元，同比增长 16.10%。

（三）资本运作效益凸显，整合资源助力发展

出版业上市公司充分借助资本运作平台，推进资源整合，助力主业发展：一方面，积极寻求对外合作，挖掘潜在投资机会，扩大业务半径；另一方面，盘活存量项目资产，择机高位投资变现，获取投资收益。随着产业融合发展加速，在产业投资、资本运营的驱动下，文化产业领域竞争主体日益多元化，在资源获取、产品业态、消费市场等方面竞争愈演愈烈，资本运作对传播领域的资源配置起着越来越大的作用。

时代出版围绕出版主业上下游，寻找优质标的，在开展资本运作的基础上，开拓投资渠道，优化资产结构，先后参股凯盛科技、浙商期货。同时通过开展委托理财、委托贷款等项目，有效盘活自有资金，增加投资收益。2022 年累计实现投资收益 3 180 万元，为其出版主业发展提供更多资金保障。

2022 年，中文传媒旗下的智明星通通过处置参股公司北京江娱互动科技有限公司股权项目，获得了 3.03 亿元税前投资收益回报，确保国有资产的保值增值。中文传媒还充分开发上海子公司基金牌照价值，通过认购私募股权基金份额，进行文化领域及文化相关产业投资，实现社会效益和经济效益双增长。

三、2022 年出版业上市公司发展存在的问题

（一）传统模式饱受冲击，转型发展不及预期

随着智能终端设备和移动互联网的普及，各类应运而生的新兴媒体传播形态对传统出版发行模式产生了持续较大的冲击。元宇宙、AIGC、ChatGPT 等新技术更新层出不穷，技术变革引发商业模式重塑。部分出版业上市公司虽已顺应趋势通过内生自建、外延并购等方式积极谋划转型拓展，但新业务未能形成成熟的商业模式和实现规模效应，由于体制、机制、人才、技术等方面的原因以及在新进入领域运营经验不足导致

转型失败,此外投资的新业务与原有业务的整合协同效果也未显现。

以图书、文教用品、报刊及广告经营等传统业务为主业的新华传媒,近年来受到新业态的冲击,其实体书店运营及平面媒体广告经营等传统业务面临较大的下行压力。新华传媒积极寻求转型发展,以传媒服务、文化空间、新媒体平台为三大转型方向,但新业务发展还未能带动整体业绩的增长,2022 年新华传媒净利润同比上年减少 73.72%。

(二) 渠道成本上升,拉低盈利能力

近年来,受疫情、消费者购物习惯变化的影响,电商平台、新媒体在图书销售渠道的占比不断提高,数字阅读平台也进一步受到推崇。与此同时,随着互联网行业格局的逐步成型,流量红利效应减退,流量成本进一步攀升。出版业上市公司在新媒体平台面临着更高的渠道成本,加上不断走低的销售折扣,而版税成本、编校成本、印制成本以及数字阅读平台的技术研发成本等都没有降低,出版业上市公司的利润空间被一再压缩。

2022 年,掌阅科技大力发展免费阅读业务,营业收入同比上年增长 24.71%,但其净利润同比上年下滑 61.77%,营销推广费用的增加是导致其净利润下滑的重要因素之一。中文在线 2022 年的净利润同比上年减少 466.45%,其占营业成本 53.66% 的文化行业渠道成本,同比上年增长 319.57%,对其盈利能力造成了不利影响。

(三) 选题策划偏离市场需求,对经营业绩产生不利影响

选题策划是出版发行业务的起点,也是出版发行流程中的重要环节,直接影响着内容产品是否能被市场认可。在实际经营过程中,由于缺乏对市场需求、供应链情况、渠道情况等的全方位把握,部分出版机构出现图书选题偏离市场需求、产品创意创新性不足、内容不被消费者认可的情形,对经营业绩产生不利影响。此外,新媒体传播环境中的内容产品对时效性的要求更高。部分出版业上市公司进行自有 IP 的创作与运营,但研发周期较长,内容产品研发完成时,时效性已不强,导致创作内容和市场需求的错位,造成内容产品市场反馈不及预期。另外,在互联网海量信息数据环境中,

单纯靠人力收集上报选题的传统选题策划方式，不仅效率低，而且精准性和时效性都不足。

四、对出版业上市公司发展的展望

（一）全方位防范转型拓展风险，注重新旧业务的协同效应

出版业上市公司为了获取利益增长点，要进行数字化转型和新业务拓展，但同时也面临着来自政策、市场、内部管理等诸多方面的风险。数字出版作为文化产业的新型业态，在国家大力推动下，实现快速发展。一方面，国家对互联网行业和数字出版行业的监管政策也在不断地调整完善之中，若公司业务和经营模式无法适应监管政策的要求，公司的持续稳定经营将受到影响。另一方面，随着数字化浪潮的推进，大型互联网公司持续加码数字出版行业，数字出版的市场竞争日益激烈，公司的持续稳定发展将面临竞争风险。此外，专注于发展传统业务的公司在进行转型拓展时，还会面临公司管理难以适应新业务发展模式的问题，阻碍公司的业绩增长。

出版业上市公司在业务转型和拓展时，应注重拓展业务与原有业务之间的专业相关性，形成新旧业务之间的协同效应。在拓展业务前，从外部来看，对政策环境和市场需求进行充分调研，在政策环境和市场需求发生变化时，及时进行经营调整，主动适应政策监管要求，并以多元化业务满足用户需求。从内部来看，应加强制度建设和风险防控，根据新业态的发展需求，进行内部管理制度规范的调整和完善，同时加强人才队伍建设，积极探索人才工作制度创新。

（二）降低渠道成本攀升影响，保持稳定的盈利能力

根据北京开卷《2022年图书零售市场报告》，实体店渠道零售图书市场同比下降了37.22%。从整体图书零售市场渠道结构来看，实体店渠道仅占15.3%，电商渠道占比84.7%，其中短视频电商作为新兴电商，零售码洋占比已赶超实体店渠道，电商平台已成为不容忽视的图书零售渠道。根据QuestMobile数据显示，2022年12月，中国

移动互联网月人均使用时长为177.3小时，同比2021年增长15.2%，全网触网程度继续稳步加深，用户的线上黏性越发增强，数字出版行业发展强劲。

要想把握好线上渠道，平台流量不可或缺。出版业上市公司要想保持稳定的盈利能力，要主动采取措施降低流量成本攀升的不利影响。一方面可以充分利用好现有流量，对存量用户进行精细化运营，提升转化率；另一方面可以借助自有新媒体矩阵和私域流量池获取增量用户，降低营销推广成本。

（三）智能化技术全流程覆盖，助力公司数字化转型

选题体系是否健全、是否拥有足够的优秀策划团队，是出版发行业务能否实现良好经营业绩的关键。如果选题的定位不准确、内容不被市场接受和认可，将可能对出版业上市公司的经营业绩产生不利影响。图书产品因其特殊性首先要保障社会效益和经济效益的统一，同时应考虑市场需求、时效性、供应链支撑体系以及下游销售渠道情况等多种因素。

随着AIGC技术的快速发展，出版业上市公司应密切关注新兴技术工具对出版行业选题策划、内容创作、传播、消费模式的影响。在选题策划和内容生产环节，借助智能化技术实现全流程覆盖，深入调研用户需求，紧密关注热点和趋势，以智能化技术提升选题策划和内容生产的效率、与用户需求的匹配度以及数字资产积累能力。对内容产品及用户阅读行为进行标签化识别、分析及管理，智能推荐更精准的阅读服务，在解决用户痛点的同时推进数字营销、实现私域用户流量的沉淀和内容数据资产的积累，促进出版业上市公司的数字化转型。

（程丽　中国人民大学新闻学院博士研究生；
周蔚华　中国人民大学新闻与社会发展研究中心研究员、中国人民大学新闻学院教授）

2022—2023 全民阅读发展报告

张文彦　田　菲

2022年10月25日，新华社发布了党的二十大报告全文，报告在"八、推进文化自信自强，铸就社会主义文化新辉煌""（三）提高全社会文明程度"一节，提出"深化全民阅读活动"，[1]这赋予了全民阅读更为重要的时代责任和历史价值，对全民阅读的体制机制建设、事业和产业的推进、研究和应用的发展都起到了前所未有的促进作用，全民阅读在继续繁荣发展的道路上，展现出不同以往的趋势特点。本报告将对"第二十次全国国民阅读调查"的总体情况进行概述，限于篇幅，无法对日益蓬勃壮大的全民阅读事业进行全面梳理，仅能抓住2022年以来最为显著的若干动向，聚焦"第二届全民阅读大会"、全民阅读法规政策建设、全民阅读专业化进展这三个大方面展开分析归纳，勾勒我国全民阅读事业的发展趋势，以期为学界业界带来一点参考。

一、"第二十次全国国民阅读调查"主要情况

在2023年4月23日"第二届全民阅读大会"主论坛上，中国新闻出版研究院发布《第二十次全国国民阅读调查报告》结果。此次调查自2022年10月至2023年2月，通过网络在线调查和电话调查方式，在全国165个城市进行样本采集，覆盖我国30个省、自治区、直辖市。本次调查的有效样本量为1 481 071个。其中成年人样本占到总样本量的74.6%，18周岁以下未成年人样本占到总样本量的25.4%，城乡样本比例为4∶1。样本回收后，根据第七次全国人口普查数据进行加权，可推及我国人口13.26亿。调查主要发现如下。

（一）图书和数字化阅读率拉动综合阅读率稳步增长

调查数据显示，我国成年国民综合阅读率呈现出稳定上升的趋势，其中，图书阅读率和数字化阅读率增长较为显著，纸质报刊阅读率持续下滑。具体来看，2022年我国成年国民综合阅读率为81.8%，较2021年的81.6%增长了0.2个百分点。其中，2022年我国成年国民的数字化阅读方式接触率为80.1%，较2021年的79.6%增长0.5个百分点；成年国民纸质图书阅读率为59.8%，高于2021年的59.7%。2022年我国成年国民的报纸阅读率为23.5%，较2021年的24.6%下降1.1个百分点；期刊阅读率为17.7%，较2021年的18.4%下降0.7个百分点，见图1。

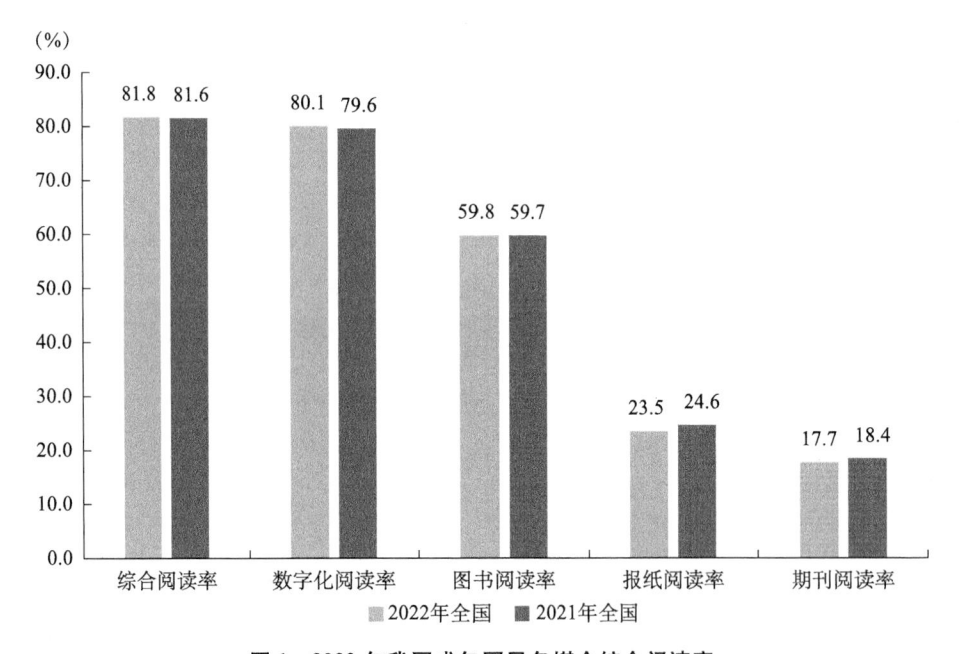

图1 2022年我国成年国民各媒介综合阅读率

成年国民对纸质报刊阅读规模的缩减不但体现在阅读率方面，从对各类出版物的人均阅读量来看，我国成年国民对纸质报刊的阅读量也呈现持续下滑态势。2022年，我国成年国民人均阅读纸质报纸14.76期/份，人均阅读纸质期刊1.88期/份，分别低于2021年的15.13期/份和1.90期/份，见图2。

2023年4月，中国新闻出版研究院联合微博发起网友阅读态度的系列话题讨论，其中一个话题就是"报刊类读物可以退出历史舞台了吗？"从投票数据来看，虽然有

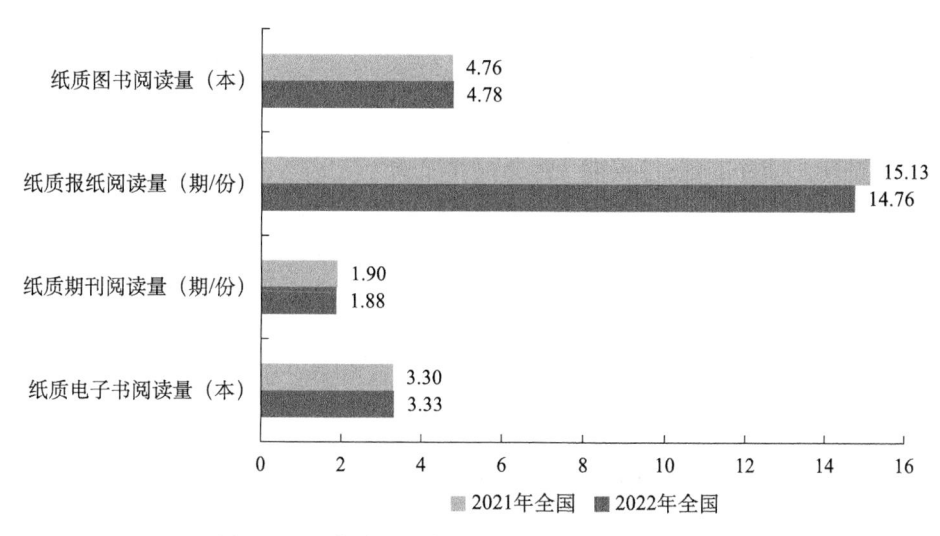

图 2 2022 年我国成年国民人均各类出版物阅读量

18% 的网友认为纸质报刊的传播效率低，可以被新媒体取代，但有近六成（57%）的网友认为报刊类出版物不应该退出历史舞台，仍有很多人保持阅读纸质报刊的习惯。尤其是在"00 后"和"90 后"群体中，六成左右（65.1% 和 59.1%）的人认为纸质报刊在当下具有存在价值，且不可替代。传统纸质报刊有着严格的审校制度和出版流程，内容的真实性、权威性使得他们较新媒体更具优势，而老年人、高校师生、科研工作者等群体对于不同类型期刊的内容需求较为明确。随着新技术的发展，传统纸质报刊的内容可在传统媒介和新媒介同时登载，那么如何通过媒体深度融合满足居民多元化的阅读需求是我们需要关注的焦点。

（二）听书和视频讲书丰富成年国民数字化阅读行为方式

2022 年，我国成年国民的数字化阅读方式接触率为 80.1%，即有八成的成年国民通过各类数字化媒介进行过阅读，多样化的阅读方式满足了国民不同的阅读需求。其中，手机阅读"独占鳌头"，高达 77.8% 的成年国民表示通过手机阅读。相较于传统媒介，移动终端设备的便携性和内容获取的简易性降低了阅读的"门槛"，尤其是降低了阅读材料的获取难度，促进了很大一部分成年国民投身阅读。

对 2022 年我国成年国民倾向的阅读方式的调查发现，在各类主流阅读方式中，成年国民最喜爱的阅读方式依然是阅读纸质图书，有 45.5% 的人表示"拿一本纸质图书阅读"是自己最喜欢的阅读方式。其次,超过三成(32.3%)的成年国民表示喜欢"在手机上阅读"。虽然大部分人热衷于阅读纸质图书和手机阅读,但听书和视频讲书等新兴的阅读方式逐渐吸引了越来越多的读者。2022年,有8.2%的成年国民表示自己更倾向于通过"听书"的方式阅读。还有2.8%的成年国民表示更喜欢通过"视频讲书"的方式阅读,较2021年的1.5%有所增加,见图3。

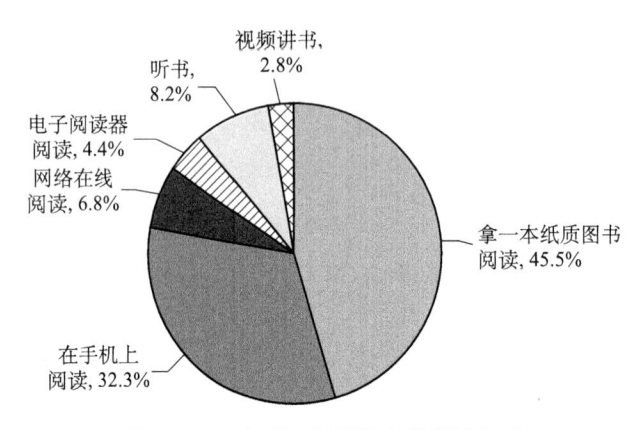

图3 2022年成年国民倾向的阅读方式

在2023年4月中国新闻出版研究院联合微博发起网友阅读态度的系列话题讨论中,有网友认为,利用碎片化时间观看讲书类视频是获取知识的一种方式,如果视频讲书的内容令自己感兴趣,会再找纸质书来阅读,从而加深对书中内容的理解,而不只是单向接收讲书者的内容输入。因此,不论是听书还是视频讲书,都是知识获取的方式,是为越来越多人所接受的新阅读形式。

(三)基层公共阅读服务设施覆盖率和使用率持续增长

基层公共阅读服务设施身处全民阅读的第一线,是政府保障居民平等地享受公共阅读服务的基础设施。2020—2022年,我国基层公共阅读服务设施覆盖范围持续扩大,城镇居民对居住地附近公共图书馆和社区阅览室/社区书屋/城市书房的认知度持续增长。2022年,有30.7%的居民表示居住地附近有公共图书馆,较2020年增长了0.8个百分点。有27.1%的居民表示居住地附近有社区阅览室/社区书屋/城市书房,较2020年的24.8%增长了2.3个百分点,是基层公共阅读服务设施中居民普及度增长最快的一类设施。此外,城镇居民对报刊栏的认知度由2020年的27.4%降至2022年的25.8%,见图4。

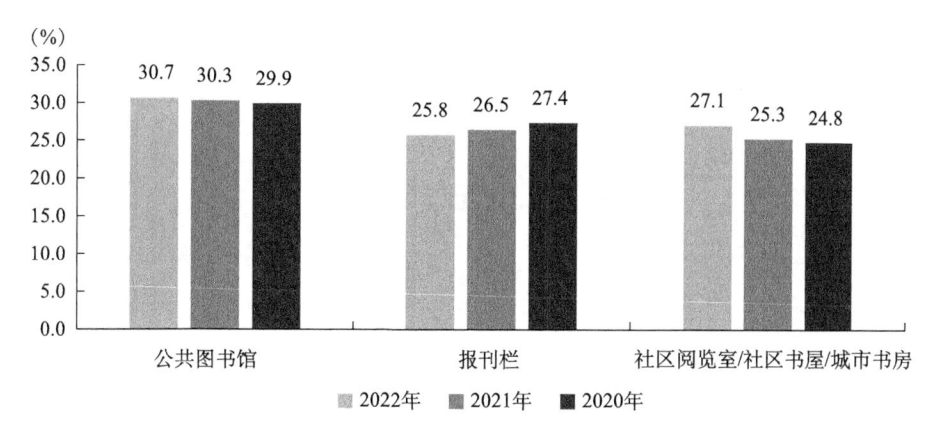

图 4　城镇居民对公共阅读服务设施的认知度

2022 年，在公共图书馆、报刊栏和社区阅览室/社区书屋/城市书房三类基层公共阅读服务设施中，我国城镇居民对公共图书馆的使用率最高，达 14.9%，较 2020 年增长了 1.0 个百分点。城镇居民对社区阅览室/社区书屋/城市书房的使用率为 12.1%，较 2020 年增长了 3.0 个百分点。此外，城镇居民对报刊栏的使用率由 2020 年的 11.1%降至 2022 年的 10.3%，见图 5。

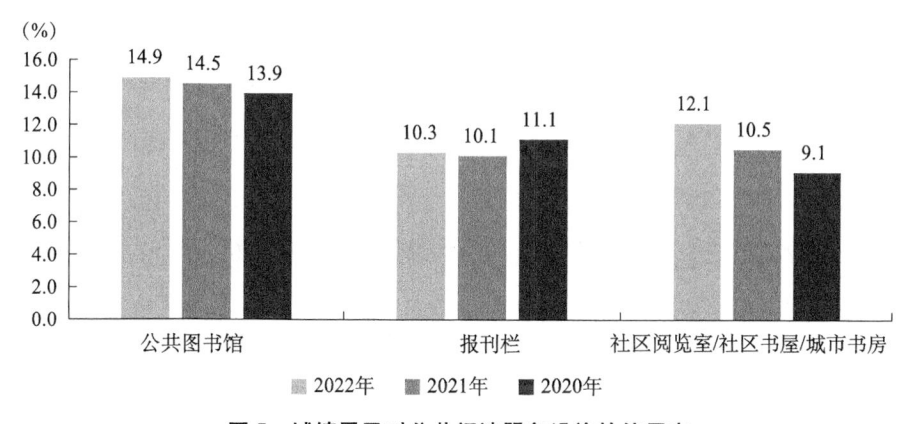

图 5　城镇居民对公共阅读服务设施的使用率

对基层公共阅读服务设施的使用满意情况考察发现，2022 年，我国城镇居民对公共图书馆的使用满意度最高，达 78.2%，较 2020 年的 76.7%增长了 1.5 个百分点。城镇居民对于社区阅览室/社区书屋/城市书房的使用满意度也较高，有 72.5%的居民在使用后表示满意，较 2020 年的 70.0%增长了 2.5 个百分点。此外，城镇居民对于报刊栏的使用满意度由 2020 年的 62.0%降至 2022 年的 60.6%，见图 6。

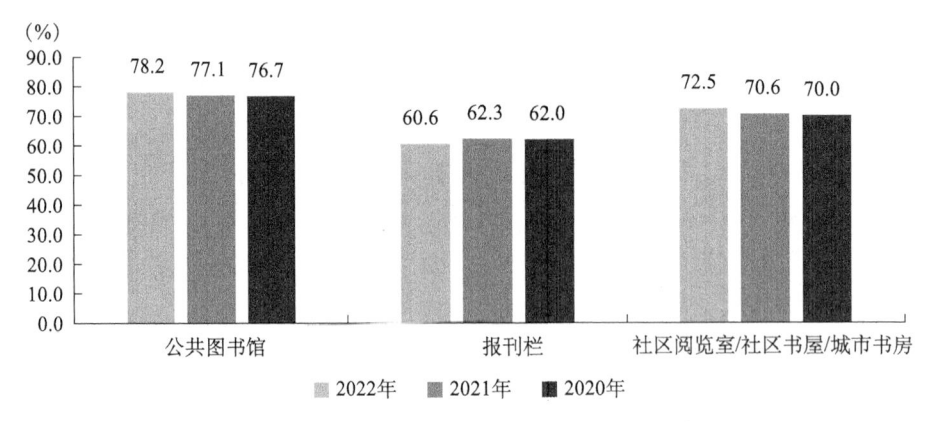

图 6 　城镇居民对公共阅读服务设施的使用满意度

从以上数据可以看出，在城镇三类主要基层公共阅读服务设施中，居民对于公共图书馆的认知度、使用率和满意度是最高的，对于社区阅览室/社区书屋/城市书房的认知度、使用率和满意度是增长最快的。近年来多地推行"城市书房"工程，极大地满足了居民日常阅读需求，不仅为居民提供了便利的阅读场所，还提供了丰富的阅读资料及服务，有助于居民阅读习惯的培养。

（四）农村居民和未成年人等重点群体阅读数据上升

农村居民和未成年人是全民阅读关注的重点群体，他们的阅读状况对我国全民阅读发展水平起决定性作用。2022 年，我国农村成年居民图书阅读率和阅读量均较上年有所增长。2022 年，我国农村成年居民的图书阅读率为 50.2%，较上年的 50.0% 增长了 0.2 个百分点。农村成年居民的纸质图书阅读量为 3.77 本，较上年的 3.76 本增加了 0.01 本。

我国 0—17 周岁未成年人的图书阅读率和阅读量均较上年有所增长，0—8 周岁儿童相对增长较快。具体来看，2022 年，我国 0—17 周岁未成年人的图书阅读率为 84.2%，较上年的 83.9% 提高了 0.3 个百分点，人均图书阅读量为 11.14 本，较上年的 10.93 本增加了 0.21 本。其中，0—8 周岁儿童的图书阅读率和图书阅读量相对于其他两个年龄群体增长较快。2022 年，我国 0—8 周岁儿童图书阅读率为 73.5%，较 2021 年的 72.1% 增长了 1.4 个百分点，人均图书阅读量为 10.56 本，较 2021 年的 10.33 本增加了 0.23 本，增速相对高于 9—13 周岁少年儿童和 14—17 周岁青少年，见图 7、图 8。

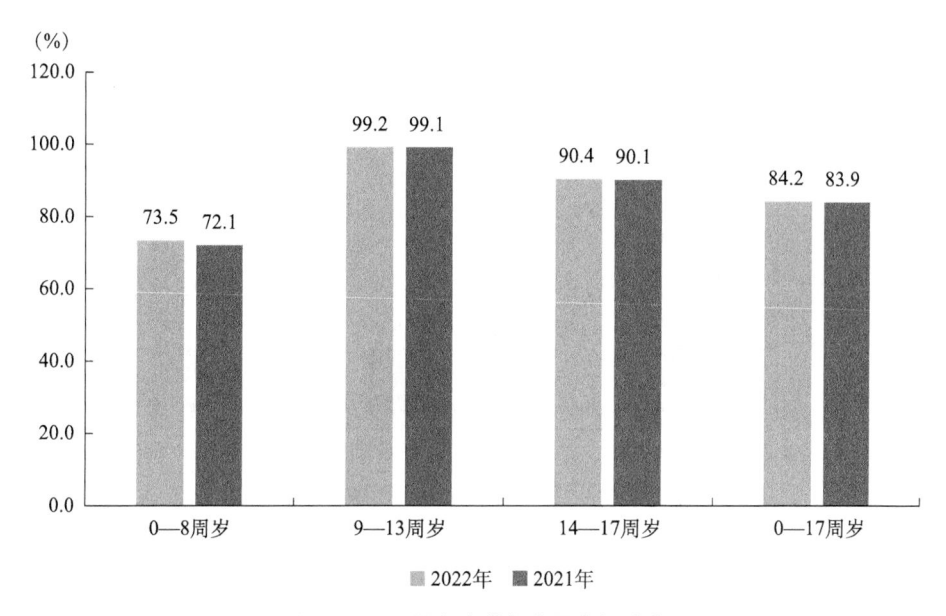

图7　0—17周岁未成年人图书阅读率

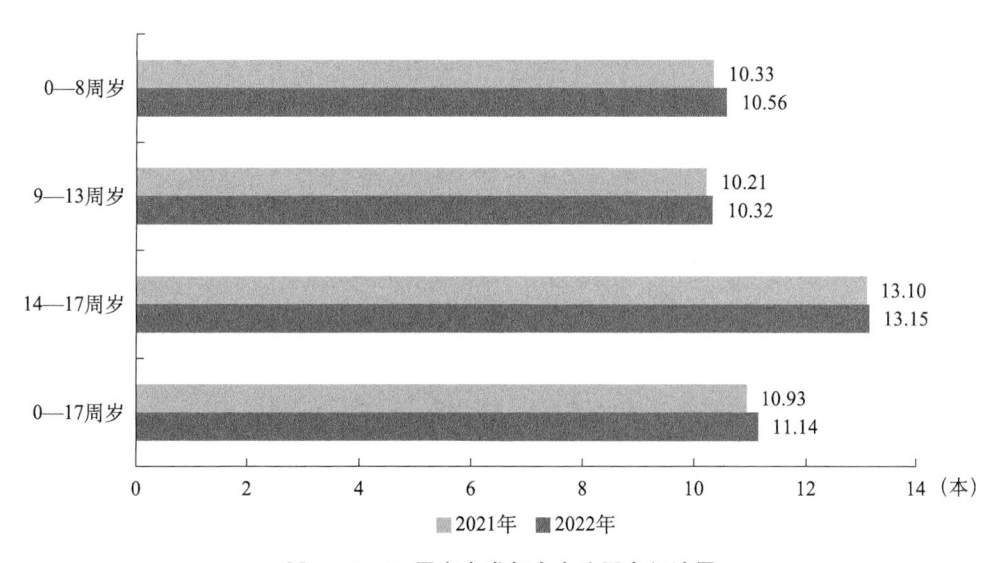

图8　0—17周岁未成年人人均图书阅读量

（五）成年国民对全民阅读品牌活动的参与度和满意度显著提升

除基层公共阅读服务设施外，全民阅读品牌活动是深入基层促进居民阅读的重要推手。从调查数据来看，我国成年国民对全民阅读品牌活动的知晓率由2020年的72.7%增至2022年的73.7%；成年国民对全民阅读品牌活动的参与度由2020年的

65.2%增至2022年的66.7%，增长了1.5个百分点；参与过全民阅读品牌活动的成年国民对活动的满意度由2020年的71.0%增至2022年的72.2%，见图9。

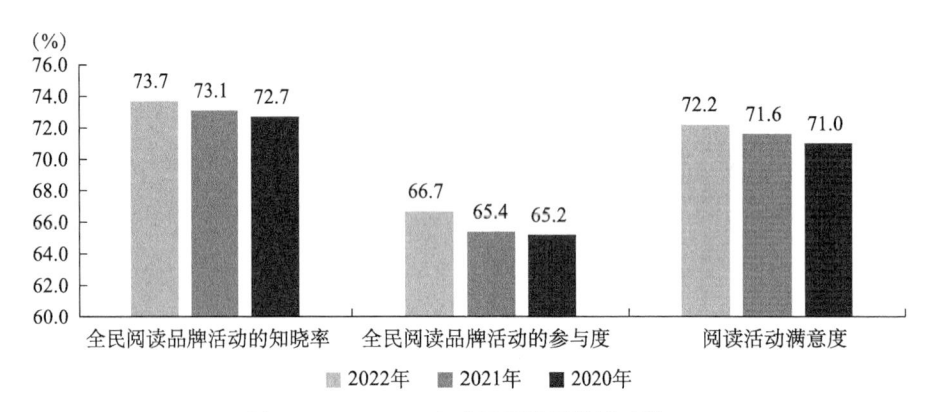

图9 2020—2022年全民阅读品牌活动情况

进一步分析发现，在各类全民阅读品牌活动中，"本地城市读书节"和"书展书市"的居民知晓率最高，均为30.1%；其次，"机关企业/校园读书活动"的居民知晓率也相对较高，为28.9%；"本地读书会"和"城市读书大讲堂"的居民知晓率分别为27.3%和22.9%。

从居民对各类全民阅读品牌的活动参与度来看，"本地城市读书节"的居民参与度最高，为28.2%；其次，有26.4%的居民参与了"机关企业/校园读书活动"；分别有24.2%和23.9%的居民参与了"书展书市"和"本地读书会"活动；"城市读书大讲堂"的居民参与度为18.6%，见图10。

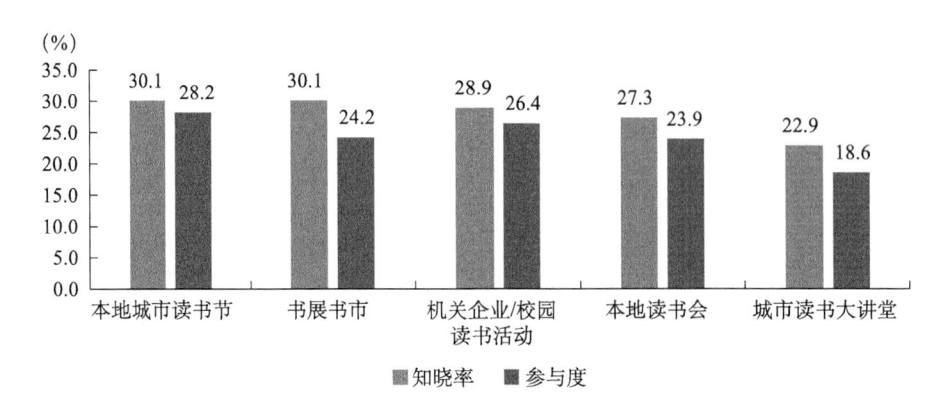

图10 2022年全民阅读品牌居民知晓率和参与度

不难看出，"本地城市读书节"在居民中的影响力和渗透力相对较强，不论是居民对活动的认知度还是使用度均位列各类全民阅读品牌活动之首;"书展书市"则满足了市民赶文化市集的需求,在当地社会层面影响较为广泛;"机关企业/校园读书活动"有针对性地深入目标群体之中开展阅读活动,活动效果较为显著;"本地读书会"则是深阅读爱好者的福音,能更好地开展满足会员阅读兴趣的活动;"城市读书大讲堂"是面向全体社会成员的阅读普及类活动,但受众规模往往受限于活动信息传播范围较窄,因此在各类全民阅读品牌活动中的认知度和参与度相对较低。

从"第二十次全国国民阅读调查"结果可以看出,我国成年国民的阅读方式日益多元化,纸质图书和各类数字化阅读方式是多数人青睐的阅读方式,听书和视频讲书等新兴的阅读方式经过几年的沉淀,也具备一定的受众基础,成为部分国民的阅读途径。一直以来,我国国民对于当地的全民阅读活动有着较高的诉求,居民希望能多参与高质量、感兴趣的阅读活动。全民阅读活动的开展、基层公共阅读服务设施的服务都要贴合居民的实际需求,在深入了解居民的阅读兴趣、阅读困难的基础上,提供优质服务。

二、全民阅读大会领航中国阅读

2023年4月23日到25日,由中央宣传部、中央文明办、浙江省委和浙江省人民政府指导,中央宣传部出版局、中央文明办三局、浙江省委宣传部、杭州市人民政府主办的"第二届全民阅读大会"在杭州召开。这次大会以"深化全民阅读 建设书香中国"为主题,设置了主论坛和十二个分论坛,汇集专家学者,就全民阅读重点议题进行探讨,此外还有丰富多彩的阅读展览、主题发布和阅读推广活动,以线上和线下相结合的方式,既作为全民阅读推广的专业盛会,又作为激发人民群众的文化盛举,推动全民阅读向纵深发展。

在大会开幕式上,中共中央政治局委员、中宣部部长李书磊在讲话中指出,推进强国建设、民族复兴,离不开读书学习,要把阅读作为最基本的文化建设,大力倡导读书之风,充分发挥阅读在传播思想文化、提升国民素养、传承民族精神、涵育文明风尚等方面的重要作用。要坚持为人民出好书,着力提高出版品质,打造更多新时代新经典，用精品出版物激发阅读兴趣、提升阅读品位。要着力满足人民的阅读需求，加快构建覆盖城乡的全民阅读推广服务体系，提供处处可读、时时可读、人人可读的文化条件，推动读书习惯的养成。要大力倡导全民阅读、终身学习的理念，在全社会营造浓厚阅读氛围。要以主题教育为契机，充分发挥党员干部表率作用，以学习型政党建设推动学习型社会、学习型大国建设，以书香社会、书香中国建设助力社会主义文化强国建设。[2]

中宣部副部长张建春在主论坛主旨演讲中指出，全民阅读工作正在向常态化、长效化纵深推进。党的二十大明确提出提高全社会文明程度、深化全民阅读活动的目标任务。要深刻认识到，全面推进中华民族伟大复兴，更加需要发挥全民阅读凝聚精神力量的重要作用；推进中国式现代化发展，更加需要全民阅读不断提供充沛文化滋养；提高全社会文明程度，更加需要全民阅读持续涵育读书风尚。

分论坛有阅读与乡村振兴论坛、家庭亲子阅读论坛、阅读权益保障论坛、全民阅读工作创新论坛、"书香青春"青少年阅读论坛、数字阅读论坛暨第九届数字阅读年会、阅读与城市发展论坛、科普阅读论坛、全民阅读研究论坛、银龄阅读论坛、主题阅读推广论坛、阅读与媒体论坛等，展示了我国全民阅读研究与推广的专业化水平。

大会上还举行了多项全国性的阅读推广成果发布，比如，《全民阅读融媒体智库年度报告》发布会、2022年度十大著作权人发布会、农家书屋创新示范案例"乡村阅读推广人"和"最美农家书屋"、2022年度"中国好书"、年度最美书店、2022—2023年全民阅读优秀项目推介、第七届"大众喜爱的阅读新媒体号"推荐活动等。

丰富多彩的全民阅读活动也是大会的主要组成部分，如2023"书香杭州"系列活动、浙江省全民阅读节启动仪式暨"春风悦读榜"颁奖典礼、长三角"图书馆之夜"、"阅读新时代"主题征文活动、"书香暖神州"图书捐赠活动、"文润书香"全民阅读周活动、"诗画江南·活力浙江"走读活动、书香中国展、"书香满中国"公益广告展、盛世修典——"中国历代绘画大系"特展等。

全民阅读大会在综合我国20余年来政府倡导与支持各类大型全民阅读活动经验基础上，实现了模式的创新。首先，这是在中宣部指导下汇集多方力量的全国性大会，建立了凝聚党政产学研各方力量的互动平台，有助于汇总各地全民阅读的经验做法，加速阅读推广专业化进程；其次，大会吸引来自文创、产业、科技、教育、社会组织等多方的关注，其观点和信息的聚集碰撞有助于阅读新理论、新技术、新业态的产生；最后，全民阅读大会有助于各类全民阅读活动扩大社会影响，吸引各界关注，服务在地居民。世界各国的大型全民阅读活动往往都会强调自身的开放性、庆典性、持续性、合作性、群众性，两届全民阅读大会在汲取这些经验的基础上，有更强的组织领导性，体现了党和国家促进国民阅读的决心，因此赋予了大会更强大的凝聚力和更鲜明的目的性，让大会不仅成为激发大众阅读兴趣、传播优秀经验做法的载体，也成为探讨全民阅读重要问题、前沿发展方向的孵化舱，期待未来的大会进一步优化模式，成为建设书香中国的推动器。

三、全民阅读法规制度建设新进展

2020 年中宣部印发的《关于促进全民阅读工作的意见》，为全民阅读的专业化发展营造了更为稳定的政策环境，尤其是 2023 年以来，各类线下全民阅读活动陆续恢复，与全民阅读政策发展实现良性互动。党和政府的政策主导、城市文明建设需要和人民群众阅读文化需求，成为共同推动全民阅读法规政策继续生长的内在动力，催生出该领域更加细化丰富的内涵和方向。总体看来，地方法规政策数量呈现增长态势，类型既有具有法律效力的"条例""决定"等，也有对全民阅读有行动纲领意义的"行动计划""意见"等，且有越来越多的区县开始推出全民阅读政策文件，这是全民阅读立法精神向基层不断渗透的结果，也将为未来的立法工作带来更多元丰富的基层智慧、实践经验。

2023 年 3 月，教育部、中央宣传部、中央网信办、文化和旅游部、中华全国总工会、共青团中央、全国妇联、中国科协八部门联合印发了《全国青少年学生读书行动实施方案》。2023 年 8 月 22 日，杭州市第十四届人民代表大会常务委员会第十三次会议通过了《杭州市人民代表大会常务委员会关于促进全民阅读建设书香杭州的决定》，该市成为继温州市、宁波市、烟台市、深圳经济特区、常州市、石家庄市、永州市之后的我国第八个拥有市级全民阅读法规的城市，截至 2023 年 9 月，拥有省级全民阅读法规的省（区）已有山西省、宁夏回族自治区、贵州省、河南省、广东省、吉林省、黑龙江省、四川省、辽宁省、湖南省、江苏省，共 11 个。还有更多的地区开启了立法进程，例如，2023 年 9 月，天津人大网站上公布了《天津市全民阅读促进条例（草案）》；《揭阳市全民阅读促进条例》也已列入当地 2023 年立法计划，展开了调研、论证和起草工作。从法规文本内容看，新近的立法，能够充分汲取其他地方法规形式和内容的优长，结合本地全民阅读特色，推动地方全民阅读法规日趋成熟。

值得注意的是，2022 年 12 月 1 日，扬州市开始实施《扬州市城市书房条例》，这是我国首部关于城市书房的建设、运行与服务的地方性法规。从法规文本看，《扬州市城市书房条例》可视为公共文化服务法规与全民阅读法规共振的产物。近年来，在许多城市都出现了以城市书房命名的新型阅读空间，是因市民阅读需要和全民阅读发展推动而出现的一类新事物，是对公共图书馆功能的延伸与补充，并汲取了城市书店的美学和服务功能。从各地城市书房调研看，其选址、投入、功能、管理等方面的情况不尽相同，有些书房建立了良好的运行机制，受到周边居民的欢迎与信任，有些则存在着生存难题和服务不足，有些书房生命短暂。扬州市通过立法的方式对城市书房的性能、建设、监管等方面做了明确的规范，既有助于这一新事物健康发展，也有助于唤起社会各界的支持与监督，该法规体现了全民阅读法规体系的丰富度，值得进一步研究探讨。

此外，各地全民阅读计划、方案等亦对推动全民阅读健康有序发展起到了积极作用。2022 年以来，新出台的地方规划有《海南省全民阅读工作行动计划（2022—2025 年)》《乌海市全民阅读工作三年行动计划（2022—2024 年)》，郑州市委、市政府印发《书香郑州实施方案》，北京朝阳区发布《朝阳区推进阅读之城建设三年行动计划（2023 年—2025 年)》等。

四、全民阅读推广专业化新进展

党和国家重视，使得全民阅读事业获得了更为稳定的经费保障、政策支持和社会关注，越来越多元的社会力量进入到该领域，全民阅读的场所、硬件、技术、人力都呈现前所未有的增加态势，这也促使我们要更加关注全民阅读专业化问题，通过推动专业化的研究发展与制度化建设，让这个行业在文化民生方面发挥持久效力。

各级各类全民阅读优秀项目的评选推荐工作，是提升全民阅读专业化的重要手段。全民阅读大会成为发布展示这些优秀项目的全国性平台，如 2023 年 4 月，在杭州发布的全民阅读优秀项目推介工作、农家书屋创新示范案例、乡村阅读推广人、最美农家书屋、最美书店、大众喜爱的阅读新媒体号等。省市县也涌现出众多由行政主管部门、社会组织举办的优秀阅读案例、推广人的评选活动，汇聚成一个越来越多样化的样本库，值得我们去研究这些样本脱颖而出的个性或共性，理解地域、技术、管理、创意等不同因素对其进行了怎样的塑造，也需要我们去追踪这些项目，分析其特点优长、发展潜力和缺点困难，从而来分析总结普遍性的因素，构建阅读推广专业化的知识库。

此外，全民阅读推广专业化还体现在将出版、图书馆等传统阅读推广空间建设成为孵化阅读推广专业化的创意平台。2022 年 7 月 30 日，具有"一总三分"特色格局的国家版本馆开馆，总馆在北京燕山，三家分馆分别设立在西安圭峰、杭州良渚、广州凤凰山。作为国家版本资源总库，版本馆保藏、展示着我国从古至今各个阶段承载文字、图像、影像等不同文化样貌的载体，而这些载体——版本是因人在不同自然历史环境下有着共性和差异性的阅读需要所塑造的，因此，这些丰富的版本藏品，也是凝结着人类阅读精神、阅读行为、阅读智慧的物质载体，为研究中国阅读文明汇聚了资源。

版本馆蕴藏着中国阅读文明走过的道路，"元宇宙阅读"的概念则导向未来。2022 年 9 月，元宇宙阅读很快成为阅读研究中的热词，在知网搜索，相关学术文章已有三十余篇，与此同时，该概念也实现了在图书馆领域的应用实验。12 月，上海外国语大学图书馆举办了名为"元宇宙与智慧图书馆"的高端学术论坛。《科技与出版》第 4 期发表了中国新闻出版研究院出版研究所所长、国民阅读研究与促进中心主任徐升国题为《元宇宙时代的阅读与出版》的论文。2023 年 4 月，中国新闻出版研究院元宇宙出版阅读实验室与嘉兴图书馆共同创建的"元宇宙出版阅读实验室嘉兴基地"和"嘉兴图书馆元宇宙阅读体验中心"开幕；8 月，济南市图书馆上线了互动阅读场景"元宇宙文学互动体验空间";温州市图书馆也打造了"智慧城市书房"元宇宙空间。不同于业界对"元宇宙"概念的热情拥抱,来自学界的批判声音日渐增多,如批评"元宇宙仅仅是现有信息技术的汇总与综合,代表了互联网发展的一个阶段,甚至只是虚拟世界的另一种表达,尚未构成技术质变";[3]警醒"资本逻辑对技术逻辑的统摄导致的资本野蛮扩张和技术风险加剧都会使元宇宙'步入歧途'"[4]。这些观点让我们意识到,"元宇宙阅读"是否能在全民阅读中发挥正向、积极的作用,取决于将其纳入全民阅读专业化的框架下进行规范、监督的力度。

阅读是人类获取和传承知识的重要途径,但数字新技术不断挤压着传统阅读的空间,影响人类的阅读行为,从有声阅读到短视频,从元宇宙到 ChatGPT,为我们对阅读的认知不断带来巨大的冲击。层出不穷的数字新技术和新平台,不断将书籍这种"旧媒介"的内容和形式吸纳进去,并且也希望以承担数字阅读的功能来彰显自己的文化价值和社会责任,但这些称之为数字阅读、跨媒介阅读或泛阅读的种种新现象,其背后的生产逻辑、商业逻辑与传统书籍阅读有着质的区别,如何使新媒体促进阅读成为可能?学界也开始了积极的思考与讨论。例如,2023 年 8 月,上海理工大学发布《短视频时代的阅读研究报告》并召开了研讨会,探讨是否存在"短视频打破书籍传播的单一维度,增加传播的丰富度,并赋予阅读新的逻辑"[5]的可能性;9 月,中国新闻出版研究院元宇宙出版与阅读实验室和北京印刷学院数字出版前沿技术应用创新联合实验室在敦煌共同主办的"元宇宙与人工智能时代的出版与阅读研讨会",探讨技术为出版和阅读所带来的巨大空间。

五、总结与展望

2022 年以来,全民阅读领域还有众多引人瞩目的进展,比如,在乡村儿童阅读推广,老年人阅读推广,红色阅读推广,社区阅读推广,阅读与艺术、旅游、科普跨界等领域,都出现了众多富有创意的活动模式和更加专业的组织形式,以及更加有生命力的阅读品牌。如何把握好历史机遇,在政策推动与社会需求所创造的良好局面中驾驭技术、吸引人才、建立机制,让处于转型中的国民阅读走向更加开阔的道路，是我们需要持续研究和追踪的重要问题，也是阅读推广研究者和实践者的共同使命。

（张文彦　青岛大学文学与新闻传播学院教授；
田菲　中国新闻出版研究院助理研究员）

参考文献

［1］党的二十大报告全文发布，提出"深化全民阅读活动"使命任务［EB/OL］.（2022－10－27）［2023－9－20］. https：//mp. weixin. qq. com/s?＿＿biz＝MzIxMTI3Mzg2MA＝＝&mid＝2247497739&idx＝1&sn＝3b7f3a136275c4b327f973dbdfc 60452&chksm＝975569e0a022e0f625cf17afc631d8d88ca1e6014f1c2f7acd4ffca240cf4801d835e 793a02a&scene＝27.

［2］第二届全民阅读大会在杭州举办 李书磊出席开幕式并讲话［EB/OL］.（2022－10－27）［2023－4－23］. http：//www. wenming. cn/y22/sl/202304/t20230423＿6593767. shtml.

［3］邱遥堃. 走出虚拟世界：元宇宙热的批判性解释［J］. 中外法学，2023，35（04）：1080－1099.

［4］何茂昌. 元宇宙资本逻辑的批判及其矫治［J］. 学术探索，2023（06）：51－58.

［5］短视频时代的阅读：大众兴趣被激发、经典文学获推广［EB/OL］.（2022－09－01）［2023－09－20］. https：//baijiahao. baidu. com/s?id＝1775823250938395176&wfr＝spider&for＝pc.

2022—2023 少儿图书市场发展报告

陈 香

2022 年度，持续变革的市场环境为中国出版业尤其是少儿出版行业发展带来了诸多挑战，市场发展的方向更趋不确定。渠道剧变，低折厮杀，盗版盗印问题严重，运营成本增加，效率下降，市场需求快速迭代，诸多因素的叠加呈现出几何级增量的压力，加诸少儿出版行业。

2014 年，"全民阅读"首次写入政府工作报告，此后，连续十年被写入政府工作报告；2023 年 3 月，教育部、中宣部、共青团中央、全国妇联等八部门联合印发《全国青少年学生读书行动实施方案》，指出要将读书行动与学校教育教学、课后服务活动和学生日常生活紧密结合，鼓励学校开设阅读课。从国家政策层面而言，对少年儿童阅读的重视前所未有。此外，图书大盘中，少儿出版仍然是最有活力的板块。

由此，变局中如何激发更多内生动力，如何扬长避短、破立并举，从品种规模时代过渡到品种效率时代，在规模化、简单数量叠加和要素投入的市场基础上，实现内容指数效益型的"质量提升"，完成出版高质量发展的提速升级，正是当下少儿出版发展的关键核心。

一、2022—2023 年少儿图书市场基本情况

（一）市场发展出现拐点

2022 年，根据开卷数据，从整体市场规模来看，少儿图书仍为中国图书零售市场

中码洋占比最大的类别，且比重较之 2021 年小幅上升，占整体图书零售市场的 28.62%。从新书市场规模来看，2022 年，全国上市新书共 17 万余种，占整体图书零售市场总品种的 7.32%；新书品种中，销售码洋收入最高的仍是少儿读物新书板块，新书码洋占比超 1/4，达 25.25%。

然而，2022 年，少儿图书市场发展出现拐点。近三年来的市场环境，一定程度影响了大众对图书消费的意愿。2020 年，中国图书零售市场出现了负增长，同比下降 5.08%；但少儿图书市场仍是正向增长，同比增长率为 2.24%。2021 年，中国图书零售市场小幅回暖，同比增长 1.65%；少儿图书市场维持小幅正向增长趋势，同比增长率为 1.03%。2022 年，全国图书零售市场较 2021 年同比下降 11.77%；2022 年，少儿类图书零售市场首次出现负增长现象，同比下降 10.41%，尽管下降幅度小于整体市场水平，但结束了 18 年来高歌猛进持续增长的现象，市场发展出现拐点。

（二）内容电商成为销售主渠道

近三四年来，书业的销售渠道巨变。就少儿图书而言，实体书店式微，原来迅猛增长的网络平台电商增长乏力，视频直播电商异军突起，已经成为少儿图书销售的主渠道。

以 2022 年少儿图书的市场销售份额为例，少儿图书的实体店市场份额持续同比下降，从 2021 年的 -10.43% 下降至 2022 年的 -38.4%；少儿图书的网络平台电商市场份额在 2022 年出现了负增长，下降幅度为 -2.02%；2022 年，少儿图书在短视频电商的实洋比重达到了 45.61%。

与之相对应的，是频频下滑的图书销售折扣。2010 年前，书业销售的主流渠道为实体书店之时，北京海淀的第三极书局和中关村图书大厦的"八折"竞争，引起了书业震动；2010 年以来，当当、京东等平台电商崛起，图书六折、七折销售已是常态；近五年来，社群电商、视频直播电商等新零售渠道成为书业的主流销售渠道，在短视频电商渠道中，根据开卷的数据，2022 年，少儿图书的平均折扣已为 3.5 折。

（三）渠道变化引发畅销书品种变化

2022 年度，开卷数据显示，少儿图书市场畅销书排行前五的图书依次为《小学生超喜爱的漫画科学》（全4册）、《奥特曼系列视觉志》（55周年纪念版）、《漫画小学生心理》（全4册）、《这才是小学生爱看的漫画数学》（全6册）、《小狗钱钱》；另据开卷数据显示，2022年度少儿图书市场新书畅销书排行前五的图书依次为《小学生超喜爱的漫画科学》（全4册）、《漫画小学生心理》（全4册）、《这才是小学生爱看的漫画数学》（全6册）、《漫画儿童心理学》（全5册）、《内蒙古寻宝记》。

与前几年少儿图书畅销书榜大多为原创儿童文学读物相比，少儿图书市场畅销书的品类发生了明显变化，大多以科普漫画为主。分析2022年度少儿图书市场畅销书，可以看到：其一，同质化严重，大多是漫画类科普读物；其二，原创性弱，大多是依附于其他图书的漫画改编；其三，跟风严重、可替代性强，比如，新书畅销书排行第四的《漫画儿童心理学》（全5册）（吉林出版集团股份有限公司出版），即是对少儿图书市场畅销书排行第三的《漫画小学生心理》（全4册）（广东人民出版社有限公司出版）的跟风模仿。

2023年第一季度，短视频电商少儿图书类销量第一名的《漫画小学生心理（全4册）》，是一套功能性读物；平台电商少儿图书类销量第一名的《新大头儿子和小头爸爸》，是根据动画片《新大头儿子和小头爸爸》改编而成的动画故事书，为内容偏轻松的漫画故事书；而实体店少儿图书类销量第一名的《没头脑和不高兴（注音版）》，则是刚刚去世的知名儿童文学作家任溶溶的代表作品，是传统意义上的精品文学读物。

由此引发的思考是，在视频直播电商的实洋比重达45.61%、平均折扣为3.5折的少儿图书市场当中，已经出现了劣币驱逐良币的情况，大批版权模糊的改编图书，取代了原创精品图书。

（四）少儿图书板块调整，少儿科普成为最大细分类

2022年的少儿图书零售市场中，少儿科普百科保持最大细分市场的位置不变，且份额持续提升，占比为26.77%；儿童文学为第二大细分市场，占比为20.98%；少儿绘本为第三大细分市场，占比为19.64%。

2021年的中国少儿图书零售市场中，少儿科普首次超越儿童文学，成为最大细分市场，占比约为24.7%，儿童文学占比约为22.8%，少儿绘本占比约为18.4%；2020年的全国少儿图书市场中，码洋规模最大的前三类依次是少儿文学、少儿科普百科和

少儿绘本，码洋比重分别为 23.71%、21.42% 和 18.56%。

从国内少儿图书市场结构来看，现阶段少儿科普百科、少儿文学和少儿绘本仍然是码洋贡献最大的三个门类，整体规模和增长速度高于市场平均水平。对比新世纪以来 20 年间整个少儿零售图书市场细分板块的比重变化，2012 年是明显的分水岭。之前，儿童文学占比不断上升；之后，少儿卡通/绘本/漫画和少儿科普百科持续增长。

渠道变革、销售模式的更新，以及渠道变革后所触及的读者群的变化，不断影响三个门类的市场占比。作为当下少儿图书市场的第一大板块，少儿科普百科从 2020 年开始快速增长，这得益于短视频渠道的推动。短视频电商往往下沉至三四线城市或者县域地区，相对于其他偏阅读类的少儿图书，功能性的科普知识类图书更易找到卖点，击中中小城市父母的痛点，从而在短时间的视频或直播中脱颖而出。

文学的阅读是非功利的阅读，其消费群体的主力都是在大中城市，看重的是图书对孩子情感塑造、价值影响、审美判断的影响，还有阅读能力培养的诉求。从 2013 年开始，儿童文学细分市场的码洋比重连续下滑，到现在，少儿科普图书成了少儿图书市场的新宠。这个显著现象首先反映的是市场，或说少儿图书消费群体的转移，即三四线城市、包括县域消费群体崛起。

二、2022—2023 年少儿图书市场的基本特征

（一）国家政策层面利好

从国家政策层面而言，对少年儿童阅读的重视前所未有，这是少儿图书市场持续发展的前提性支撑。

2014 年，"全民阅读"首次写入政府工作报告，此后，连续十年写入政府工作报告并不断凸显其重要性：2014 年，提出"倡导全民阅读"；2017 年，提出"大力推进全民阅读"；2022 年，提出"深入推进全民阅读"。全民阅读工作已经上升为国家战略。

2022 年 4 月，由中央宣传部（国家新闻出版署）、北京市委、北京市政府指导，中

宣部出版局、北京市委宣传部主办的"首届全民阅读大会"在北京举办，国家主席习近平发来贺信，希望全社会都参与到阅读中来，形成爱读书、读好书、善读书的浓厚氛围，其中明确提到"希望孩子们养成阅读习惯，快乐阅读，健康成长"。

2023年3月，教育部、中宣部、共青团中央、全国妇联等八部门联合印发《全国青少年学生读书行动实施方案》，指出要将读书行动与学校教育教学、课后服务活动和学生日常生活紧密结合，鼓励学校开设阅读课。

纵观新世纪中国少儿出版"黄金十年"的形成，国家推行素质教育，规定义务教育阶段学生的课外阅读量为新世纪少儿出版发展的根本前提。

（二）少儿主题图书与精品出版体系相结合

做好主题出版，打造少儿主题出版精品图书，是回应国家之需、时代之问。主题出版是一种国家战略，但也创造了新的市场需求和阅读需求。在具体实践过程中，从2022—2023年少儿图书的出版情况来看，当下的少儿主题读物，越来越与各家少儿社的精品出版体系和原创资源紧密结合，也呈现出了越来越明显的教育属性，以及越来越广阔的市场空间。

比如，二十一世纪社的《科学追梦人系列》《初心照亮未来》《革命精神谱·红色故事书系》等主题图书入选了多个省市的中小学"假期读好书"活动书目，收到了大量来自校园的订单。再比如，主题出版已经拓展到了江苏凤凰少年儿童出版社的儿童文学、绘本、科普等板块的原创精品出版体系当中，儿童小说《因为爸爸》《露天厨房》，图画书"金山银山·我和自然"系列、"童心向党·百年辉煌"书系，科普主题图书《坐着火车去拉萨》等，构建起了苏少社的主题出版矩阵。党建读物出版社与接力出版社联合出版的"中华先锋人物故事汇"系列丛书，截至2023年4月，前四辑已出版80种，合计总发货1 264万册。

（三）儿童文学、图画书原创崛起

从2022—2023年的儿童文学图书出版来看，当一大批正处于上升期的中青年作家逐渐成为原创儿童文学的创作主力时，一线作家仍然保持了旺盛的创作激情和恒定的创作节奏，知名成人文学作家加盟儿童文学写作的趋势依旧延续。儿童文学创作主体的多元，也为儿童文学的题材书写和童年体验提供了更为多维的尺度。如茅盾文学奖得主徐贵祥的首部儿童文学作品《琴声飞过旷野》、作家杨志军的长篇儿童小说新作《三江源的扎西德勒》、儿童文学作家沈石溪最新创作的动物小说《海豚之歌》、中青年儿童文学作家薛涛的儿童小说新作《桦皮船》等。

2008 年起，原创图画书选题开始批量出现，笔者称为"原创图画书元年"；近十多年来，原创图画书成为少儿出版机构的重要选题构成，几乎所有的专业少儿社都成立了专门的图画书出版部室，原创图画书在书籍形态、文本构成、艺术表现和编辑水准上日渐成熟，精品开始涌现。从 2022—2023 年的原创图画书来看，原创图画书开始在主题和题材上做深广探索，在书籍形态、文本构成、艺术表现和编辑水准上日渐提升，品质较之往年进一步提升，有洋洋大观之感；在图画书的核心创意巧思、鲜活奇想机趣的逻辑支撑、整体审美意蕴提升和哲思延展方面，有了长足进步。如《噔噔噔》《99 颗红豆去旅行》《你看见喜鹊了吗》《中国》《我画的宇宙》《大运河送来爷爷的车》等，为 2022—2023 年涌现的原创图画书精品。

根据开卷的数据，2022 年，中国少儿图书市场的动销品种中，65.7% 的品种为原创。

（四）市场底层逻辑变化为流量生态

内容电商成为少儿图书售卖的主渠道后，一批新媒体分销渠道和阅读平台出现。对少儿图书市场而言，与读者的交互在哪里，销售就在哪里。市场底层逻辑的变化正在重构少儿出版的市场链条，即从原来的产品—渠道出版链条，变化为内容—流量出版链。比如，小中信从 2020 年开始布局内容电商，建立了自己的小红书、抖音、视频号，构建自己的流量矩阵。对小中信而言，自媒体矩阵起到了流量引擎的作用，达人是流量的放大器。2022 年，小中信的自媒体矩阵，短视频播放量突破了 1.5 亿次，坚持每天 8 个小时直播，几个账号全年直播 6 000 个小时；做达人带货和短视频传播，合作的客户达到 500 多位。2022 年，小中信在内容电商实现了 5 个亿的实销，为出版社自播销售第一名。

比如，2021 年，接力社整合在抖音、小红书、视频号等短视频平台上的企业号、图书品牌号和作家画家个人号，逐步开通自播业务，搭建新媒体矩阵。2022年，随着内容平台和社交平台的深度融合，接力社成立新媒体营销中心，在抖音、视频号、小红书、快团团等多个新媒体平台共同发力，新媒体矩阵的销售收入翻了一番。

（五）融合发展升级业态出现

从移动互联网时代到人工智能时代，时代的变迁总会对出版提出业态升级的要求。互联网时代带来的消费升级，本质上就是因为信息的方便流转与获取，以及读者眼界的丰富和认知的提高，人们可以有能力和权利，选择自己想要的服务和适宜自己的解决方案。

如何以优质内容为延伸点，为优质的少儿内容服务寻找更多的价值呈现平台；如何以内容和服务的丰富形态，满足当下少年儿童读者不断增长的多元阅读文化需求，实现内容指数效益型的"高质量发展"，是中国少儿出版实现持续发展必须要思考的问题。

互联网时代，文化产业的运营结构从单向的供应链模式向泛中心的网络化、动态化、平台化生产模式转型。从2022年、2023年的出版实践来看，对于出版上游而言，业态创新需要进入新的供应链，需要通过整合已有的线下资源，形成线上信息和资源整合平台，达成平台化生产。

明天出版社的新平台生产端数字化运营工程已经开始启动。该工程将以"明天融媒体资源库"平台为基础，以新平台对内容形态的需求为导向，策划制作产品，并逐步丰富资源库的内容。此一平台的业务可用"构建内容产品定制化业务流程"来概括，其中包括更加清楚的用户画像、高效的内容互动、增强用户场景化体验等平台要素，以使明天出版社融入并成为外部相关内容电商平台供应链中的一环。

目前，长江少年儿童出版社集团已经建设完成"少儿个性化阅读平台"——"课外时光"小程序。该平台依托长江少年儿童出版社多年积累的作者资源，专业的编辑力量，电子书、音视频、微课等数字化资源，以及规模化数字内容开发能力和跨平台运营的经验，根据中小学《新课程标准》关于阅读能力的标准要求，建设包括内容资源、测评系统、分发系统在内的少儿数字阅读体系，通过课堂内外、学校家庭、线上线下等多种场景、多种渠道服务中小学师生，探索出了一条面向中小学阅读教育专业领域的数字内容资源知识服务"长江模式"。该模式具体为：利用微信小程序在获客、营销、收费等方面的优势，打通"内容服务—平台服务—通路服务—移动端服务—营销目标"的上下游环节，打造出自有的"精品少儿数字资源阅读平台"。

阅读服务和IP开发，将是福建少年儿童出版社融合发展的两个关键点。闽少社将通过图书的音、视频数字化和阅读指导的课程化，打造数字资源，打造分级阅读特色服务，其产品包括有声书音频、好书分享视频、名师阅读指导音频、名师和名家直播课等。比如，"拇指班长"的IP全版权开发有多媒体图书、文创产品、影视作品、数字藏品NFT等产品，打造元宇宙世界，同时依托"拇指空间"，整合海峡儿童阅读研究中心、福建电视台少儿频道等优势资源，推出专属好书，配套提供阅读指导、教育培训、科普研学等服务。

三、少儿图书市场现阶段存在的问题

中国少儿出版在创造了连续18年平均两位数高速度增长的奇迹后，面对新兴的流量生态，面临渠道去中心化、产品同质化、价格厮杀、盗版盗印等诸多挑战，市场发展来到拐点。

（一）低折扣成为行业痛点

根据开卷数据，2022年，在网店渠道中，少儿类图书在视频电商渠道的折扣水平最低，为3.5折；少儿类图书在平台电商渠道的折扣也仅为4.9折。从少儿图书各细分类来看，卡片挂图类在网店渠道为折扣水平最低的细分类，在短视频渠道折扣水平更是低至2.1折；少儿艺术和少儿绘本类在短视频电商渠道的折扣也不足3折，少儿图书其他细分类在短视频电商渠道的折扣水平平均为3.3—4.7折。

低折扣对销量起到推动作用，但也成为行业难以解决的痛点。有版权费用支出的原创少儿图书精品，因无法承担三四折的低折扣，淡出视频直播电商渠道。又因视频直播电商已经成为少儿图书的主要销售渠道，导致近年来少儿图书畅销榜上排行前列的图书，大多为"漫画""爆笑"等版权模糊的拼攒之作。因为无形的智力、创造性的成本完全无法充分体现，"劣币驱逐良币"的现象已经在少儿图书市场中普遍出现。其次，在电商渠道的恶性折扣战中，即使是拼命压缩管理成本，大部分出版社已经处于不做书不行，做了也毫无利润可言的困境中。

在流量当道的网络时代，部分新媒体渠道把图书当成最佳的引流产品。一本定价 30 元的图书，新媒体电商 3.5 折出售，约为 10 元，就能引来一个新顾客。而据笔者了解，目前互联网的获客成本已经达到两三百元一人。另外，一般来说，有图书消费意愿与能力的消费者往往具有一定的文化层次，因而也会具有一定的消费水平。

（二）盗版现象严重

盗版图书是出版业的顽疾。二十一世纪出版社的畅销书"大中华寻宝系列"，新版还没出来，网上就有低价仿冒图书出售；福建少儿社同样深受其害，暑期推荐目录的正版图书还在印厂未发，网络上已经出现盗版产品销售链接。利用网络平台，盗版分子开了若干个店，关了一个就换一个，防不胜防。2022 年，中信出版集团董事长王斌在网上打击盗版，一共 3 200 次。

细究图书盗版的原因层出不穷，其一为盗版书商的违法成本低，有利可图，而且网络侵权盗版隐蔽性强、不易发现。且网络盗版行为海量出现，单凭一社人力、物力，实在难于审查和应对这种行为，投诉、处理的速度远远赶不上盗版书商上架的速度。其二，反盗版工作取证困难，网络页面上的销售和库存数据的真实性难以查明，且实地搜证困难重重，很难发现地面店、仓库和印刷厂，抓不住源头就很难打击盗版。其三，借助公安部门和行政执法部门的力量打击盗版，又存在法律适用上的限制，网络盗版立案管辖是个问题，关键为难以取证其违法所得数额是否达到立案标准（个人违法所得数额在十万元以上，单位违法所得数额在五十万元以上的），公安和行政执法部门难以介入，刑事法律程序就无法进行。

（三）产品端同质化严重

由于少儿出版市场向好，目前的少儿出版是一种"举国出版"，500 多家出版社在出版少儿图书。部分没有当家书、看家书的出版社或书商，跟风出版，同质出版，其竞争的杀手锏为折扣。由于少儿图书销售价格的刚性下降，没有利润来涵养内容，导致"淘金者"始终处于低质量竞争，又进一步加剧了产品端的同质化现象。

（四）互联网入口被渠道端垄断

数字技术和移动互联网的飞速发展，以及疫情之下对实体店的影响，给书业带来的最明显变化就是加速了营销变革步伐。如果说，此前的实体店销售时代，密布在三维空间的社区和每一个书店，是图书销售的流量入口；那么，移动互联时代，无数小部落的涌现，人群在网络上形成的分众小群体，是移动互联时代的图书流量入口。少儿图书营销主阵地和销售主渠道已经转移至线上，抖音带货、大V带货、网红带货、社群团购蜂起，营销渠道立体化、多元化、去中心化。

少儿图书通过对接广阔的互联网网状销售体系，增加了流通的管道；当世界从趋于中心化来到了一个去中心化的超级网状结构，对于生产者来说，也是挑战。其一，营销成本（如人力物力）成倍增长；其二，要做超级产品越来越难，营销已经越来越趋向于在一个小空间里完成商业闭环；其三，价格体系越来越难以控制，新媒体营销争抢流量的方式方法越来越激烈。尤其是，当图书销售日益在互联网上完成、客户入口日益被互联网垄断时，则出版上游日益失去议价权，实体书店日益失去主动权。

四、重建少儿出版健康市场生态的对策与建议

（一）落实图书价格立法，重建市场生态

2021年12月28日，国家新闻出版署印发了《出版业"十四五"时期发展规划》，其中明确提出"加强出版物价格监督管理，推动图书价格立法，有效制止网上网下出版物销售恶性'价格战'，营造健康有序的市场环境"。这的确是抓住了当前严重影响出版业健康发展的一个十分重要的问题。

解决互联网销售恶性低价竞争的关键，其一，在于行业的自律，上游出版社、出

版公司不应为了追求一时的码洋规模，戕害行业；其二，主管部门对图书价格予以规范和立法，是否违反了《反垄断法》。

首先，网店低于成本价销售图书，是对实体书店的不正当竞争，违反了《反不正当竞争法》；其次，书业价格体系分为自由价格体系和固定价格销售体系两大体系，实行自由价格体系的国家以英美为代表，实行固定价格体系的国家以德国、法国、西班牙、日本等为代表。从历史上来讲，中国是定价销售制的体系，直到现在，中国书业的基础还是定价制，因为书业是上游出版社定价。定价制，是上游出版社制定一个价格之后，全国范围内的不同零售商都要在一定时间按照同一价格销售。上游出版社在定价的时候，也要根据市场的情况和消费者的消费能力进行定价，这个定价是市场合力下的定价。越是实行图书定价销售的国家，图书的总价格越是相对比较低，实行价格欺诈的图书在这种价格制下不能随意打折，否则就会被逐出市场。

"文化例外"是世界上许多国家立法时遵循的基本原则之一。诸如法国、德国、意大利、西班牙、日本等诸多实行图书固定价格体系，且出版业较为发达的国家均有相关的立法及条款，它们所规定的"限折"时间大都在半年到两年之间，而折扣区间大都在8.5—9.5折。事实已证明，这样的条款有效地保护了其出版业的良性发展。

新经济的崛起，不应以吞并传统经济模式为代价。互联网企业解决的就业岗位毕竟有限，而且网络平台的垄断模式，将导致大量资金集中于寥寥可数的几个互联网头部企业。同时，出版是知识密集型行业，而电商"爆款驱动"的销售导向、"算法推荐"的引流模式，与图书作为内容产品的"丰富度"要求并不相符。经销商需要的是低折扣，读者偏爱产品性价比；经销商欢迎促销活动，读者更需要阅读服务；经销商喜欢当下热销产品，读者则期待超越视野的新产品。

掌握了流量，垄断了中间的渠道环节，就倒逼上游供应链，如此"新经济"的后果，只能是百业凋零。新旧经济体系和模式应该并行不悖，其中价格体系是关键。

（二）携手平台共建打击盗版有效机制

几家传统电商，包括阿里、京东等，已经具备相对完善的盗版处罚操作机制，本身也很重视查处销售假冒伪劣产品。随着社会各方对他们投诉、查处力度的加大，他们在内部治理方面也取得了一定的成效，有了一定的经验，同时也有针对性的做法。

与之同时，一些新型电商平台出现，操作机制还不完善，销售部门比较强势，后台客服部门或者法务部门弱势，出版方投诉起来比较烦难，程序也比较繁琐。由此，在相关部门的监管下，新电商平台向传统电商平台学习，建设打击盗版的有效机制，为当务之急。

新渠道市场环境生态共建，也需要出版界和平台的携手努力。比如，2023年3月，"华东少儿出版联合体营销峰会"上，华东少儿出版联合体与抖音电商图书签约了正版保护合作备忘录。今后，华东少儿出版联合体将在抖音平台上全国首家"电商场景全覆盖的一站式投诉平台"的技术支持下，共同探索和实践数字经济时代背景下图书版权保护的有效路径。

（三）自建互联网流量入口

少儿图书市场拐点来临，将从品种规模时代过渡到品种效率时代。无论时代如何变化，始终秉持以用户为中心，做好内容引领和对读者的阅读服务，就是出版机构永恒不变的竞争力。互联网营销时代，与读者的交互在哪里，销售就在哪里。

2023年，抖音的日活用户已经超过10亿人，这个人数几乎是美国加欧洲的总人口数。另外，视频内容电商的传播指数相较于原来的公号时期，已经实现了指数级的增长。

移动互联时代到来，当互联网日益进入个人入口时代，当更多的商业闭环在一个私域通道里完成，中国的少儿出版也可以在互联网的流量平台上找到自己的流量入口，建立自己与读者的直接互动关系，这也是出版业态升级，提供端对端多元阅读服务和内容服务的前提和基础。

单纯的互联网企业目标很简单，即建设平台和获取入口，进而是一方面掌握议价能力，另一方面整合离散的个体资源，甚至形成自营替代传统企业。而传统企业在这方面的思路往往和互联网企业相反，即通过已有的线下资源整合优势，将能够剥离的部分由线下转移到线上，形成自由的线上信息和资源整合平台。这种模式往往是问题驱动的，是解决了用户本质需求的。

建立用户数据库，在之前的传统业态的供应链中几乎是不可能实现的，每一个在书店购书的读者最终都会消失在茫茫人海；PC端互联网销售平台阶段，其大手笔的资金投入和平台建设,也是单一的出版机构无法企及的;当然,头部出版商可以通过自己在特定读者群中的强大影响力,自建渠道,触达 C 端。当时间来到社群电商和直播带货电商的阶段,让大部分图书供应商依托平台的大流量建立自己的私域流量池,成为可能。

有能力处理 C 端用户的供应商是有限的,他们一般都是头部供应商,凭借自己的影响力和流量分发能力,不需要对接当当、京东或社群,自己就能达成销售。比如,中信出版集团有自己的中信书店,包括线上和线下,也是出版商中最早开始做天猫旗舰店,直接对接 C 端用户的。

另一条路径就是依托平台的大流量建立自己的私域流量池。基于平台流量越来越贵,如何不依靠平台发展,才是最为稳妥的方法。私域流量可以免费、随时,自由触达;但是私域的积累需要慢慢沉淀,最好在线上个体店铺、原有账号的基础上先转化一部分,后续再开始从各方面进行引流。

大部分少儿出版社在通过加大与抖(音)快(手)平台的达人合作,采取短视频传播带货的同时,也在建设自有直播间和自有直播出口,通过自播积累私域流量。很多出版社已经成立专门部门、招聘专职主播,以开展"自播"业务。出版机构与实体书店的流量互引,也是可行路径之一。

创建流量生态,以内容和服务的丰富形态,满足少年儿童读者不断增长的多元阅读文化需求,实现内容指数效益型的"质量提升",是中国少儿出版实现高质量发展的根本要义。

(陈香　中华读书报社编委)

2022 年 VR/AR 出版情况分析

邓 杨

在数字经济的快速发展下，新闻出版和虚拟现实技术进一步融合，带来了新的变革。新闻出版业在内容生产、分发和消费方面均受到了虚拟现实技术的影响，而虚拟现实技术也在新闻出版业中得到了广泛应用。本文对新闻出版与虚拟现实技术融合的现状、趋势进行探讨，并分析了融合发展面临的挑战和机遇，提出了未来发展的建议。

一、新闻出版与虚拟现实技术融合发展的基本情况

2022 年 VR 技术在硬件、软件、内容和人才培养方面都取得了突破性进展。在硬件方面，VR 头显设备变得越来越轻便，分辨率和视场角得到显著提升，用户在使用过程中的舒适度大幅度增加。众多厂商推出无线 VR 设备，摆脱了线缆束缚，用户在虚拟世界中的体验更为自由。在软件方面，VR 操作系统和交互界面不断优化，用户在虚拟世界中的操作更加直观和自然。在内容方面，多种类型的 VR 应用得到了丰富，涵盖了新闻、游戏、教育、医疗、旅游、展览等众多领域。在人才培养方面，国内各大高校、研究机构和企业纷纷加大在相关技术研究和人才培养方面的投入，构建人才培养体系，开设与虚拟现实相关的课程和专业。与此同时，虚拟现实产业在我国正获得越来越大的政策支持。工业和信息化部、教育部、文化和旅游部、国家广播电视总局、国家体育总局等部门在统筹联动、优化发展环境、深化技术研发、开展应用试点、打造产业集群、强化人才支撑、推动交流合作等方面推出了相关保障措施。

（一）关键技术取得突破

据中国电子信息产业发展研究院发布的《虚拟现实产业发展白皮书（2022年）》显示，2022年，国内外科技巨头持续发力虚拟现实产业，虚拟现实的传感、交互、建模、呈现技术不断取得突破，用户在交互、显示、佩戴舒适感等方面的体验不断提升。用于虚拟现实头显的超短焦光学方案成为今年各厂商主要布局方向，极大降低了整机厚度与重量。头部品牌均发布采用了Pancake光学方案的VR一体机。同时，越来越多的头显终端产品支持眼动追踪与注视点渲染功能，在提升VR内容视觉效果的同时，也优化了设备算力的使用效率。2022年全球发布了多款AR眼镜，众多国内AR产品成为全球AR市场增长主力军。[1]伴随着关键技术取得突破，终端性能加快迭代，虚拟现实技术向多种应用场景拓展。苹果、微软、谷歌、华为、腾讯等科技企业，依据自身特征从不同角度切入内容市场，大大加速了信息传播方式、传播手段和传播效率的变革。

回顾出版业的历史演进，每一次新技术在融合出版中的应用都会极大地提高出版生产力，撬动海量知识内容。在沉浸式阅读应用中，虚拟现实头显经历了非球面透镜、菲涅尔透镜、折叠光路（Pancake）方案三个发展阶段。目前，Pancake方案基于偏振光的多次折返技术，在改善视野边缘模糊、画面畸变、边缘眩光等方面为用户带来了更佳的视觉效果，与上一代菲涅尔透镜方案相比，在缩小机身尺寸、降低VR设备重量以及屈光度调节方面有着较大优势。预计随着超短焦光学方案的需求不断扩大，VR头显在分辨率、视场角以及成本方面得到优化。

（二）多措并举加强人才培育

国家文化数字化战略持续推进，催生了虚拟现实出版应用、元宇宙阅读、数字演播、虚拟数字人等文化新业态。为了应对科技发展给出版业带来的机遇和挑战，国内各大高校、教育机构和科技企业积极开展交流合作，通过开设虚拟现实技术专业、校企合作、创新创业大赛等方式培养复合型创新人才，进一步推动新技术创新应用。

1. 高校陆续开设虚拟现实技术专业

高校作为推动我国虚拟现实技术研究的主力军和重大科技突破的策源地，培养并产出了一大批优秀人才和成果。据教育部网站公布 2022 年度普通高等学校本科专业备案和审批结果显示，各高校新增备案专业 1 641 个、新增审批专业 176 个，虚拟现实技术专业已成为新增数量较多的热门专业之一。已开设虚拟现实技术专业的高校，如北京航空航天大学、江西财经大学、华东交通大学、江西理工大学、江西科技师范大学等学校，持续推进学科交叉融合创新，依托自身优势专业完善人才培养，为学生多样发展铺路。第一批从事三维建模、交互功能开发、动画制作、全景拍摄等工作的虚拟现实工程技术人员陆续进入岗位。

2. 企业与高校合作培养人才

为落实国家创新驱动发展战略，诸多企业主动融入国家科技创新体系，与高校紧密合作，通过跨界合作实务教学共同培养虚拟现实技术人才。继阿里巴巴与浙江大学共建了虚拟现实实验室，华为与北京邮电大学合作设立虚拟现实研究所，戴尔（中国）和同济大学共建人工智能及虚拟现实联合实验室之后，中国移动虚拟现实创新中心联合浙江大学、江西师范大学共同组建了"浙江大学—中移虚拟现实 XR 技术联合研发中心"和"江西师范大学—中移虚拟现实 XR 技术联合实验室"；中国核电工程有限公司与北京航空航天大学共建核工程虚拟现实应用联合实验室。这些共建模式进一步推动了校企之间的深度合作，成为赋能学校高质量发展，培养高层次技术人才，推动产学研一体化发展的新动力。

3. 举办创新创业大赛和挑战赛

为获取虚拟现实高素质、复合型技术技能人才，挖掘具有创新创业潜力的虚拟现实项目，北京、江西、上海、江苏、青岛、深圳等地聚集学界与业界资源纷纷推出虚拟现实技术竞赛活动。以"以赛促创、以赛促投、以赛促转"的方式助力新创业人才培养。例如，2022 年第五届中国虚拟现实大赛、中国虚拟现实创新创业大赛、虚拟现实应用挑战赛、第七届中国 VR/AR 创作大赛、"星鲨杯"全球虚拟现实内容大赛、第六届江苏省大学生虚拟（增强）现实技术大赛等。这些活动的成功举办为从事 VR、AR、MR 产业链相关研发、生产、销售等环节的中小型企业与创业团队提供了展示、对接的平台，进一步推动了虚拟现实与制造、教育、文化、商贸、健康等领域的融合发展，提升了高科技人才创新能力和社会服务能力。

（三）内容与科技相互作用驱动创新

内容与科技的相互驱动已成为重要行业趋势，当下，前沿科技推动着数字内容产业不断创新与优化，内容产业也反向驱动科技的发展，为现实中各行业提供数字化转型动力。在国家加快新媒体发展的相关政策推动下，阿里、腾讯、华为等企业利用自身优势不断加码虚拟现实、增强现实等新技术的应用，提升内容创作能力。例如，百度大文娱总部基地、人人视频总部基地、武汉掌游科技等签署入驻由重庆市南岸区人民政府、重庆经济技术开发区管理委员会和中国信息通信研究院西部分院三方合作共建的数字内容·渝产业园，围绕视听平台、电竞、游戏、直播、MCN 等热点方向，推动数字内容产业融合发展。山东省青岛高新区作为国家软件和信息服务业示范基地及青岛市软件信息产业发展核心区，先后引进腾讯内容产业基地项目、易普森智慧人工智能＋大健康产业华北总部项目、IKMF 安全教育亚洲区运营中心项目等签约落户。其中腾讯内容产业基地项目通过逐步引进自身生态，实现了落地企业升级与区域经济的转换发展，树立了全国数字内容审核品牌。与此同时，华为也在高品质内容需求驱动下，完成音视频内容向数字化的转型，并以强大的技术为后盾赋能内容作者，为出版业带来了更加广阔的创新空间。

（四）政策推动出版业融合发展

为进一步推动科技与出版行业的融合发展，我国政府出台了相关政策。2022 年 3 月，国家新闻出版署印发《关于开展出版业科技与标准创新示范项目试点工作的通知》，要求在试点工作基础上，深入实施出版业科技与标准创新示范项目。聚焦 5G、大数据、云计算、人工智能、区块链、物联网、虚拟现实和增强现实等新一代信息技术，突出科技创新在推动出版业数字化转型升级、实现深度融合发展中的重要作用，通过推荐遴选、奖励扶持、推广应用、示范带动等方式，持续提升出版业科技创新和成果转化能力，助力出版业高质量发展。[2] 2022 年 4 月，中共中央宣传部首次就出版融合发展领域印发政策文件《关于推动出版深度融合发展的实施意见》，围绕加快推动出版深度融合发展，构建数字时代新型出版传播体系，坚持系统推进与示范引领相结合的总体思路,从加强出版融合发展战略谋划、强化出版融合发展内容建设、充分发挥技术支撑作用、打造出版融合发展重点工程项目、建强出版融合发展人才队伍、健全出版融合发展保障体系6个方面推动出版融合。[3]中共中央办公厅、国务院办公厅印发《关于推进实施国家文化数字化战略的意见》指出,到"十四五"时期末,基本建成文化数字化基础设施和服务平台,形成线上线下融合互动、立体覆盖的文化服务供给体系。到2035年,建成物理分布、逻辑关联、快速链接、高效搜索、全面共享、重点集成的国家文化大数据体系,中华文化全景呈现,中华文化数字化成果全民共享。[4]一系列规划、政策的出台,为未来一个时期出版融合提供了行动指引和保障,为出版业高质量发展指明方向。

二、新闻出版与虚拟现实技术的融合应用

(一)全景新闻报道模式使事件呈现更加立体

近年来,我国以报纸、图书为代表的传统媒体潜心探索信息传播新模式,通过虚拟现实全场景技术和交互体验让用户获得更加真实、丰富、多维的感知,打破了传统媒体形态的局限,进一步挖掘信息传播潜能。与传统的纸媒新闻相比,虚拟现实全景新闻有着巨大优势,不仅能够给予受众身临其境的感受,还可以改变传统新闻在叙事时的叙事角度、叙事方向,使受众更加深入地去了解新闻事件。例如,在"2022年世界互联网大会乌镇峰会"期间,浙江新闻客户端推出了VR全景实时直播,为用户全景呈现世界互联网大会开幕式现场,使用户在了解、感知现场的同时还能以参与者的角度去进行新闻内容的体验,提升了新型主流媒体的传播力、引导力、影响力和公信力。2022年4月25日,乌苏融媒开通"慢直播+VR"项目聚焦单个场景,借助直播设备对实景进行超长时间的实时记录,原生态呈现乌苏市景区全天的景观变化,为宣传乌苏,讲好乌苏故事发挥出了重要的作用。此外,虚拟现实技术还被应用于科技展、两会、国庆阅兵等重大主题类新闻报道之中,新华社、人民日报、财经传媒、中央电视台、北京日报、长江日报、青岛日报等媒体充分把握科学技术为新闻传播带来的新机

遇，在探索中践行责任与使命。从未来发展的方向看，将沉浸式内容和交互模式运用到新闻报道中以专题报道的形式真实呈现热点事件，一方面减少了传统报道过程中不可避免的"信息衰减"，另一方面增强了新闻传播的互动性、参与性，让新闻变得立体可感，给予用户全新体验。

（二）数字教育平台为教育改革提供新思路

伴随我国教育现代化水平不断提升，信息技术与教育教学的融合不断深入，由一到多、由点及面的多形态的融媒体产品应用为教育改革提供新思路。为加快推进信息化技术融入数字教育实训中，让理论知识得到强化。人民邮电出版社、人民卫生出版社、西南交通大学出版社、上海外语音像出版社等单位以丰富的内容资源为基础，以权威的教学领域专家为保障，围绕教学内容建设、软件平台建设分别推出"灵境科普"青少年 AR 资源平台、人卫眼视光虚拟仿真实训系统平台、基于 AR 的轨道交通超媒体数字教育平台、商务英语口语虚拟仿真资源库云平台等应用平台。以广东教育出版社推出的粤教虚拟实验室项目为例，该平台依托专业教育出版资源优势，基于自身出版的初高中实验册、操作手册等实验类图书，利用虚拟现实技术对物理、化学、生物三个学科的实验操作规范进行开发，制作了 51 种产品，800 多个实验项目。以"图书 + 实验 + 平台"的出版融合方式，为广大师生提供教学资源、精准作业、素养测评、专题教育、课后服务、教师研修等系列应用模块，在学科内部形成一定的影响力。

（三）高新技术赋能内容互动类出版物

基于"优质出版内容 + 纸质书 + 电子书 + 有声书 + 短视频 + AI + VR"的融合出版形态，广西期刊传媒集团、吉林科学技术出版社、海洋出版社、长江少年儿童出版社、武汉出版社以及国家新闻出版署智慧出版与知识服务实验室等出版机构，利用新技术将传统出版领域拥有的采编优势、内容优势延伸到数字化融合出版领域，推出了《奇趣百科》《太空第 1 课》《海洋科普 VR 交互体验系统》《沈石溪画本·融媒体出版工程》《身边的鸟》《国家版图科普教育 AR 手册》等融合出版类图书。与前些年不同，在学习源于好奇心的理念下，此类融合出版图书采用了启发引导的形式，使用了大量

VR/AR 互动式的内容来调动读者阅读和思考，更好地锻炼了读者的创新实践能力。以武汉出版社联合武汉市科学技术协会精心打造的《身边的鸟》AR/3D 互动科普项目为例。该项目本着专业细致严谨的出版理念，先是邀请了李德仁、马伟明等 8 位院士担纲顾问，在内容选择上坚持本土性，以长江流域资源为主，向读者介绍了 104 种鸟类的生长、发育、觅食等活动；再基于读者体验，通过多媒体、三维建模、智能交互等多种技术手段，开发《身边的鸟》AR 平台，并在平台中设置鸟类知识答题闯关等功能，将趣味性和科普性融合，实现寓教于乐。在项目价值方面，武汉出版社通过《身边的鸟》AR/3D 互动科普项目，建设了平面的鸟语林、立体的鸟语林和缤纷的鸟语林，实现了线上线下"零距离"互动，推动了图书与技术的初步融合到深度融合，再到产业化发展的转变。

（四）虚拟现实技术助力中华优秀传统文化传播

随着我国国际地位大幅提升，与世界各国在经济、政治、文化等多个领域合作交流逐年增加，民众往来日益密切，全球读者对"中国故事"的好奇和期待与日俱增。为进一步加深海外用户对中国文化的了解，众多出版机构积极开展文化推广活动。例如，四川新华发行集团旗下四川新华乐知教育科技有限公司与国家汉办/孔子学院总部深入合作，打造了"新华智慧学堂""易汉语""欢乐中国节""轻松学古筝"等国际汉语教育产品。产品运用 AR/VR 等多种科技手段，以实景展示叠加增强现实的互动方式，为用户提供了不同寻常的趣味教学体验。其中，"欢乐中国节"项目设置了汉语、英语、泰语、俄语、西班牙语等多个语种，已在泰国南部、北部、中部和东北部地区，建立代理商渠道。在文化交流需求和市场需求背景下，中国传媒大学媒体融合与传播国家重点实验室也推出了以虚拟现实技术为主的沉浸式、数字化信息集成展示空间项目"中华礼赞：中华传统文化服饰 VR 城市巡展"，以中华传统服饰文化展示为核心内容，将中国古典传统服饰文化、时尚文化与现代 VR 技术相融合，为广大观展者呈现异常真实与虚幻交相呼应的艺术。这种不受空间限制的云上博览、沉浸式展览、文物活化展示等数字化展览方式，既提升了文化覆盖率，也成为数字文化传播的突破口。

（五）元宇宙示范应用

元宇宙是整合多种新技术产生的新一代互联网应用，是数字经济与实体经济融合的新形态。基于虚拟现实技术和数字孪生实现时空拓展性，它具备多种呈现形态。在出版元宇宙融合发展的理念推动下，扬州大学《实用临床医药杂志》以系统思维为引领，以 AR/VR、区块链、虚拟数字人等先进技术为核心，打造了"中国国际科技促进会——医工结合开放合作平台"以及元宇宙 AR 出版案例 1.0 版，初步解决了图书内容的多维呈现、信息全联互通、作者知识生产环节可溯源、作者身份可视确认化等问题。在应用场景方面，完美世界控股集团积极布局元宇宙产业内容，以数实融合为基础，通过 AR 互动、LBS 实时地理定位、NFT 文化数字藏品、生物塑造角色定制等数字化技术手段，打造了动态实景呈现项目《慢坐书局》。项目以"书店+"的跨界融合方式推出集阅读、创意、展览、营造美好生活体验于一体的复合型文化消费街区，实现了"书店+科技+文旅"的跨界融合。四川数传集团基于出版融合智能服务推出元宇宙品牌沐然星，与四川人民出版社、山西春秋电子音像出版社、吉林科学技术出版社等多家单位合力打造包含元宇宙书店、元宇宙图书、数字藏品在内的元宇宙体系，进一步拓宽纸质图书边界以及出版市场盈利空间。北京长江新世纪文化传媒有限公司联合火链科技，推出国内出版行业首个 NFT 数字藏品《贰拾年·光阴的故事》，以近 700 幅具有时代代表性的图书封面向读者叙述了长江新世纪 20 年的出版生涯。数字藏品售价 19.9 元，限量 8 888 份，上线仅 20 秒就宣告售罄。针对这一火爆现象，火链科技研究院执行院长周鹏表示，"IP 数字化在保护作品版权的同时，也推广了创作者以及背后品牌文化的价值，持续推动文物、艺术品等藏品上链，将实现用 IP 数字化赋能传统事业"。2022 年，以元宇宙平台为应用的数字化生态创新方案不断推出，进一步影响了用户的消费行为和出版机构的营销方式。

三、新闻出版与虚拟现实技术融合发展中存在的问题以及前景分析

（一）新闻出版与虚拟现实技术融合发展中存在的问题

1. 虚拟现实技术效能发挥不充分

与工业、军事、娱乐、医疗等领域相比，虚拟现实技术在新闻出版业的应用还停留在浅层，在创设虚拟原生应用场景中，内容交互能力、内容分镜头呈现、高清晰度

还原真实性场景方面较弱,未能发挥出虚拟现实技术的最大效能。在融合出版应用中,一方面,VR 系统需要精确的传感器来捕捉用户的动作和环境变化,以便在虚拟环境中准确地再现这些动作和变化,但用于追踪眼睛运动、头部方向和手部动作的这些传感器的制造成本高昂,导致部分出版机构在应用 VR 技术时可能会选择使用性能较低的传感器,降低了用户体验。另一方面,人才的匮乏制约了行业迅速转型。我国新闻出版企业普遍存在对人才的吸纳速度慢、数量少、培养体系不健全等问题。以上两种原因造成了虚拟现实技术效能在出版应用中发挥不足。整体来看,用户在使用过程中,虽然可以感受三维沉浸模式下的视听体验,但时有捕捉立体空间中细微信息不足的情况。要想进一步推广 VR 技术,降低关键技术的成本和推进相关技术的发展将是关键。

2. 内容创新能力不足,缺乏精品化意识

虚拟现实、增强现实、混合现实、外部跟踪、全息影像、裸眼 3D 等新兴技术的应用日益广泛、多元,出版业在与其融合中呈现出跨领域等特点。在此进程中,优质内容的培育、输出成为出版应用保持原有用户黏性和持续吸引新用户的根本所在。反之,如果出版企业在与新技术结合当中内容创新能力不足,则容易在追逐流量的市场氛围下,陷入同质化竞争当中。例如,北京少年儿童出版社推出的 VR 图书《大开眼界:恐龙世界大冒险》,山东教育出版社推出的 AR/VR 图书《恐龙大世界》,化学工业出版社出版的 AR/VR 魔幻互动百科丛书《恐龙世界》等 VR 图书在主题、内容及表现形式等方面都很类似,精品化意识欠缺。此外,部分以数字技术为支撑的出版应用,虽然开始获得了一定关注度,但在内容创新能力后续无力的情况下也逐渐淡出出版视野,并没有形成高质量、可持续的商业模式。究其本质,无论是融合出版还是传统出版,优质的内容仍然是未来产业发展的必然走向。

3. 未建立成本投入与产业价值互补机制

虚拟现实技术在新闻出版领域受到热烈的追捧,新产品、新应用层出不穷,但是许多出版机构并不真正了解虚拟现实技术将为出版业带来何种冲击与变革,因而在实际应用过程中屡屡受到束缚。比较我国数字出版产业整体收入的上升,现阶段出版物与 VR/AR 技术融合应用创造的收入并不是很高。一般规律下,在应用新技术开发新产品时,前期需要大量成本投入,而后随着技术的成熟和普及,技术应用成本降低,产品日渐完善和稳定,企业才会开始盈利。[5] 但高品质的 VR/AR 出版物及应用产品不仅在制作上需要投入巨大的人力、物力、财力等资源要素，而且需要出版单位持续更新维护以及用户额外花费 VR 设备费用，这种模式对 VR 产品的应用推广极为不利。虽然国内出版机构在融合发展中践行创新，但尚未建立与虚拟现实技术有效的前期成本投入与未来产业价值双向互补机制。

4. 内容审查与监管面临挑战

虚拟现实技术的发展和应用在一定程度上取决于内容质量，因此，内容的准确性尤为重要。由于虚拟现实技术交互的特性，VR 环境中的出版物可能包括大量用户生成的内容，给内容审查带来了新的挑战。这类内容没有经过专业编辑的筛选和修订，可能含有错误、误导或令人不适的信息。通过人工智能进行内容审查，虽然避免了传统的内容审查工具无法应对 VR 环境，但同时带来了新的问题，比如，AI 误判以及 AI 审查可能侵犯用户隐私的问题。因此，需要监管机构对新技术快速发展中创新主体安全相关问题进行分析并提出应对策略。

（二）新闻出版与虚拟现实技术融合发展前景分析

为应对新闻出版与虚拟现实技术创新发展，出版单位应抓住政策机遇积极推进 VR 技术应用、融合多元技术为数字出版提供了新的表现形式、利用元宇宙产业激发新闻出版应用创新活力以及深化产业合作开拓新的商业模式。

1. 抓住政策机遇积极推进 VR 出版应用

为顺应新一轮科技产业革命和数字经济发展趋势，2022 年 1 月，全国科学技术名词审定委员会将"融合出版"纳入编辑与出版学名词术语表中，即"将出版业务与新兴技术和管理创新融为一体的新型出版形态"，明确了出版业数字化发展主线。这一表述的明确化，为出版机构探索出版物内容及形式创新发展指明了方向。2022 年 11 月，工业和信息化部、教育部、文化和旅游部、国家广播电视总局、国家体育总局等五部门联合发布《虚拟现实与行业应用融合发展行动计划（2022—2026 年）》，围绕关键技术、终端产品、行业应用、产业生态等方面，提出了 3 个发展目标、5 项重点任务、7 项保障措施，力争到 2026 年在三维化、虚实融合沉浸影音关键技术方面重点突破，在经济社会重要行业领域实现规模化应用，产业生态进一步完善，形成若干具有较强国际竞争力的骨干企业和产业集群，打造技术、产品、服务和应用共同繁荣的产业发展格局。[7]巨大的潜在市场，点燃了相关企业的新一轮发展热情，也为出版业融合发展带来了新的机遇。出版单位应在此基础上，建立长期的视角和战略导向，根据市场需求调整产品方向和内容，积极探索和融入出版的创新发展，打造多媒体联动、多版权形式开发和多场景体验的新兴应用，为出版业打开新的成长空间。

2. 多元技术为出版融合提供了新的表现形式

新技术为出版融合提供了新的表现形式及更加开放的发展方向，技术与内容彼此赋能的作用日益加强。例如，AI 技术已能让一部电子书生成分角色、声音多元的音频产品，在多角色对话模式下配备不同音色，提高了出行人群、视障和老年人等群体的阅读便利程度。再如，虚拟现实技术在与教育出版、旅游出版、游戏出版、艺术出版、科普出版结合中，读者不仅能获得场景化的阅读体验，直接参与到书中的世界，还可以在智能穿戴设备支持下，真正跟各类知识进行交互。总的来说，多元技术正在改变出版物的表现形式和发展模式，出版机构应利用内容资源优势，在虚拟现实、全真互联、数字孪生等方面与科技企业展开合作，探索和共建新的产品应用。未来的出版物将可能比我们今天看到的更加智能化和个性化，出版者们要积极拥抱数字技术，将技术成果用于产品策划、内容组织、生产管理等重点环节，以科技创新为支撑更好的服务读者和社会。

3. 元宇宙产业激发新闻出版应用创新活力

2022 年以虚拟现实技术为核心的元宇宙概念热度高涨，各行各业围绕元宇宙的探讨和探索不断。元宇宙作为集成了互联网、大数据、人工智能、区块链、虚拟现实、数字孪生等技术的新消费平台，在发展中得到了我国政策上的支持。根据零壹智库发布的《元宇宙场景应用探索报告2022》数据统计，全国共计 23 个市级行政单位及有关部门出台了明确支持元宇宙产业发展的相关规划或政策，总数达 80 项。出版行业作为社会生态中的一部分，不仅为元宇宙的建构提供了必不可少的信息、数据、知识等要素供给，也成为元宇宙空间中传播知识、传承文明、传递文化不可或缺的组成部分。元宇宙为出版业带来新的热点与增长点，站在新起点上，出版单位、科研单位积极实践。例如，中国新闻出版研究院国民阅读研究与促进中心和中国出版网联合成立元宇宙出版与阅读实验室，以元宇宙与出版业的融合发展为核心，面向政府单位和企事业机构提供智库支持；中信出版社与伊势集团旗下的 Eggor 项目达成战略合作协议，将在 Web3.0、元宇宙、数字艺术品、区块链实体应用等领域开展合作；四川人民出版社于 2022 年开展元宇宙图书项目，利用元宇宙技术的包容性和创新力推出《瓷器改变世界》，用互联网语言向世界传达中国文化、弘扬中国精神、传播中国价值；中国新闻出版研究院举办首届虚拟现实新闻出版融合发展案例征集活动，对 VR 教育、VR 教材、VR 童书、VR 文化传播、VR 党建等典型应用提供知识服务。随着科技的不断演进和成熟，元宇宙将从单纯的概念发展到与各行业对接，为出版的融合发展提供新的动力、新的场景、新的业态。

4. 深化产业合作开拓新的商业模式

伴随着互联网、大数据、人工智能、虚拟现实、区块链、5G 等技术的发展与叠加，社会经济发展步入了数字经济时代，与此同时，出版业也进入到数智化产业发展的新模式。数字场景与智慧阅读的关系更加紧密，用户可以在虚拟环境中与内容互动，并根据个人喜好定制背景、光线和音效，与其他用户进行实时沟通和分享阅读体验。这种数智化模式下的变化，使得出版应用形态也更具多元化，因此要求出版单位深化产业合作开拓新的商业模式，引进出版行业外的技术、运营等相关"活力"，找到适合出版行业的融合协同发展之路。例如，通过 AI 技术算法，围绕大数据选题、智能审核内容、智能推荐和分发，把握数字时代不同受众群体的新型阅读需求，推出更多广为读者接受、适合网络传播的出版应用及服务；关注虚拟现实技术在不同年龄、文化和地域背景下的适用性，对重点出版物进行研发创新；基于图书作者和产品特点开发数字藏品为文字内容增加附加值，进一步探索出版应用新场景等。

（邓杨　中国出版网）

参考文献

[1]《虚拟现实产业发展白皮书（2022 年）》[EB/OL]. (2022-11-13) [2023-06-30]. https://baijiahao.baidu.com/s?id=1749325010199374025&wfr=spider&for=pc.

[2] 国家新闻出版署.《国家新闻出版署关于实施出版业科技与标准创新示范项目的通知》[EB/OL]. (2022-3-4) [2023-06-30]. https://www.nppa.gov.cn/

xxfb/tzgs/202203/t20220310_ 666320. html.

［3］国家新闻出版署.《关于推动出版深度融合发展的实施意见》［EB/OL］.(2022－4－18)［2023－06－30］. https：//www. nppa. gov. cn/xxfb/tzgs/202204/t20220424_ 666332. html.

［4］《关于推进实施国家文化数字化战略的意见》［EB/OL］.(2022－5－22)［2023－07－1］. https：//www. gov. cn/xinwen/2022－05/22/content_ 5691759. htm.

［5］付文琦，张新新. 出版深度融合发展：内涵、机理、模式与路径分析［J］. 出版发行研究，2023（1）：15‐21.

［6］工业和信息化部五部门.《虚拟现实与行业应用融合发展行动计划（2022－2026年）》［EB/OL］.（2022－10－28）［2023－06－30］. https：//www. miit. gov. cn/zwgk/zcwj/wjfb/tz/art/2022/art_ 775aaa3f77264817a5b41421a8b2ce22. html.

2022—2023 民营书业研究报告

王子荣

随着中国经济的持续增长和社会的不断发展，民营企业在各个行业中扮演着越来越重要的角色。图书出版行业同样如此，民营图书公司在中国图书市场中占有一定的份额，并展现出了显著的活力，在市场化、创新和数字化转型方面取得了显著的进展。为读者提供了更多元化、高质量的图书选择，推动了中国出版业的发展。

民营书业的发展得益于多个因素。市场需求的多样化和个性化使得读者对更广泛的图书选择和更好的服务有了更高的要求。而民营书业以其灵活性和市场敏感度，能够更好地满足这种需求，数字化技术的快速发展也为民营书业提供了更多发展机遇。

更为重要的是，民营书业的发展受到了政府支持和政策鼓励。中国政府通过鼓励民营企业发展、推动创新和改革等措施，为民营书业提供了良好的发展环境和政策支持。

一、民营书业的发展现状

（一）民营书业的市场份额进一步增大

民营图书公司是出版市场重要的组成部分。据国家新闻出版署发布的《2021年新闻出版产业分析报告》显示，2021年，新闻出版行业共有150 704家企业法人单位，较2020年增长5.0%，其中国有全资企业13 273家，较2020年降低2.0%，占企业法人单位数量的8.8%，减少0.8个百分点；民营企业132 287家，增长6.1%，占87.8%，提高0.9个百分点。

在出版物发行企业中，民营企业在营业收入、资产总额、利润总额和纳税总额中所占比重持续提高。截至2021年，在出版物发行企业中国有全资企业营业收入占行业营业收入的22.9%，民营企业占73.9%；国有全资企业资产总额占行业资产的27.8%，民营企业占69.4%；国有全资企业利润总额占行业利润总额的31.3%，民营企业占65.6%；国有全资企业纳税总额占行业纳税总额的20.2%，民营企业占74.7%，均保持正向增长。

在细分市场中，民营图书公司所占份额也不容小觑。在大众出版领域，单从新华书店畅销书榜看，民营策划的图书约占20%—30%；在教辅图书领域，除系统征订教辅外，民营公司更多靠市场渠道和直营渠道策划销售市场化教辅，在市场渠道发行的教辅中，民营约占90%的市场份额，在整个教辅市场，民营约占60%的市场份额。[1]

为深入全面扫描当下民营图书公司发展现状，课题组进行了2022—2023年民营图书公司问卷调查，收回有效问卷104份。从地域分布来看，民营图书公司具有一定的聚集性，首选北京、上海等一线城市，其受文化氛围和政策扶持倾向性影响较强。在104家受访民营书企中，公司所在地为北京的有45家，占比高达43.27%；公司所在地为上海的数量仅次于北京。不少头部民营书企虽发源于地方省市，但随着市场需求的发展，逐步在北京开始设立分部或分公司，其中以上市书企果麦文化和民营少儿图书公司海豚传媒为代表。

（二）市场竞争不断加剧，凸显"马太效应"

随着数字阅读、电商平台的崛起，传统图书销售渠道受到很大的冲击。民营图书公司需要与众多竞争对手抢占市场份额，这必然会导致市场竞争更加激烈。首先是行业内的竞争，为了在市场上获得更大份额，各家公司都在寻求更多优质内容和创新的营销策略，并致力于提升品牌形象等。此外，民营图书公司还需要与传统的国有出版社和大型出版集团竞争，后者在资金、资源和政策支持等方面通常具有更大优势。跨行业竞争也在加剧，如教辅图书市场中，教培机构的大量涌入，掌阅等数字阅读平台也在不断吸引年轻读者。

在市场的主体竞争中，民营图书公司呈现出头尾部的分化。头部民营图书公司在近三年陆续登陆资本市场，2021年7月19日，读客文化股份有限公司（简称"读客文化"，股票代码：301025）正式登陆创业板；同年8月30日，果麦文化传媒股份有限公司（简称"果麦文化"，股票代码：301052）创业板上市仪式在深圳举行；2022年9月8日，荣信教育文化产业发展股份有限公司（简称"荣信文化"，股票代码：301231）在深交所上市，资本的进入加速了民营书企的规模扩张。

在北京开卷提供的2020—2022年零售市场图书公司实洋占有率TOP5中，读客文化和果麦文化榜上有名，且市场占有率均逐年上升，其中，果麦文化2021年较2020年上升了12个位次，作为头部民营出版机构，读客文化和果麦文化的上市给民营书企注入了一剂强心针。而荣信文化作为"中国少儿出版第一股"，在近年来大众出版市场增长逐渐趋于平稳、少儿出版成为大众出版增长引擎的现实情况下，其上市备受关注。

2022年在疫情反复冲击下，面对行业整体环境变化，上市出版企业的业务类型、利润构成模式也受到挑战，在2022年出版上市企业披露的半年报信息中可以看到，大众出版中，仅读客文化实现营业收入与净利润的双增，读客文化通过推进创意工业化，实现核心业务纸质图书和数字内容的增长。果麦文化靠图书单品销量增长，实现营收与毛利率的双向增长。与头部公司较强的抗风险能力相对应的是，不少中小型图书公司受疫情冲击，回款、发货困难，在生存线上挣扎。

表1 2020—2022年零售市场图书公司实洋占有率TOP5

	排名	大众图书公司	实洋占有率
2022年	1	新经典文化股份有限公司	1.90%
	2	北京磨铁文化集团股份有限公司	1.84%
	3	中南博集天卷文化股份有限公司	1.26%
	4	读客文化股份有限公司	1.21%
	5	果麦文化传媒股份有限公司	1.07%
	排名	大众图书公司	实洋占有率
2021年	1	新经典文化股份有限公司	1.64%
	2	北京磨铁文化集团股份有限公司	1.63%
	3	读客文化股份有限公司	1.14%
	4	中南博集天卷文化股份有限公司	1.07%
	5	海豚传媒股份有限公司	0.99%
	排名	大众图书公司	实洋占有率
2020年	1	新经典文化股份有限公司	1.68%
	2	北京磨铁文化集团股份有限公司	1.30%
	3	中南博集天卷文化股份有限公司	1.03%
	4	海豚传媒股份有限公司	0.96%
	5	读客文化股份有限公司	0.94%

数据来源：北京开卷信息技术有限公司

(三) 头部版权争夺加剧，内容创新任重道远

在图书市场，内容质量和创新程度是关键竞争因素，版权是竞争的主要标的。民营图书公司需要争夺和开发优质的作者资源，打造畅销书籍和获奖作品，以提高市场份额和品牌知名度。在大众图书市场，近三年的风向由"耽美文学"转向"女性主义"，一定程度上还受到影视剧的带动影响。典型的版权竞争案例包括但不限于对晋江网络文学作家头部作品的争夺，这些网络作品以女性读者为主要受众，以讲述去性别化的纯爱故事为卖点，深受图书市场中亚文化群体的欢迎。而近年来，随着女性主义的风靡，日本学者上野千鹤子成为新一代的明星学者，她的著作在中国图书市场遭遇了激烈的竞争。尤以其代表作品《厌女》的版权更替为甚：2023年上海三联书店版《厌女》全网遭遇断货，引发关注，继而传出断货原因为版权到期，新版版权归读客文化所有，而读客文化所报版权费则是大多数出版机构难以与之竞争的。目前，上野千鹤子的著作已经被民营图书公司所"瓜分"，未读签约《快乐上等》、读客文化签约《厌女》、磨铁文化签约《身为女性的选择》等，预售情况与在销情况都十分可观。

在教辅图书市场，民营图书公司在内容自研方面投入巨大。一方面随着"双减"政策落地后对教培公司的冲击致使其向出版转型，成为图书市场的"门口的野蛮人"，激发了教辅图书公司的积极性；另一方面，教育产品的数字化是未来的发展趋势，"智能教辅"的研发与生产，不仅丰富了产品内容，在利润方面也有更大的盈利空间。

(四) 数字化转型成民营书企第二增长曲线

在数字化转型方面，面对数字阅读的快速发展，民营书企进行数字化转型。在推出电子书、有声书、在线阅读等数字产品，拓展线上阅读市场的同时，还利用大数据、人工智能等先进技术，优化内容推荐、精准营销等环节，提高运营效率。近年来，在播客上不断投入，如民营图书公司上海光之室文化传播有限公司，在转型数字化方面把播客打造成品牌的一部分，扩大影响力，其播客栏目"有关紧要"的播放量、听众互动情况都十分可观。

在数字内容业务的收入与占比中，读客文化最具有代表性。据其 2022 年报披露，其数字内容的营业收入为 5 842.16 万元，占总营收的 11.37%，仅次于纸质图书业务。2022 年读客文化持续推出优质新品，包括黄易的代表作《寻秦记》和《大唐双龙传》；推进纸电声联动，为诺奖作家莫言新书短篇集纸电声同步上架，实现了高密度的新品营销传播；与影视热播剧《心》《我叫赵甲第》联动，上架了电子书和有声书；入驻电子书和有声书平台的电商商城直接销售纸质图书，缩短了数字内容带动纸质图书销售的循环。新经典文化基于自有版权开展的数字内容业务则包含有声书、电子书的策划、制作和推广，2022 年共计收入 2 750.74 万元，同比增长 17.48%，是新经典成长性、毛利率均较高的板块。[2]

二、民营书业的发展趋势

（一）提高政治站位，增强民营书企归属感

民营企业必须贯彻执行党的路线方针政策和国家的法律法规，必须依靠党组织发挥作用才能获得更大的发展。因此，不少民营书企业逐步提高政治站位，开设党支部，组织党支部活动，加强党性学习。例如，海豚传媒已建立中共海豚传媒股份有限公司支部委员会多年，支部现有在职党员 32 名，其中党支部书记 1 名、副书记 1 名、委员 5 名。支部会围绕上级下发的每月重点工作，及时安排相关活动或会议至支部内进行分享、学习，党员结合自身理论学习，支部强化加强党员教育并紧跟国家重大会议定期召开会议学习。金太阳教育党委成立于 2014 年 1 月，现有 7 个支部，党员 151 人，其中隶属党员 68 人、流动党员 83 人。

2022 年，金太阳教育党委以中心组学习为引领，每月在党委及支部两个层面，深入开展主题党日学习会 12 次，会前、会中、会后采取预领会、开座谈、记心得的方式，以点带面持续推动政治理论学习热潮。策划指导 1 期两会（十三届全国人大二次会议全国政协十三届二次会议）重要论述专题学习活动及 3 期二十大重要论述专题学习活动，共制作 60 余张微课堂学习宣传图，充分利用微信党校、园区电子屏、文化

墙、内刊、微信公众号等各类宣传载体，全方位多层次解读党的最新会议精神和理论成果。

（二）重视品牌化发展，加强品牌建设与维护

在图书销售过程中，有效的营销策略对于提高图书销量至关重要。民营图书公司需要在市场推广、广告宣传、线上线下销售等方面制定有针对性的策略，以在激烈的市场竞争中脱颖而出。同时，品牌形象和声誉对于吸引读者和作者具有重要意义。民营图书公司通常会根据自身的特点和市场需求，确定独特的品牌定位，例如，主打立体书、翻翻书的乐乐趣立体书，定位 Young Age 的千寻，主打女性主义的惊·奇等，这些民营图书公司通过细分阅读对象、图书品类来找准自身定位，并在这一领域做出品牌特色。

在营销方面，头部的民营图书公司已经构建了独立的市场营销部，匹配专业的营销编辑对图书进行推广。从本次问卷调查的 104 家民营图书公司中，配备有营销编辑岗位的有 66 家公司，占比 63.46%，可见对营销编辑这一岗位的认可与重视。而在品牌构建方面，几乎所有的民营图书公司都在布局新媒体，其轻量、便捷、传播广的特点已然成为营销的主流。集订购采买和读者见面等多功能于一体的大型书展、书市也成为民营图书公司的选择，除此之外，新书发布会、读者见面会作为传统图书营销的主要形式之一，延续着其口碑传播与粉丝集聚的效应，是与大型书展、书市同等重要的触达读者的方式。

而近几年风靡的小型图书市集也越来越受到民营图书公司的欢迎，对于读者忠诚度高的图书品牌而言，小型的图书市集无疑是品牌的粉丝见面会，在市集上可以与心爱品牌的编辑甚至特邀的作者进行面对面的沟通，更能实现社交功能，但小型图书市集目前主要活跃于北京、上海等出版集聚的地区。

（三）人才竞争激励，加大新型人才培养

民营图书公司的竞争是对产品和市场判断力的竞争，归根结底是人才竞争。为了在市场中脱颖而出，各家公司都在寻求各类优秀人才。首先是编辑人才，编辑是图书

公司的核心竞争力之一。民营图书公司需要拥有独具慧眼的编辑团队，能够挖掘、筛选、培养优质作品和作者。优秀的编辑人才需要具备良好的文学鉴赏力、市场敏锐度和沟通协作能力。其次是市场与销售人才，在渠道翻新，市场变化如此迅速的当下，对于电商和新媒体方面的人才需求正在逐步增大，如短视频编辑、图书带货主播、流量投手、发行人员等，优秀的人才资源都在行业内被争抢。除此之外，随着民营图书公司业务的不断拓展，对于IP运营和授权人才、文创人才、文化活动策划与执行人才等都有大量需求。为了吸引和留住人才，民营图书公司一般会采取一系列措施，如提供具有竞争力的薪酬福利、良好的职业发展前景、舒适的工作环境等。同时，还注重员工的培训和激励，提高其职业技能和工作积极性。

（四）从"引进来"到"走出去"，积极拓展海外业务

从"引进来"到"走出去"，版权交易与授权业务逐步增长。民营图书公司积极参与国内外版权交易市场，引进外国优质图书，出口国内优秀作品。此外，还涉足版权授权业务，包括图书改编成影视剧、动画、游戏等，以实现作品的多元化利用和增值。如荣信文化参股美国和英国优秀的出版公司，完善全球化内容布局，并借助其海外成熟的版权销售渠道，深度参与国际化竞争，版权及文化产品出口到英国、法国、美国、俄罗斯、德国等国家；读客文化也累计向其他国家或地区转授版权近百余个项目，覆盖国家包括欧美、韩国、泰国、越南等；春雨文化2022年与西班牙巴塞罗那孔子文化学校就春雨学前教育产品使用与代理签署合作协议。此前，春雨童书版权输出澳大利亚、南非等国。"走出去"也是头部民营图书公司新经典文化引起行业关注的焦点。2022年，新经典文化海外业务实现营业收入8 802.95万元，较上年同期增长28.93%。报告期内，新经典海外团队推出的《巴比伦镇》《非洲女性的性与生活》等作品在海外获奖。海外子公司还推出了申赋渔的《匠人》英文版和日文版、王小波的《黄金时代》英文版、迟子建的《候鸟的勇敢》法语版、金宇澄的《洗牌年代》法语版等，向世界传递中国声音。由于海外业务处于拓展期，公司在选题策划、版权获取、团队建设、渠道整合等方面投入较大，报告期内，新经典海外业务归属于上市公司股东的净利润为-3 990.03万元，亏损较上年同期增加983.44万元，影响了公司整体的利润表现。

三、民营书业发展的亮点

(一) 教培企业入局，教辅出版面临重新洗牌

教辅出版是民营策划公司在教育出版领域的主战场。民营资本的广泛参与和激烈竞争，使得教辅产品极大丰富。在中小学教育、本科考级、出国考研等各个阶段的教辅市场均有民营资本涉足，如世纪天鸿、曲一线、金星、新东方、星火英语、肖秀荣考研书系等图书品牌在各自领域均占有不小的市场份额，且少有新公司突起，意味着各个教育阶段的教辅市场发展已经趋于成熟。值得一提的是，教辅市场的蓬勃发展是基于当下的考试制度、教学方式以及激烈的社会竞争，若考试制度、教学方式、教育理念发生变化，则可能会直接影响教辅市场的发展。

2022年，教辅市场的传统竞争格局被打破。《关于进一步减轻义务教育阶段学生作业负担和校外培训负担的意见》（简称"双减"）发布后的影响进一步释放，对教育出版尤其是教辅出版版图产生了较大影响。双减政策落地后的一年多时间里，教培机构普遍开始加速布局出版。在团队方面，除新东方、好未来等公司加强原有图书业务，另有多家教培机构以各种形式重组或加强了出版业务的人员配置：有道内部将出版业务作为独立产品部门，团队包含编辑、营销、发行、新媒体、项目管理等角色；猿编程旗下图书品牌猿编程童书的主创团队包含国内外一线信息产业科研人员、计算机科学家和前沿科普作者及一支原创插画师、设计师团队；作业帮、高途等在线教育头部企业也不同程度以不同形式介入出版业务。

(二) 注重社会责任，关注公益事业

民营图书企业注重社会责任，关注公益事业，积极参与社会活动，推动图书文化的普及和传承。他们在企业经营的同时，也注重文化传承、教育推广等社会价值，形成了积极向上的企业形象。据光华科技基金会统计显示，2022年民营图书公司共计捐赠1.33亿码洋，其中江西金太阳教育研究有限公司捐款金额最高，为1 936万码洋；

新经典文化股份有限公司捐款近 1 500 万码洋；众多民营书业公司世纪天鸿、开心教育、湛庐图书、爱心树、时代华语、天域北斗、理想众望等都进行了儿童读物的捐赠。2022 年 3 月，海豚传媒发起"春风送暖养，爱心传书香"爱心捐书活动为秭归县特殊教育学校捐赠图书 500 册；2022 年 8 月，联合广西柳州市新华书店，为农家书屋建设活动捐赠图书 200 册；2022 年 11 月，为第二十三届深圳读书月"扶志扶智"赠书爱心活动捐赠图书 400 册；2022 年 11 月，联合广西新华文盛，为农家书屋建设活动捐赠图书 400 册。

武汉亿童文教股份有限公司实施"亿童关爱 100"公益活动，走过 26 省 196 个城市，2022 年度组织实施 96 站（共计第 536 站），捐赠价值 584.6 万元学前教育装备，15 万余名幼儿受益。2022 年 6 月，磨铁文化与全国工商联书业商会联合为贵州省布依族苗族自治州打易镇文化中心捐赠 1 000 册图书，价值 5 万元码洋，助力乡村文化振兴；8 月，与中国北京出版创意产业园、北京联合出版公司联合举行"北京'阅读驿站'进军营"活动，走进中国人民解放军 66 329 部队，共建阅读驿站，庆祝建军 95 周年，捐赠了 1 000 册主题出版物图书。江苏通典文化传媒集团有限公司 2022 年通过南通市慈善总会设立的通典爱心互助基金向社会困难人员捐助 18.1 万元，其中向南通市慈善总会项目"大手牵小手"特困未成年人关爱项目捐款 5 万元。

四、民营书业的发展困境

（一）疫情冲击编印流程，回款状况欠佳

在疫情冲击下，图书产业链供应链堵点卡点增多，民营书业生产和销售的秩序普遍受到冲击。不少地区图书的入库出库也遭遇困难。由于防控政策的要求，多地民营出版的库房运输车辆无法进入，导致生产入库和发货都遭遇困难。此外，由于长期居家办公，图书生产连续性、稳定性难以得到充分保障，编印流程遭到冲击，生产效率进一步下降。加之图书消费终端配送困难，市场需求难以充分释放，民营图书公司生产经营困难进一步增加。实体书店关闭或减少营业时间，导致图书销售额下滑，尽管

线上销售有所增长,但这并不能完全弥补实体销售的下滑。

2022年是民营图书公司遭遇重创的一年,从2020年初遇疫情到2021年的恢复再到2022年再遭重创,民营图书公司的抗风险能力几乎在疫情中被探底。在对民营公司的问卷调查中,课题组设置了"2022年您所在的公司面临的主要困难是什么"这一问题,从问卷回收来看,其中"合作书号申请难、下放慢"选票最高,占比超50.96%;其次为"产品销售不利",占比46.15%,这与实体书店的大规模停业有关;"疫情导致编印受到影响"也是民营图书公司最直接受到的冲击,占比43.27%;30.77%的受访对象表示"回款状况欠佳",21.15%的受访对象表示"现金流困难"。为了应对公司所面临的困境,不少企业通过降价促销、降薪、裁员、清盘、融资等方式来缓解经营上的压力,见图1。

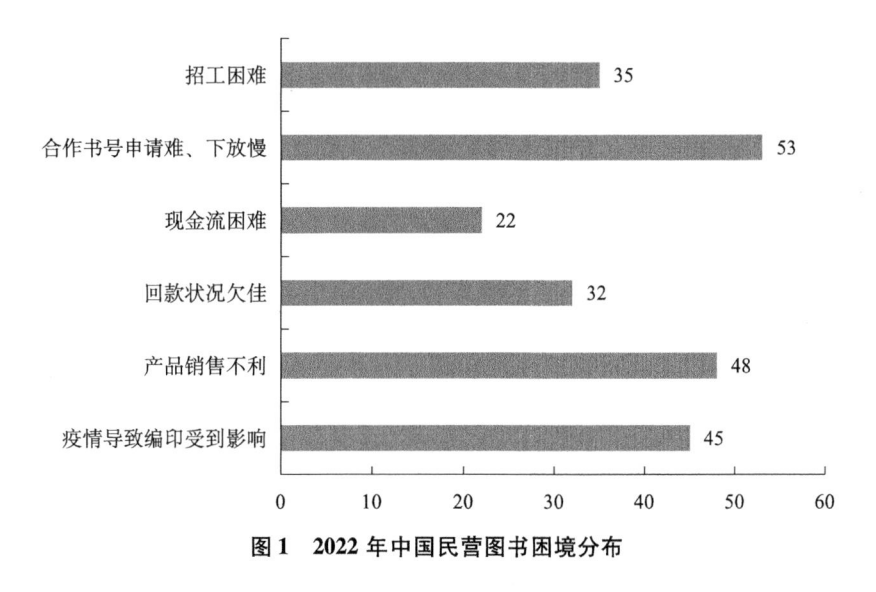

困境类型	数量
招工困难	35
合作书号申请难、下放慢	53
现金流困难	22
回款状况欠佳	32
产品销售不利	48
疫情导致编印受到影响	45

图1 2022年中国民营图书困境分布

在受访的104家民营图书公司中,有48家2022年经营收入相较2021年下滑,最严重的下滑比例超过50%。疫情导致很多企业的盈利受到严重影响,民营图书公司在资金筹集、融资和运营方面面临压力。同时疫情使得市场环境变得更加不确定,图书公司在预测市场需求、置顶销售策略、投入资源等方面面临更大的挑战。

(二)渠道变革,价格体系崩塌,控价困难

随着三年的发展,短视频电商成为书业新渠道已是行业共识,图书电商渠道格局

发生变化，传统电商平台都在强调转化，不断加强直播以及视频信息流的重要性。尽管头部的民营图书公司在新渠道上已经能够维持一个相对稳定的直播效果和收益，但折扣与价格体系的崩塌却依旧给民营书业带来巨大的挑战。传统电商促单、拉新的工具匮乏，各大电商在图书品类上从大促五折到日常五折，加之流量成本的急剧上升，内容化策略收效甚微，传统图书电商的收入增速放缓甚至出现负增长。

首先是新渠道的崛起使得头部达人成为追捧对象，破价、乱价的现象层出不穷，在短视频电商如火如荼的2021年，销售折扣已经逼近39折，可以说书业的定价机制、折扣体系已然千疮百孔、近乎崩塌。在头部主播的直播间里，"全网最低价"是基本门槛，"历史最低价"才值得一提，售价9.9元乃至1元的书也从去库存逐渐蔓延到了新书乃至头部品种，加上直播佣金和流量成本，出版机构在新渠道上多数是"增收不增利"，甚至是"赔本赚吆喝"。

其次便是新渠道的通道狭窄与不确定性。根据开卷的数据，2022年书业动销品种超过200万，但视频电商动销品种不过3万余种，这意味着新渠道目前还很难支持一家出版机构多数的品种销售，这让出版机构在打造爆款的路上充满了不确定性。原先有品牌影响力和市场规模的民营公司在当下更加挣扎，版权与印制成本、内容调性和原有的渠道优势有时反而会成为掣肘，原先旧有的业务经验在新渠道面前也荡然无存。

最后，新渠道也带来出版机构组织结构、业务模式调整的阵痛。一方面是不同渠道对于折扣需求的矛盾愈发激化；另一方面出版机构在新渠道上应对、决策的周期大幅度缩短，对民营图书公司的效率提出了更高的要求。

（三）受政策调整影响的不确定性

民营图书公司在出版许可、版权保护、市场准入等方面受到一定的政策限制，虽然政府已经对文化产业的发展给予了更多支持，但民营图书公司在政策环境方面相比于国有企业仍存在劣势。政府对文化产业的支持政策可能会随着经济和社会环境的变化而调整，这可能会影响民营图书公司享受到的政策优惠和资金支持，从而对企业的发展产生不确定性的影响。

税收政策是影响企业利润和发展的重要因素，政府对于图书行业的税收政策调整可能会对图书公司的经营成本和利润产生影响。随着数字阅读和网络出版的兴起，互联网监管政策对民营图书公司的影响越来越大。政策调整可能涉及网络出版、数字阅读平台的准入门槛、内容审查等方面，一定程度上也将影响民营图书公司的发展。

从版权引进的角度来看，民营图书公司在与海外市场和合作伙伴的合作中也受到政府进出口政策、外汇政策的影响，从而导致发展不确定性增强。

五、民营书业发展的对策建议

（一）持续强化品牌建设和市场营销

品牌建设和市场营销可以帮助民营书业树立独特的品牌形象，与竞争对手区分开来。在激烈的市场竞争中，品牌优势可以为民营书业赢得更多的市场份额和读者认可。通过品牌建设和市场营销，民营书业可以建立起读者对品牌的信任和忠诚度。良好的品牌形象和口碑在一定程度上可以提升销售和市场占有率。

民营书企应明确目标读者群体和核心价值，确定自身在图书市场中的独特性和差异化优势。通过精心设计的标志、标语、图书包装和宣传材料等，塑造具有辨识度和识别度的品牌形象。同时，注重企业文化的建设，强调价值观和社会责任，让品牌在读者心中树立起良好形象。注重编辑团队的专业素养和市场敏感度，挖掘和培养优秀作家，出版高质量、有影响力的作品，树立起品牌的良好口碑和形象。

在市场营销方面，通过线上线下多渠道推广，提升品牌曝光度和知名度，包括利用社交媒体、搜索引擎等网络渠道进行推广，通过书展、文化活动和宣传推介会等线下渠道进行宣传。建立读者社群和互动平台，与读者进行深入互动和沟通。这可以通过举办读书分享会、线上讨论、读者活动和写作比赛等方式实现，提升读者参与度和黏性，还可以与其他品牌进行合作，实现跨界联动营销，增强品牌影响力和知名度。

（二）加大数字化转型力度

加大数字化转型力度是中国民营书业在当前数字化时代发展中的关键举措。数字化转型不仅可以拓展民营书业的市场空间，还能够有效提升图书销售和传播的效率。

民营图书公司可以投资并建设自己的数字化平台，包括移动应用和网站。这些平台应该提供便捷的电子书购买和阅读体验，支持不同设备的访问。平台还应提供个性化的推荐服务，使读者可以更好地发现和获取感兴趣的图书。通过数字化技术将图书转化为电子书，提供多种格式的电子书产品。同时，投资研发阅读软件和平台，提供丰富的功能和用户体验，满足读者在数字阅读方面的需求。

另外，注重数据应用与个性化推荐是数字化转型的关键之一。通过收集和分析读者的阅读数据，民营图书公司可以了解读者的喜好和兴趣，从而提供个性化的推荐服务。这可以通过建立读者账户和阅读历史记录，以及使用人工智能和大数据分析等技术来实现。个性化推荐可以提升读者的满意度，增加读者黏性。

（三）提升图书质量和创新能力

高质量的图书是民营书业在市场竞争中取得优势的基础。读者对图书的品质要求越来越高，优质的图书可以赢得读者的认可和口碑，从而增加销量和市场份额。提升图书质量和创新能力有助于民营书业树立起良好的企业形象和品牌价值。

首先，注重编辑团队的专业素养和市场敏感度是提升图书质量的关键。民营书业应该建立具备丰富经验和专业素养的编辑团队，他们具备对市场需求的敏感度和判断力，能够从众多作品中挑选出优质的图书。编辑团队还应与作家保持紧密合作，提供专业的意见和反馈，共同提升作品的质量。

其次，推动图书内容和形式的创新是提升图书质量和创新能力的关键。民营书业应鼓励作家创作具有独特性和创新性的作品。这包括探索新的主题和风格，挖掘新的表达方式和创作形式，满足读者对多样化、新鲜感和独特体验的需求。此外，民营书业可以与其他领域合作，如影视、音乐、艺术等，进行跨界创作，推出具有创新性和互动性的图书产品。

再次，市场调研和读者需求的关注是提升图书质量和创新能力的重要手段。民营书业应注重对市场的调研和分析，了解读者的喜好和需求。通过与读者的互动和反馈，收集和分析数据，了解市场趋势和读者偏好，以便更好地调整图书选题、内容和风格，满足读者的多样化需求。

此外，创新的出版模式和市场推广策略也是提升图书质量和创新能力的重要方面。

民营书业可以尝试采用新的出版模式，如众筹出版、自助出版等，为作家和读者提供更多选择和机会。在市场推广方面，民营书业可以利用社交媒体、在线平台和线下活动等多种渠道进行宣传推广，吸引读者的关注和参与。

（王子荣　中国出版协会民营工作委员会）

参考文献

［1］中国民营图书公司发展现状［EB/OL］.（2021-03-26）［2023-05-31］.https：//www.zqwdw.com/ticai/zichabaogao/2021/0326/1356591.html.

［2］新经典文化股份有限公司2022年年度报告［EB/OL］.（2023-04-28）［2023-05-31］.https：//pdf.dfcfw.com/pdf/H2_AN202304271585941856_1.pdf？1682610053000.pdf.

2022—2023 出版物市场治理情况

舒 彧

2022年,"扫黄打非"战线以习近平新时代中国特色社会主义思想为指导,紧紧围绕迎接宣传贯彻党的二十大这条主线,突出重点任务、聚焦网络治理、狠抓专项整治,全面清理非法有害出版物和信息,严肃查处一批涉黄涉非大案要案,为党的二十大胜利召开营造了良好社会文化环境。全国共收缴各类非法出版物1 800余万件,处置涉黄涉非信息1 200余万条,查办"扫黄打非"案件1.3万余起。

一、2022年出版物市场治理成效

(一)网络整治持续深化

扎实开展"净网2022"专项行动,深化打击网络淫秽色情低俗等有害出版物和信息。

1. 专项整治电商平台

对网络书店经营证照进行"双向核验",深入处置无证经营、持假证经营的网络店铺,核查网络店铺经营许可情况共计9.9万余家,清理无证经营、异常经营店铺1万余家。督促平台严格规范网络店铺经营活动,北京试行网络书店数据定期报送机制。浙江指导天猫、淘宝等平台完善网络店铺经营资质核验、举报报诉处置、出版物动态巡检等制度。上海督促拼多多平台严格落实主体责任,强化网络店铺核验和非法出版物动态清理。江苏督促苏宁易购平台"凡进必核",积极配合属地管理部门年度核验、网上发行备案等工作，杜绝假证网店运营。

2. 专项整治网络游戏和网络文学

北京、上海、广东等地建立涉黄涉非治理主体责任定期报告制度，要求晋江文学网、起点中文网、Taptap、B 站、腾讯、网易等重点平台细化主体责任落实，及时受理举报投诉、处置有害信息、配合监管工作。各地狠抓案件查办，江苏泰州"2·09"传播淫秽物品牟利案，打掉一个经营淫秽网络小说的犯罪团伙，涉案金额 1 000 余万元；福建莆田"4·12"传播淫秽物品牟利案，打掉一个传播淫秽游戏的网站，涉案淫秽游戏 800 余个。公安、工信、网信、文旅等部门扎实推进专项整治，深度清理聊天频道、网络群组、评论区中的淫秽色情等信息，督促平台完善内容审核、账号分类分级管理等机制。

3. 专项整治网络社交平台

全面排查清理有害信息，指导微博、微信等重点社交平台删除一批涉黄涉非信息。强化网络监测预警，有效防控舆情风险，及时发现并快速处置"警察网记者""西亚斯学院""华商学院"等不雅视频事件。依法查处通过社交账号、贴吧论坛等渠道传播淫秽色情信息、推广淫秽色情引流链接等行为，浙江查办金华"佳多饱"传播淫秽物品牟利案，打掉一个境内制作淫秽视频并通过境外社交平台贩卖的犯罪团伙，涉案金额达 600 余万元。广东查办"1·02"猥亵儿童、传播淫秽物品案，打掉一个通过社交平台传播涉未成年人淫秽信息的特大犯罪团伙，抓获涉案人员 128 名。

4. 专项整治网络搜索引擎

部署百度等重点搜索引擎企业及时清理屏蔽涉黄涉非有害信息，健全完善"黑名单"制度，及时更新扩充"关键词"库，加强对有害信息的提前屏蔽、自动拦截。指导重点企业实时清理删除有害联想推荐词，防止有害信息通过推荐搜索扩散传播。加强对违法违规广告的技术整治和人工管控，加大对非法广告联盟的打击力度。各地查办多起大案要案，安徽芜湖查办郭某利用非法链接传播淫秽物品案，抓获团伙首要分子 5 人，该团伙搭建黄色网站并利用搜索引擎引流的方式获利。山东淄博查办刘某某利用赌博网站链接涉黄 App 案，共打掉 3 个涉黄 App，抓获犯罪嫌疑人 30 人，收缴犯罪所得 2 100 余万元。

（二）护苗工作反响良好

扎实开展"护苗 2022"专项行动，严厉查处危害未成年人身心健康的涉黄涉非行为。

1. 开展专项整治

专项整治涉未成年人有害出版物及信息，组织各地加强校园周边文化市场、涉未成年人上网环境执法检查，开展网络游戏企业落实防沉迷措施情况专项检查，及时查处"儿童邪典"、性暗示、软色情、暴力低俗等有害信息及宣扬不良价值观内容的出版物、文化产品。严打相关违法活动，广东深挖校园周边销售非法出版物线索，打掉2个出版物制售"黑窝点"；北京查办"青檬漫画"App 传播淫秽色情漫画案；山西查办"1.04"网上传播校园霸凌视频案；辽宁破获刘某某利用网络传播淫秽物品牟利案等涉未成年人案件25起；吉林查办"1.10"特大组织淫秽表演案、"七彩"App 传播淫秽物品牟利案等。

2. 创新品牌宣传

以"绿书签行动"为引领，开展系列宣传活动，擦亮"护苗"品牌。北京举办"红色教育进校园"等主题活动，让红色文化助力青少年健康成长。云南按季度开展"护苗联盟·花开四季"主题活动。陕西推出"绿书签"公仔形象"秦小青"，发放"绿书签"60余万张。江西在地标建筑、公共场所开展"全民阅读灯光秀"和"绿书签"快闪活动，激发青少年阅读热情。湖南创作方言主题曲、地方剧、公益短视频等，教育青少年抵御"黄""非"危害。河南开通"护苗"号地铁、公交、景区观光车，建设"护苗"主题公园广场。江苏建立"互联网＋青少年"网络普法工作阵地。辽宁组织开展"讲透一部法、护苗进万家"未成年人保护法宣讲活动。

3. 聚力共建共治

突出"大护苗"理念，动员各方力量参与，筑牢家庭、学校、社会、网络、政府、司法六位一体的"护苗"联盟体系。全国"扫黄打非"办公室组织编写《护苗工作手册》，梳理"护苗"工作法律法规、政策依据及典型案例，加强工作指导。山西出台《山西省护苗工作站工作制度》，深化校园"护苗工作站"建设。广东发挥12家重点网络企业"护苗工作站"作用，普及"护苗网络安全课"。安徽组织教育专家、知名作家、文艺名家、"网红大V"等力量组建护苗志愿队。湖南、湖北、江西强化地区联动，举办中小学生"护苗·绿书签"主题公益设计大赛，征集参赛作品1.6万幅，网络访问量累计25万余次。

（三）规范新闻出版传播秩序取得新成效

扎实开展"秋风2022"专项行动，严厉打击假冒新闻出版机构及其工作人员的违法活动，严肃查处发布虚假信息、有偿发帖删帖的媒体机构以及各类侵权盗版活动。全国查办"三假"及侵权盗版案件1 900余起。

1. 坚决打击"三假"活动

湖南查办长沙"3·02"非法经营案，打掉一个经营非法期刊的犯罪团伙，涉案金额1 000万余元。山西查办运城"5·11"假记者团伙敲诈勒索案，犯罪嫌疑人邵某某、倪某某、吴某某以搜集、曝光负面信息及向有关部门举报为要挟，对相关单位、企业及个人实施敲诈勒索，涉案金额共计30余万元。

2. 坚决打击自媒体从事虚假新闻、有偿新闻活动

湖南查办邵阳"10·12"假记者敲诈勒索案，犯罪团伙对多家企业进行敲诈勒索数十次，涉案金额50余万元。江苏查办徐州"11·26"强迫交易案，打掉通过自媒体发布负面新闻的犯罪团伙，抓获犯罪嫌疑人19名，涉案金额100余万元。

3. 坚决打击侵权盗版活动

河北查办南宫"9·14"侵犯著作权案，查扣侵权盗版教科书共计100余万册，查封盗版图书生产线1条。重庆查办大渡口"4·21"侵犯著作权案，捣毁存储窝点1处，查获幼儿英语启蒙绘本3.7万余册，涉案金额400余万元。江苏查办徐州罗某某等人侵犯著作权案，查缴盗版电子书1 657万余件，成功打掉一个非法产业链。

二、2022年出版物市场治理典型案例

（一）全国"扫黄打非"办公室发布的2022年全国"扫黄打非"十大案件

1. 安徽淮北"5·13"非法经营出版物案

2022年5月，根据工作中发现线索，淮北市公安局烈山分局破获一起非法经营案件，抓获犯罪嫌疑人4名。经查，黄某某等通过在网络社交平台和电商平台发布售书

信息来进行销售牟利，累计销售非法出版物 204 种，涉案金额 17 万余元。主犯黄某某被判处有期徒刑 3 年 3 个月。

2. 江苏南京"3·08"非法经营出版物案

2022 年 3 月，根据群众举报线索，南京市公安局溧水分局会同区文化市场综合执法大队破获一起非法经营案，全链条打掉一个编辑、印刷、销售非法出版物的犯罪团伙，抓获犯罪嫌疑人 6 名。经查，吕某某等人印刷并通过网络平台销售非法出版物 375 种、20.2 万余册，涉案金额 276 万余元。

3. 湖南益阳"3·05"非法经营少儿类出版物案

2022 年 3 月，根据全国"扫黄打非"办公室转办线索，益阳市沅江市公安局会同市文化市场综合行政执法支队破获一起非法经营案，查获少儿类非法出版物 900 万余册，抓获犯罪嫌疑人 12 名。经查，曹某等人非法印制少儿外文读物，累计销量达 3 000 万余册，涉案金额 7 400 万余元。

4. 上海金山刘某某等人传播涉未成年人淫秽制品牟利案

2022 年 3 月，根据工作中发现线索，上海市公安局金山分局破获一起传播淫秽物品牟利案件，抓获犯罪嫌疑人 42 名。经查，刘某某等人搭建运营"蜜柚""红浪漫""情书"等 3 个涉儿童色情网站，传播涉未成年人淫秽视频，涉案金额 3 500 万余元。

5. 黑龙江牡丹江"羞羞漫画"传播淫秽物品牟利案

2021 年 12 月，根据群众举报线索，牡丹江市公安局爱民分局破获一起传播淫秽物品牟利案件，抓获犯罪嫌疑人 147 名。经查，张某等人搭建运营"羞羞漫画" App，上传淫秽色情漫画吸引会员充值付费牟利，涉案金额 3 亿余元。

6. 福建福州"2·12"制作、传播淫秽物品牟利案

2022 年 7 月，根据工作中发现线索，福州市公安局破获一起制作、传播淫秽物品牟利案件，打掉一个跨境作案的特大犯罪团伙，抓获犯罪嫌疑人 112 名。经查，涉案犯罪团伙分别在福建、广东、香港等地搭建、运营淫秽网络游戏平台，开发 30 余款淫秽网络游戏进行牟利，涉案金额 3 亿余元。

7. 浙江绍兴姚某等人跨境传播淫秽物品牟利案

2022 年 1 月，根据群众举报线索，绍兴市公安局柯桥区分局破获一起传播淫秽物品牟利案件，打掉一个跨境制作、贩卖淫秽视频的犯罪团伙，抓获犯罪嫌疑人 35 名。

经查，姚某等人招募男女演员，按照境外淫秽视频平台提供的剧本制作淫秽视频，涉案金额 8 000 万余元。

8. 山东济宁"4·20"特大网络淫秽直播案

2022 年 7 月，根据工作中发现线索，济宁市公安局破获一起传播淫秽物品牟利案件，打掉淫秽直播平台 10 个，抓获犯罪嫌疑人 30 名。经查，吴某某等人搭建"心遇"等 10 个淫秽直播平台，通过工作室从事推广引流、资金结算、淫秽剧本创作等活动，涉案金额 5 000 万余元。

9. 河南平顶山"8·02"侵犯著作权案

2022 年 7 月，根据全国"扫黄打非"办公室转办线索，平顶山市公安局卫东分局破获一起侵犯著作权案件，查获侵权盗版图书 80 万余册，抓获犯罪嫌疑人 60 名。经查，朱某等人未经著作权人许可，非法印制侵权盗版图书，并通过其经营的网店销售牟利，涉案金额 8 000 万余元。

10. 四川雅安"9·01"编发非法期刊案

2021 年 12 月，根据全国"扫黄打非"办公室转办线索，雅安荥经县公安局破获一起非法经营案件，查获非法期刊 1 100 余种、3 万余册，抓获犯罪嫌疑人 20 名。经查，该犯罪团伙冒用合法期刊的刊号及版面，编印非法期刊进行牟利，涉案金额 3 亿余元。

（二）国家版权局等四部门发布的打击网络侵权盗版"剑网 2022"专项行动十大案件

1. 天津谭某某运营盗版网络文学 App 案

2022 年 4 月，根据巡查线索，天津市公安局红桥分局对该案进行调查。经查，2019 年以来，谭某某以合法公司为掩护，指使他人利用自行编写的"爬虫"软件从国内知名网络文学网站盗取网络文学作品 1 万余部，投放至自行设立的 App 中运营，并注册多家空壳公司通过网络平台投放广告，非法获取会员费、广告费 7 500 余万元。该案涉案金额巨大并通过空壳公司签订广告合同，犯罪行为隐蔽。侦办过程中，执法部门充分运用大数据技术，通过数据分析寻线追迹掌握犯罪团伙的全部网络链条，对查办类案具有借鉴意义。

2. 山西郝某某制售侵权盗版"剧本杀"案

根据关联案件获得线索，太原市公安局迎泽分局对该案进行调查。经查，2020年9月以来，郝某某通过网络平台购进各类"剧本杀"文字作品200余部，未经著作权人许可组织人员制作侵权盗版品2万余件，通过网店对外销售非法牟利，非法经营额达200余万元。该案作为全国首例"剧本杀"侵权盗版案被列为国家版权局等六部门联合挂牌督办案件，进一步理清了"剧本杀"版权保护的边界，有效震慑了"剧本杀"等新型版权侵权盗版行为，为新业态侵权案件查办提供了良好探索。

3. 黑龙江钟某某等网络销售侵权教辅图书案

2022年6月，根据工作中发现的线索，哈尔滨市阿城区公安局对该案进行调查。经查，2019年11月以来，钟某某、袁某某等未经著作权人许可，非法印制并通过网络销售侵权盗版中小学教辅图书，违法犯罪网络涉及22个省区市，查扣半成品盗版图书15万余册，盗版图书生产设备47台，涉案金额1亿余元。该案多地案情交织互涉，侵权数量大、案值高、跨区域，执法难度大。案件查办过程中，多地区、多部门衔接紧密，为加强两法衔接和跨区域执法协作树立了标杆。

4. 上海江苏联合查办车载U盘侵权案

2022年七八月间，通过浦东新区人民检察院移转和举报线索，浦东公安分局与苏州市公安局食品药品环境支队、吴江区公安局对该案进行调查。经查，2022年1月以来，张某某犯罪团伙与温某某犯罪团伙未经许可，在网络平台获取大量音乐作品，并将侵权盗版音乐存入U盘等载体通过网络电商平台以几元至数百元不等价格非法销售牟利，涉案金额近1亿元。该案为跨区域侵犯音乐著作权刑事案件，案件查办中上海、江苏两地警方成立联合指挥部，共同制定抓捕方案统一收网，不仅成为打击网络盗版音乐的典型案例，也为版权执法部门跨区域协作行动提供了范式。

5. 安徽邓某某网络传播院线电影案

2022年6月，根据公安机关移转线索，芜湖市版权行政执法部门对该案进行调查。经查，2019年下半年以来，邓某某未经著作权人许可，通过设立网站擅自向公众提供动漫、电影、电视剧等共计230部作品的高清在线播放服务，包括51部国家版权局重点作品版权保护预警名单中的影视作品。其通过境外广告商网络投放广告等方式非法牟利，并以境外虚拟货币形式结算。该案通过"爬虫"软件集成技术网上抓取视听作品，利用"翻墙软件"招揽境外广告商并使用境外虚拟货币结算，作案手段隐蔽。执法部门通过调取网站服务器、后台管理信息等方式，对当事人提供侵权作品的路径、规模及收益等进行了充分调查取证，为办理网络侵权行政处罚案件提供了有效借鉴。

6. 福建刘某某微信小程序侵权案

根据投诉线索，福州市公安局在版权行政执法部门配合下对该案进行调查。经查，刘某某盗取福州某公司小程序源代码，修改后制作6款小程序通过社交软件运营非法牟利，非法经营额约25万元。法院以侵犯著作权罪判处刘某某等有期徒刑八个月至一年六个月不等，并处罚金80万至120万元不等。该案虽涉案金额不高，但在案件查办中版权行政管理部门及时作出侵权认定、加强两法衔接，可为类案查办所借鉴。

7. 浙江黄某网络传播电子书案

2021年9月，根据报案线索，杭州市西湖区公安局对该案进行调查。经查，2020年以来，黄某等成立公司，未经著作权人许可，通过"扒书"等形式盗取电子书，再通过电商平台销售侵权盗版电子书秘钥，涉及电子书20余万部，非法经营额100余万元。该案以公司形式实施侵权盗版，组织严密、分工明确、涉案人员多、受众面广，具有严重社会危害性。该案的查办，有效揭露了网上销售盗版电子书的行业"潜规则"。

8. 河南某文化传媒公司网络传播短视频案

2022年10月，根据报案线索，南阳市桐柏县公安局对该案进行调查。经查，发现某文化传媒公司窃取他人拍摄并制作的100余部、1 000余集短视频，进行网络传播非法牟利。经过哈希值比对，认定某文化传媒公司侵犯他人著作权。短视频侵权盗版成本低、危害大，并且频发多发，该案通过对侵犯短视频著作权违法行为的打击，有效震慑了短视频侵权盗版行为。

9. 重庆童某某盗录传播春节档院线电影案

2022年2月，根据国家版权局移转线索，云阳县公安局在版权行政执法部门配合下对该案进行调查。经查，2022年春节期间，童某某连续盗录多部春节档院线电影，并上传至自行设立的网站向公众播放，通过社交软件与湖南、湖北、甘肃等10余个省市的18人组成销售网络牟取非法利益。2022年12月，法院以侵犯著作权罪判处童某某有期徒刑一年，并处罚金5 500元。该案是严厉打击影院偷拍盗录及通过网络传播盗版影视作品的典型案件,办案人员扩线深挖,实现盗录、传播、销售全链条打击,对打击影院偷拍盗录、加强院线电影版权保护具有积极意义。

10. 宁夏朱某某网络传播盗版案

2022年5月,根据网络巡查获得线索,石嘴山市平罗县公安局对该案进行调查。经查,2020年以来,朱某某以营利为目的,通过在境外搭建引流网站诱导网民充值注册VIP会员,未经著作权人许可,将影视作品10余万部、电子书近100万部通过网盘及社交群组给VIP会员分享,牟取非法利益。该案涉案作品数量巨大,线索获取、取证固证等方面均存在难度,该案的查办充分体现了我国西部地区版权执法部门查办网络侵权案件的担当与能力。

三、2022年出版物市场治理特点

(一)聚焦网络突出问题强化专项整治

聚力网上"主战场",深入开展专项整治,一类平台一类平台地清理、一个领域一个领域地净化,加强"靶向治疗",解决突出问题。将专项整治与制度建设相结合,坚持边治理边完善,建立健全网上出版物店铺、网络文学平台、搜索引擎企业监管台账,指导重点网络平台完善经营资质核验、应急处置、动态巡检、"黑名单"屏蔽、举报投诉快速处理等制度,确保整治常态长效。

(二)立足形成整体合力强化机制建设

进一步完善"扫黄打非"治理体系,提升整体工作效能。网络治理方面,发挥网上"扫黄打非"机制作用,增强部门合力。完善"净网直通车"机制,加强政企联动、企业协同,做到"一处发现、全网查删"。监管执法方面,推动文化执法机构全面落实"扫黄打非"任务,做实有关工作机制。

(三)坚持发挥抓手作用强化案件查办

狠抓涉黄涉非案件查办,有力震慑违法犯罪行为。加大重点案件挂牌督办力度,联合公安、文旅等部门挂牌督办大案要案 276 起，做到专案侦办、联合查办、全程督办。加强案件查办工作指导，强化深挖扩线、彻查彻究、全链条打击。编写《护苗工作手册》，修订《"扫黄打非"法律法规汇编》，推动提高执法办案能力。加大举报奖励力度，规范举报转办核查流程，进一步拓宽案件线索来源。

（四）着眼综合防范治理强化基础工作

持续推进"扫黄打非"进基层，发挥好基层站点作用，进一步巩固"扫黄打非"进基层成果。建立"护苗"快速响应机制，调动各方力量组建"护苗联盟"，凝聚全社会保护未成年人的工作合力。创新宣传方式方法，加大宣传教育力度，打造新媒体矩阵，组织开展多轮集中宣传，提升"扫黄打非"影响力，打牢"扫黄打非"社会基础，推动群防群治。

四、2023 年出版物市场治理重点

2023 年，"扫黄打非"战线坚持自信自立、守正创新，坚持问题导向、系统观念，聚焦重点难点，创新机制手段，发扬斗争精神，以更大力度清理非法出版物及信息、更强举措扫除各类文化垃圾，为奋进新征程持续营造良好社会文化环境。

（一）开展"净网 2023"专项行动

紧紧抓住人民群众反映强烈的突出问题，深入清查网络重点领域，集中清理有悖社会主义核心价值观的淫秽色情、"软色情"等文化垃圾，严厉惩处制作、贩卖、传播淫秽色情出版物和信息违法活动。专项整治社交平台传播淫秽色情信息。聚焦社交账号、聊天群组、论坛贴吧等渠道，清理拦截有害信息、遏制非法引流行为，打击境内制作、通过境外社交平台贩卖淫秽视频的犯罪团伙。积极稳妥处置涉"不雅视频"网络突发事件，严惩幕后不法分子。

（二）开展"秋风2023"专项行动

坚决维护新闻出版传播秩序，有力打击假媒体、假记者站、假记者，严肃查处发布虚假新闻、有偿发帖删帖的自媒体以及各类侵权盗印活动。持续整治电商平台销售非法出版物。依法查处电商平台未严格履行主体责任行为，严厉打击擅自从事网络发行活动、销售非法出版物的网络书店。做好网络书店证照核验工作，动态清理违法违规网络书店。完善网络书店管理台账，深化动态监管机制。规范电商平台从事网络发行活动，明确禁止行为，划出政策红线。

（三）开展"护苗2023"专项行动

开展"绿书签"系列宣传活动，筑牢保护未成年人网络空间权益的防线。集中整治涉未成年人非法儿童绘本及不良信息。大力净化中小学校园周边出版物市场，严厉查处有害"口袋本"、儿童绘本、漫画等出版物。深入清查宣扬淫秽色情、暴力恐怖、封建迷信等内容的网络游戏、网络小说、网络动漫、广播剧等。推动未成年人活跃度高的网络平台完善"青少年模式"，畅通涉未成年人有害信息专用投诉举报渠道。

（舒彧　全国"扫黄打非"办公室）

2022—2023 新闻出版标准化综述

左志红

2022年是党的二十大召开之年，是"十四五"规划深化之年，是阔步新征程、向第二个百年奋斗目标进军的提速之年，也是举国上下共同抗击疫情的特殊的一年。面对疫情等因素冲击，新闻出版行业标准化主管部门和行业内各类标准化机构迎难而上，积极应对，标准化各项工作取得了可喜的成绩。

我国新闻出版领域发布多项国家标准、行业标准、团体标准，涵盖基础通用、出版印刷、数字出版、新技术应用等诸多领域，为推动出版业高质量发展提供坚实技术支撑。各标委会克服疫情不利影响，采用编制标准解读、录制培训视频、开办线上课堂等方式进行宣贯培训，有力促进了标准的实施。

一、标准化工作基本情况

（一）各级各类标准的制修订与发布

2022年，虽然受到新冠肺炎疫情反复延宕的影响，但新闻出版标准制修订各项工作仍有条不紊地开展。新闻出版领域标准化工作者全面深入学习贯彻党的二十大精神，对接国家标准化战略部署，紧扣出版业"十四五"规划，牢牢把握出版强国建设方向，大力推动适应出版业高质量发展的标准体系建设，围绕提升出版质量、推动出版创新、促进出版融合等重点工作，系统制定行业所需、急需的标准，以标准助力出版业实现高质量发展。

1. 国家标准

2022 年 1—12 月,我国新闻出版领域发布国家标准 8 项（含部分标准）,主要涉及数字教材、印刷技术等方面,见表 1。

表 1　2022 年新闻出版领域发布的国家标准

序号	标准编号	标准名称	技术归口单位	发布日期	实施日期
1	GB/T 41469—2022	数字教材　中小学数字教材元数据	全国新闻出版标准化技术委员会	2022-04-15	2022-11-01
2	GB/T 41470—2022	数字教材　中小学数字教材质量要求和检测方法	全国新闻出版标准化技术委员会	2022-04-15	2022-11-01
3	GB/T 41471—2022	数字教材　中小学数字教材出版基本流程	全国新闻出版标准化技术委员会	2022-04-15	2022-11-01
4	GB/T 41466—2022	印刷技术　彩色软打样系统要求	全国印刷标准化技术委员会	2022-04-15	2022-11-01
5	GB/T 41467—2022	印刷技术　专色阶调值的测量与计算	全国印刷标准化技术委员会	2022-04-15	2022-11-01
6	GB/T 41468—2022	印刷技术　印前数据交换阶调调整曲线	全国印刷标准化技术委员会	2022-04-15	2022-11-01
7	GB/T 17934.4—2022	印刷技术　网目调分色版、样张和生产印刷品的加工过程控制　第4部分：出版凹印	全国印刷标准化技术委员会	2022-10-12	2022-10-12
8	GB/T 41598—2022	印刷技术　彩色打样用显示器　性能指标	全国印刷标准化技术委员会	2022-10-12	2022-10-12

其中,中小学数字教材系列标准包括《数字教材　中小学数字教材元数据》《数字教材　中小学数字教材质量要求和检测方法》《数字教材　中小学数字教材出版基本流程》,均属于科技部国家重点研发计划"国家质量基础的共性技术研究与应用"的项目成果,入选 2022 年出版业科技与标准创新示范项目。

与此同时,新立项与研制中的 8 项新闻出版行业的国家标准,涉及有声读物、盲文出版、大字本图书、知识服务、声像节目、出版物在线信息交换等多个方面，见表2。这些标准将在未来一两年内完成研制工作。

其中，《盲文出版物版式规范》《大字本图书通用技术要求》是2022年基本公共服务领域推荐性国家标准专项项目，属于产品标准类目下新增加的二级类目"无障碍读物出版"中的标准。

《中国出版物在线信息交换 图书产品信息格式规范》是2013年发布的相关标准的修订，目前在报批阶段。该标准作为国际书业ONIX标准的配套标准，其目的是改变原有的数据单向发送方式，建立信息的双向流动机制，使数据发送和接收双方的信息对称，达到所交换的数据更为完整、可用的目标。标准为出版发行产业链上的图书产品信息共享提供了标准的对话体系，为国内外图书贸易的信息通畅提供了标准化支撑。

表2 2022年新闻出版领域立项与在研的国家标准

序号	立项标准名称	技术归口单位	标准状态（截至2022年12月31日）
1	有声读物	全国新闻出版标准化技术委员会	起草阶段
2	盲文出版物版式		起草阶段
3	大字本图书通用技术要求		起草阶段
4	新闻出版 知识服务 知识本体构建流程		起草阶段
5	新闻出版 知识服务 知识元提取与标引		起草阶段
6	新闻出版 知识服务 知识体系建设与应用		起草阶段
7	声像节目数字出版制作技术要求及检测方法		报批阶段
8	中国出版物在线信息交换 图书产品信息格式规范	全国出版物发行标准化技术委员会	报批阶段

2. 行业标准

2022年，新闻出版领域行业标准实现"量""质"齐升。全年共发布行业标准13项，新立项行业标准9项，在研行业标准44项。

新发布的13项行业标准涉及印刷智能仓储、凹版印刷、喷墨印刷墨水、瓦楞纸印制、绿色印刷、数字印刷、中小学馆配书目、期刊标签等行业传统领域和新兴领域。13项行业标准均于2022年8月1日起正式实施，见表3。

表 3　2022 年新闻出版领域发布的行业标准

序号	标准编号	标准名称	技术归口单位
1	CY/T 251—2022	印刷智能仓储系统构建指南	全国印刷标准化技术委员会
2	CY/T 252—2022	印刷智能工厂企业资源计划（ERP）构建指南	
3	CY/T 253—2022	水性油墨塑料薄膜凹版印刷技术要求	
4	CY/T 254—2022	喷墨印刷墨水使用要求及检验方法	
5	CY/T 255—2022	柔性版预印瓦楞纸箱印制过程控制要求	
6	CY/T 256—2022	绿色印刷 食品类纸包装印刷品生产过程控制要求	
7	CY/T 257—2022	卷筒纸圆压圆烫印质量要求	
8	CY/T 258—2022	瓦楞纸箱印刷质量要求	
9	CY/T 259—2022	纸质天地盒印刷品质量要求	
10	CY/T 260—2022	纸质印刷品覆膜表面耐摩擦性能测试方法	
11	CY/T 261—2022	数字印刷 可变二维码喷印质量要求	
12	CY/T 262—2022	中小学馆配书目数据编制规则	全国出版物发行标准化技术委员会
13	CY/T 263—2022	期刊全文 XML 描述标签集	全国新闻出版信息标准化技术委员会

2022 年新立项的行业标准共 9 项（表 4 的 1—9 项）。新立项的行业标准中，既有助力传统出版和传统印刷提高质量的标准，也有推动行业向数字化、绿色化转型的绿色印刷和数字教材的标准。这批标准的研制工作预计未来几年内将陆续完成并向社会公开。

此外，2022 年在研行业标准 44 项（表 4 的 10—53 项）。

表 4　2022 年新闻出版领域立项与在研的行业标准

序号	立项标准名称	技术归口单位	标准状态（截至 2022 年 12 月 31 日）
1	数字教材　术语	全国新闻出版标准化技术委员会	起草阶段
2	汉字字体使用原则与要求　出版		起草阶段

续表

序号	立项标准名称	技术归口单位	标准状态（截至2022年12月31日）
3	儿童纸板图书印制质量规范	全国印刷标准化技术委员会	起草阶段
4	绿色印刷 产品合格判定准则 第1部分：阅读类印刷品（修订 CY/T 132.1—2015）		起草阶段
5	柔性透明薄膜电子器件印制过程控制要求		起草阶段
6	书刊装订粘结强度检测方法		起草阶段
7	网版印刷 丝网的印刷性能通用要求		起草阶段
8	印刷企业信息分类及编码方法		起草阶段
9	3—8岁儿童阅读能力评估	全国出版物发行标准化技术委员会	起草阶段
10	3—8岁儿童分级阅读指导		起草阶段
11	数字教材标准体系表	全国新闻出版标准化技术委员会	征求意见完成
12	中小学数字教材 管理与服务平台建设要求		征求意见完成
13	数字教育资源评价指南		征求意见完成
14	汉语辞书出版规则		征求意见完成
15	出版企业社会责任指南		报批阶段
16	版权资源权利描述		报批阶段
17	静态图像识别与检索技术规则		报批阶段
18	出版物虚拟现实（VR）技术应用要求		报批阶段
19	四角号码检字法		报批阶段
20	区块链技术在版权保护中的应用技术规范		通过审查
21	出版业区块链技术应用标准体系表		通过审查
22	复合数字教材制作质量要求		通过审查
23	出版物二维码技术应用要求		通过审查
24	数字教育出版课程制作要求		通过审查

续表

序号	立项标准名称	技术归口单位	标准状态（截至2022年12月31日）
25	网络游戏防沉迷实名认证技术要求	全国新闻出版信息标准化技术委员会	起草阶段
26	移动互联网音乐超高清音质技术要求		起草阶段
27	网络游戏术语		起草阶段
28	数字出版内容资源标引规则		起草阶段
29	印刷复制委托书备案系统规范 第1部分：数据规范		起草阶段
30	印刷复制委托书备案系统规范 第2部分：业务流程规范		起草阶段
31	印刷复制委托书备案系统规范 第3部分：报送格式规范		起草阶段
32	印刷复制委托书备案系统规范 第4部分：接口规范		起草阶段
33	网络文学出版物质量评价规范		起草阶段
34	新闻出版人事教育培训课程数据元		起草阶段
35	网络教育出版物质量评价规范		起草阶段
36	数字出版服务提供商信用等级评定规范		起草阶段
37	数字出版内容提供商信用等级评定规范		起草阶段
38	数字出版网络提供商信用等级评定规范		起草阶段
39	电子教材制作及应用		起草阶段
40	纸质印刷品平压模切过程控制要求	全国印刷标准化技术委员会	计划上报
41	纸质印刷品热烫印过程控制要求		计划上报
42	折叠纸盒制盒过程控制要求		计划上报
43	纸质包装印刷品印刷质量视觉检测系统使用要求		计划上报
44	标签外观质量智能化视觉检测系统构建指南		计划上报
45	绿色印刷食品类塑料软包装印刷品生产过程控制要求		计划上报
46	图书精细化印制质量要求及检验方法		起草阶段

续表

序号	立项标准名称	技术归口单位	标准状态（截至2022年12月31日）
47	图书精细化印制评价规范	全国印刷标准化技术委员会	起草阶段
48	儿童纸板图书印制质量规范		起草阶段
49	绿色印刷产品合格判定准则 第1部分：阅读类印刷品		起草阶段
50	柔性透明薄膜电子器件印制过程控制要求		起草阶段
51	书刊装订粘结强度检测方法		起草阶段
52	网版印刷丝网的印刷性能通用要求		起草阶段
53	印刷企业信息分类及编码方法		起草阶段

3. 团体标准

2022年，在按需印刷和数字出版领域均有新的团体标准发布，包括《图书按需印刷数据交换规范》《智能制造知识服务平台建设》《智能制造知识资源建库规范》《面向智能制造专业领域的多模态内容资源一致化知识标引》。此外，行业标准《3—8岁儿童分级阅读指导》转化为团体标准于2023年2月发布。中国音像与数字出版协会发布的《基于5G数字音乐音质要求》团体标准，入选2022年出版业科技与标准创新示范项目。

2022年，全国出版物发行标准化技术委员会秘书处承担单位中国书刊发行业协会成功注册团体标准资格，团体标准将是全国出版物发行标准化技术委员会今后工作重点之一。在2023年2月的北京图书订货会上，归口于全国出版物发行标准化技术委员会、尚在起草阶段的行业标准《3—8岁儿童分级阅读指导》转化为团体标准发布。这是我国首个由行业协会正式发布的儿童分级阅读团体标准，由中国书刊发行业协会牵头，中国教育装备行业协会学校图书装备分会、北京师范大学出版集团联合编制，多家出版发行单位共同参与研制。标准的发布将规范儿童读物分级特征，明确阅读能力指导目标，填补分级阅读官方指导标准的空白。

2022年11月，由中国音像与数字出版协会组织、中国科技出版传媒股份有限公司牵头的团体标准《图书按需印刷数据交换规范》开始实施。这是我国第一个正式发布的图书按需印刷团体标准，既是提升当前数字印刷产业上下游企业生产运作效率的关键一步，也是支撑我国按需印刷产业链生态体系高质量发展的重要基础性工作。

2022年6月，中国音像与数字出版协会发布《智能制造知识服务平台建设》《智能制造知识资源建库规范》和《面向智能制造专业领域的多模态内容资源一致化知识标引》3项团体标准，均与智能制造相关，旨在探索出版融合发展新模式、新业态、新领域。3项标准由清华大学出版社联合齐鲁工业大学、同方知网数字出版技术股份有限公司等共同发起制定，于2022年7月8日起开始实施。

2022年，全国印刷标准化技术委员会支持中国印刷技术协会团体标准工作委员会开展了《国家统编教材印制质量要求及检验方法》《纺织品印花皮膜抗黏连性试验方法》《纺织品印花皮膜耐寒性试验方法》《纺织品印花皮膜伸展性试验方法》4项团体标准的预研工作，并在本年度获批立项。

4. 企业标准

全国新闻出版标准化技术委员会2022年完成企业委托课题《数字内容自动校对系统功能要求》企业标准研制。

5. 国际标准

2022年，受疫情影响，大量国际标准化活动转为线上开展。尽管如此，我国出版标准化组织在国际标准化活动中的参与度和活跃度不减，在主导和参与国际标准制定、参加国际标准化活动和积极采用国际标准等多个方面取得了成效。

（1）参与国际标准制修订

全国新闻出版标准化技术委员会持续跟踪并参与制修订国际标准WG17研究活动标识符和WG18国际标准内容标识符。

全国印刷标准化技术委员会（SAC/TC 170）是与国际标准化组织印刷技术委员会（ISO/TC 130）对应的我国印刷标准化机构。2022年，全国印刷标准技术委员会积极承担ISO/TC 130秘书处和主席相关工作，组织国际标准制修订阶段性投票38个，投票率100%；参与国际标准制修订，ISO/TC 130中国注册专家积极参与正在制修订过程中的19项印刷国际标准，由我国专家提出的预工作项目处于草案讨论和完善阶段。

此外，2020年我国专家在ISO/TC 130/WG12印后工作组内提出预工作项目提案

ISO/PWI 6400《纸和纸板印刷品的平板模切过程控制及检测方法》，2022年11月召开工作组会议对该提案进行讨论完善，力争协助我国专家将该项目推进到新工作项目（NP）阶段。

（2）参加国际标准化会议

全国新闻出版标准化技术委员会2022年参加国际标准化组织（ISO）信息与文献标准化技术委员会（TC 46）第49届年会，主要参加了SC9全体会议以及WG17、WG18工作组会议。

受新冠疫情影响，2022年ISO/TC 130两次工作组会议及一年一次的全会均通过网络会议形式召开，中国专家分别以网络会议的形式参加了5—6月陆续召开的春季工作组会议和9—11月陆续召开的秋季工作组会议，以及11月25日召开的全会。在两次国际工作组会议上，中国代表团专家积极以网络形式参会，表达中国观点。11月25日召开的ISO/TC 130第36次全会，我国作为秘书承担国组织并开启网络会议，我国专家以主席身份主持会议，我国代表团团长和相关专家参会并就重大事项进行表决。

（3）国际标准跟踪与转化

全国新闻出版标准化技术委员会2022年积极跟踪与新闻出版相关的国际标准，完成了《国际标识符标准追踪研究》和《国际标准内容编码（ISCC）跟踪研究》2项国际标准的跟踪研究课题。

全国印刷标准化技术委员会2022年积极响应国家标准化管理委员会关于国家标准采用国际标准的有关要求，对ISO/TC 130现有110项标准及技术规范进行梳理，最终确定现有110个项目中全国油墨标准化技术委员会归口6项，全国印刷机械标准化技术委员会归口9项，全国印刷标准化技术委员会归口95项。截至2022年12月，全国印刷标准化技术委员会归口的95项标准中已等同采用或修改采用16项国际标准为国家标准，9项国际标准已批准立项列入采标计划，5项为已采标但国际标准近两年修订，2项已采标为行业标准，7项已完成预研计划提出立项。这些标准为印刷业的技术发展提供了强有力的支持，为企业走出去提供了便利。

（4）标准外文版翻译

全国新闻出版标准化技术委员会归口的《新闻出版　知识服务　知识体系建设与应用》获批国家标准外文版翻译项目。

全国印刷标准化技术委员会开展两项国家标准 GB/T 33 259—2016《数字印刷质量要求及检验方法》、GB/T 33 244—2016《数字硬打样系统质量要求及检验方法》外文版翻译相关工作，已获批立项。

（二）标准化科研与标准化工作运行

2022 年，新闻出版领域标准化管理水平提升，标准化技术服务功能增强。各标委会健全标准化培训体系，开展多种形式的教育、培训、学习、交流，推动标准化人才队伍建设，更好激发标准化创新创造活力；创新宣传手段，积极开展多渠道、多层次、多形式的标准宣贯、成果展示、经验推广、咨询服务、工作指南，提升全行业标准化意识和发展应用水平；深入开展标准预研究、国内外标准跟踪研究以及产业政策、行业发展趋势和本领域标准体系研究，及时调整、优化标准体系结构，进一步提高标准质量。

1. 标准化科研

标准化科研是开展标准化工作的前提和基础。2022 年，标准化科研工作取得了明显的进步，新闻出版领域各技术委员会都将标准化科研作为重点工作之一，深入开展标准预研究、国内外标准跟踪研究以及产业政策、行业发展趋势和本领域标准体系研究，及时调整、优化标准体系结构，进一步提高标准质量。

全国新闻出版标准化技术委员会完成了中宣部出版局、传媒监管局委托项目 3 项，院级课题 9 项（含 2 项实验室开放课题），国家数字复合出版工程历时 8 年终于通过终验。

在服务政府部门管理决策方面，全国新闻出版标准化技术委员会完成了中宣部出版局、传媒监管局 3 项委托任务，包括《出版标准化工作常用法律法规汇编》《国际标准内容编码（ISCC）跟踪研究》《报纸所办新媒体出版管理情况研究》。全国新闻出版标准化技术委员会在科研方面已经和中宣部出版局科技与标准处、图书处、期刊处、古籍处、研究处，以及传媒监管局等管理部门建立了业务联系。

在承担中国新闻出版研究院基础科研项目方面，全国新闻出版标准化技术委员会 2022 年共完成了 9 项课题研究任务：国际标准跟踪研究 1 项《国际标识符标准追踪研究》；标准预研 3 项《汉字字体使用规范》《乐谱出版系列标准》《开放科学环境下的科技期刊出版相关标准研究》；标准实施相关的研究 3 项《图书质检标准解读》《GB 40070—2021〈儿童青少年学习用品近视防控卫生要求〉标准实施对出版业的影响调研报告》《媒介融合背景下图书出版机构质量治理现状研究》；《护眼出版物认证实验室管理体系建设》和《数字教育出版产品质量规范》标准预研（属于"出版业技术与标准应用重点实验室"开放课题）也顺利结项。

国家数字复合出版工程是新闻出版重大科技工程项目，全国新闻出版标准化技术委员会承担工程标准包的标准研制、测试工具开发以及工程软件的标准符合性测试工作。2014 年立项，历时 7 年，完成了 38 项工程标准、51 项标准符合性测试工具、1 套标准符合性测试集成服务系统的研制和开发，以及工程软件 2 轮测试。标准包共有 51 家单位 259 人次参与，不但有效支撑和规范了工程建设，而且对于带动出版单位参与标准活动、提高标准化意识发挥了积极作用。2022 年 11 月，项目通过终验，后续将转入推广应用阶段，将根据行业发展需要推动 38 项工程标准，逐渐向国家标准、行业标准、团体标准或企业标准转化。

全国出版物发行标准化技术委员会深入研究 CNONIX 国家标准动态维护机制，梳理 CNONIX 交换的核心数据项，开展符合性测试实验，为建立 CNONIX 国家中心奠定基础。全国出版物发行标准化技术委员会和"CNONIX 国家标准应用与推广实验室"一起多次组织专家研究有关 CNONIX 的定期审查机制、动态发布机制、动态维护工作流程以及动态维护的基本内容、CNONIX 核心数据项等工作。全国出版物发行标准化技术委员会与中宣部机关服务中心（信息中心）配合，针对 CNONIX 上下游交换的数据项进行梳理，基本确定上游需要的核心数据项为 29 项。为推进 CNONIX 国家标准修订工作，全国出版物发行标准化技术委员会通过邮件、电话、召开讨论会等方式，征集各有关部门、单位、专家的修订意见。全国出版物发行标准化技术委员会联合四川新华文轩对 GB/T 30330—2013《中国出版物在线信息交换 图书产品信息格式规范》国家标准进行修订，目前在报批阶段；联合北京中启智源数据信息技术公司编制的《中国出版物在线信息交换 图书产品信息接收确认格式规范》国家标准正等待立项。

全国印刷标准化技术委员会开展了《国家统编教材印制质量要求及检验方法》等 4 项团体标准的预研工作，并在 2022 年度获批立项。

全国新闻出版信息标准化技术委员会秘书处承担单位作为科技部国家重点研发计划"国家质量基础的共性技术研究与应用"重点专项"数字出版技术标准研究"项目（2018YFF0214000）牵头承担单位，联合业内10家单位共同完成该项目。该项目如期保质完成，经过层层把关和考核，于2022年5月收到项目验收通过的结果，最终得到88.67的高分，项目成果应用推广至行业，获得良好口碑。

2. 标准化工作运行

（1）开展标准复审工作

2022年5月，全国新闻出版标准化技术委员会按照国家标准化管理委员会关于开展推荐性国家标准复审工作的要求，对GB/T 32867—2016《中国标准关联标识符（ISLI）》、GB/T 33662—2017《可录类出版物光盘CD–R、DVD–R、DVD+R常规检测参数》、GB/T 33663—2017《只读类出版物光盘CD、DVD常规检测参数》和GB/T 33664—2017《CD、DVD类出版物光盘复制质量检验评定规范》4项国家标准进行了复审。专家从标准的适用性、规范性、时效性、协调性和实施效果方面对上述4项标准进行了专家复审。经专家复审，上述4项国家标准均为"继续有效"。随后，秘书处组织委员对上述4项标准的专家复审结果进行了投票表决。复审完成率100%。

全国出版物发行标准化技术委员会2022年10月开展标准复审工作，对2018年以前归口的37项国家、行业标准在全国范围内开展标准线下复审工作，复审工作的指导文件是国家标准化管理委员会《2022年关于开展推荐性国家标准复审工作的通知》。

2022年，全国印刷标准化技术委员会组织部分业内知名技术专家对当年需要进行复审的6项印刷国家标准开展了复审工作，其中2项复审结论为修订，4项复审结论为继续有效。标准复审完成率均为100%。

（2）做好标准审查工作

2022年，全国新闻出版标准化技术委员会组织了11项标准的审查工作（1项国家标准和10项行业标准），具体包括：国家标准——《声像节目数字出版制作技术要求及检测方法》，行业标准——《出版企业社会责任指南》（已完成报批）、《版权资源权利描述》（已完成报批）、《静态图像识别与检索技术规则》（已完成报批）、《出版物虚拟现实（VR）技术应用要求》（已完成报批）、《四角号码检字法》（已完成报批）、《区块链技术在版权保护中的应用技术规范》、《出版业区块链技术应用标准体系表》、

《复合数字教材制作质量要求》、《出版物二维码技术应用要求》、《数字教育出版课程制作要求》。

2022年,全国出版物发行标准化技术委员会组织召开了2次送审稿审查会、1次标准预研究报告研讨会、4次行业标准报批稿专家会、1次团体标准资格表决会。由于疫情,所有审查会及表决均为全体委员投票进行。表决情况均为100%。

2022年,受国内新冠肺炎疫情各地出现反复情况的影响,多数国家及行业标准采用了函审的方式,全国印刷标准化技术委员会召开了1次线上标准审查会。2022年共向委员发送12次国家标准和行业标准函审,委员投票率均达到95%以上。

（3）标准化机构建设与管理

2022年,新闻出版领域的标准化机构建设持续推进,管理水平不断提升,标准化机构运行更加顺畅。全国印刷标准化技术委员会完成了换届工作,全国新闻出版标准化技术委员会在国家标准化管理委员会的考核评估中获评二级。

全国印刷标准化技术委员会完成换届。2022年10月,全国印刷标准化技术委员会以现场结合视频方式召开第五届全国印刷标准化技术委员会成立大会暨2022年年会。年会主要讨论并决定的事项包括《全国印刷标准化技术委员会2022年工作报告及2023年工作计划》《全国印刷标准化技术委员会2022年工作经费使用情况的报告》《全国印刷标准化技术委员会标准化工作先进单位、先进个人评选办法》等。

全国新闻出版标准化技术委员会为提高秘书处工作的规范性和效率,2022年持续开展了《全国新闻出版标准化技术委员会秘书处工作手册》的修订工作,进一步规范了标准制修订工作程序、内容、要求及常用工作模板。国家标准化管理委员会对112家全国专业标准化技术委员会开展了2022年度考核评估工作,全国新闻出版标准化技术委员会在考核评估中被评为二级,比上次评估提高了一级。

3. 标准宣贯培训

（1）标准培训

新闻出版领域各标准化技术委员会参加或开展关于标准编写、标准化知识普及的专业培训。

全国新闻出版标准化技术委员会秘书处在2022年年会上,组织了标准编写培训及标准化良好行为企业建设培训,旨在提高全国新闻出版标准化技术委员会委员、专家的标准编写能力，推动出版单位加强标准化建设。

全国出版物发行标准化技术委员会举办了一次线下标准培训工作，邀请了国家标准化管理委员会评审中心的老师为大家普及国家标准化法律法规相关内容；全国出版物发行标准化技术委员会参加两次线上培训。

全国新闻出版信息标准化技术委员会参加由中国标准出版社组织的国家标准编写质量提升会等多次网络视频会议。

全国印刷标准化技术委员会参加中国标准化协会举办的《国家标准化发展纲要》公益大讲堂；在线组织了1次主题为"标准先行促发展 创新赋能迎未来"的印刷标准化专业培训活动，来自业内的企业、高校、科研单位以及质检机构210余人参加了培训；还先后组织委员、分会委员、秘书处工作人员和有关企业代表分别在线参加了中国科协、国家标准审评中心、中国标准化研究院、中国标准出版社等单位组织的标准化专业培训。

（2）标准宣贯

2022年，针对特定标准，新闻出版领域各标准化技术委员会开展了线上线下各种形式的培训。

全国新闻出版标准化技术委员会克服疫情影响，2022年共完成3期标准在线培训，包括2期知识服务国家标准培训和1期数字出版标准应用培训，培训学员1 200余人，提高了出版单位对标准的认识水平，增强了借助标准推动数字化转型的能力。此外，全国新闻出版标准化技术委员会还为科研院所和公众提供了行业标准《学术出版规范 期刊学术不端行为界定》的应用咨询服务。

全国出版物发行标准化技术委员会联合北京印刷学院，通过"出版业科技与标准重点实验室"对《图书发行物联网应用规范》国家标准开展标准宣贯推广活动；联合中国教育装备协会，对《中小学馆配书目数据编制规则》行业标准开展标准宣贯活动。

全国新闻出版信息标准化技术委员会制作《内容资源数字化加工》系列国家标准和《数字内容对象存储、复用与交换规范》系列国家标准视频解读，在国家标准化管理委员会标准云课平台上发布。

全国印刷标准化技术委员会在线举办CY/T 261—2022《数字印刷 可变二维码喷印质量要求》新闻出版行业标准宣贯活动，在线参会人数120余人，此外还编辑1册

《数字印刷 可变二维码喷印质量要求》宣贯材料（PDF 版），在线向所有参会人员发放。

4. 标准应用与推广

新闻出版领域各标准化技术委员会制修订的标准在行业得到应用与推广，标准化工作对行业发展的支撑作用有了明显的加强，相关标准越来越受到行业主管部门、各出版单位的关注。

全国新闻出版标准化技术委员会技术委员会归口的《有声读物》标准，被中宣部组织的有声读物精品出版工程作为重要的遴选依据之一；新闻出版行业标准《学术出版规范 期刊学术不端行为界定》（CY/T 174—2019），被科技部、中宣部等 22 家科研诚信建设联席会议成员单位于 2022 年 8 月发布的新版《科研失信行为调查处理规则》引用；中小学数字教材系列国家标准，入选 2022 年出版业科技与标准创新示范项目标准创新成果。

全国出版物发行标准化技术委员会在 2022 年联合 CNONIX 实验室继续推广 CNONIX 国家标准，目前已基本实现试点到示范的推广目标，试点单位已由原来的 22 家增至 51 家。在示范单位与技术企业的共同努力下，CNONIX 国家标准应用示范工作取得了丰硕成果：一是建立了示范工作标准体系；二是建立了公共信息数据交换服务体系；三是建立了示范工作技术研发体系；四是建立了示范工作企业管理体系；五是开展基于 CNONIX 标准平台的交易单证交换试点项目。

全国出版物发行标准化技术委员会联合北京印刷学院，依托新闻出版领域关键技术研发及应用综合实验室，对《图书发行物联网应用规范》国家标准中关键产品研发、关键技术转化开展了一系列工作；与多家业内头部企业展开座谈，向相关企业推广、宣贯本标准。其中，依托本标准研发的智能货架、智能阅读台等图书零售环节物联网智能装备，在"福建新华书店·悦读驿站"项目中实现了关键技术转化。

全国出版物发行标准化技术委员会归口的《中小学馆配书目数据编制规则》行业标准 2022 年发布之后，全国出版物发行标准化技术委员会联合制标单位开展标准应用实施的前期准备工作，包括调研中小学图书馆书目的数据应用现状，摸查现行数据的规范性情况，了解编目软件的版本和技术可行性等。

全国新闻出版信息标准化技术委员会归口的《内容资源数字化加工》系列标准在

中国电力出版社、中国建筑工业出版社、电子工业出版社、中国税务出版社、人民卫生电子音像出版社、中国水利水电出版社、清华大学图书馆、北京师范大学图书馆等单位得到了较为广泛的应用；《数字内容对象存储、复用与交换规范》系列标准在新闻出版重大项目和示范项目中得到应用，助推行业转型升级；《期刊文章标签集》国家标准在行业中得到广泛应用，获得良好口碑。

二、新闻出版领域标准化发展特点、趋势与面临的挑战

标准是引领科技进步、助推创新发展的技术支撑，是国家基础性制度的重要方面，在推进国家治理体系和治理能力现代化中发挥着基础性、引领性作用。2021年10月10日，中共中央、国务院印发《国家标准化发展纲要》，为未来15年我国标准化发展设定了目标和蓝图。2021年12月30日，国家新闻出版署印发《出版业"十四五"时期发展规划》，对标准化工作提出了新要求。2022年7月6日，市场监管总局、中央网信办、国家发展改革委、科技部等16部门印发《贯彻实施〈国家标准化发展纲要〉行动计划》。

面对出版工作的新形势新任务和标准化工作的新阶段新要求，迫切需要进一步加强出版标准化工作，推动标准化发展由数量规模型向质量效益型转变，加快构建市场驱动、政府引导、企业为主、社会参与、开放融合的出版标准化工作格局，不断激发出版标准化创新的动力、活力，提高出版标准化供给的质量、水平，为建设出版强国提供强有力支撑。

（一）发展特点与趋势

1. 新兴产业标准占比越来越大

已经发布和正在制修订的标准中，新兴产业标准占比越来越大，有关产业数字化、智能化、绿色化的标准越来越大。

8项新发布的国家标准中，3项与数字出版有关；8项立项与在研的国家标准中，

6 项与有声读物、知识服务、数字出版、信息技术有关；13 项新发布的行业标准中，5 项与数字出版、智能印刷、绿色印刷有关；53 项立项和在研的行业标准中，23 项与数字化、绿色化有关。

2. 标准应用与推广程度越来越高

新闻出版领域各标准化技术委员会重视标准的宣贯与推广应用，行业权威媒体《中国新闻出版广电报》特地辟出"出版科技"版面对标准化工作进行报道。在各方的共同努力下，标准的应用与推广程度越来越高。例如，中小学数字教材系列标准 2022 年 11 月 1 日开始施行，国家标准化管理委员会联合该标准的归口单位全国新闻出版标准化技术委员会，在施行当天联系多家媒体，通过图解等方式，开展标准宣贯。行业媒体《中国新闻出版广电报》对该标准进行详细解读，多次推广。这一系列举措使得该标准不仅在行业内得到宣传推广，也让社会对该标准有了基本了解。再如，自 2013 年《中国出版物在线信息交换 图书产品信息格式规范》国家标准发布后，标准归口单位全国出版物发行标准技术委员会在行业主管部门指导下，联合相关行业协会，按照先试点再示范最后向行业全面推广的三步走战略，积极推进标准的应用实施，已基本实现试点到示范的推广目标，目前 CNONIX 试点单位已由原来的 22 家增至 51 家，标准的应用有效地提升了发行业的业务管理能力。

3. 标准化体系越来越健全

标准划分为国家标准、行业标准、团体标准、地方标准、企业标准、国际标准。各层次之间有一定的依从关系和内在联系，形成一个覆盖全国又层次分明的标准体系。

近年来，在做好国家标准和行业标准制修订工作的同时，新闻出版领域各标准化技术委员会开始关注团体标准、地方标准、企业标准，时有新标准发布，标准化体系结构越来越健全。例如，中国印刷技术协会 2015 年成立团体标准工作委员会，至今已发布 6 项团体标准，2022 年新立项 4 项团体标准。中国音像与数字出版协会 2018 年获自主制定团体标准资质，2019 年、2020 年和 2021 年分别发布 5 项、8 项和 4 项团体标准，有力支撑了数字出版和游戏产业的规范化发展。

中国书刊发行业协会 2022 年成功注册团体标准资格，并于 2023 年 2 月发布首个团体标准《3—8 岁儿童分级阅读指导》。

(二）标准化工作面临的挑战

1. 标准制修订工作的科学性有待进一步提高

标准化工作顶层设计不足，标准体系表更新较慢。标准制修订的过程一般由标准起草小组和标委会秘书处掌握，参与制定标准的只有少数企业，开放性差，有些标准在标准制定之初由于需求调研不够扎实，使得制定出的标准不能完全被市场和企业所接受。有的标准增加了企业的应用运行成本，加大了推广难度。

2. 标准化人才缺乏

与发达国家相比，我国新闻出版标准化工作与国际先进水平还有较大差距，还有较高提升空间。在 ISO 中担任召集人和项目负责人的专家以欧美发达国家为主，标准化人才缺乏是中国开展国际标准化工作面临的首要问题。目前标准化专家所在单位不能在时间上、资源上给予支持和保障也是主要原因之一。

3. 标准广泛宣传推广的力度不够

标准若要真正发挥指导行业发展的作用，制定出满足行业需求、高质量的标准只是完成了第一步，后续的宣贯、执行是保证标准真正发挥作用的必要步骤。标准宣贯的不足影响企业全面、有效获取标准信息，使得制定者与执行者对标准的内容和执行信息不对称。

4. 不同类型、不同地域企业应用标准程度不一

近几年来，标准化应用水平整体上有了大幅提高，但是仍然存在不平衡问题，相对来说，国有企业、东部经济发达地区、线上企业等信息化、标准化应用水平较高。

三、推进新闻出版领域标准化工作的建议

《国家标准化发展纲要》提出我国标准化工作发展目标：到 2025 年，实现标准供给由政府主导向政府与市场并重转变，标准运用由产业与贸易为主向经济社会全域转变，标准化工作由国内驱动向国内国际相互促进转变，标准化发展由数量规模型向质

量效益型转变。

《出版业"十四五"时期发展规划》对标准化工作提出了新要求,"完善相关印刷标准和检测标准,开展质量巡查和抽查,确保印刷质量""支持出版单位、行业协会等参加相关国际组织,参与制定国际标准和规则,增强我国出版国际话语权""优化行业标准体系结构,建立符合出版业发展要求的高质量标准体系,推动标准工作提档升级"。在标准管理机构和行业主管部门指导下,新闻出版领域标准化工作取得了一定成绩,当再接再厉,认真做好2023年乃至今后几年的工作。

(一) 强化标准化工作统筹推进

一是加强与上级主管部门和地方出版行政主管部门的沟通,积极参与各级标准立项申报,了解标准财政支持政策,将标准化纳入行业、区域、科技等各类政策规划,加强政策规划与标准化相关要求的协同衔接。

二是加强新闻出版领域各标委会之间的沟通,密切联系、强化协调,共享资源、合作发展。尤其是对涉及需要解决跨领域、跨行业、多部门通力合作的问题,加强沟通和交流。

三是加快构建技术、专利、标准联动创新体系,建立与相关标委会、科研机构、教育机构、企事业单位的协同工作机制。

(二) 开展有关标准化的各种调研

落实党中央《关于在全党大兴调查研究的工作方案》的要求,开展有关标准化工作的各种调研。

一是开展标准需求方面的调查研究。广泛对接高校、科研咨询机构、企事业单位等社会资源,了解各方面对标准的新需求,强化以需求为导向的标准研究,提高标准研制的科学性、适用性,建立标准制修订项目储备库。

二是开展标准宣贯和应用推广方面的调查研究。广泛调研相关领域重点关注的问题,密切关注行业发展,对委员单位、大专院校、科研院所和新闻出版单位等进行调研,了解标准应用与推广情况,创新标准宣贯与应用推广方式,提高标准的应用水平。

(三) 优化行业标准体系结构

建立符合出版业发展要求的高质量标准体系，推动标准工作提档升级。加大新兴产业标准支撑力度。集中研制一批引领新一代信息技术与新闻出版各领域良性互动、深度融合的国家标准和行业标准，助力出版深度融合发展。完善公共文化服务业标准支撑。

加强团体标准规范引导，培育一批优秀的团体标准组织，推进团体标准应用示范，引导社会团体制定原创性、高质量标准。提升企业标准化能力，有效实施企业标准自我声明公开和监督制度，完善企业标准信息公共服务平台，引导更多企业通过平台开展自我声明公开。促进地方标准化创新发展，深化省部标准化合作，推进地方标准化工作改革向纵深发展。

优化提升标准体系供给结构和水平，对现行标准进行复审，根据实际情况及时对重点标准进行修订，对由于技术发展不再适用的标准进行整合或废止，解决标准老化滞后及与实际工作脱节等问题。

(四) 深化国际标准化合作

推动中国标准与国际标准体系兼容。推动建立国际标准跟踪转化长效工作机制，持续开展国际标准和国家标准比对分析、适应性验证，加快转化先进适用国际标准。加强强制性国家标准外文版编译工作，推动国家标准中外文版同步立项。

推动国内国际标准化协同发展。推动国家标准与国际标准同步提出、同步研制，加强国家标准与国际标准的转化运用。

支持出版单位、行业协会等参加相关国际组织，参与制定国际标准和规则，增强我国出版国际话语权。加大与相关国际标准化组织的联系与合作，在积极参与国际标准化活动的同时，力争将新闻出版标准推向国际。

（左志红　《中国新闻出版广电报》出版周刊主编）

2022年出版专业教育现状、问题、形势与变革方向

张文红　由云静

我国出版教育始于1950年，发端于国家为解决出版事业发展的干部匮乏问题，自创办之时就体现出党和国家重视出版工作和出版教育的一面。70多年来，我国出版教育历经发轫期、建制化、规范化、专业化等不同发展时期，整体发展呈现出"从'培养出版干部'到'培养出版人才'""围绕出版教育主题，'产、学、研'三大要素实时、动态变化""出版学已经具备了独立学科的必要条件，党和国家的重视程度不断加强"的特征。[1]

21世纪以来，我国社会政治、经济、文化和科技等领域获得巨大发展，尤其是科技领域的互联网技术、人工智能技术的飞速迭代，直接促成了我国社会各个领域的变动革新，我国出版教育的政策环境和内部生态也发生了较大变化，出版教育面临着一些前所未有的新形势。国家政治层面："文化强国"等国家战略对出版教育提出新使命；教育政策层面：新文科建设对出版教育提出新要求；产业发展层面：出版融合和高质量发展对出版人才培养提出新目标；技术赋能层面：以ChatGPT为代表的人工智能技术给出版教育带来新挑战。

一、2022年出版专业教育的现状分析

（一）2022年我国出版教育的生态背景

2022年全国共有各级各类学校51.85万所，学历教育在校生2.93亿人，专任教师

1 880.36万人。新增劳动力平均受教育年限达14年。分层级看,各级各类教育均取得显著进展。2022年,高等教育毛入学率59.6%,比上年提高1.8个百分点。全国共有高等院校3 013所,其中,普通本科学校共1 239所(含独立学院164所);本科层次职业学校32所,高职学校1 489所,成人高等学校253所。另有培养研究生的研究机构234所。各种形式的高等教育在学总规模4 655万人,比上年增加225万人。

2022年,全国普通、职业本专科共招生1 014.54万人,比上年增长6.11%。其中,普通本科招生467.94万人,比上年增长5.25%。职业本科招生7.63万人,比上年增长84.39%。高职(专科)招生538.98万人,另有五年制高职转入专科招生54.29万人。全国共招收研究生124.25万人,比上年增长5.61%。其中,招收博士生13.90万人,硕士生110.35万人。在学研究生365.36万人,比上年增长9.64%。其中,在学博士生55.61万人,在学硕士生309.75万人。全国共招收成人本专科400.02万人;在校生933.65万人。招收网络本专科280.89万人;在校生844.65万人。

2022年,全国共有高等教育专任教师197.78万人。其中,普通本科学校131.58万人;本科层次职业学校2.78万人;高职(专科)学校61.95万人;成人高等学校1.47万人。普通、职业高校研究生以上学位教师比例78.54%,比上年提高1.04个百分点。[①]

(二)出版专业高等职业教育情况

通过全国职业院校专业设置管理与公共信息服务平台查看"职业教育专业目录"下的"高等职业教育专科专业"分类,再通过检索得知新闻传播大类下共设置22个专业,其中新闻出版类专业6个,分别是数字图文信息处理技术、网络新闻与传播、出版策划与编辑、出版商务、数字出版、数字媒体设备应用与管理,新闻出版类专业设置情况与2021年保持一致。

在中华人民共和国教育部官网公布的《2022年高等职业教育专科专业设置备案和审批结果的通知》中,2022年新闻出版大类高职专业无增无减。

在此平台查看"高等职业教育专业设置备案结果",并从中检索2022年度的新闻

---

① 数据来源自教育部发展规划司发布《2022年全国教育事业发展基本情况》。

出版大类专业备案数据，统计出 2022 年教育部备案的高职高专出版专业开设情况。较之 2021 年，2022 年全国高等职业教育院校在出版类专业设置上有了一些变化，具体情况如下：

开设"数字图文信息处理技术"专业的共 10 所院校，分别是深圳职业技术学院、江苏联合职业技术学院、江西传媒职业学院、山东传媒职业学院、晋城职业技术学院、上海出版印刷高等专科学校、四川文化产业职业学院、天津现代职业技术学院、重庆商务职业学院、广州科技职业技术大学。与 2021 年的图文信息处理专业相比，增加了广州科技职业技术大学 1 所院校，该校分别开设有 2 年制、3 年制数字图文信息处理技术专业。

开设"网络新闻与传播"专业的共 64 所院校，与 2021 年相比，增加了 11 所院校，分别是阳泉师范高等专科学校、江苏财会职业学院、安徽新闻出版职业技术学院、景德镇艺术职业大学（3 年制、5 年制）、焦作师范高等专科学校、新乡工程学院、汕尾职业技术学院、广州珠江职业技术学院、成都艺术职业大学、成都理工大学工程技术学院和中国矿业大学银川学院。广州华立科技职业学院和广州东华职业学院在已有该专业 3 年制学制的基础上，还新增了该专业 2 年制学制。同时也减少了 2 所院校，分别是广州涉外经济职业技术学院、陇南师范高等专科学校。

开设"出版策划与编辑"专业的共 3 所院校，分别是安徽新闻出版职业技术学院、江西传媒职业学院、东莞职业技术学院，与 2021 年相比减少了四川文轩职业学院 1 所院校。

开设"出版商务"专业的共 3 所，分别是安徽新闻出版职业技术学院、上海出版印刷高等专科学校（该校开设有 2 年制和 3 年制的出版商务专业）、南充职业技术学院。与 2021 年相比，减少了广西教育学院和四川文轩职业学院 2 所院校。

开设"数字出版"专业的共 9 所院校，分别是东莞职业技术学院、深圳职业技术学院、广东轻工职业技术学院、湖南大众传媒职业技术学院、苏州工业园区服务外包职业学院、江苏联合职业技术学院、山东传媒职业学院、上海出版印刷高等专科学校（该校开设有 2 年制和 3 年制的数字出版专业）、成都工业学院。与 2021 年相比，减少了北京北大方正软件职业技术学院。

开设"数字媒体设备应用与管理"专业的院校为安徽绿海商务职业学院。与 2021 年相比，减少了吉林科技职业技术学院这所学校。

与 2021 年专业开设情况相比，2022 年我国出版类高职教育开设院校整体数量增加，但专业设置并未改变。"数字图文信息处理技术"（原图文信息处理）专业开设点院校略有增加，新增院校还区分了 2 年、3 年不同学制；"网络新闻与传播"专业增加了十余所开设院校，增加幅度最大，体现着融媒体时代出版教育的新风向；"出版策划与编辑"专业有 3 所院校开设；"出版商务"专业开设点院校减少 2 所；"数字出版"专业开设点院校减少 1 所，变化幅度不大。

（三）编辑出版学本科教育情况

根据《普通高等本科专业目录》，新闻传播学类共有新闻学、广播电视学、广告学、传播学、编辑出版学、网络与新媒体、数字出版、时尚传播、国际新闻与传播和会展十个专业。

截至 2022 年底，全国共有编辑出版学本科专业建设点 61 个，通过查询教育部每年公布的"普通高等学校本科专业备案和审批结果"数据，可以清楚地看到：近年来我国编辑出版学专业建设点有所减少，且呈持续下降趋势。2019 年有 2 所院校备案撤销了编辑出版学专业，分别是湖南工商大学与青海师范大学，该年无新增。2020 年虽然在辽宁传媒学院新增 1 个编辑出版学专业办学点，但有 3 所院校在教育部备案撤销了编辑出版学专业，它们分别是中国人民大学、安徽新华学院以及广西民族大学[①]。2021 年编辑出版学专业建设点再度缩紧，吉林艺术学院、湘潭理工学院、广西民族大学相思湖学院和昆明文理学院 4 所院校在教育部备案撤销了编辑出版学专业。2022 年延续了往年的下降趋势，有 3 所院校在教育部备案撤销了编辑出版学本科专业建设点，它们分别是临沂大学、湖北恩施学院和昆明理工大学。

2021 年 3 月 8 日，据《中国新闻出版广电报》消息，我国编辑出版学国家级一流本科专业建设点增至 8 个，分别在武汉大学、北京印刷学院、中国传媒大学、河南大学、上海理工大学、陕西师范大学、浙江传媒学院和吉林工程技术师范学院。

受到"双一流"建设政策、国家级一流本科专业建设和当今人才市场需求急剧变化的影响，我国高校本科专业建设已经进入"大浪淘沙"阶段。一方面，拥有优质资

---

① 据笔者了解，中国人民大学的编辑出版学专业在 2020 年以前已停止招生。

源和专业优势的高校想集中力量和优质资源，打造、建设与时代潮流紧密结合的新兴特色专业，并深度挖掘现有优势专业的创造力和发展前景；另一方面，当今的出版业发展迅猛，产业的转型升级周期缩短，产业集中度高，出版业向着精品化、数字化的方向转型升级，对新型出版人才的需求也产生了翻天覆地的变化，而当前的出版专业人才培养体系和目标与出版行业的实际需求匹配度不高，无法顺应和满足出版业智能化、数字化发展的人才需求。

（四）数字出版本科教育

2020 年，北京印刷学院数字出版专业入选 2020 年度国家级一流本科专业建设点。这是数字出版专业首次入选国家级一流本科专业建设点，标志着数字出版专业得到了国家层面的认可，为未来数字出版专业的发展和数字出版专业人才的培养奠定了坚实的基础。

截至 2022 年底，全国开设数字出版本科专业的院校共 23 所。其中，2019 年新增山西传媒学院与闽南师范大学 2 所院校，2020 年新增南京传媒学院与山东政法学院 2 所院校，2021 年新增中国传媒大学，2022 年新增长春科技学院。根据 2022 年教育部备案的撤销本科专业建设点的情况，武汉大学和曲阜师范大学 2 所院校撤销了数字出版专业本科建设点。

自首批数字出版专业建设点开设以来，数字出版专业建设点数量略有波动，大体上呈现稳步增长的趋势。2020 年至今，每年都会有院校增设数字出版专业，这表明高校正在根据社会发展及人才建设的实际需要，灵活调整各自人才培养的专业设置，有一些高等院校看到了数字出版行业的人才缺口，努力将自身人才培养目标与行业实际需要接轨。但由于数字出版专业开设时间尚短，开设该专业的院校总量仍然较少，开设院校也多为普通本科院校或民办院校、独立学院等。

（五）出版专业硕士生教育

自出版硕士专业学位设立以来，各院校积极申办，截至 2022 年，全国出版硕士专业学位研究生培养单位已有 33 家，这些院校类型多元，既有武汉大学、南京大学等综合型双一流大学，又有北京印刷学院、上海理工大学等行业型高校，也有云南民族大学等面向民族地区的特色高校。[2] 根据研招网硕士专业目录显示，2022年全国共有26所高校招收出版专业硕士，分别是北京印刷学院、中国传媒大学、南开大学、河北大学、辽宁大学、吉林师范大学、复旦大学、上海理工大学、华东师范大学、南京大学、南京师范大学、安徽大学、南昌大学、青岛科技大学、济南大学、河南大学、武汉大学、湖南师范大学、暨南大学、华南师范大学、广东财经大学、广西师范大学、四川大学、昆明理工大学、云南民族大学和陕西师范大学。其中，6所高校将"出版"单独列为二级硕士点开展人才培养，分别是中国传媒大学、四川大学、北京印刷学院、上海理工大学、武汉大学和南京大学。2022年7月，北京印刷学院出版学院挂牌成立，出版学作为二级学术硕士点招生。中国传媒大学、四川大学和上海理工大学在文学门类下新闻传播学一级学科下开设出版学二级硕士点，而武汉大学和南京大学则在管理学门类下图书情报与档案管理一级学科下开设出版学二级硕士点。除以上6所高校将"出版"单独列为二级硕士点外，其余高校均采用在其他专业（如传播学、管理学等）二级硕士点下设置编辑或出版研究方向。2022年，由于出版学一级学科论证尚未通过，出版学仍然不具有独立学科地位，出版学学术硕士培养依旧采用"挂靠"其他学科的模式。通过查询中国研究生招生信息网硕士专业目录得知，2023年预计将有31所高校开设出版专业学位硕士授权点并招生，较2022年将新增5所院校，分别是吉林外国语大学、扬州大学、浙江工商大学、南昌工程学院和湖北大学。结合院校授权点2021、2022年公布的硕士研究生录取名单，统计各授权点招生情况如下，见表1。

表1 全国出版专业学位硕士点开设院校及2021、2022招生情况

序号	学校名称	获批时间	开设院系	2021年招生人数	2022年招生人数
1	南京大学	2010年7月	信息管理学院	16	26
2	武汉大学	2010年7月	信息管理学院	15（含5推免）	14（含3推免）
3	复旦大学	2010年7月	中国语言文学系	22（含7推免）	26（推免12人，统考招生14人）
4	南开大学	2010年7月	文学院	1	2（只招收非应届）
5	四川大学	2010年7月	文学与新闻学院	7（含1推免）	9

续表

序号	学校名称	获批时间	开设院系	2021年招生人数	2022年招生人数
6	北京印刷学院	2010年7月	新闻出版学院 出版学院	63	69
7	中国传媒大学	2010年7月	新闻传播学部 传播研究院	30（含2推免）	33（含推免15人，实际推免8人；统考录取25人）
8	河北大学	2010年7月	新闻传播学院	22	20（拟接收推免5人，实际推免0人）
9	河南大学	2010年7月	新闻与传播学院	16	20
10	湖南师范大学	2010年7月	新闻与传播学院	20（含1推免）	25（含2推免）
11	吉林师范大学	2010年7月	新闻与传播学院	10	5
12	安徽大学	2010年7月	新闻传播学院	24	30
13	青岛科技大学	2014年5月	传媒学院	38（含2推免 12非全）	34（含13非全）
14	华东师范大学	2014年5月	传播学院	20（含10推免）	22（含10推免）
15	上海理工大学	2014年5月	出版印刷与艺术设计学院	24	24
16	南昌大学	2014年5月	新闻与传播学院	7	6
17	陕西师范大学	2014年5月	新闻与传播学院	30（含1推免）	28
18	辽宁大学	2018年3月	新闻与传播学院	15	15
19	南京师范大学	2018年3月	文学院	35（含6推免）	45（含4推免）
20	暨南大学	2018年3月	文学院	23（含2推免）	23（含3推免）
21	济南大学	2018年3月	文学院	8	10
22	华南师范大学	2018年3月	文学院	12	6
23	广东财经大学	2018年3月	人文与传播学院	25	28
24	广西师范大学	2018年3月	文学院	25	31
25	昆明理工大学	2018年3月	艺术与传媒学院	9	10
26	云南民族大学	2018年3月	民族文化学院	15	17
	合计			532	578

通过对比我们不难发现，2022年较之2021年，大多出版专业硕士授权点的招生数量有所增加，但招生数量涨幅较小；全国出版专业硕士总计招生人数有一定的增加，出版专业硕士招生总量呈现出明显的扩招趋势。相对来说，扩招趋势较大的院校有：南京大学2021年招生16人，2022年招生26人，增加了10人；南京师范大学2021年招生35人，2022年招生45人，增加了10人。纵观2022年全国出版专业硕士招生情况，我们不难发现，一方面，受到2022年疫情的持续影响，为缓解就业压力，教育部发布关于研究生教育改革的通知，其中明确表明为了提升教育素质，将扩大研究生招生规模。各高校纷纷响应国家政策号召，进行硕士研究生扩招；另一方面，报考研究生的人数逐年增加，考研的形势日趋严峻，考生的心态变化影响着考研院校的选择，考生心态逐渐从"选择名校"到"降低目标"转变，进而选择拟招生人数更多、办学层次稍低的院校。

（六）出版学研究方向博士生教育

笔者通过查阅中国研究生招生信息网博士目录，以出版专业或出版研究方向为关键词进行检索，辅以博士点导师研究方向查询，得出2022年我国依托一级学科博士点开设出版学研究方向博士点的院校共有16所：北京大学、中国传媒大学、北京师范大学、华东师范大学、南京大学、武汉大学、武汉理工大学、湖南师范大学和中国科学院大学等院校。详细情况如表2所示。

表2　全国出版学研究方向博士点开设院校（高校排名不分先后）

序号	学校	院系	专业代码	研究方向
1	武汉大学	信息管理学院	1205Z1 出版发行学	01（全日制）出版营销管理
				02（全日制）数字出版
				03（全日制）编辑理论研究
				04（全日制）中国编辑思想史
				05（全日制）数字出版与新媒体
				06（全日制）科技出版与科学交流
				07（全日制）近现代出版史
				08（全日制）阅读史与阅读文化
				09（全日制）数字出版

续表

序号	学校	院系	专业代码	研究方向
1	武汉大学	信息管理学院	1205Z1 出版发行学	10（全日制）数字人文
				11（全日制）科技信息资源服务
				12（全日制）数字学术出版
2	中国传媒大学	传播研究院	0503Z4 编辑出版学	不区分研究方向
3	南京大学	信息管理学院	120500 图书情报与 档案管理	18 出版理论与历史
				19 数字出版与相关文化产业发展
				20 出版经济与管理
				21 数字出版与知识服务
				42 出版营销管理
				43 智能出版
4	北京外国语大学	国际新闻与传播学院	0502Z8 国际传播	69 传播效果评估研究/国际出版传媒研究/中外出版文化
5	北京师范大学	新闻传播学院	050106 中国现当代文学	03 数字出版与数字人文
6	中国科学院大学	文献情报中心	120501 图书馆学	03 数字出版与传播研究
				06 少数民族骨干计划人才专项计划——数字出版与传播研究
7	武汉理工大学	计算机科学与 人工智能学院	081200 计算机科学与技术	06 数字传播与数字出版
8	中国人民大学	新闻学院	0503Z1 传媒经济学	数字出版研究
				当代中国出版研究
9	河北大学	新闻传播学院	050300 新闻传播学	02 文化传播
10	浙江大学	人文学院	050106 中国现当代文学	编辑出版与当代文化
11	陕西师范大学	新闻与传播学院	0501Z1 文艺与文化传播学	04 出版文化与社会发展
12	南开大学	文学院	050106 中国现当代文学	04 中国现代文学与传播

续表

序号	学校	院系	专业代码	研究方向
13	湖南师范大学	新闻与传播学院	050300 新闻传播学	04 编辑出版学
14	北京大学	信息管理系	120520 图书情报与档案管理（编辑出版学）	（全日制）不区分研究方向
15	华东师范大学	传播学院	050302 传播学	01 编辑出版研究
16	安徽大学	新闻传播学院	050300 新闻传播学	03 媒介文化史

根据统计，目前我国有 16 所高校依托一级学科博士点开设了出版学研究方向的博士点，隶属于不同的专业、不同的院系。这一统计结果与 2021 年相比无太大变化。相较于国家整体的教育规模，当下的出版专业博士培养是在"出版学"未具备一级学科地位的情况下采取挂靠方式开展的，整体出版博士教育规模依然较小，尚且不能满足中国出版业高度发展后对高质量、高层次的新型出版人才的客观需要。

二、2022 年出版教育的问题与形势

（一）出版专业技术人才培养与出版业需求不匹配

1. 高校出版专业培养"重理论、轻实践"

一方面，在高校培养模式中，专业课程往往重理论而轻实践，培养方向较为混乱，课程设置"大而无当、博而不精"。而出版学是一门实践性非常强的学科，需要培养学生将出版理论应用于出版实践，并在出版实践中继续持之以恒学习的能力。然而，高校出版专业在学生培养过程中，曾经长期存在理论与实践不能紧密结合，甚至是理论

严重脱离实际的问题，造成出版专业学生对出版行业实际缺乏认识，出版行业对出版专业毕业生难以感到满意等问题。[3]在出版行业实际工作中，实践能力具体表现为出版物选题策划能力、出版物内容组织能力、语言和文字表达能力、沟通和协调组织能力等各种各样需要在工作实践中进一步锻炼和塑造的能力。因此，能否在课程设置中切实体现和落实实践的效果，做到实习环节真正落地，并切实提高学生实践能力，是高校出版专业教育亟待解决的重中之重。

另一方面，目前在高校任职的出版专业教师，有不少是"从学校到学校"，毕业后直接进入高校任职，缺乏出版行业从业经验。在高校出版专业专任师资队伍中，有实际出版工作经历的教师比例过低，而目前专任教师接受的专业培训严重不足。可以说，高校出版专业师资队伍的质量决定着出版人才的培养质量。出版专业教育的专业性、行业性、实践性等特点，要求出版专任教师必须懂得出版法律法规，了解出版理论，熟悉出版业务，尤其是必须熟练掌握与所承担教学任务紧密相关的出版业务，这样才有利于培养和帮助学生提高解决实际问题的能力。

2. "融合出版"急需复合型出版人才

随着媒体融合的不断加深，出版业融合发展迎来了新契机，新的阅读需求不断涌现。融合出版是指利用现代信息技术充分开发内容资源，满足社会多样化文化需求的一种出版活动。它是传统出版与新技术在新形势下的结合，是满足读者和用户需求的一种创新方式。融合出版具有跨学科和综合性的特点，对出版人的信息素养提出了更高要求，出版人不仅要掌握出版专业知识、行业专业知识，还要具备新媒体知识、互联网信息技术知识等跨学科的基本知识，对新技术的产生和应用保持敏感，能够牢牢把握新技术在出版领域的最新应用。[4]

在传统的出版人才培养框架中，出版人才培养囿于固定而僵化的培养模式——按照传统的编、印、发流程分割成几个职业岗位进行人才培养。长期以来，出版企业比较重视编辑人才的培养，文字编辑大多数十年如一日地伏案工作，最终被培养成编审等高级职称人才。这样的人才对传统出版有价值，但要应对出版业的跨界竞争还远远不够。在信息的快速流动以及产业边界不断模糊的融合出版时代，出版产业链从内容到形式都被注入了新内涵，基于传统出版流程的职业人培养模式已经不适应出版业的发展，人才问题已经成为出版业高质量发展的障碍。

3. 数字出版专业建设仍然滞后

截至2022年底，全国开设数字出版本科专业的院校共23所，短短几年就增加了十几所，但随着数字媒体技术的迅猛发展和互联网时代人们阅读习惯的改变，数字出版专业人才供不应求。数字出版专业开设数量少、缺乏系统优质专业教材和专任教师数量不足，导致数字出版人才培养无论数量还是质量都不能满足产业发展需求，而人才匮乏致使数字出版行业发展社会动力不足。与此同时，受到传统出版观念和理论的束缚，数字出版专业底蕴不够深厚。

值得注意的是，许多高校开始注意到数字出版行业迫切的人才需求，虽然没有明确开设"数字出版"专业，但已经在相关本科专业或硕士层面开设数字出版方向，为数字出版行业输送专业人才。

（二）出版专业学科地位尚未得到准确体现

1. 本科、硕士出版专业仍依赖"挂靠"方式进行培养

截至2022年底，全国出版本科类专业建设点接近100个，全国共有26所高校招收出版专业硕士。对各个开设出版本科或出版专业硕士的院校进行观察，可以清楚地看到，有不少院校的出版本科专业或出版硕士专业开设在文学院、管理学院、新闻传播学院等二级学院，"挂靠"方式培养显然无法凸显出版专业教育的主体地位。

随着社会科学的发展和大出版、大传播的发展需要，出版专业的学科地位需要得到准确体现。出版学成为一级学科，有利于加大出版学的研究力度，不仅有利于出版专业教育的发展，更有利于出版行业高质量人才的培养和出版行业的长足稳定繁荣。

2. 出版可授予专业博士学位，但目前出版学研究方向博士点数量仍然较少

2022年，国务院学位委员会、教育部发布《研究生教育学科专业目录（2022年）》和《研究生教育学科专业目录管理办法》，目录显示我国研究生教育设有14个专业门类，共有一级学科117个。这是我国第5版研究生教育学科专业目录，自2023年起实施。值得关注的是，在发布的新版目录中，"出版"位列其中，目录代码为0553，出版专业人才可被授予出版博士专业学位，这是2022年出版专业教育领域的大事件。

自2023年开始，出版专业人才可以被授予专业博士学位，但就目前而言，开设出

版学研究方向的博士点数量仍然有限。通过查阅中国研究生招生信息网博士目录，可以发现目前开设出版学研究方向的博士点院校仅有 16 所，而 2023 年拟招收出版专业博士或相关研究方向博士的院校仅有 9 所。

（三）人工智能新突破给出版专业教育带来挑战与机遇

2022 年 11 月 30 日，美国人工智能研究实验室——OpenAI 推出 ChatGPT（Chat Generative Pre-trained Transformer Intelligent Chatbot，智能聊天机器人程序）。ChatGPT 是一个强大的人工智能语言模型，能够完成各种任务，如文本创建、代码生成或编辑、语言翻译、总结文章大意、撰写文章摘要、写信和检索信息等。ChatGPT 是世界人工智能技术的新的突破，它能弥补以往的人工智能程序不能像人类一样自主处理语言信息、进行带有人类情感的对话的缺陷。ChatGPT 已经基本上通过了图灵测试。

1. 人工智能技术新突破带来的挑战

对于高校教育来说，无论学习何种专业，学生一旦依赖人工智能完成课程报告写作甚至是毕业论文写作，高校对其理论研究水平和动手实践能力的培养将大打折扣，学生还会陷入毕业论文是否属于学术不端的争议之中。

使用人工智能进行创作给出版专业教育带来了很大的挑战。一方面，使用人工智能进行创作会阻碍高校对编辑出版专业学生实践能力的培养。人工智能的确可以取代编辑和作者的一部分工作，甚至比编辑和作者完成得更好。出版专业学生可能会陷入对专业学习的倦怠情绪之中，严重挫伤出版专业学生的积极性。另一方面，人工智能可以代替编辑完成文案编写等相关工作，将会给出版专业教育带来严重的就业危机。

2. 人工智能技术为培养融合出版人才带来机遇

随着新技术的出现和广泛应用，出版业对出版人才的能力需求发生了很大变化，出版业需要树立"人才是关键要素"的发展理念，采取积极策略，建设高素质的出版业人才队伍。

以深度学习为代表的人工智能技术可以广泛应用于数字内容的精准创作和传播；大数据技术可以用来完善出版内容，为数字出版提供增值服务；当然，区块链也可以用来保护版权。同时，新出版业态的发展也可以刺激和鼓励新信息技术在科学传播和推广方面的高质量发展。在技术应用层面，现有出版企业作为创新者，应加大对基于云计算、大数据、人工智能、物联网、区块链、VR、AR 等技术的应用场景探索，通过提升技术应用水平，提高出版服务产品的质量。因此，高校出版专业教学应努力平衡人工智能技术的优势和劣势，将技术学习和应用融入课程，大胆采用新技术，改造新技术，利用新技术，通过创新人才培养模式和技术赋能教育等方式更好地服务于出版人才的培养工作。

三、出版专业教育未来变革方向

（一）面向融媒体时代，探索培养复合型出版人才新路径

1. 培养融媒体时代出版专业学生的数据素养

2019 年 2 月，中共中央、国务院印发《中国教育现代化 2035》白皮书，提出加快信息化时代教育变革，建立数字资源共建共享机制。从数据素养视角看，大数据时代对编辑出版教育改革的要求体现在：面对出版活动中的营销数据、内容数据、行业数据的价值涌现，编辑出版理论教育需要从信息意识层面走向数据文化层面；面对编辑出版专业实践教育的外向拓展，尤其是出版产业的内容编辑与推送、数字技术的应用与推广、数字出版平台化运营等新业务模式，编辑出版实践教育需要从信息识别和信息获取的信息素养培养走向数据操作和数据处理的数据技能培养；面对研究活动中数据引用、数据出版和数据使用等数据管理问题，编辑出版研究人才培养需要从传统数据管理走向数据使用规范和伦理教育。[5]

融媒体时代，传统出版专业学生在数据素养上难以适应行业提出的要求，把握出版活动中的营销数据、内容数据和重要行业数据，进行数据管理的能力有所欠缺。即使是在进行出版研究时，运用数据进行理论分析也是非常重要的一项技能，因此，提升编辑出版专业学生的一系列数据素养至关重要，是面向融媒体时代建设出版专业教育、培养复合型出版人才的关键。

2. 构建新文科背景下多学科交叉与学科融合的出版专业体系

出版工作的复合性特征要求出版专业教育要"博专并济"。出版行业涉及多个行业领域，出版学科与多个学科密切相关。出版工作者往往需要掌握多学科的知识，广泛涉猎、学识渊博，还要具备某一学科的专业知识。出版专业的发展必须与多种人文社会科学融合，建立专业主干课程与非专业主干课程的连接，打破专业壁垒，综合运用传播学、文学、管理学、图书馆学、历史学等多学科知识解决出版行业以及出版研究中的实际问题，用多学科带动出版专业深度发展。[6]这既需要出版专业学生掌握出版专业理论知识和实践能力，又要学会运用广泛的文科知识解决问题，更要"博中取专""术业有专攻"，深耕某一领域的知识谱系，打造出版行业专门人才。

3. 加大投入建设数字出版相关专业

目前，数字出版专业开设时间尚短，数字出版人才稀缺。人才的稀缺不仅表现在数字出版从业人员数量较少，还表现在数字出版从业人员专业度不高，数字出版行业发展社会动力明显不足等方面。上述问题体现出目前我国数字出版专业的建设不完善，专业培养体系亟待调整，专业水平亟待升级。

在融媒体时代，数字媒体技术飞速发展，数字出版专业逐渐成为热门专业，需要开设该专业的院校加大投入力度建设数字出版相关专业，持续为行业输送更高水平的专业人才。

（二）深入出版行业，构建产校融合共同体

融媒体时代，出版工作者应具备较强的创新能力和实际应用能力，各所高校应该充分整合自身优势资源，建设富有本校特色的出版专业，并且深入行业，构建产学研深度融合的共同体，让学生的理论学习能够以实习的方式充分落地，切实保证理论学习的效果和提高学生理论联系实际的能力，在行业实践中继续学习出版业务知识。

高校需要加大编辑出版实践课程的比重，建立更丰富更合理的实践课程评价考核标准体系，避免考核评价"唯考试""唯绩点"。对于实践课的考查更是不能简单地进行"打分"，而是以实践成果的形式，量化学生的学习实践成果，鼓励学生在实践中训练出版技能、学习从事出版活动时真正需要的出版业务知识。

出版专业教师应以出版业真问题和项目完成为教育牵引，在课堂上可以多进行案例分析，基于案例来组织教学内容，引导学生自主思考相关案例的内在逻辑和含义；在课程中可以邀请出版业界"大咖"走进课堂，为学生现身说法讲解出版活动；[7]还可以与出版企业联动建立校企合作的"编辑室"，定期安排师生深入出版企业进行实践锻炼，体验出版工作氛围，提高出版专业技能。

（三）深入挖掘专业底蕴，探索出版学科地位提升之路

1. 出版教育旨在培养有文化、有理想、有信念、有担当的出版情怀实践者

文化自信是一个国家和民族发展中最基本、最深刻、最持久的力量。具有前瞻性的文化是一个国家和民族相互联系、血脉相连的重要纽带。五千年的中华优秀传统文化是中华民族文化自信的最深厚基础。

没有出版业记录、继承、创新和发展的文化成果，中国的文化自信就会成为无源之水、无本之木。进入中国特色社会主义新时代，发挥出版文化优势，建设世界出版强国，是巩固文化自信的基础，是发展社会主义先进文化的重要推动力。当前，出版业在文化传承、积累、发展、创新方面继续发挥着巨大的作用。

2010年，国务院学位委员会批准设立出版专业硕士学位，但是，出版专业硕士学位人才培养不能涵盖更不能替代出版学的学术学位。出版专业硕士不足以支撑整个出版学的学科体系，再加上全国能培养出版学博士的高校很少，导致现有的出版学专业研究生课程师资力量薄弱，影响了出版学学科的建设和发展。经过几十年的努力，现在已经具备了将出版学作为一级学科列入国家学位授予和人才培养的学科目录的条件。第一，出版业有明确的研究对象，已形成相对独立的理论和知识体系。第二，出版业有独特的、富有价值的研究内容。第三，许多大学和研究机构已经开展了长期的出版专业科学研究和人员培训。

出版专业知识的丰富性必须体现在准确的学科地位上。出版教育者要深入挖掘出版专业的学科优势和内涵，重视出版学科作为社会科学的重要性，始终培养有文化、有理想、有信念、有担当的专业人才，从而体现出版专业的学科地位。

2. 大出版、大传播背景下，努力提高出版学科地位

出版业担负着传播真理、传递文明、教育人民、服务社会的重要任务，也担负着

收集和传播文化的重要任务。出版业要繁荣发展，出版职能要有效发挥，就必须建设一支高素质的队伍，培养一批高素质的教师和研究人员。在一级学科目录中设立出版学科，有助于提高高校和科研单位的科研实力。[8]出版学科建设和出版专业发展相辅相成：学科是专业建设的基础，出版人才的培养首先是学科的建设，知识体系的建设是专业建设的保障。出版专业的发展及其重要作用，也是宣告出版学科为重要学科的最有力证明。

提高出版学科地位、加强出版专业人才培养是构建中国特色哲学社会科学体系、推动出版业高质量发展的需要，更是繁荣发展文化事业、建设文化强国的现实需要。要用习近平新时代中国特色社会主义思想指导出版学科建设和人才培养工作，牢固树立马克思主义出版观。大力加强职业素养和文化修养的培养，着力培养创新型、复合型出版人才。大力弘扬出版业的优良作风，使出版人引以为豪的韬奋精神在新时代继续焕发新的光彩。大力加强出版学科体系建设，特别是基础性、全局性、前沿性问题的研究，构建中国特色社会主义出版科学。

（张文红　北京印刷学院出版学院编辑出版系主任；

由云静　北京印刷学院2022级出版专业硕士研究生）

参考文献

[1] 周蔚华，陈思睿．新中国成立以来出版人才培养的历史考察、特点与启示[J]．出版科学，2022，No.30（6）：5-15.

[2] 吴平，高兆强．出版专业硕士培养：问题与进路[J]．现代出版，2023，No.143（01）：8-15.

[3] 朱宇．出版专业技术人员职业资格考试对高校编辑出版专业教育的影响[J]．出版与印刷，2022，No.131（06）：10-15.

[4] 朱双龙．后疫情时代出版人融合能力提升的路径思考[J]．中国编辑，2021（11）：86-90.

[5] 周小莉．面向编辑出版专业的数据素养教育体系构建研究[J]．出版科学，2020，28（01）：67-72.

［6］白寅. 新文科视野下数字出版专业的设置逻辑及其内涵建设［J］. 出版科学，2021，29（02）：89–98.

［7］张赟. 融合出版视域下出版人才培养路径探究［J］. 新闻研究导刊，2023，14（04）：197–199.

［8］陈丹，徐露. 全国高校出版专业教育现状调研与发展路径分析［J］. 出版发行研究，2021，No.351（02）：19–27.

2022 年出版学研究热点综述

段乐川　王会娟

2022 年党的二十大胜利召开，党和国家事业发展进入新阶段，我国出版业高质量发展格局更加凸显。出版业持续繁荣发展，一方面是出版业规模不断扩大，出版品种类别持续增加；另一方面是出版技术快速升级迭代，出版业态加速变革，实现了整体实力和质量效益的双向提升。与出版业发展交相辉映的是，2022 年出版理论研究不断深化，出版学学科体系不断完善，在服务行业发展、引领出版观念变革等方面发挥着越来越不可替代的重要作用。回顾 2022 年出版学研究的历程，立足中国场域，关注实践变化，强化问题意识，突出观念创新，成为出版学理论建构和学科体系发展的鲜明时代特征。为了充分展现 2022 年我国出版学研究发展的实绩，揭示出版学发展演进的思想脉络，笔者举其荦荦大者，加以梳理论述，以求以点带面地反映 2022 年出版学发展的历史轨迹和现实成就。

一、出版产业发展研究

出版业发展的一个重要趋势是，技术创新带来的出版业态加速变革，出版融合发展上升为国家和行业重大战略，出版传媒企业不断调整业态，努力适应移动传播新趋势。在出版融合深度发展的背景下，出版产业发生着巨大变化。2022 年围绕出版产业发展层面的研究主要表现在以下两个方面。一是对"十四五"发展的聚焦研究。王飙、毛文思的《出版强国建设背景下数字出版高质量发展前瞻——"十四五"时期数字出版发展重点解析》一文对"十四五"时期数字出版的发展前景进行了展望和建议。[1]李林容、张靖雯的《面向"十四五"时期出版业深度融合发展的策略思考》，在理论逻辑上回溯了我国出版行业的理论语境变迁，在事实逻辑上厘清了目前我国出版行业的转变与困境，并结合"十四五"规划对文化强国建设的重要部署，就出版融合发展提出优化策略，为新时代背景下出版深度融合提供新的思考维度。[2]戚德祥的《"十四五"时期中国出版走出去：融合创新 提质增效》一文分析了"十四五"时期出版走出去的时代背景及其新使命、新格局、新趋势，围绕推动中国出版高水平走出去，重点阐述了"十四五"时期出版走出去的重点任务与路径选择，即加强出版走出去内容建设，提供高质量产品与服务；技术赋能出版融合发展，构建出版走出去新格局；协同创新推动产业升级，构建出版走出去新价值生态系统；深化国际合作与交流，拓展国际主流市场与新渠道。[3]二是产业政策研究。张窈、曹子郁的《新时代我国出版产业政策环境变化——基于政策工具选择模型的研究》一文，探析新时代我国出版产业政策优化路径，促进出版产业高质量发展。文章从政策科学的视角出发，结合我国出版产业的特殊性，在政策工具选择的综合模型基础之上，构建与我国出版产业发展相配适的国家能力和政策子系统复杂程度相互博弈的政策工具选择模型，并据此分析新时代我国出版产业政策环境的突出变化，指出未来我国出版产业的政策制定应继续在体制机制创新、文化引导以及与高新技术深度融合等方面持续发挥作用，从而推动实现新时代出版产业的跨越式发展。[4]

二、出版新业态研究

近两年来，出版传播技术发展日新月异，其中具有影响力的是两大技术突破。一是5G技术的商用带来出版传媒形态的深层变革，VR、MR等新的出版媒介形态不断催生。二是人工智能技术在出版传媒信息生产中开始被深度应用，影响到出版传播生产的方方面面，引发编辑智能化发展趋势。2022年出版业态创新研究主要表现在以下三个方面：一是出版数字藏品研究。孙艳华的《数字藏品赋能出版：价值重构与价值提升》[5]、鲍娴和管慧勇的《基于SWOT分析的数字藏品在出版领域的发展策略》[6]、施其明和郭雪吟的《文化数字化背景下出版业数字藏品发展路径探究》[7]、锁福涛和潘政皓的《元宇宙视野下NFT数字藏品版权保护问题》[8]等文，聚焦出版业中数字藏品开发和版权保护，提出数字藏品的出版业发展策略。二是人工智能与出版业发展研究。郝红霞、严三九在《智能传播时代全媒体出版路径探析——基于场景的视角》一文指出，在智能技术、社会需求、媒体融合政策等多要素驱动下，传统出版格局正在发生改变，全媒体出版场景将成为一种必然趋势。[9]他们认为，全媒体出版场景是一种综合性的场景，智能传播技术的引入和使用打通了编辑场景、传播场景、受众生活场景间的边界。出版企业一方面需要从形态层面实现出版产品媒体样式之全；另一方面需要通过深入各种新场景，创造多元新功能与新模式，实现出版产业价值之全，由此从内外两方面面向场景，推动全媒体出版的发展。[10]杨晓新、杨海平在《泛在与智能：增强现实出版空间建构逻辑》一文指出，增强现实出版构建了纸媒与数媒相融的第三出版空间，对内容进行了延伸和扩展，统一了网络资源和纸质内容，实现了物理空间与虚拟空间的合二为一。[11]在全新的出版空间中，用户将在泛在网络、人工智能的支持下，深度参与内容创作环节，实现个性化沉浸阅读体验将是一种重要趋势。黄莹在《可供性视角下出版人工智能：多重角色与平台架构》一文中强调，人工智能将出版推向了"人机协同"新阶段。文章基于生态心理学的可供性理论，考察出版人工智能的可供性以及其为知识的社会性生产与传播提供怎样的行动机会。首先，作为知识生产者的人工智能具有生产可供性，出版由此可以实现由智能机器与专业编辑协同生产、策划、编辑、生成、再造知识的全新层级。其次，作为匹配用户与知识中介者的人工智能具有连接可供性，进而推进用户与知识从泛连接到多维度联通的转变。再次，出版人工智能具有行动可供性，可以聚合内容资产在上下游的动态、自由、可追踪流动，带来存量内容资产的价值增值。基于以上分析，文章提出搭建以传播前台、知识中台、数据后台为核心的出版人工智能系统，以此描绘"人机共融"的出版新景观。[12]三是元宇宙与出版发展研究。张新新、丁靖佳和韦青在《元宇宙与出版（上）：元宇宙本体论与出版远景展望》[13]《元宇宙与出版（下）：元宇宙系统、价值与元宇宙出版新范畴——兼论元宇宙出版的新模式和新业态》[14]两文中，总结元宇宙的相关概念研究成果，提出"元宇宙是指基于数字技术进行建构，以促进人的自由全面发展为价值皈依，以系统完备的数字文明为最终目标，蕴含数字人、资本、信息、数据、知识等要素，由虚拟文化、经济、政治、社会以及自然生态系统所构成的数字时空总和",揭示了元宇宙的特有属性即为数字时空属性,本质属性是数字文明属性,本质特征为时空拓展性,基本特征包括系统性、数字化、文化性、融合性、交互性等。文章对"元宇宙出版"这一新范畴的新模式和新业态进行了展望,包括元宇宙出版话语体系构建、元宇宙出版产业链重构、元宇宙出版价值重塑和元宇宙出版数字技术赋能等内容。邹佩耘、王菱在《基于元宇宙空间的融合出版:特征、价值取向与实践路径》一文中,指出元宇宙是互联网未来发展的一种趋势,也是一种全新的社会形态。从元宇宙的语境,观察和思考融合出版的变迁与走向,发现融合出版的内涵将进一步延伸,虚拟与现实的区分将失去意义,出版的组织与运作关系趋于复杂。[15]作者认为,元宇宙语境下融合出版依托互联网架构形式的升级,整合多种技术,将重构人与出版技术、人与出版环境、人与出版价值的关系。[16]

三、出版融合发展研究

在融合出版深度发展的过程中,学界普遍关注的另一个重要问题是,出版融合的本质是什么?传统出版与数字出版的关系何在?这是涉及到出版转型发展进程的根本性问题。于殿利在《从融合出版到出版融合——数字传媒时代的出版新边界探析》一文中,从学术和理论方面,对听书、短视频、直播带货、在线教育、元宇宙等新产品形态及其创造的新业态加以辨析,提出适度区分融合出版和出版融合两个概念,认为"融合出版,是内向或向内融合,核心是出版,落脚点是出版,融合是形式或方法,结果就是以多媒体或全媒体形式呈现的出版""出版融合,是外向或向外的,核心是融合,出版是基础或出发点,以出版的内容或资源整合其他产业形式或产品形式为方法或手段,其结果是实现跨界或跨产业经营"。[17]在出版融合发展上升为国家和行业战略的背景下,如何推动传统出版向新兴出版转型升级,实现深度融合发展是出版业发展面临的重大实践命题。在国家政策措施的支持下,出版传媒企业积极改革创新,深入探索融合出版发展。与之相应,围绕出版融合发展的理论思考成为这一时期出版学研究的热点话题。其中,比较引人关注的是出版融合发展的路径问题。佘江涛认为,出版融合发展的方向在平台重构，平台是出版新生态商业模式的精髓。在《走向未来的出版》一书中，他强调出版转型升级、走向融合发展的必然性，提出平台化是出版融合转型的方向。他说："未来的出版一是出版社的平台化，无论是纸书和数字化产品，基本实现平台营销和销售。内容不断地在平台上让适宜的社群、社区分享，而不是新的内容不断地生产出来，被随机消费。"[18]徐丽芳、陈铭的《基于创新链的出版融合发展模式研究》一文，从创新链理论视角出发，提出出版创新链模型，并着眼微观、中观和宏观三个层面提炼出版融合发展模式的关键要素和运行机制：从微观层面分析和归纳融合发展需要整合的创新要素资源，包括内容、技术、传播渠道；从中观层面将出版融合创新划分为创意研发、知识物化、创新增值三大业务模块；从宏观层面对整个出版融合创新生态进行基本阐释，提出实现和提升融合发展效率的路径选择。[19]除此之外，还有很多成果论述出版融合发展路径和方向，有的聚焦不同出版类型建构融合发展平台的不同方式，有的分析平台型出版的建构主体和模式，有的论述新兴数字出版平台发展的动力机制和演进逻辑。这些认识共同构成了2022年出版融合平台论的重要内容。

四、出版发行营销研究

出版营销是出版流通的重要环节。在出版深度融合的大背景下，短视频、直播等新兴网络传播业态竞相出现，出版营销方式随之发生重大变化，出现了很多新的出版营销现象和趋势，引发了出版理论界的广泛关注和讨论。张新华在《数字出版营销》一书中系统梳理了数字出版营销这一新现象，围绕数字出版市场、营销战略、产品策略、定价策略、分销策略和传播策略等问题进行了深入论述，形成了数字出版产品营销研究的中观理论体系。与此同时，还有很多论者针对出版营销渠道建设进行论述。王海玉在《场景理论视角下的图书直播互动研究》一文中，基于梅罗维茨的场景理论，通过深度访谈和虚拟民族志观察对图书直播场景中的互动实践进行分析，认为主播身份调试与场景调性冲突、直播主体间有效互动缺失、把直播作为关系连接的长线思维不足等问题普遍存在。在此基础上，作者提出优化主播结构、重视直播社群建设、搭建关系连接渠道等创新发展思路。[20]张洁梅、杨柳在《全渠道供应链视角下出版企业直播营销优化策略研究》一文中论述了在全渠道供应链背景下，出版企业面临着渠道多样、消费群体多样等问题，认为直播营销是出版企业解决营销困境的有效策略。[21]作者分析了出版企业在直播营销中所存在的品牌、内容、渠道和互动等方面的问题，并基于5A模型，从挖掘品牌潜力、创造优质内容、打造私域流量和加强主播互动4个方面提出出版企业直播营销优化策略。除此之外，还有很多论者将场景理论、社群理论等运用到对出版营销数字化传播实践的分析之中，产生了很多有针对性的成果，成为2022年出版营销研究的重要构成。需要指出的是，出版营销机制的变革是当前出版变革实践中最为活跃的现象，是符合各种类型出版企业打通流通环节的创新之要。如何建立优势鲜明、内外互动的新媒体营销体系已经成为各大出版企业实现转型发展的重要突破口，也是出版理论研究下一步需要关注的重中之重。

五、出版基础理论研究

在出版理论建构过程中，面对革命性的出版变局，很多学者不约而同地回到出版概念的原点，开始反思融合出版视域下该如何认识出版的概念。方卿和许洁出版了《出版学基础》一书，全书分为6篇，共18章。分别为基础理论篇、出版管理篇、出版资源篇、出版流程篇、出版领域篇、历史文化篇。该书对出版学的核心概念、基本原理进行了深入论述。姚凯波、杨海平在《逻辑学视角下出版概念研究》一文中，从逻辑学的视角出发，采用"属加种差法"对出版概念进行界定，构建了出版科学定义的"四维一体"范式。所谓"四维"是指出版主体、出版客体、出版媒介以及出版环节，"一体"指出版属概念，由此出发将出版定义为：出版是个人或组织通过公共媒介实现知识信息传播的社会活动。[22]即出版主体为"个人或组织"，出版客体为"知识信息"，出版媒介为"公共媒介"，出版环节为"N＋传播"，出版属概念为"社会活动"。耿相新在《出版对象论》一文中对出版对象进行再思考，从出版符号、被传递物内容、被传递物介质三个层面回答什么是出版对象的问题，认为出版对象由符号、内容和介质形式共同构成，是"由一定的符号系统表达一定的内容并承载在一定的介质之上，呈现出不同形态的出版物"。[23]他认为，出版对象受制于出版技术的进步和进化，具有时代特征，因此"必须随着出版对象的变化而变化，必须找出出版对象变化的规律"。[24]姜华在《试论出版：一种特定类型知识商品的生产与传播》一文中重新思考出版概念，认为人们对出版概念有窄化和泛化两种倾向，但这种倾向"不约而同地忽略了作为文化实践的出版所具有的内在连续性、特质及其价值追求"。[25]作者认为，应该把出版放到系统化、智识性知识的生产与传播中思考出版本质特征，从中介化的知识生产与传播中去认识出版价值的保障机制，从传播中传承的文化之源来思考出版的价值，由此"主张以知识类型来区分出版与其他文化实践，将出版看作一种系统化、智识性的知识生产与传播活动"。[26]周蔚华在《中国特色出版学理论体系建设论纲》中指出，构建中国出版学理论体系是出版学学科建设的一项基础性工作。他指出，出版的本质就是出版主体如何处理精神产品（出版客体）的个体化生产与它的社会化传播之间的矛盾，相应地，中国特色出版学的研究对象是出版主客体之间的矛盾运动过程及其场域。从这一出版学对象出发，他提出中国特色出版学理论体系的基本架构包括导论、出版主体、出版客体、出版过程、出版管理、出版效果六个部分，从不同角度回答什么是出版、谁来出版、出版什么、为谁出版以及出版活动顺畅进行的保障条件等。[27]

六、主题出版理论研究

十九大之后，主题出版实践发展进入了一个新阶段，做强做大主题出版成为不同层级出版企业的共识。出版理论界越来越认识到，主题出版是有中国特色的出版实践，是认识中国出版业的一个重要切入点，于是有关主题出版理论的研究开始走热，初步形成了有中国特色的主题出版研究理论框架。2022年主题出版研究更是受到广泛关注。郝振省在《主题出版研究正当时》一文中指出，主题出版是全面建设社会主义现代化强国的坚强思想保证和强大精神力量，其发展还存在诸多问题，需要对其进行深度研究和科学探讨。[28]于殿利刊发了《主题出版的历史与社会逻辑》[29]《主题出版的时代与现实逻辑》[30]《主题出版的产业与企业逻辑》[31]三篇文章，分别从不同角度认识主题出版发展的逻辑，一定程度上揭示了主题出版发展的现实规律和主要动力。在主题出版研究上，周蔚华也曾经刊发过包括《主题出版及其当代中国出版中的地位》[32]《紧紧围绕大局 做好主题出版》[33]《主题出版若干基本史实辨析》[34]等在内的一系列文章，重点梳理了主题出版概念的由来与演变，认为主题出版是出版业服务于党和国家中心工作，围绕党和国家的一些重大理论与现实问题、重大事件和重大活动（会议、节庆日等）而进行的出版活动。基于这样的概念，他指出，必须重新审视主题出版的地位作用，提出"主题出版是中国出版业的灵魂"这一重要判断。[35]2022年他和熊小明又撰写了《主题出版若干重大理论问题辨析》一文，对主题出版研究中四个有争议的重大理论问题进行了辨析，指出对主题出版概念的理解不能过于泛化，而应该考虑它特殊的时代背景和特定的题材限制；主题出版具有任务性与自主性、公益性与市场性、时效性与长远性统一的特性，不能把这些统一性对立起来，应当全面准确地把握主题出版的多元特性；为了便于识别和管理，将主题出版单独分类有利于推动主题出版工作，这与它和传统三大出版板块之间存在交叉并不矛盾；在中国特色社会主义新时代和实现中国式现代化的新征程上，主题出版扮演了党和国家管理出版工作重要抓手的角色，对于建设具有强大凝聚力和引领力的社会主义意识形态，践行社会主义核心价值观以及增强中华文明传播力影响力等都将具有重要意义；主题出版目的是"围绕中心、服务大局"，它虽然具有其他功能，但"传播真理，塑造信仰"和"传播观念，认同价值"是其最重要的功能。[36]在《以精品为引领，做强做亮做活主题出版——十八大以来主题出版回顾与展望》一文中，周蔚华和何小凡系统梳理了十八大以来主题出版取得的成就，分析了主题出版高质量发展的主要举措，总结了主题出版的主要特点，并对未来主题出版做强做亮做活提出了建议。[37]在《做强做优，实现主题出版高质量发展——〈出版业"十四五"时期发展规划〉主题出版内容解读与思考》一文中，周蔚华、熊小明从《出版业"十四五"时期发展规划》涉及主题出版方面的突出特点入手，分析了包括战略定位、内容体系、质量要求、组织引导、印刷保障、主题阅读、市场主体、资金投入等多方面问题，围绕主题出版高质量发展这一议题进行解读。在提出主题出版高质量发展面临的挑战基础上，总结了主题出版高质量发展的实质是出版导向、内容生产、传播方式和发展模式等四方面的守正创新，并进一步提出通过准确把握主题出版的内涵，借鉴畅销书出版的运作规律，重视主题出版作者和编辑队伍建设、主题出版物的整体设计以及主题阅读对主题出版的促进作用,发挥政府和市场的双重作用等具体措施,实现主题出版的高质量发展。[38]郝振省、宋嘉庚在《党的十九大以来的主题出版:态势、观点、问题与建议》一文中,则总结了十九大以来主题出版发展的态势和学术观点,指出了其存在的主要问题,即"研究主体和研究主题可适当扩展""理论体系有待建立""融合发展模式研究有待深化"等[39]。隅人在《主题出版如何服务于思想政治工作》一文中,对思想政治工作与出版的历史关联、主题出版服务思想政治工作的新任务、密切配合思想政治工作新形态等内容展开论述,指出做好思想政治工作是主题出版义不容辞的责任和使命,思想政治工作更是要借助主题出版这一具体路径和渠道,实现自己的目标和目的。[40]李婷、韩建民在《新时期主题出版走出去的战略特点与提升路径研究》一文中,以近年来主题出版走出去及国际传播实践为突破口,梳理了主题出版走出去的时代背景和战略特点,分析现阶段我国主题出版走出去所面临的挑战,在此基础上针对国际影响力不够、国际化程度不高和主体内生动力不足等问题提出我国主题出版从走出去到走进去的实现路径。[41]王媛在《主题出版传播力构成要素分析》一文中,基于"拉斯韦尔5W传播过程模式",从传播主体、传播内容、传播途径、传播受众、传播效果等方面对主题出版传播力的构成要素分别进行分析。[42]毫无疑问,主题出版是有中国特色的出版实践形态之一,有着丰富的理论价值和实践意义,是出版理论研究必须关注的问题,是出版理论开始聚焦中国场域的必然结果。主题出版研究的走热,标志着出版理论研究的本土化和自主性开始更加自觉,越来越重视基于中国出版实践的理论建构。

七、出版学学科建设研究

与出版业发展相映成趣的是出版学科建设步入快车道。适逢2021年十年一次的教育部学科目录调整,出版学上升为一级学科成为出版学界业界的一项共同的任务。在2021年基础上,2022年学界围绕出版学学科建设的大讨论更加深入广泛地展开,形成了出版学学科建设研究的热潮。在这一热潮中,有几位学者的论述研究引人注目。魏玉山在《建设中国出版学恰逢其时》一文中明确提出"出版学是哲学社会科学的重要组成部分，建设中国出版学是题中应有之义"，并论述了出版学中国特色的8个方面。[43]《科技与出版》持续推出"中国出版学学科本体研究观察"，刊发了方卿的《关于出版学学科本体的思考》一文，该文深入地论述了学科本体与学科研究对象、研究内容、学科定位和发展方向的关系，在此基础上提出了"出版服务"的学科本体内涵，并分析了其意义。[44]耿相新的《出版学定位研究方法纲要》一文从出版学研究对象基本范畴、出版实践基本规律、出版实践中基本问题和出版学研究基本方法4个层面提出了出版学定位认识的基本框架。[45]张养志的《论出版学的科学性与规范性》一文从出版学科的深层次问题出发，论述了出版学科的科学性和规范性两个问题。[46]王勇安的《关于出版学核心范畴的思考：知识存在方式是出版学理论的逻辑起点》一文回到出版学的基础理论问题，提醒学界从概念范畴扎实建构学科理论，聚焦出版概念内涵，认为"发现出版是人类知识活动范畴中的独有的文化现象，知识存在方式是出版学理论的起始范畴和始自对象"，在此基础上提出出版学应当以此为逻辑起点，以知识生产和知识服务为逻辑中介，以出版活动基本规律的总结和把握作为逻辑终点重构理论体系。[47]李频的《出版本体及其实现路径》一文指出，出版学的学科建设要回到出版知识本体的理论建构过程中来。他认为，编辑出版理论研究要深化内在概念研究，形成"以概念链为核心建构编辑出版理论的知识单元，从概念谱系建构编辑出版理论的知识体系"。[48]他说，"知识本体研究和建构是数字时代任何学科理论研究的新问题、知识生产的新方向"，出版知识本体研制是"数字时代出版理论研究重要而紧迫的新课题"，是出版学学科建设的基础性工程。[49]他以公布的《编辑与出版学名词》出版为例，指出通过出版术语规范化，完善词表这样的概念厘定形态实际上是构建出版本体的重要路径。他认为，出版术语规范化作为走向出版本体的理论过程，可以选择出版知识元、出版知识关联等作为突破口。[50]于殿利的《论三大认知革命与出版学科建设》一文指出，出版学科建设要处理好理论与实践的关系、历史与现实的关系、出版学本体与跨学科的关系。他认为，就学科本体而言，出版学本质上属于综合性学科，离不开其他学科的滋养，就属性而言，没有学科不是应用学科，也没有学科只是应用学科，这不应成为出版学人自我设限的思想根源。他认为，认知革命尤其是自我认知革命，是出版学一级学科建设的认知前提。[51]《中国出版》同样设置了出版学科建设专栏，推出了系列12篇论文。其中，方卿在《中国特色出版学科建设的理论思考》一文中，认为

"出版智库建设""重点研究课题"和"学科共建"等一系列重大举措,为高质量建设中国特色出版学科、提升出版学科话语权创造了良好条件。在此基础上,分析了中国特色出版学学术研究的价值取向、学术建设的社会建制和学术成果评价三个问题。[52]周蔚华在《从出版的本质属性看出版学科建设》一文中,指出出版的本质属性决定了出版学的基本框架,确立了出版学的核心内容,影响了面向行业需要加快中国特色出版学科体系建设的要求。[53]雷启立的《打破边界,培养卓越出版人才》一文,从出版学科与其他学科关系的角度论述了出版卓越人才培养的路径和方法。[54]张志强的《中国特色出版教育与国际借鉴》一文,在分析了我国出版教育现状的基础上,论述了国外出版教育的主要经验和对我国出版教育的启示。[55]此外,还有陈洁的《以数字化为核心重构编辑出版学:兼谈数字出版研究进路》[56]、代扬的《知识生产视角下的出版学科构建与发展路径分析》[57]、黄先蓉和李若男的《出版强国战略背景下中国特色出版学科共建》[58]《新文科背景下出版学科建设的理路与进路》[59]等文均围绕出版学科建设进行了深入论述。这一系列文章,对出版学学科研究对象、研究内容、学科定位和发展方向等学科建设方方面面的问题进行了较为系统深入的思考,推动着出版学科体系的进一步完善。

八、国际出版研究

国际出版研究强调对国外出版活动的分析和思考,是出版学的重要组成部分。2022年的国际出版研究主要表现在两个方面:一是国别出版现状研究不断拓展。张莉、王俞欢的《欧盟数字战略下的欧洲出版业》[60],刘婵君、李梦瑶的《爱思维尔出版集团品牌影响力提升策略与经验启示》[61],林佩的《文化外交政策视角下法国对外出版实践研究》[62],颜明、张应华和刘凤春的《德国科技期刊发展对我国的启示》[63],都是国别出版研究的重要成果。二是国别出版史研究受到重视。何明星翻译的《德古意特出版史:传统与创新1749—1999》,以德古意特的历史文献档案为基础,叙述了赖默尔、戈申、维特、古腾塔格、特鲁布纳等5家出版社的创立、发展以及最后加入德古意特联盟的发展过程。德古意特出版社的发展史,实际上是德国出版机构如何进行专业化知识生产、如何进行"国际化"发展，从而推动西方的知识与文化逐渐占据世界文化主流的发展史。

九、出版史研究

出版史研究是出版学研究的重要构成部分，是出版学科体系的基础性工程。2022年的出版史研究主要有以下几个方面成就：一是古代出版史研究向纵深开掘。武吴平以《经部要籍编辑思想》为题发表了7篇系列论文，从经书是否为编辑作品、经部要籍的编辑方法、经书的成书方式、《说文解字》的编辑思想等角度进行深入探讨，对古代经部要集的编辑思想史进行了较为深入的研究，推动着编辑史研究向思想史研究的重大转向。二是当代出版史研究走向深化。万安伦的《新中国出版研究》一书聚焦新中国出版历经70年发展成就，将新中国出版70年来的发展史以党的十一届三中全会为界分为前后两个时段，全面总结其取得的伟大成就和经验启示，[64] 从而更深入地挖掘新中国出版史料，多角度研究新中国出版发展的历史过程，对推进当代出版史研究走向深化有着重要意义。

以上几个方面是笔者对2022年出版学研究的概略性认识，难免挂一漏万，也有总结分析不当之处。总体上来看，2022年出版学研究呈现出以下四大特征：一是更加重视基础理论建设。作为一种理论形态，出版学研究不同于经验事实，是渗透着理性观察的逻辑表达和系统性知识图景。这就需要在概念、范畴和原理构成的研究上深钻厚研，努力达到知识体系、思维方式和价值规范的统一。出版学界对出版概念、编辑概念的再审视、再思考，对出版融合本质的追问，实际上是对出版理论"思想的前提"的回归，是出版理论研究走向更高层次的必然要求。二是更加注重问题导向。出版理论的研究目的是服务于出版实践发展，无论是理论自洽性要求，还是理论目的性实现，都要求出版理论研究立足出版实践，"从实践的观点"建构知识体系，创新出版理论的研究范式，让出版理论对现实问题有更大的阐释力，对出版业实践创新有更好的引领力。从十九大以来出版融合实践的研究来看，问题导向的研究价值取向越来越突出。越是具有鲜明问题意识的出版理论研究，越有现实的生命力，越受到业界的关注。三是更加突出出版学学科自身建构。学科建设的观念自觉是出版理论发展到一定阶段的产物。理论发展支撑学科建设，学科建设推动理论发展。围绕出版学一级学科设立的大讨论，尽管在实践层面没有完全达到理想的目标，但讨论本身引发了出版学界对出版学学科建设的反思，推动着学科建设走深走实。四是更加彰显出版理论研究的本土特色。出版理论研究必须立足中国语境和中国场域，回应中国出版业发展的时代命题，形成具有本土特色的出版知识和话语体系。学界对主题出版的理论认识自觉，表明中国出版研究越来越重视本土化和理论建构的自主性。从本土出版实践出发来抽象概念范畴，揭示中国出版实践的发展逻辑，建构有中国特色的理论体系，已经成为一种重要的研究理路。

（段乐川　北京外国语大学国际新闻与传播学院教授；

王会娟　河南大学新闻与传播学院硕士研究生）

参考文献

［1］王飚，毛文思．出版强国建设背景下数字出版高质量发展前瞻——"十四五"时期数字出版发展重点解析［J］．中国出版，2022（15）：16-23.

［2］李林容，张靖雯．面向"十四五"时期出版业深度融合发展的策略思考［J］．中国出版，2022（1）：5-10.

［3］戚德祥．"十四五"时期中国出版走出去：融合创新　提质增效［J］．中国出版，2022（15）：10-15.

［4］张窈，曹子郁．新时代我国出版产业政策环境变化——基于政策工具选择模型的研究［J］．出版与印刷，2022（6）：38-49.

［5］孙艳华．数字藏品赋能出版：价值重构与价值提升［J］．出版发行研究，2022（11）：24-30.

［6］鲍娴，管慧勇．基于SWOT分析的数字藏品在出版领域的发展策略［J］．出版发行研究，2022（9）：5-11.

［7］施其明，郭雪吟．文化数字化背景下出版业数字藏品发展路径探究［J］．出版广角，2022（11）：42-46.

[8] 锁福涛,潘政皓. 元宇宙视野下 NFT 数字藏品版权保护问题 [J]. 中国出版,2022 (18): 6-10.

[9][10] 郝红霞,严三九. 智能传播时代全媒体出版路径探析——基于场景的视角 [J]. 编辑之友,2022 (6): 12-15+93.

[11] 杨晓新,杨海平. 泛在与智能：增强现实出版空间建构逻辑 [J]. 编辑之友,2022 (6): 16-20.

[12] 黄莹. 可供性视角下出版人工智能：多重角色与平台架构 [J]. 编辑之友,2022 (6): 21-25.

[13] 张新新,丁靖佳,韦青. 元宇宙与出版（上）：元宇宙本体论与出版远景展望 [J]. 科技与出版,2022 (5): 47-59.

[14] 丁靖佳,张新新. 元宇宙与出版（下）：元宇宙系统、价值与元宇宙出版新范畴——兼论元宇宙出版的新模式和新业态 [J]. 科技与出版,2022 (6): 30-41.

[15][16] 邹佩耘,王菱. 基于元宇宙空间的融合出版：特征、价值取向与实践路径 [J]. 出版发行研究,2022,368 (7): 30-34.

[17] 于殿利. 从融合出版到出版融合——数字传媒时代的出版新边界探析 [J]. 出版发行研究,2022 (4): 5-15.

[18] 佘江涛. 走向未来的出版 [M]. 南京：南京大学出版社,2021: 78.

[19] 徐丽芳,陈铭. 基于创新链的出版融合发展模式研究 [J]. 编辑之友,2022 (2): 13-19.

[20] 王海玉. 场景理论视角下的图书直播互动研究 [J]. 出版发行研究,2022 (1): 41-46+53.

[21] 张洁梅,杨柳. 全渠道供应链视角下出版企业直播营销优化策略研究 [J]. 科技与出版,2022 (9): 114-120.

[22] 姚凯波,杨海平. 逻辑学视角下出版概念研究 [J]. 出版科学,2022,30 (1): 15-23.

[23][24] 耿相新. 出版对象论 [J]. 现代出版,2022 (5): 41-59.

[25][26] 姜华. 试论出版：一种特定类型知识商品的生产与传播 [J]. 现代出版,2022 (6): 82-95.

［27］周蔚华. 中国特色出版学理论体系建设论纲［J］. 现代出版, 2022（1）: 5 - 18 + 101.

［28］郝振省. 主题出版研究正当时［J］. 出版发行研究, 2022（2）: 1.

［29］于殿利. 主题出版的历史与社会逻辑［J］. 出版发行研究, 2022（5）: 5 - 11.

［30］于殿利. 主题出版的时代与现实逻辑［J］. 出版发行研究, 2022（6）: 5 - 13.

［31］于殿利. 主题出版的产业与企业逻辑［J］. 出版发行研究, 2022（7）: 5 - 14.

［32］［35］周蔚华. 主题出版及其在当代中国出版中的地位［J］. 编辑之友, 2019（10）: 23 - 28.

［33］周蔚华. 紧紧围绕大局 做好主题出版［J］. 中国出版, 2011（9）: 37 - 39.

［34］周蔚华. 主题出版若干基本史实辨析［J］. 出版发行研究, 2020（12）: 5 - 9.

［36］周蔚华, 熊小明. 主题出版若干重大理论问题辨析［J］. 出版发行研究, 2022（11）: 5 - 10.

［37］周蔚华, 何小凡. 以精品为引领, 做强做亮做活主题出版——十八大以来主题出版回顾与展望［J］. 中国出版, 2022（21）: 13 - 21.

［38］周蔚华, 熊小明. 做强做优, 实现主题出版高质量发展——《出版业"十四五"时期发展规划》主题出版内容解读与思考［J］. 中国出版, 2022（7）: 25 - 31.

［39］郝振省, 宋嘉庚. 党的十九大以来的主题出版: 态势、观点、问题与建议［J］. 编辑之友, 2022（4）: 14 - 19 + 27.

［40］隅人. 主题出版如何服务于思想政治工作［J］. 现代出版, 2022（05）: 5 - 8.

［41］李婷, 韩建民. 新时期主题出版走出去的战略特点与提升路径研究［J］. 中国出版, 2022（13）: 39 - 44.

［42］王媛. 主题出版传播力构成要素分析［J］. 中国出版, 2022（12）: 48 - 52.

［43］魏玉山. 建设中国出版学恰逢其时［J］. 出版发行研究, 2022（3）: 1.

［44］方卿. 关于出版学学科本体的思考［J］. 科技与出版, 2022（1）: 6 - 13.

［45］耿相新. 出版学定位研究方法论纲要［J］. 科技与出版, 2022（1）: 14 - 21.

［46］张养志. 论出版学的科学性与规范性［J］. 科技与出版, 2022（1）: 22 - 34.

［47］王勇安. 关于出版学核心范畴的思考: 知识存在方式是出版学理论的逻辑起点［J］. 科技与出版, 2022（1）: 35 - 44.

[48][49][50]李频. 出版本体及实现路径[J]. 科技与出版,2022(1):45-50.

[51]于殿利. 论三大认知革命与出版学科建设[J]. 现代出版,2022(3):30-41.

[52]方卿. 中国特色出版学科建设的理论思考[J]. 中国出版,2022(17):10-13.

[53]周蔚华. 从出版的本质属性看出版学科建设[J]. 中国出版,2022(17):8-10.

[54]雷启立. 打破边界,培养卓越出版人才[J]. 中国出版,2022(17):6-8.

[55]张志强. 中国特色出版教育与国际借鉴[J]. 中国出版,2022(17):13-16.

[56]陈洁. 以数字化为核心重构编辑出版学:兼谈数字出版研究进路[J]. 出版发行研究,2022(11):11-16.

[57]代杨. 知识生产视角下的出版学科构建与发展路径分析[J]. 出版发行研究,2022(3):5-12.

[58]黄先蓉,李若男. 出版强国战略背景下中国特色出版学科共建[J]. 中国编辑,2022(12):71-76.

[59]黄先蓉,李若男. 新文科背景下出版学科建设的理路与进路[J]. 中国出版,2022(7):12-17.

[60]张莉,王俞欢. 欧盟数字战略下的欧洲出版业[J]. 出版发行研究,2022(2):80-88.

[61]刘婵君,李梦瑶. 爱思唯尔出版集团品牌影响力提升策略与经验启示[J]. 出版发行研究,2022(12):84-90+106.

[62]林佩. 文化外交政策视角下法国对外出版实践研究[J]. 出版发行研究,2022(12):77-83.

[63]颜明,张应华,刘春凤. 德国科技期刊发展对我国的启示[J]. 出版科学,2022,30(2):101-108.

[64]万安伦. 新中国出版研究[M]. 北京:高等教育出版社,2022:05.

2022年出版"走出去"发展报告

刘莹晨

  2022年有多项文化领域政策发布,其中多项具体措施为出版走出去工作指明方向。"一带一路"倡议实施以来,我国与"一带一路"国家出版交流合作成果丰硕,中国图书的国际认可度越来越高,影响力持续提升。出版走出去服务国家外交大局能力持续深化,国际合作模式不断丰富,网文网游成为传统文化对外传播的新渠道。针对出版走出去的不足和问题,我国出版业"走出去"的国际布局应持续优化,社会效益考核指标进一步细化,出版企业应不断增强翻译质量把关意识、海外宣传推广意识,政府主管部门与出版企业形成上下统一、统筹协调,推动出版走出去持续深化,助力文化强国建设。

一、2022年出版"走出去"基本情况

(一)政策出台,顶层设计持续强化

  2022年出台的《"十四五"文化发展规划》将"中华文化影响力进一步提升,中外文化交流和文明对话更加深入,中国形象更加可信、可爱、可敬,推动构建人类命运共同体的人文基础更加坚实"作为目标任务之一,并明确提出"提高核心文化产品和服务出口在文化贸易中的份额,鼓励有国际竞争力的文化企业稳步提高境外文化领

域投资合作规模和质量,创新对外合作方式,优化资源、品牌和营销渠道。鼓励设立海外文化贸易促进平台,大力发展数字文化贸易,促进艺术品展示交易、内容加工创作等领域进出口创新发展,加快形成区域性国际市场"。[1]商务部发布的《关于推进对外文化贸易高质量发展的意见》(以下简称"《意见》")指出,以推进对外文化贸易高质量发展为主题,着力加强顶层设计和统筹协调,着力推动体制机制改革和内容形式创新,助力促进文化贸易规模增长和结构优化,增强我国文化产品和读物的国际竞争力,向世界阐释推介更多中华优秀文化,提升国家文化软实力和中华文化影响力。《意见》明确,"到2025年,我国文化品牌的国际影响力进一步提高,文化贸易对中华文化走出去的带动作用进一步提升,对文化强国建设的贡献显著增强"。同时,《意见》为出版走出去工作作出具体部署,如"大力发展数字文化贸易,加强数字文化内容建设,积极培育网络文学、网络游戏、数字出版等领域出口竞争优势,提升文化价值,打造具有国际影响力的中华文化符号""扩大出版物出口和版权贸易。推动主题出版物出口,扩大文学艺术、传统文化、哲学社会科学、自然科学出版物和学术期刊、教材、少儿读物、学术数据库产品出口。积极发展版权贸易,扩大版权出口规模,提升版权出口质量,优化内容品质和区域布局,拓展版权出口渠道和平台。提升外向型图书政策策划、编辑出版和设计印刷水平,积极参与国际合作出版,提高国际市场影响力""加强传统文化典籍等的数字化网络化转化开发,面向海外用户开发一批数字文化精品"。[2]

中共中央办公厅、国务院办公厅印发的《关于推进新时代古籍工作的意见》中,也明确提出要加强古籍工作对外交流合作,推动古籍读物"走出去"。

(二) 我国与"一带一路"国家出版交流成绩突出

2013年,习近平总书记提出共建"一带一路"倡议,随后在党的十九大报告中指出,"中国将积极促进'一带一路'国际合作,努力实现政策沟通、设施联通、贸易畅通、资金融通、民心相通,打造国际合作新平台,增添共同发展新动力"。在党的二十大报告中,强调"共建'一带一路'成为深受欢迎的国际公共产品和国际合作平台",同时提出"推动共建'一带一路'高质量发展"的新要求。2022年是"一带一路"倡议提出的第十个年头,出版作为中国文化对外传播的重要载体,十年来,中国出版业在"一带一路"的朋友圈越来越大,合作交流质量越来越高,发展前景越来越好,为我国与"一带一路"国家文明交流互鉴、促进民心相通作出了重要贡献。

十年来，我国与"一带一路"国家版权贸易数量快速增长。2013 年我国向"一带一路"国家出版物版权输出数量约为 3 200 项，到 2019 年增长至 9 500 余项。尽管 2020 年以来国内外版贸人员往来、出版交流活动一定程度上受到新冠肺炎疫情影响，但 2021 年版权输出仍达 8 400 项，占全年版权输出总量的比例从 2013 年的约 38% 上升至 2021 年的 66% 以上。据不完全统计，2022 年我国向"一带一路"国家输出出版物版权超过 8 000 项。

在版权输出数量增长的同时，一大批优质图书不断输出，如《习近平讲故事》《论坚持推动构建人类命运共同体》《习近平新时代中国特色社会主义思想学习问答》《平语近人》《平易近人：习近平的语言力量》等习近平总书记重要论述学习读本、思想研究著作、案例选以及描写习近平总书记足迹的作品出版发行，全方位生动展现习近平总书记治国理政的新理念新思想新战略；《理解中国》丛书、《经济转型与发展之中国道路》、《中国特色社会主义政治经济学史纲》、《中国特色社会主义政治经济学》等研究回答新时代重大理论和现实问题，展现"理论中的中国、学术中的中国"的哲学社会科学著作翻译出版；《外国人眼中的中国》、《简明中华人民共和国史》、《瞬间回眸：影像中的变迁》（汉英对照版）、《中国共产党简史》、《中国共产党 100 年奋斗历程》等围绕改革开放 40 年、新中国成立 70 周年、建党百年等重要时间节点，反映当代中国发展理念的图书输出至"一带一路"国家并出版发行；《中华文明史》《中国文化读本》等一批传播中华优秀传统文化、弘扬红色文化、坚持创造性转化、创新性发展的图书翻译出版；《湖光山色》《尘埃落定》《天黑的很慢》《三体》《流浪地球》等一批彰显中国审美旨趣、传播当代中国价值观念的文学精品力作和《中华先锋人物故事汇》《草房子》《青铜葵花》《橘颂》等贴近各国少年儿童阅读需求和阅读习惯的少儿读物受到当地读者欢迎；以及《中国大科学装置出版工程》《耐盐碱水稻育种技术》等能够反映中国科技前沿成果、面向国家重大需求的中国最新科技研究成果图书出版发行。

国内外展会是出版物版权贸易的重要平台，"一带一路"倡议实施以来，我国出版单位参加"一带一路"国家国际书展 40 余个，举办的主宾国活动数量不断增加；在积极参展的同时，多家国内出版单位主动在海外举办各类图书展览、展销活动，一大批中国精品图书出口销售至"一带一路"国家；北京国际图书博览会作为世界第二大书展的地位持续巩固，到2021年①，参展的国家和地区增长至95个，参展商增加至2 600余家，"一带一路"展商数量每年也在持续增长，交流合作的"朋友圈"不断扩大。

当前，我国出版企业通过投资、合资、收购等方式已在海外设立各类分支机构超过500家，[3]建立的中国图书海外编辑部近百家，在"一带一路"国家开设的机构数量不断增加。这些机构和编辑部从编辑人员、营销渠道、宣传推广等各环节实行本土化运作，一批贴近国外读者阅读需求和消费习惯的中国内容图书受到海外读者欢迎。科学出版社、五洲传播出版社、社会科学文献出版社、中国社会科学出版社、中国人民大学出版社、北京师范大学出版社、接力出版社、广西师范大学出版社等出版社在俄罗斯、以色列、约旦、埃及、智利、克罗地亚等国家设立的分支机构运营初见成效，已在当地具有一定影响力，并且成为我国优秀图书进入当地市场的重要渠道；同时，人民天舟（北京）出版有限公司、北京求是园文化传播有限公司等民营出版机构也在积极参与"一带一路"建设，他们在摩洛哥、阿联酋、格鲁吉亚、吉尔吉斯斯坦等国家成立分公司，并在当地产生较好反响。由于新冠肺炎疫情期间人员往来受限，一部分海外机构也成为我国企业海外参展的重要窗口。

近年来，我国出版企业抱团取暖，成立了多个出版联盟面向不同国家和地区，涉及不同类型图书，如中国人民大学出版社2017年成立的"一带一路"共建国家出版合作体，目前已有来自56个国家的319家成员单位，其中国外成员单位263家，占比超过80%，出版商和各类机构出版的图书涵盖人文社科、自然科学等多个领域，合作体成员已推动近5 000种中国图书在"一带一路"共建国家翻译出版发行；外语教学与研究出版社成立的中国—中东欧出版联盟，目前已有成员单位超过52家，覆盖13个中东欧国家，促成联盟成员间版权贸易超过200项；中国作家协会"一带一路"文学联盟2021年成立，目前已有阿联酋、韩国、柬埔寨、老挝、马来西亚、蒙古、缅甸、尼泊尔、日本、泰国等35个国家的30个具有影响力的文学组织和19位各国有代表性的文学家、翻译家作为联盟创始会员加入。

（三）重点工程项目引领带动作用显著

各地各级政府实施的重点"走出去"工程项目的带动引领作用做来越强：一方面，

---

① 2022年受新冠肺炎疫情影响，北京国际图书博览会延期举办，故此数据更新至2021年。

越来越多精品、经典、优质的图书输出海外，并实现有效落地；另一方面，通过重点项目的资金支持，国内出版单位不断拓展出版合作范围，我国出版业的朋友圈不断扩大。

2022年丝路书香工程共有117家出版机构371种图书立项，较2021年资助数量增加47项；新增首次获资助出版单位13家，其中新增一家民营文化机构为新经典文化股份有限公司，项目吸纳参与单位能力逐渐增强；2022年立项项目输出国家和地区56个，涉及语种39个。自项目实施以来，共输出87个国家和地区，已覆盖与我国签订共建"一带一路"合作文件国家数量的一半以上，资助语种数量达55种，也已基本覆盖"一带一路"相关国家官方或通用语言，项目的影响力逐渐提升。

亚洲经典著作互译计划通过与各国签署图书互译备忘录或文化交流合作协定，合作开展高规格的政府间经典著作互译出版，已经成为促进中外文明互学互鉴的重要方式。习近平总书记在2019年亚洲文明对话大会上提出，与亚洲各国共同实施经典著作互译计划。项目启动以来，我国已与12个亚洲国家签署经典著作互译备忘录，其中吉尔吉斯斯坦、阿塞拜疆、蒙古等国家备忘录为2022年签署。2022年，中国—老挝、中国—巴基斯坦等项目已有部分成果落地，包含老挝引进版图书《凯山·丰威汉主席的生平和革命事业》《两姐妹》《昆布罗王》，巴基斯坦引进版图书《我仍能活得像风：巴基斯坦女性文学选集》《吉纳特》等中文版，中国输出的《宝葫芦的秘密》《寄小读者》等老挝文版图书均已在双方国家出版发行。

2021—2022年中华学术外译项目共有237个项目立项，其中重点项目16项、一般项目219项、期刊类项目2项；涉及责任出版单位62家，社会科学文献出版社、商务印书馆、中华书局、北京大学出版社、中国社会科学出版社、中国人民大学出版社等单位立项数量超过10项；立项项目语种19个，其中英文项目142项。

（四）我国出版业国际影响力不断增强

2022年，我国图书获多项国际奖项，获奖图书类型丰富，出版"走出去"成效显著提升，国际影响力、传播力持续增强。据不完全统计，十年间，我国作家作品每年国际奖项的获奖次数从个位数提升至近40次左右。2022年获奖图书中，童书插画类获奖次数最多，达到20余次，获得的奖项包含如俄罗斯图书印象奖、意大利博洛尼亚最佳童书奖、日本幼儿园儿童书籍大奖、瑞典小飞侠奖等；文学类图书中，著名作家余华的《兄弟》获俄罗斯亚斯亚纳·波利亚纳文学奖、周大新的《天黑得很慢》英文版获爱尔兰都柏林文学奖、刘慈欣的《三体Ⅲ·死神永生》日文版获评日本年度最佳科幻小说；学术图书《东亚儒学问题新探》获韩国世宗图书奖；另有《水：王牧羽作品集》《风筝史话》《冷冰川：中国黑白艺术大师》等图书获装帧设计类奖项，其中《水：王牧羽作品集》一书先后获得德国、日本、英国等多个奖项，体现了中国图书装帧设计的中国特色以及中国水平。

二、2022年出版"走出去"发展亮点

（一）出版"走出去"服务国家外交大局

我国出版"走出去"工作围绕国家外交大局，搭建对外交流交往的平台，以书为媒，持续深入开展各国文化交流合作，推动文明互鉴，促进民心相通。

2022年冬奥会期间，多家出版社策划出版了相关主题图书，为冬奥会增光添彩，如《怪杰佐罗力系列·怪杰佐罗力之冬奥会奇遇（精装）》《冬奥趣读：一本书看懂冰雪运动》《冬奥奇缘：遇见冰雪赛场和中国榜样》《北京2022年冬奥会运动项目图解》等多种图书深受欢迎，同时《从夏蒙尼到北京——冬奥百年》《中国冬奥》《北京2022年冬奥会运动项目图解》《童心绘冬奥》《北京冬奥进行时》系列丛书等一批关于北京冬奥会的图书版权输出至多个国家，也让世界更加了解中国。

2022年适逢香港回归祖国25周年，由上海香港三联书店有限公司主办、上海联合书业会展有限公司协办的"庆祝香港回归祖国25周年——漫读香江·香港联合出版集团新书大展"在上海香港三联书店开展，集中展示了由香港联合出版集团旗下香港三联书店、中华书局、商务印书馆、香港中和出版有限公司等出版的关于香港发展，港人在内地生活、工作，以及粤港澳大湾区发展的200余种图书。[4]同时，2022年香港书展上，中国出版集团、中国科技出版传媒集团、北京出版集团、南方出版传媒股份有限公司等出版单位参展，展出2 500多种近5 000册内地精品图书，参展图书涵盖党政读物、人文社科、古典名著、儿童文学、国家地理、科学技术、饮食文化、防疫抗疫

等多个领域,全方位展现中国历史文化和科技发展水平。为庆祝香港回归25周年,《习近平谈治国理政》《中国共产党的一百年》《我的家在中国》《伟大的历程》《粤港澳大湾区》(英文版)《荣归——香港回归的前前后后》等400余种展现25年来全面贯彻落实"一国两制"方针和粤港澳大湾区建设丰硕成果的主题作品进行了陈列展示。

2022年,继"援南苏丹教育技术援助项目"后,中南出版传媒集团继续承接了"援柬埔寨教育技术援助项目",我派驻相关人员协助当地开展编写信息技术教材、搭建教育数字平台等多项工作,助力"一带一路"沿线国家的教育事业发展。

(二) 网文网游出海成为文化传播新渠道

近年来,网络文学和网络游戏出海势头强劲,已逐渐成为中华传统文化对外传播的重要渠道,各国青年人对中国网络文学、网络游戏的关注和需求逐渐增强,优质的中国原创网文作品、网络游戏以多种合作方式,通过多种合作渠道和平台,实现了中国和世界读者在同追、同评一部网文作品中拉近了情感纽带,让各国游戏玩家在同一款产品体验、同一平台竞技中找到共同语言。

《中国网络文学在亚洲地区传播发展报告》显示,中国网络文学海外市场规模从2018年的4亿元增长到2022年的超30亿元,亚洲是中国网络文学传播最广泛的地区,其中,东南亚及南亚国家的读者占80%以上。[5]据不完全统计,2020—2022年我国向东盟输出网络文学版权超过1 100项,其中泰国和越南是主要的输出地,输出类别以都市言情、古代言情和玄幻为主①,其中《唐歌行》《药王美食家》等多部网络文学作品在东南亚地区的平均点击率接近4000万次。在网络游戏方面,因地缘原因及受中国文化影响较大,且游戏接受度强,青年人口占比高等原因让东南亚地区已逐渐成为我国优质网络游戏"出海"的重镇。据不完全统计,2020—2022年,我国向马来西亚输出网络游戏版权中,移动游戏占比近九成,以角色扮演类、策略类为主②。据移动应用数据分析公司 Sensor Tower 发布的《东南亚游戏市场报告》显示,有多款我国国产出海游戏的先行者在东南亚市场取得了成功,共48款中国手游入围东南亚地区畅销榜

---

① 数据来源:中国新闻出版研究院《出版物进出口贸易数据调查》课题组。
② 同上

TOP100，合计收入约 9.8 亿美元，占 TOP100 总收入的 54.0%。其中米哈游公司的《原神》在东南亚市场收入超过 1 亿美元，位列收入总榜第三，收入增长榜第一。

（三）"走出去"的合作模式不断丰富

目前，我国出版"走出去"在版权输出、实物出口、本土化建设的基础上，合作模式不断拓展深化，通过一本图书的版权合作，逐渐拓展到 IP 合作、文化创意产品生产、战略合作，甚至逐步参与到对象国公共文化服务中。如图书版权合作逐步向合作出版扩展，目前已有多种学术图书、科技类图书，通过与施普林格、麦克米伦等国际一流出版机构合作出版，通过直接以英文版图书出版的方式，实现了我国前沿学术、科技研究成果在海外更快速的出版传播。儿童绘本插画等则通过中国作家和海外插画家合作的方式，将优秀的中国原创儿童作品以更易于海外小读者接受的插画形式进行传播。北京出版集团与马来西亚汉文化中心，通过《平凡的世界》马来文版等精品图书版权贸易合作建立了良好的基础，实现进一步的深度战略合作，2022 年双方以线上线下同步的方式签订了战略合作，双方将在中马互设办事处，加强往来联络，并在版权合作、品牌打造、人才交流等方面进行深度交流。[6] 中国外文局与故宫博物院强强联合，进行战略合作，依托故宫博物院深厚的传统文化资源，以及中国外文局专业、权威的对外传播资源、渠道，共同搭建多语种中国文化数字融媒体平台，策划出版适合海外读者阅读习惯的中华优秀传统文化艺术图书，联合举办中华优秀传统文化艺术展览、论坛等，推动中华优秀传统文化海外推广以及文明交流互鉴。[7] 甘肃读者出版集团则通过与西班牙甘肃商会合作，在西班牙建设"读者小站·欧洲旗舰店"、举办国际研学和文化交流活动、在欧洲市场发行《读者》杂志等，为西班牙华侨华人、留学生，以及对中国文化感兴趣的当地人，提供一个融合东西方风格的阅读空间。[8]

三、推动出版"走出去"的对策建议

为更好地推动中国图书"走出去"落地实效，应不断优化国际布局，加强政府项目的统筹协调；注重译者资源的积累，加强翻译质量把关；扩大宣传推广的扶持力度，同时加强作家作品的长期海外宣传推广；同时细化增加社会效益考核中对国际影响力的考核，对不同类型图书建立多维度的指标，对落地效果进行评估，从而提升我国出版业的国际影响力，助力文化强国建设。

（一）加强国际布局和项目统筹协调

当前，世界政治、经济形势动荡变化，我国出版业"走出去"要从全球出版贸易视角出发，对国际图书市场的发展趋势进行分析，研究新形势下中国出版对外传播的全球布局，根据不同国家、地区的文化背景及需求差异，参考我国已实现的"走出去"作品、品牌、人才特点，做好出版"走出去"国际布局的统筹规划。上级主管部门和出版企业应突出各自工作重点，精选合作伙伴，在保持并加强与欧美出版市场的交流与合作的基础上，还要加强"一带一路"国家出版市场的重点区域布局。出版机构应在总结"走出去"经验过程中，尝试针对不同国家、不同市场、不同用户采取差异化、精准化策略，有针对性地扩大或深化出版合作。

一方面，可以依据地理、地缘优势，如广东对印尼、广西对越南、山东对韩国等，进一步深化现有交流合作，突出重点、形成特色，实现出版"走出去"的差异化发展；另一方面，以目前已在海外经营，并已产生一定影响力的海外分支机构或已在海外建立运营的国际化平台为支点，如科学出版社东京分社、接力出版社埃及分社、广西师范大学马来西亚分社、社会科学文献出版社俄罗斯分社、中国社会科学出版社智利分社、北京师范大学出版社约旦分社，五洲传播出版社 that's book 阿语、西语数字阅读平台等，以点带面、点面结合，辐射周边国家和区域，逐步扩大中国图书和中国出版的国际影响力。

另一方面，当前，我国与新闻出版领域直接或密切相关的国家级"走出去"项目有 10 余个，分别由中宣部、文化部、教育部、商务部等多个部委组织实施，国家社科基金、驻外使领馆、中国作家协会、中国新闻出版研究院、中国版本图书馆、中外文化交流中心、北京语言大学等单位参与其中。多个政府部门、行业组织和机构纷纷介入，投入大量人力物力财力，导致部分工程项目交叉重复，针对性不强，缺乏统一的宏观规划和布局。因此，一方面应强化顶层设计和统筹管理，由中宣部牵头，制定出版"走出去"总体规划，统筹推动，相关部门分头落实，在总体规划的框架下开展出版交流合作；另一方面，目前中宣部丝路书香工程、经典中国国际出版工程、中国图书对外推广计划以及亚洲经典著作互译计划，是以不同国家和地区为重点进行图书翻译的出版资助，虽然在项目申报初期要求根据图书输出不同国家和语种进行申报，但出版单位在实际操作中并未对此进行明确细分，因此可以考虑在项目评审立项中组织实施部门有意识地进行区别和划分，从而更好地形成协同机制、形成合力，打造全国出版"走出去"一盘棋。

（二）不断提升翻译质量，加强译文质量把关意识

高水平的翻译，是对原版图书的再度创作，用海外读者能读懂、易接受的语言，创新话语体系，融合中外新概念、新表达，能够结合本土化语境赋予作品第二次生命，出版适合国外读者价值观念和阅读习惯的产品，才能获得海外读者对中国价值、中国文化的认同，中国声音才能传得更远、更精准。[9]作家莫言在诺贝尔文学奖颁奖时特别提出了"译者的劳动可以让文学变成世界的文学"的观点。近些年，我国的文学作家作品，如刘慈欣的《三体》等之所以能够获得国际文学奖项，很大一部分原因是其作品由对象国知名翻译家翻译，本土化母语翻译水平高的同时，对象国读者对译者的认可度也相对较高，作品更容易走进本土读者中，更易形成现象级图书，从而获得国际奖项的青睐。因此，加强优秀译者资源的积累是出版"走出去"的关键。政府主管部门可以从当前实施的丝路书香工程、经典中国国际出版工程、中国图书对外推广计划等各项"走出去"重点项目中对国内外知名译者、汉学家、翻译家参与的翻译出版项目给予一定的资金倾斜，通过一段时间的积累，出版社可以筛选适合翻译本社图书内容、翻译经验丰富、翻译水平较好的"语言＋专业"译者，形成长期稳定的优秀译者队伍；国内出版社可通过加强与如中华图书特殊贡献奖、中国翻译协会"翻译中国外籍翻译家"等奖项获奖者的联络，积累有良好中文基础的外籍翻译人才、翻译家、汉学家；同时，长期培养对各国文化背景熟知的国内翻译人员，做到中外翻译人才有效配合，实现出版"走出去"的翻译内容能够达到既忠于原文，又符合目标读者的阅读表达习惯，使海外读者更易于接受。

同时，我国出版界应加强对翻译质量的把关意识。目前在丝路书香工程、中国图

书对外推广计划等多个国家级重点项目中均已在项目实施过程中增加了专家审读环节，要求出版单位请国内具有相关经验及水平的外语专家对翻译图书进行审读，对外文版图书翻译内容的政治性、完整性、翻译质量等进行严格把关。但不同项目中专家审读环节有的为出版前进行，有的则为图书出版后项目申请结项前再进行，因此项目主管主办单位应考虑将该环节前置于图书出版前，才能更有效规避有明显的误译、错译的图书进入海外市场，造成海外读者对中国内容的误解。作为国内出版单位，除了在实施项目过程中完成既定的流程，在其他图书日常海外出版的过程中也应主动加强审读把关的意识，特别是对于主题类、社科类以及涉及我国传统文化的图书，避免因翻译不准确而产生文化壁垒。

（三）提升我国作家作品的海外宣传推广意识

目前，虽然每年有一些中国图书会在海外获得一些奖项，得到主流媒体推介，并产生一定影响，但图书市场的国际竞争日益激烈，中国图书尚未在海外市场形成大气候，尤其是在欧美等出版大国中，海外图书翻译出版的市场占有率极小，因此，海外宣传推广是提升图书海外关注度和国际影响力的重要手段。当前，图书的海外宣传大多以海外新书发布、参加国际书展为主，且以外方出版机构为主导，国内出版机构在海外宣传推广方面投入资金较少，宣传力度不足。从政府主管部门角度看，当前中宣部实施的各类"走出去"资助项目中，大多以翻译出版资助为主，仅有社科基金学术外译项目资金可用于海外宣传推广，因此在政府扶持资金中考虑扩大资金使用范围，增加宣传推广、举办研讨、国际书展展览展销等经费使用，为出版社减轻宣传推广的经费压力，是有较大实施空间的。从出版单位角度看，国内出版机构应加强市场化运作意识，针对各类图书主动开展专业化宣传推广，增加宣传推广资金投入力度，积极邀请各领域专业人士在专业媒体、报刊发表书评；在重点海外平台进行广告投放；积极参加国际学术会议、高校研讨等专业学术研讨，并对图书进行宣传；利用海外社交媒体，如推特、脸书等进行宣传推广。总之，要综合运用大众传播、群体传播、人际传播等方式，创新构建多元发声网络，不断加大海外推广力度，提升中国图书的海外关注度和影响力。

在以图书为重点推介对象的同时，加强对我国作家进行长期海外宣传的意识，从而形成作家作品相辅相成的促进作用。国内出版机构应增强对作家的海外宣传意识，通过增加作家参加海外书展、海外新书发布、学术交流、读者交流等文化活动的机会，利用海外主流媒体、海外杂志书评等渠道，推动更多作品进入海外市场，不断提升我国作家的海外影响力，进一步推动中国图书"走出去"，为讲好中国故事奠定坚实基础。

（四）细化社会效益考核并加强海外落地效果评估

2018年底，中宣部印发《图书出版单位社会效益考核试行办法》（以下简称"《办法》"），对我国图书出版单位的走出去工作提出了基本要求。目前，《办法》中将"国际影响"纳入"文化和社会影响力"的二级指标进行赋分，以版权输出数量和实物落地数量作为量化指标，以年出版物版权输出数量作为得分点，同时要求提供外文版样书或版权收入证明，这在一定程度上提升了出版单位对出版"走出去"工作的积极性。但在出版物版权数量保持平稳的基础上，中国图书能否真正"走进去"应成为上级主管部门和出版单位关注的重点，更加注重图书的影响力、传播力，注重图书在读者中的影响力。在版权输出数量指标的基础上，建议增加输出图书海外销量、输出覆盖国家和地区数量、图书版税收入等更多可量化指标，并与国外读者对中华文化认同、对中国形象的正面评价、对中国形象的正面传播、海外媒体对报道转载率、输出图书国际获奖情况等影响力指标相结合，建立多角度、多维度的综合评价体系。

同时也应考虑到，不同类型图书的海外受众、进入海外的渠道、以及反映社会影响力的指标均不同，不能以一概全的赋予相同评价方式。因此，对于图书版权输出或实物出口的评价指标中可以按照图书类别进行相应的指标设置。党的十八大以来，中国图书在海外获得各类奖项的数量越来越多，其中以少儿图书、文学图书、及文化类图书为主。据统计，目前我国儿童文学及青少年读物已获得各类国际奖项40余项，以莫言、刘慈欣、余华为首的当代文学图书获各类国际奖项近50项，一方面可以"获国际奖项数量"作为文学和少儿图书的评价指标；另一方面，由获奖带来的图书海外销售、读者受众群体的增加也可作为重要评价指标。对于大众以及非虚构类图书，可以其进入图书畅销书排行榜作为评价依据。对于哲学社科、自然科学等学术图书，不能完全以市场销售、进入的营销渠道为依据，而应以进入图书馆馆藏、在所在研究领域产生的国际影响、以及作者在该领域的影响力等作为主要的指标进行评价。

（刘莹晨　中国新闻出版研究院助理研究员）

参考文献

［1］中共中央办公厅 国务院办公厅印发《"十四五"文化发展规划》［EB/OL］.（2022－08－16）［2023－06－01］. https：//www. gov. cn/zhengce/2022－08/16/content_ 5705612. htm.

［2］商务部等 27 部门关于推进对外文化贸易高质量发展的意见［EB/OL］.（2022－07－18）［2023－06－01］. https：//www. gov. cn/zhengce/zhengceku/2022－07/30/content_ 5703621. htm.

［3］范军，张晴，邹开元. 新时代我国出版走出去的非凡十年［N］. 中国新闻出版广电报，2022－12－19（06）.

［4］徐翌晟. 200 余种香港新书来沪！一起去这个书展"漫读香江"［EB/OL］.（2022－07－01）［2023－06－01］. https：//www. 360kuai. com/pc/9bfe79a62b84c1c78？cota＝3&kuai_ so＝1&sign＝360_ 57c3bbd1&refer_ scene＝so_ 1.

［5］余俊杰. 中国网络文学在亚洲海外市场订阅用户达 1 亿多人［EB/OL］.（2022－05－27）［2023－06－01］. http：//www. news. cn/2023－05/27/c_ 1129649805. htm.

［6］北京出版集团. 北京出版集团与马来西亚汉文化中心签署战略合作协议［EB/OL］.（2022－02－18）［2023－06－01］. http：//www. bph. com. cn/xiangguan/detail/2531. html.

［7］胡俊，郑伟，王肇鹏. 中国外文局与故宫博物院战略合作签约仪式在故宫举行［EB/OL］.（2022－08－22）［2023－06－01］. http：//cul. china. com. cn/2022－08/22/content_ 42079745. htm.

［8］闫姣.《读者》旗下"读者小站·欧洲旗舰店"将落地西班牙［EB/OL］.（2022－08－18）［2023－06－01］. https：//www. gs. chinanews. com. cn/news/2022/08－18/353687. shtml.

［9］梁媛，刘莹晨．中国—东盟出版交流合作十年实践与思考［J］．出版发行研究，2023（05）：65-73.

［10］范军，杨涛，曹杰，刘莹晨．我国出版走向"一带一路"十年回望与未来展望［J］．科技与出版，2023（05）：66-72.

［11］谢亚可，向志强．出版走出去的"五力"路径探析［J］．出版发行研究，2022（03）：93-98.

第四编

中国香港特别行政区、澳门特别行政区、台湾地区出版业发展报告

2022年中国香港特别行政区出版业发展报告

李家驹

2022年，随着世界各国各地逐步从疫情中恢复正常，香港也为走出疫情做好了准备。2022年也是大事连连的一年：中国共产党召开二十大，领导班子换届，为国家开启了新征程，为中华民族伟大复兴掀开了新篇章。香港完善选举制度，在庆祝特区回归25周年之际，举行三场重要选举，包括选举委员会、立法会换届及行政长官选举。2022年7月，李家超获选后组成新政府，成立社会期待已久的文化、体育与旅游局（以下简称"文体旅局"）。出版界由香港出版总会率领，拥有7名选委，代表业界履行政治职能和责任，参与投票，选贤与能。在国家腾飞发展的势头下，出版界对香港新班子与新格局满心期待，同时努力为业界争取更明确的政策支持，以及更多实质扶持。

一、努力说好出版故事

（一）争取扶持和资助，在新开局下谋发展

2022年是特首选举，是重新开局之年。香港出版总会及选委趁机，积极表达出版业的诉求。4月底，总会会长李家驹参加特首候选人交流会，向时任候选人李家超先生介绍香港出版业的特质、作用、面临的困难与诉求；指出在近几年疫情中，出版界面对严峻困境，需要政府加大扶持，特别是考虑设立"出版发展基金"，进一步推动全民阅读。

文体旅局成立后，出版总会即向当局表达意见，早于 6 月初与立法会霍启刚议员举办了一场在线"文化体育及旅游局咨询会"，邀请业界参与，共同探讨对出版文化长远发展的期望。8 月 5 日，总会与业界代表与文体旅局局长杨润雄会面，提交书面意见书，重点内容包括：希望政府能加强重视文化与出版；认真调研，以制定短中长远的文化产业政策，倡议成立专责筹备或咨询小组，委任出版界代表；要求"短期扶持，长期推动"出版界，例如，资助香港书展参展费、资助出版业参与国际书展；增拨资源，大力振兴出版，推动转型创新，加强融入内地；支持定立"香港全民阅读日"等。

（二）办好疫情下的香港书展

疫情变为新常态，2022 年继续办好疫情下的香港书展，做到既安全又热闹。出版总会作为香港书展的主要支持机构，紧密地与香港贸发局沟通，就展览各种安排提出实质建议。在 2021 年的经验指导下，大会控制好人数和人流，严禁场内饮食，要求参展商工作人员需每天快检等，书展顺利及圆满举行，85 万人次入场，略高于 2021 年的 83 万。除实体营办外，书展同时推行在线形式，包括展销与讲座等。一如 2021 年，联合出版集团旗下的文化电商平台"一本"继续同步举办大型网上书展，使香港的文化 7 月 内涵更显充实。

（三）思考香港书展的新定位

香港书展的主办团体是香港贸易发展局，管理架构归属于商务及经济发展局，难免较侧重于书展的经济效益。随着文体旅局成立，业界认为书展除商业性质外，也可进一步加强文化性，因此出版界在书展后举行了一场咨询会，深入探讨书展该如何重新定位及发展。香港书展为颇成功和具有特色的 B2C 书展，出版界认为在保持原有特色外，应同时加强书展的专业性（例如交流、培训和版权成份），以及应投入更多资源去推广阅读，加强大湾区域合作。

（四）"国际出版论坛"探讨前路

如何迎接复常是大家关心的课题，2022 年出版总会策划的"国际出版论坛"就以

"疫情下的出版业——挑战与应变"为题,探讨各地出版业在疫情下如何应对挑战及应变。论坛邀请的演讲嘉宾有:中国新闻出版研究院院长魏玉山、美国纽约佩斯大学出版系退休教授练小川,以及韩国四季节出版社总编辑金娩希女士。由于疫情关系,演讲嘉宾不便入境,故仍以视频方式进行。各地的资深出版人分享数据,交流心得;尤其是练小川教授提到美国图书业在疫情下运用短视频方式(Book Tok),使生意反而上升,颇具启发作用。

二、努力提升专业,推动转型

(一)"出版3.0"创造转型条件

面对图书业下行及网络发展,出版业需要升级转型。电子书和有声书的规模发展,是转型的指标之一。香港出版总会获得特区政府物流及供应链多元技术研发中心及创意香港的支持与资助。筹备规划多月,于2022年香港书展期间正式启动"出版3.0——香港智能电子书库"项目。"出版3.0项目"研发中英文电子书、粤普英有声书转换软件,建构电子书推广平台,协助微小企升级转型,拓展产品线和市场。启动礼获得刚成立的文化旅游体育局杨润雄局长等多位领导光临,担任主礼嘉宾。

出版一直追求升级转型及电子化发展,电子化是出版未来的方向之一。长期以来,转型进展不如预期,主要是"需求"和"供应"同时出现问题所致:一方面,香港以中小企业为主,规模不大,制作电子书和有声书有成本与技术的障碍;另一方面,电子书和有声书的市场仍未形成,出版社不愿大规模投入,结果"需求"与"供应"相互制约。本项目同时获得两个政府机构同时支持,属业界史无前例,在技术和营销上同时下功夫,并配合特区政府近年提出的 Art-Tech 潮流。按计划进度,2022年下半年将全力研发电子书转换软件,招募一些出版社试行,以完善技术与流程,特别是中译英及文字转译读音。2023年转换软件正式启动,容让出版社参加,将出版物转换为中英文电子书、粤普英有声书。出版社完成转换后,可参加"香港智能电子书库"计划,在多个境外大型书展推广营销,以及洽谈版权合作。本项目令人充满期望,香港出版总会努力宣传，呼吁众出版社支持和参与，一同推进香港出版的转型升级。

（二）内地合作出版试行计划

香港出版业界面对市场狭小、成本攀升等现实困难，发展受限。香港出版总会响应业界诉求，积极推动拓展内地图书市场。在国家有关部门的大力支持与香港中联办的积极协调下，出版总会获准遴选符合资格的香港出版社与广东出版集团和深圳出版集团属下三家出版社：广东人民出版社、广东教育出版社和深圳出版社开展合作，推动"大湾区合作出版（试行）计划"，于2021年底宣布。

此试行计划目标是：（一）加强香港出版界与内地同业合作，出版适合内地读者的图书品种，扩阔出版版图，丰富内地出版市场，达致互助及互补作用；（二）通过两地业界的出版合作与努力，加强文化与阅读交流，促进知识普及与传播；（三）香港出版物获得内地出版的机会，促进香港出版业发展，加强培育新作家。香港出版总会为项目的统筹机构，负责制订框架与施行步骤。广东省三家出版社参与，给予了60个书号供香港符合资格的出版社申报选题。第一批图书预计在2022年底出版。此计划意义重大：一方面加强了两地出版合作；另一方面有助拓展香港出版市场。

计划虽为试行，反应却极为踊跃。出版总会共收到27家出版社申报参加，项目申报数量合共176项，呈交内地出版社审阅后，入围的出版社有15家，入围项目共64项。2022年在疫情之下，影响了两地出版社沟通和工作进度。至10月，2项已出版，23项将于2023年上半年出版；10项将于2023年下半年出版；其他项尚在商讨。此项目与过去的版权合作不同，希望以香港优质选题、编排和设计补内地的出版空缺，以更深入的合作方式共同策划、共同出版、共同推广，具突破意义。

（三）继续培育初创作家

"想创你未来——初创作家出版资助计划"旨在资助初创作家出版具有创意、多元而立体的作品，一方面补足现有出版的缺门项目，一方面有助培育初创作家，为香港增添活力与作者资源。获选项目可获得最高50万元资助，可用于创作、出版纸本书、编制电子书和有声书，以及推出各种知识付费服务，亦可用于推广和参加境外国际书展,以促进版权输出,开拓国际市场,转型升级,进一步提升香港作为华文出版中心的地位。继2020年第一届后,2022年再获"创意香港"资助举办第二届,在绘本、科普和非遗三组选出合共8本作品,给予资助。为隆重其事,项目于香港书展举行启动礼,由8位作者向公众分享编写理念和出版特色。该"资助计划"的特色之一,是入围的初创作家获资深出版人指导写作和编辑出版技巧,让作品更臻完善。8本作品将于2023年书展时正式面世。期望项目能成为香港出版的一个品牌,向外展示出版的创意和活力,特别在大湾区书店举行循环展览。

(四)启动"双年奖"推动进步

"香港出版双年奖"是香港最具权威性、代表性和认受性,也是唯一的专业奖项;第四届于2022年11月正式公布。按图书分类设立十个出版奖项和四项特别大奖外,新一届注入了新元素,增设几个重要的奖项——新晋编辑奖、新晋出版社大奖和出版社大奖,旨在对出版社和编辑加强鼓励和肯定。本届"双年奖"正值疫情期间,项目筹委会主席兼总会会长李家驹指出不追求参赛数量增加,但期望疫情中做书会更精炼,参赛作品水平保持甚至上升。第四届出版"双年奖"报名和评审工作将在2023年中进行,于2023年书展公布结果。

(五)跨界别跨媒体的联乘合作

第五届"香港初创数码广告企业X出版宣传支援计划"资助12家本地初创数字广告企业,与新晋作家和出版社合作,制作数字广告,宣传图书。入围对象除获得最高港币240 000元资助外,同时可享专家指导、展览宣传等服务。这个跨界合作已进行了五届,让广告界与出版界相互学习,学懂协作,用崭新宣传手法说好文化故事。

(六)获奖备受认同

由韩国出版界举办的亚洲图书奖,于2022年举行第二届。香港中文大学出版社吴伟明教授的《和魂汉神:中国民间信仰在德川日本的在地化》获得"年度最佳亚洲图书奖"(人文及学术书籍)。图书下行趋势中,要致力出版精品。这是连续两届有香港出版物获得此殊荣,对香港出版业多有鼓舞作用。

三、业界变化与整合

在持续多年疫情的影响下,企业有不少变化。经营条件欠佳,苦不堪言,造成一些书店和出版社关张;一些著名作家在2022年亦离读者而去。

(一)书店关张与开业

于1970年开业专营教科书和教辅的老牌书店——汉荣书店宣布年底关张。负责人指出,他们长时间辛劳工作,身体不胜负担,加上新冠疫情持续破坏了教科书供应链,中学教科书售卖期被大幅压缩,汉荣书店恐不能再为学校提供优质服务而决定停业,令人惋惜不已。此外,全港唯一24小时书店"偏见书房"葵兴分店于2023年初关张。此书店24小时营业,大部份时间均无店员当值,客人可自助付款买书,成为失眠人士或书友们的小空间。偏见书房葵兴分店开业一年,终因经营困难而歇业。

除个别书店外,大型连锁书店——联合出版集团下的"三中商"也重组书店布点,因应经营状况作合适的调整,提质增效。去年集团关闭了5家书店,包括:商务印书馆戏曲中心礼品店、商务印书馆大围店、商务印书馆科技大学书店、三联书店荃湾店和中华书局中央图书馆店;新开了三家:三联书店旺角新世纪店、商务美观店、新雅童书馆。其中新雅童书馆是由老牌出版社新雅文化事业开办,以阅读活动与书店相结合形式,为幼童至小学生提供体验,是香港崭新的尝试,是香港首家类似形式的阅读体验馆。

(二)文化新地标——美观文化荟正式揭幕

2021年,联合出版集团宣布将旺角美观大厦重新装修,有意打造成为香港的文化新地标,定名为"美观文化荟",并与香港教育工作者联会携手共建"香港教师生活馆"。两家机构表示会整合优势资源,携手为香港师生提供丰富多彩、价廉物美的文化产品和文化体验一站式平台。筹备大半年后,在喜迎香港回归祖国25周年之际,2022年6月21日迎来香港教师生活馆暨美观文化荟开幕典礼,由特区政府行政长官林郑月娥女士,紫荆文化集团董事长毛超峰先生、总经理文宏武先生等嘉宾出席主礼,候任行政长官李家超先生视频致贺。在国家支持香港"十四五"时期建设中外文化艺术交流中心背景下,香港文化教育崭新地标正式面世。

联合出版集团除与教育工作者联会合作设立"教师生活馆"外,也有不少跨界别的合作,较重要的有：与中银香港、中国太平、中石化（香港）、中国香港移动、浦发银行等多家重量级机构开展战略合作,共同服务社会,为"一国两制"行稳致远加油助力。

（三）重要并购：联合集团收购香港培生

培生集团重组全球业务,将K12教育出版业务出售,包括自低幼年级至中学各科的教科书、参考书、课本配套教材与学材和电子资源,但不包括英语科目。联合出版集团为香港重要的出版集团,拥有历史悠久的教科书出版社——香港教育图书有限公司,近年大力发展教育出版。据培生网站公告,联合出版集团于2022年8月正式收购培生的香港K12教育出版业务,并继续供应培生已出版的教科书、教辅和教材,维持提供支援教师与学生的服务。及后,联合出版集团易名新公司为联合培进教育出版（香港）有限公司［United Prime Educational Publishing（HK）Limited］。此项是香港以至内地备受关注的出版收购,中资出版机构购入外资教育出版社,加大了香港教科书市场占比,发挥了更大的影响力,颇具象征意义。

（四）中华书局及百利唱片创立志庆

2022年是中华书局110周年,香港中华举办"以文化教育为己任——中华书局与中华教育回顾展开幕式暨出版与教育——中华书局创立110周年座谈会",作为志庆,多位知名学者参会,分享对中华的期盼。同年也是香港老牌音像出版社——百利唱片开业60周年,举办"华韵百利·中国音乐唱片珍品展暨百利乐友会启动仪式",包括：中国音乐唱片珍品展、中国音乐海外传播论坛、百利乐友会启动仪式等,寓意百利唱片立足香港，用音乐向世界讲好中国故事。

四、努力推广阅读

（一）倡议"香港全民阅读日"

4月23日是世界阅读日。多年来，香港出版总会积极联系各界和政府，推广阅读，希望打造香港成为书香城市，以阅读提升社会的素质。2022年，香港出版总会公开倡议将4月23日世界阅读日订为"香港全民阅读日"，向社会大众宣示阅读的意义与价值；4月23日，出版总会举行"香港全民阅读日"启动式，发表《香港阅读宣言》，并举办"悦读12小时"（在线活动），组织出版界和作者支持，提供不同形式的阅读活动，让社会大众参与其中，体验和享受阅读的乐趣。总会的倡议获得良好反应和各界的热烈支持，超过300名政商文名人联签，80多家学校的校长和教师、家校会、教联、文联、青联和出版社支持。"悦读12小时"，总会组织出版社和作者100场文化阅读活动，在4月23日当天中午12时至晚上12时在线供市民免费参加，成为城中盛事。

（二）疫情下举办"全民阅读调查"

香港出版学会多年来进行"香港全民阅读调查"，追踪阅读的情况与趋势，2022年发表了第七年的报告。学会成功抽样电话访问了1 195名读者，了解他们的阅读习惯。调查结果显示，2022年，有纸本阅读习惯的受访者与有电子阅读习惯的受访者比例相若。70%受访者在2022年有阅读纸本书，阅读中位数是8本书，高于2021年的7本；18岁以下受访者的阅读中位数更达20本书，远高于2021年的12本。有30%受访者没有阅读纸本书，当中近半人表示最主要的原因是没有阅读纸本书的习惯，只有13%的人表示网上阅读已经足够。调查结果亦显示有电子阅读习惯的受访者近70%，其中70%更认为使用电子媒介增加了他们的阅读时间（一半受访者日花一小时以上；年长者最常在网上读新闻或杂志，年轻人则较常读小说、文章或评论；约77%的未成年人有过电子阅读消费,当中25%人月花费100美元以上)。出版学会指出,可喜的是看到青少年的阅读兴趣持续上升,包括纸本和电子阅读,社会各界须关注如何为青少年提供更多优质阅读内容,让青少年无论以实体还是以电子模式阅读,都能获得更好的滋养;并呼吁社会各界携手,一同推动全民阅读风气,组织各项活动,让阅读成为市民日常生活中的必选项。2022年,出版学会与出版总会继续推动"自家慢读"行动,邀请作家、知名人士牵头在网页分享阅读,鼓励市民留家避疫时享受慢读乐趣,借此减压并净化心灵。

(三)推行"阅读先导计划"

业界与政府部门康文署(管理香港公共图书馆)合作的"阅读先导计划"有序进行,于2023年4月结束。此计划主要目的是配合香港图书馆电子化发展,并促进读者运用网络资料借阅图书,推广阅读。业界为图书馆提供已采购图书的电子资料及阅读活动的视频,康文署为出版界提供一定的资助,项目委托香港版权协会为执行机构。双方合作愉快,成果满意,正商讨第二期计划,加入电子阅读元素,配合电子阅读和图书馆电子化的发展。本项目加强了业界与政府协作,有助推广阅读,亦能为业界带来一些资助,三全其美。

(四)其他推广阅读活动

仍处疫情下,业界努力鼓励社会多阅读。联合出版集团粤港澳大湾区的多间书店先于2022年3月中旬举办"悦读越好 悦听越美"抗疫公益计划,透过旗下知识服务平台——"知书"向市民派送100万张免费"悦"读卡,用于阅听电子及有声书、名家课程;并由文化阅读电商平台——"一本"提供88折图书优惠及100场免费艺文在线节目。11月,集团又举办了2022年度"行走的图书馆"公益阅读活动。"行走的图书馆"公益阅读活动自2021年初以来,深入香港中小学校和大型社区,举办近百场公益活动,触达在校师生及社区公众数十万人次,得到社会各界广泛关注与一致好评。2022年,"行走的图书馆"流动图书车将多家知名出版社近万种优质图书捐赠,送至香港区中小学校,与在校师生分享阅读乐趣。香港赛马会为学校拨出资源，举行"数码悦读计划"，资助每所学校 10 万元，购买电子书、电子阅读器、订阅电子阅读平台，以及举办推广阅读活动，以推广电子阅读。出版业界积极配合，例如联合出版集团推出"知书阅听图书馆"项目和"知书"App，为师生提供数字阅读新体验，包括阅读电子书和试听有声书，例如粤语四大名著以及金庸武侠有声书等。

（五）与深圳联通，举办在线阅读活动

深港两地继续合作推动阅读，不遗余力。出版总会 2022 年担任深圳阅读月的支持机构，参与"当奇迹之城遇上东方之珠——深圳·香港的文化对视"的两地直播在线活动，加强城际互动，阅读交流。在此基础上，出版总会表示将继续与深粤两地探讨更多可能性，寻找大湾区出版或阅读的合作机会，令人期待。

五、出版风貌与特征

（一）出版量

根据香港康乐文化事署辖下公共图书馆的书刊登记组（负责管理国际出版书号的政府部门）数字，2022 年全年登记的新书书号（中英文，卖品）共 7 031 种，相比前一年的 9 520 种，减少了 2 489 种。其中中文图书出版量较高的三个类别，分别是儿童和青少年读物、教科书、文学；英文图书出版量较高的三个类别，分别是教科书、其他类、儿童和青少年读物。同比出版量减少，估计是受疫情反复不定影响，加上几年经济累积疲态，出版社出书的态度明显较为审慎与保守。

（二）出什么书

2022 年大事连连，有党的二十大召开、香港回归 25 周年等，很多重要的主题出版应时出版，以期说好香港和中国故事，其中较为瞩目的如下。

在"说好中国故事"方面，香港三联出版习近平总书记 2022 年 10 月 16 日在中国

共产党第二十次全国代表大会上所作的报告《高举中国特色社会主义伟大旗帜　为全面建设社会主义现代化国家而团结奋斗》单行本繁体版，以及《在庆祝香港回归祖国二十五周年大会暨香港特别行政区第六届政府就职典礼上的讲话》（中、英文版）；香港三联出版的习近平总书记《论坚持人民当家作主》以及《习近平讲党史故事》《习近平关于注重家庭家教家风建设论述摘编》《习近平关于尊重和保障人权论述摘编》四部繁体著作，在2022年香港书展首日发布；香港三联又出版了由18位不同国家、不同专业领域，对中国有长期研究的国际知名学者著述的《非凡十年：海外和港澳专家看中国》，以国际视角，从政治、经济、法律、科技、文化、社会等多方面对十八大以来中国在共产党领导下取得的巨大发展成就进行多角度评价，表达对中国智慧、中国方案、中国式现代化的理解与认识，以及对中国式现代化道路的发展信心。香港商务将1990年代出版的三本大型画册《宫殿》《国宝》和《清代宫廷生活》重新改编为图文书出版，名为《故宫三宝》，大大增加可读性。

在"说好香港故事"方面，香港中华书局与香港地方志中心继续合作无间，出版了香港地方志《总述·大事记》的英文版 *Hong Kong Chronicles: Overview & Chronology*，向英文读者介绍香港7 000多年来的历史发展与变迁，包括源远流长的民族事迹、地方传统和风俗习惯。7月27日，香港地方志中心于香港礼宾府举行《香港志》首册英文版出版典礼，由特区行政长官李家超、外交部驻特区特派员公署特派员刘光源发表主题演讲，40多个国家驻港领事、10多个外国商会及国际机构代表，以及社会贤达和专家学者出席，共同见证。中华与团结香港基金出版了《回归·情义25载》，以作为主轴，展示香港回归25年来内地和香港的情义，尤其是民间的互动与交流。中和出版《疫起总动员——香港各界抗疫传真》，向多年抗疫的香港勇士致敬。商务为香港伤残人士体育协会出版《我们永不言弃——走过香港残疾人运动50年》，记述了残疾人奥委会推动香港、邻近地区以至亚洲残疾人运动付出的努力和贡献。万里将香港华人庙宇委员会多年研究成果出版《香港庙宇》（上、下卷），以深入浅出的文字，配合庙宇及仪式活动照片，介绍及分析多采多姿的香港庙宇及民间宗教活动。承接前年出版《我住在这里的N个理由》，香港三联2022年出版姊妹篇《外国人喜欢香港的N个理由》，以外国人视角观察香港社会的多元性，记述24位在港定居的外国人的故事，为何在港定居，对香港社会作出了重要的贡献。

（三）多位著名作家离世

2022年，香港多位重量级作家离我们而去，包括科幻文学作家倪匡、香港文学家西西和文化人李怡。倪匡多年笔耕写成的卫斯理和原振侠系列，是几代香港读者的集体回忆。出版社在他辞世后重印全套系列，以飨读者所需。近年来西西身体欠佳，却仍孜孜不倦完成长篇历史小说《钦天监》。香港中文大学出版社还出版了她的诗作——《动物嘉年华：西西的动物诗》（中英双语版本），由20多名画家配画，充满奇思妙想，是向她最后的致敬。李怡杂忆短文也是畅销图书，读者对他离世表示怀念。

（四）教育出版的焦点

前年教育局颁布了高中新课程"公民与社会发展科"取代"通识教育科"，新编的教科书已完成送审，第一册已正式供应学生使用。特区政府颁布国安法后，致力加强推动国安教育，培育新一代有国家观念和守法意识。学校对有关读本和教材都有需求。联合出版集团旗下的香港教育图书公司，与香港教育大学合作，设计了适用于基本法和国安教育的课程框架，编订由小学至初中的教科书和教材。2022年先推出小学一年级和四年级教材套，之后逐年增加其他各级。教材推出后获得良好反应，使用学校众多。

此外，三联多本重要作品应时推出：《总体国家安全观学习纲要》（繁体版）由中共中央宣传部、中央国家安全委员会办公室组织编写，系统阐释了总体国家安全观的重大意义、丰富内涵、核心要义、精神实质、实践要求，全面反映了习近平新时代中国特色社会主义思想在国家安全方面的原创性贡献，为香港社会各界深入学习总体国家安全观、共同维护国家安全提供了权威学习读物。绘本《我们的国家，我们的安全》以青少年的视角，深入浅出地介绍家国情怀、重要领域的国家安全事项，意义重大。这两本作品受到社会各界热烈关注，发行量庞大。

六、履行社会责任

（一）尽业界的公民责任

2022年是换届之年，立法会及行政长官选举先后举行，总会及选委共7名代表履行职责参与投票，选举顺利完成，立法会"体育、演艺、文化及出版"功能组别的议员席位，由霍启刚当选；李家超以全票当选为第五届特首，组织新政府班子，为迎接党的二十大及香港重新开局而努力。

（二）举办讲座学习二十大精神

2022年12月9日，总会与图书业文具商会合办了"把握国家发展大势　谱写香港崭新篇章——中国共产党二十大精神分享会"，提供了分享平台，让业界学习和领会党的二十大精神，更好地融入国家发展大局。分享会邀请中联办宣文部张国义副部长、联合出版集团傅伟中董事长、图书文具业商会吴静怡会长、香港出版总会苏惠良副会长、巴士的报社会长卢永雄先生、和平图书董海敏副总经理担任分享嘉宾，香港出版总会会长李家驹担任主持，为业界代表发言分享学习心得和体会，参加者众，反应良好。

（三）举办书展庆回归

2022年10月，联合集团属下书店举办了"新时代　新经典"主题书展，图书种类涵括习近平总书记的著作和新时代中国特色社会主义思想主题出版物，题材包括当代中国国情优质图书，"一国两制"、宪法、基本法及国安法主题图书，香港回归25周年主题图书，以及内地与香港历史、文化、艺术、科创和教育类获奖好书等，从经济、社会、民生、科技和文化等不同维度，展示当代中国新时代伟大发展成就，以及在中华民族伟大复兴历程中，香港"一国两制"取得的伟大成就及融入祖国发展大局的新篇章，与读者一同认识国家、读懂香港、展望未来。

七、结语:"骐骥之速,非一足之力也"

执笔回顾 2022 年之际,香港疫情已过,社会大致复常,但"骐骥之速,非一足之力也",整个社会要加强共识、提速前行,诚如特首李家超所言,凡事应"以结果为目标"。

面对持续经营下行形势,科技介入挑战与机遇,阅读气氛的疲弱不振,出版业已到不得不转型的阶段。政府成立了文体旅局,专注文化出版发展,表示政府比过去更重视文化的软实力,以及文化对稳定的作用。2022 年到 2023 年间,香港出版界由香港出版总会牵头,在联合出版集团大力配合和支持下,布置并推行了不少重要措举,例如出版 3.0 项目、香港智能电子书库、大湾区合作出版计划、初创作家出版资助计划等,都是有目标、有愿景的行动;最重要是出版各社各人肯尝试、愿参与、齐努力,一起走应行、可行、要行的路。

(李家驹　香港出版总会会长)

2022年中国澳门特别行政区出版业发展报告

王国强

2022年继续受到新冠肺炎疫情的影响，导致澳门特别行政区的财政收支大幅减少，部分政府部门亦为节省开支，转以网上出版模式。由于社团失去政府的资助，对出版图书带来一定的经济压力，社团出版品的数量大减。此外，有多家出版社转以出版学校教科书，开拓本地的教育市场。以下为2022年度的出版概况。

一、出版物统计

本统计的资料来源主要是综合了澳门公共图书馆、澳门大学图书馆及澳门主要出版机构网上目录而得来的。截至2023年8月1日，2022年出版数量，分别有855种图书及4种期刊，共计859种，比较2021年出版的图书992本、期刊7本，其中图书减少了137种，期刊减少3种。根据文化局国际标准书号（ISBN）申办记录，2022年度共有809本图书出版，比2021年增加了7种。

2022年度新申请加入国际标准书号系统的出版单位共有53个（包括1所学校、15家商业机构、11个民间组织、24名个人及2个其他特别团体），累计总数有1 213个，出版机构类别包括：71个政府部门、41所学校、251家商业机构、459个民间组织、369名个人及22个其他特别团体。在这个小城市，每天约有2.35种书刊出版。

本年度图书出版形态亦有所改变，共有52本图书以电子书形式出版，较去年70种减少了18种。至于疫情期间仍保持较高的申请国际书号的数量，主要原因是有出版单位出版多套多册的学生教科书，共 138 种，而去年有 74 种，本年度大幅增加 64 本。

此外，在年度出版物方面，如年刊、年报等，计有 107 种，较去年 202 种，大幅减少了 95 种，是因为部分出版单位受疫情影响，没有举办年度的活动，故此没有出版年度的活动册。

其他特别类型的出版品有展览特刊 22 种、纪念特刊 13 种、视频光盘 4 种及会议论文集 11 种、法律文本 27 种、绘本 15 种、漫画 5 种等，除乐谱 9 种外，其他类型的书刊均有大幅下降现象。

二、图书出版情况

（一）主题分析的统计

表 1 为 2022 年澳门出版书刊按主题分析的统计表，可见文学类共有 190 种，排在榜首，但较去年 206 种减少了 16 种；第二为语文类 164 种，较去年 95 种大幅增加了 69 种，主要是教科书增加之故；第三为艺术类 126 种，较去年 98 种增加了 28 种，主要受疫情影响，创作人创作的时间充裕，产出亦有增多；第四为法律类 64 种；第五为历史类 60 种，较去年 82 种减少了 22 种；第六为公共行政类 41 种；第七为宗教类 34 种；第八为教育类 30 种；第九为社会类 24 种；第十为科学类 23 种。

表 1 2022 年澳门出版书刊按主题分析统计表

排行	主题	出版数量
1	文学	190
2	语文	164
3	艺术	126
4	法律	64
5	历史	60
6	公共行政	41
7	宗教	34
8	教育	30
9	社会	24
10	科学	23

（二）主题内容分析

排在第一位的文学类书刊有 190 种，较去年 206 种，减少了 16 种，主要来自银河出版社、国际炎黄出版社、项狄文化传播有限公司等出版单位，出版内地作家的作品集；累计本地作家出版书刊有 32 种，较去年 49 种减少了 17 种，主要来自文化局、澳门基金会、文学社团，以及本地葡文出版单位，如 Ipsis Verbis、Livros do Meio（中之书）、PraiaGrande Edições, Lda、东方文萃等，包括葡文作品 13 种；还有网络作家程裕升继续出版的网络小说"金山：赵诧利传奇"系列。

排在第二位的是语文类，共 164 种，较去年激增 69 种，主要内容为汉语、英语及葡语教科书。

排在第三位的是艺术类书刊，共 126 种，较去年 98 种增加了 28 种，包括社团出版 48 种、私人出版社出版 44 种、政府部门出版 27 种、个人自资出版 7 种。正好见证了疫情之下，不少艺术展览活动停办，如本年度出版的展览目录有 20 种，较去年少了 7 种。私人出版社，主要以中国艺术出版社、中国艺文出版社等单位出版内地艺术家作品集为主；政府部门依托澳门基金会出版"澳门艺术家丛书"。本地艺术家作品有 64 种，占 71.7%。

排在第四位的是法律类书刊，共 64 种，较去年 69 种增加了 5 种，主要为澳门法律专书，共计 45 种，占了法律类图书 70.3%，以启蒙时代出版社有限公司 13 种为最多。本年度为澳门法学学生编写的教科书有 6 种，由于澳门法律图书往往成为本地法律从业人士及修读法律系学生的教材与参考书，其中以澳门大学及司法培训中心出版的书刊，在本地市场有一定的需求，为书店业带来一定收入来源。

排在第五位的是历史类书刊，共有 60 种，虽然较去年 94 种少了 34 种，但是仍以澳门历史研究为主流。主要的出版单位有：文化局的大型历史展览、口述历史及历史研究丛书；澳门国际研究所的土生葡人的历史及街道掌故；文化公所的澳门口述历史丛书；澳门文物大使协会，澳门文遗研创协会及澳门遗产学会等社团所出版历史保育的研究论集。虽然历史类题材局限于澳门，但是作者在内容上引入较多新元素及第一手资料，加上排版精美悦目，有利于读者阅读和欣赏，在外销市场上有较好的发展。

排在第六位的是公共行政类书刊，较去年 54 种减少了 13 种，其作品内容以政府部门的年度工作报告及宣导政制为主,其中审计署出版的多本审计报告最具参考价值。

排在第七位的是宗教类报刊,共 34 种,较去年的 51 种减少了 17 种。主要是乐仁出版社及子粒文化发展一人有限公司分别翻译及出版的外地经典基督教义的作品。

排在第八位的是教育类书刊,共 30 种,较去年增加了 54 种,主要内容为教育文集、教育机构特刊及年报、升学指南。

排在第九位的是社会类书刊,共 24 种,也是以社团机构的特刊,其他题材有预防滥药、负责任博彩等社会议题、青年政策等。

排在第十位的是科学类书刊,共 23 种,题材仍是以数学及环保为主。

(三) 书刊出版的语种

在书刊出版语种方面,参见表 2 为 2022 年澳门出版书刊按语种分析统计表,本年度分别有中文 547 种、葡文 50 种、中英文 49 种、中葡文 35 种、英文 145 种、中葡英 29 种、葡英文 1 种,另有中葡法文、中英日文、葡英马文各 1 种。而 2021 年分别有中文 681 种、葡文 88 种、中英文 73 种、中葡文 53 种、英文 49 种、中葡英 46 种、葡英文 3 种,另有中法文、中意西文、中英西文、中葡缅、中英藏及越南文各 1 种。

表 2 2022 年澳门出版书刊按语种分析统计表

语种	出版数量
中	547
中英	49
中葡	35
中葡英	29
中葡法	1
中英日	1
英	145
葡	50
葡英	1
葡英马	1
总计	859

虽然澳门定位为国际休闲中心，外资博企在澳门有一定的影响力，加上澳门为葡语地区交流的平台，理应出版较多的外文著作，可是历年来外文的出版物数量偏低，参见表3为2022年澳门出版书刊葡中英三语种分析表，2022年总计有中文662种，占总体65.9%；葡文117种，占总体11.7%；英文225种，占总体22.4%。同比2021年中文为857种，占总体70.1%；葡文191种，占总体15.6%；英文173种，占总体14.2%。由于读者群偏向以中文为阅读媒体，中文出版物数量大幅拉开外文书刊，说明市场需求与政府的葡语推广政策仍有一定落差，未能有条件打进国际市场。本年度首次出现英语出版物数量多于葡语出版品现象，主要是有大量教科书出版之故。

表3　2022年澳门出版书刊葡中英三语种分析表

语种	数量
中	662
英	225
葡	117

三、出版单位类型及出版数量

（一）概况

参见表4为2020—2022年各类型出版单位数量及出版数量统计表，可知本年度有236家出版单位，共出版了859种书刊，从不同类型出版单位的出版数量来看，第一为私人出版单位，共71个，出版467种（2021年为88个单位，出版389种）；第二为政府部门，共43个，出版216种（2021年为46个单位，出版363种）；第三为社团，共96个，出版142种（2021年有104个单位，出版194种）；第四为个人自资出版，共17人，出版24种（2021年为24人，出版41种）；最后为学校，共9个，出版10种（2021年为9个，出版12种）。同比2021年度，出版单位数量减少了35个，出版数量减少了140种。本年度连续三年出现私人出版社出版数量多于政府出版单位的出版数量，说明澳门出版业处于维持市场导向、企业经营的阶段。

表4　2020—2022年各类型出版单位数量及出版数量统计表

年度	2022	2022	2021	2021	2020	2020
出版单位类别	单位数量	出版数量	单位数量	出版数量	单位数量	出版数量
私人出版社	71	467	88	389	89	408
政府部门	43	216	46	363	46	305
社团	96	142	104	194	119	214
个人自资	17	24	24	41	19	24
学校	9	10	9	12	15	25
总计	236	859	271	999	288	976

（二）私人出版社出版情况

表5为2022年私人出版社出版数量排行榜（前5位）。本年度有71家出版单位，共出版了467本。较去年88家出版389本，稍为下降一点，出版单位以培文出版社有限公司108本，排行第一；第二位为圣若瑟大学，共出版66本，前两者均主要出版小学教科书；第三位为国际炎黄文化出版社，共28本，主要出版国内作者不同题材的著作；第四位为文化公所，共20本；第五位为启蒙时代出版社有限公司21本，主要以法律及公共行政的学术作品为主。

表5　2022年私人出版社出版数量排行榜（前5位）

排行	出版单位名称	数量
1	培文出版社有限公司	108
2	圣若瑟大学	66
3	国际炎黄文化出版社	28
4	文化公所	20
5	启蒙时代出版社有限公司	21

（三）政府部门的出版情况

参见表6为2022年政府部门出版数量排行榜（前5位）。第一位为教育及青年发展局 36 本，主要是出版大量的小学中文、葡文及爱国教育的教科书；第二位为澳门大学，共 18 本，主要为澳门大学图书馆出版的博雅讲座的 DVD；第三位为澳门基金会和文化局，各 17 本，以艺术、文学、历史等学术著作；第四位为印务局，共 14 本，主要是法律及法规的文本；第五位为统计暨普查局，共 12 本。前 5 位的出版量总计为 114 本，占政府出版品数量的 52.8%。

表6 2022年政府部门出版数量排行榜（前5位）

排行	出版单位名称	出版数量
1	教育及青年发展局	36
2	澳门大学	18
3	文化局	17
3	澳门基金会	17
4	印务局	14
5	统计暨普查局	12

（四）社团的出版情况

参见表7为2022年社团出版数量排行榜（前3位），第一位为澳门中华学生联合总会和澳门池畔书艺研习社，各 6 本；第二位为官乐怡基金会和澳门国际研究所，各 4 本；第三位为圣公会澳门社会服务处、缅华笔友协会、澳门出版协会、澳门美术教师交流协会、澳门遗产学会各 3 本，共 35 本，占该类的 24.6%。

表7 2022年社团出版数量排行榜（前3位）

排行	出版单位名称	出版数量
1	澳门中华学生联合总会	6
1	澳门池畔书艺研习社	6
2	官乐怡基金会	4
2	澳门国际研究所	4
3	圣公会澳门社会服务处	3
3	缅华笔友协会	3
3	澳门出版协会	3

续表

排行	出版单位名称	出版数量
3	澳门美术教师交流协会	3
3	澳门遗产学会	3

（五）个人自资的出版情况

参见表8为2022年个人自资出版数量排行榜（前2位），第一位为程裕升的网络小说，共4本；第二位为Manuel Viseu Basilio、林博跃、欧耀南，各2本。

表8　2022年个人自资出版数量排行榜（前2位）

排名	出版单位名称	数量
1	程裕升	4
2	Manuel Viseu Basilio、林博跃、欧耀南	2

（六）学校出版概况

本年度的学校出版品数量不多，内容以学校毕业特刊及学校的学生作品为主，由于疫情影响，为了节省成本，部分转为电子版发行，加上学校出版品为内部发行，估计有部分出版仍未收集得到，需要日后再作补充。出版数量最多的是化地玛圣母女子学校，出版2本书刊；其他学校有新华学校、圣若瑟教区中学、圣玛大肋纳学校、广大中学、澳门培正中学、澳门劳校中学、澳门慈幼中学、澳门濠江中学，各出版1本。

四、新成立出版单位情况

2022年，澳门共有新成立出版单位44家，包括个人自资出版13家（2021年为19个）、社团12家（2021年为17家）、私人出版社18家（2021年为17家）、政府部门1家（2021年1家）。同比2021年的54家，数量少了10家。

五、报纸及期刊出版情况

澳门出版的报纸及期刊约有200种，大部分以机构的通讯为主。其中较重要的有报纸10种及期刊30种，题材以澳门旅游、时事为主。学术期刊有60多种，内容以文史研究、法律、经济、教育等类别为主。澳门大学图书馆将60种较重要的学术期刊编入澳门期刊网的电子检索系统内，可供读者查阅。

2022年创刊的期刊有8种，较2021年的7种，增加了1种，其中有3种为学术期刊，5种为通讯类期刊。其创刊的期刊名单可参见表9。

表9　2022年创刊的期刊名单

期刊名称	编辑单位	出版单位	刊期	语种	ISSN
红刊	中国红刊传媒有限公司	中国红刊传媒有限公司	双月	中	无
国际人文社科研究	澳门人文社会科学促进会	澳门人文社会科学促进会	半年刊	中	27913074
专上志 = Macao universities magazine	澳门无疆界青年协会	澳门无疆界青年协会	期	中	29578299
新机遇	岑敬远社长	新机遇文化传媒（澳门）国际有限公司	期	中	29586186
蒸气志：澳门科学馆科普教育电子月刊	澳门科学馆股份有限公司	澳门科学馆股份有限公司	月	中	无
澳门社会科学研究 = Macau institute for social science studies	冯彦龙总编辑	澳门人民联合出版社	半年刊	中	29574594
澳门警学 = Revista das ciências policiais de Macau	张玉英总编	澳门保安部队高等学校	不定期	中葡	27899942
澳娱综合通讯	澳娱综合通讯编委会	澳娱综合通讯编委会	月	中	无

六、出版业界交流

澳门从事图书出版及销售的从业者不足 2 000 人，分别在近 300 多个出版单位工作。其中有近 40% 为社团及业余性质的出版人。另约有 500 人从事报刊的出版与编辑工作。

澳门每年的三次大型书展，因为受到疫情的影响，取消了春季书香文化节，只有在 8 月及 11 月分别由一书斋及澳门出版协会举办两次书展，每次均展出逾万本图书，平均每次入场人数约 2 万人。

在推广交流方面，亦分别参加广州的"2022 年南国书香节"和"第 32 届香港国际书展"，向内地及海外读者推广澳门的优秀出版物。

本年度由于受疫情影响，出版活动不多，只有由澳门文教出版协会主办的"首届澳门出版论坛暨澳门出版传播中心成立仪式"，该中心为澳门文教出版协会、文化公所、永利在澳门联合设立，目标是成为集图书发行、文化传播、业界交流为一体的综合文化机构。

全年交流活动的具体情况可见《2022 年中国澳门特别行政区出版业大事记》。

七、书店业

2022 年，虽然受到疫情及游客减少的影响，澳门书店业的格局基本依旧，没有太大变化，目前共有门市书店及代理公司 38 家，包括澳门文化广场（2 家分店）、澳门星光书店（2 家分店）、宏达图书中心、浸信书局、圣保禄书局、葡文书局、文采书店、一书斋、珠新图书公司、资讯店、环球书局、耶路撒冷书城、活力文化、新城市图书中心、环亚图书公司、大丰啤令行、竟成贸易行、学术专业图书中心、澳门政府书店、知乐馆、大众书局、悦学越好有限公司、井井三一儿童绘本书屋、正能量书房、游乐、文化公所、边度有书、愉阅屋、开书店、鞠智绘本屋、新桥荣德书店、艺文书局、吸引力书店、RS485 一人有限公司、成翰一人有限公司（没有门市）及凼仔龙环葡韵内的万象画廊书屋。澳门的二手书店约 10 家、漫画店约 12 家［老地方漫画店、一雄动画漫画游戏专门店、漫画馆、漫画 Teen 地、四人帮漫画店（宏开）（中星）、漫画 1/2、少年漫画、达富漫画、漫画馆（下环）（裕华）（贾伯乐）］。部分玩具店及报摊，如 Miku 通贩、一雄玩具亦有少量漫画销售；报刊批发商约 6 家。不少书店为谋求多元化经营、在售书之外拓展其他新的业务，成为复合型书店。

本年度由于教育及青年发展局资助学校购买图书政策的改变，书店业未能及时配合，生意大受打击。

八、结　语

2022 年，澳门图书出版数量 859 种，而且新出版的单位减至 44 家，可见业界于本年度明显受疫情影响而大幅下降现象。书店业由于受到学校图书馆的采购资助政策的改变，收入亦大幅减少。面对疫情，澳门出版业将继续尝试以电子图书及纸本图书共同出版的模式，凭借新媒体的优势，将产品推广至世界各地。总结 2022 年出版业界仍然以内地及香港合作出版形式，目标是打开粤港澳大湾区市场，业界更期望澳门出版的图书可以在横琴粤澳深度合作区发行，作为开展国内市场的第一站。

（王国强　澳门大学图书馆副馆长、澳门出版协会副理事长）

2022年中国台湾地区出版业发展报告

黄昱凯

一、台湾地区出版产业整体概况

根据中国台湾地区"国家图书馆"的《2023年台湾图书出版现况及趋势报告》，2022年申请ISBN之出版机构较2021年减少28家，台湾地区新书出版总（种）量减少1 589种，新书总量下跌2.75%。2022年申请ISBN之出版机构计有4 845家，核发ISBN之新书总计56 121种（ISBN笔数为63 937笔），包括有声书423种（占比0.75%）、纸本书36 084种（占比64.30%）、电子书19 614种（占比34.95%）。在疫情期间，有声书吸引了更多的消费者尤其是年轻人。相较于台湾地区之外有声书的快速发展，台湾地区有声书尚在起步阶段，但成长速度也成为出版产业另一个焦点，博客来网络书店在2021年10月推出有声书服务，开馆后营收成长6倍；读墨电子书平台统计在2021年上架的有声书增加900种，数量成长67.6%，销售金额成长92.5%。台湾地区有声书以往通常以光盘形式出版，近年来为应对网络发达，数位有声书逐渐取代实体，2020年申请有声书ISBN出版品仅个位数，至2022年已超过400余种。在"后疫情"时代，数位型式出版的电子书及有声书持续已经成为阅读不可或缺的形式。

2022年有4 845家出版机构（含政府机关团体、个人等）申请新书ISBN，其中"一般出版社"为3 229家，合计出版图书51 477种，占出版总量91.72%；其次为"政府机关"836家，出版图书3 427种，占出版总量6.11%；"个人"780家，出版图书 1 217 种，占出版总量的 2.17%，总计为 56 121 种。4 845 家出版机构中有 2 674 家（占 55.19%）仅出版 1 种图书，出版量合计占 2022 年出版总量的 4.76%；出版量 2 种至 3 种的出版机构有 959 家（占 19.79%），出版量合计占 3.88%；出版量 4 种及以上者共有 1 212 家（占 25.02%），其中出版量 100 种至 299 种有 57 家，出版量超过 300 种以上者有 32 家；出版量超过千种者有 7 家，出版图书主题以"漫画书""小说"为大宗。

表 1 和表 2 分别是依图书馆分类统计申请 ISBN 图书的纸本书与电子书，依照一般图书馆常用的分类，以总类、哲学类、宗教类、自然科学、计算机与信息科学、应用科学、社会科学、史地/传记、语言/文学、儿童文学及艺术类等分类统计。根据表 1，申请 ISBN 纸本书统计，出版量最高为"社会科学"（8 227 种，占比 22.80%）；其他新书出版量占比超过一成的图书类型包括"语言/文学"（6 588 种，占比 18.26%）、"艺术（含各种艺术、娱乐休闲等）"（5 752 种，占比 15.94%）及"应用科学"（4 631 种，占比 12.83%），其余各类图书出版量占比都不到一成。

表 1　申请 ISBN 纸本书统计——依图书馆分类法

序号	图书类别	2020	2021	2022
1	总类	309（0.94%）	419（1.05%）	301（0.83%）
2	哲学	1 609（4.88%）	1 558（3.91%）	1 633（4.53%）
3	宗教	1 825（5.53%）	2 203（5.53%）	1 943（5.38%）
4	自然科学	1 373（4.16%）	2 701（6.78%）	1 243（3.44%）
5	计算机与信息科学	859（2.60%）	788（1.98%）	743（2.06%）
6	应用科学	5 029（15.24%）	5 028（12.63%）	4 631（12.83%）
7	社会科学	5 322（16.13%）	8 664（21.76%）	8 227（22.80%）
8	史地/传记	1 966（5.96%）	2 310（5.80%）	2 069（5.73%）
9	语言/文学	6 787（20.56%）	7 953（19.97%）	6 588（18.26%）
10	儿童文学	2 592（7.85%）	2 702（6.79%）	2 954（8.19%）
11	艺术	5 332（16.16%）	5 489（13.79%）	5 752（15.94%）
	合计	33 003	39 815	36 084

2021年图书销售免征营业税政策实施，引导落实纸本书、电子书分别具备ISBN，也促使电子书ISBN申请数大幅上升，达17 453种；2022年电子书持续成长，申请ISBN电子书有19 614种，较2021成长12.38%。根据表2，申请ISBN电子书统计中，依图书馆分类法统计，2022年出版电子书以"语言/文学"类（6 209种，占31.66%）最多，占比上升5.58%，其次为"艺术"（4 461种，占22.74%），第三、四位"社会科学"及"应用科学"的占比都未达一成。统计各类电子书出版量的消长，"语言/文学"较2021年增加1 658种，成长幅度36.43%；其次为"艺术"类电子书增加453种，成长11.30%。成长幅度最高为"宗教"类（1 145种，占5.84%）电子书，增加398种，成长率53.28%。

表2 申请ISBN电子书统计——依图书馆分类法

序号	图书类别	2020	2021	2022
1	总类	7 (0.35%)	74 (0.42%)	87 (0.44%)
2	哲学	190 (9.32%)	1 085 (6.22%)	1 203 (6.13%)
3	宗教	149 (7.31%)	747 (4.28%)	1 145 (5.84%)
4	自然科学	66 (3.24%)	420 (2.41%)	364 (1.86%)
5	计算机与信息科学	127 (6.23%)	411 (2.35%)	454 (2.31%)
6	应用科学	299 (14.67%)	2 284 (13.09%)	1 862 (9.49%)
7	社会科学	282 (13.84%)	2061 (11.81%)	1954 (9.96%)
8	史地/传记	136 (6.67%)	1 108 (6.35%)	1 104 (5.63%)
9	语言/文学	511 (28.07%)	4 551 (26.08%)	6 209 (31.66%)
10	儿童文学	163 (8.0%)	704 (4.03%)	771 (3.93%)
11	艺术	108 (5.3%)	4 008 (22.96%)	4 461 (22.74%)
	合计	2038	17 453	19 614

需要说明的是，上文中的"2022年申请ISBN之出版机构计有4 845家，核发ISBN之新书总计56 121种"包含有声书、纸本书和电子书。而国图出版报告后续只有针对电子书及纸本书做各类别统计（如文章表1和表2），没有特别分类有声书。因此会出现表1和表2加起来跟前述段落文字不一样的情形。

表3和表4分别是依台湾出版业界常用的图书分类来分析台湾的出版纸本书与电

子书之轮廓，近 2 年纸本书出版量大抵以"儿童读物""考试用书"及"人文史地"为前三大主题。而各类主题图书的占比则有消长。

根据表 3 可以发现 2022 年纸本图书出版类型是以"儿童读物"最多（有 4 557 种，占比 12.63%）；其次为"考试用书（含升学、国家考试、就业、自修等参考用书）"（有 4 215 种，占比 11.68%）；第三是"人文史地（含哲学、宗教、史地、传记、考古等）"（有 4 183 种，占比 11.59%）；其他各类主题的新书出版量占比都未超过一成。

表 3　台湾地区近三年（2020—2022）纸本图书出版类型统计

序号	图书类型	2020	2021	2022
1	文学	2053（6.22%）	1 940（4.87%）	1 954（5.42%）
2	小说	3 067（9.29%）	2 875（7.22%）	2 875（7.97%）
3	语言	1 019（3.09%）	1 073（2.69%）	918（2.54%）
4	字典工具书	104（0.32%）	116（0.29%）	75（0.21%）
5	教科书	1 853（5.61%）	3 722（9.35%）	2 563（7.10%）
6	考试用书	2 324（7.04%）	6 256（15.71%）	4 215（11.68%）
7	漫画	2 803（8.49%）	2 839（7.13%）	2 932（8.13%）
8	心理励志	1 452（4.40%）	1 462（3.67%）	1 514（4.20%）
9	科学与技术	1 994（6.04%）	1 979（4.97%）	1 898（5.26%）
10	医学家政	1 822（5.52%）	1 804（4.53%）	1 552（4.30%）
11	商业管理	1 060（3.21%）	893（2.24%）	773（2.14%）
12	社会科学	3 249（9.84%）	3 189（8.01%）	3 387（9.39%）
13	人文史地	3 857（11.69%）	4 346（10.92%）	4 183（11.59%）
14	儿童读物	3 700（11.21%）	4 726（11.87%）	4 557（12.63%）
15	艺术	2 428（7.36%）	2 404（6.04%）	2 497（6.92%）
16	休闲旅游	185（0.56%）	167（0.42%）	155（0.43%）
17	其他	33（0.10%）	24（0.06%）	36（0.10%）
	合计	33 003	39 815	36 084

根据表 4 可以发现 2022 年电子书出版类型是以"小说（含轻小说）"最多（有 4 482 种，占比 22.85%），其占比也较 2021 年上升 5.71%；其次为"漫画书"（有 3 630 种，占比 18.51%）、"人文史地（含哲学、宗教、史地、传记、考古等）"（有 2 369 种，占比

12.08%），以上三类主题出版量合计占电子书总量超过五成（占比53.44%）。

表4 台湾地区近三年（2020—2022）电子书出版类型统计

序号	图书类型	年度图书出版数量与比例		
		2020	2021	2022
1	文学	199（9.76%）	1 178（6.75%）	1 296（6.61%）
2	小说	222（10.89%）	2 991（17.14%）	4 482（22.85%）
3	语言	29（1.42%）	246（1.41%）	393（2.00%）
4	字典工具书	3（0.15%）	6（0.03%）	13（0.07%）
5	教科书	57（2.80%）	161（0.92%）	209（1.07%）
6	考试用书	53（2.60%）	654（3.75%）	776（3.96%）
7	漫画书	18（0.88%）	3 315（18.99%）	3 630（18.51%）
8	心理励志	149（7.31%）	854（4.89%）	1 096（5.59%）
9	科学与技术	162（7.95%）	798（4.57%）	733（3.74%）
10	医学家政	107（5.25%）	1 024（5.87%）	792（4.04%）
11	商业管理	133（6.53%）	850（4.87%）	738（3.76%）
12	社会科学	251（12.32%）	1 623（9.30%）	1 369（6.98%）
13	人文史地	320（15.70%）	2 125（12.18%）	2 369（12.08%）
14	儿童读物	237（11.63%）	982（5.63%）	856（4.36%）
15	艺术	79（3.88%）	545（3.12%）	692（3.53%）
16	休闲旅游	12（0.59%）	82（0.47%）	161（0.82%）
17	其他	7（0.34%）	19（0.11%）	9（0.05%）
	合计	2038	17 453	19 614

统计各类主题2022年电子书出版量消长，以"小说"类增加最多，较2021年增加1 491种，成长49.85%；"漫画书"增加315种，成长9.50%；"人文史地"（增加244种）、"心理励志"（增加242种）分别成长11.48%及28.34%。

根据台湾地区"儿童及少年福利与权益保障"的相关规定，出版人应对出版品进行分级，因此"国图"书号中心会要求出版业者自行填写新书的"分级注记"与"适读对象"。2022年出版纸本图书适读对象中，注记"限制级"图书为1 581种（占比4.38%），较110年增加173种（占比上升0.84%），成长12.29%。依图书主题统计，注记为"限制级"图书主要为"漫画书"（1 238种，占比78.30%）及"小说"（310种，占比

19.61%）两大类。而 2022 年出版电子书"分级注记"以"普遍级"占多数（占比 91.29%）；属"限制级"电子书占比为 8.71%，较 110 年减少 562 种，占比下降 4.30%。限制级电子书以"漫画书"（1 639 种，占 95.90%）为主，少数为"小说"。"分级注记"功能落实有赖业者自律及全民把关，让家长及未成年读者在选购图书时有所参考，远离情色及暴力的污染。

由 2022 年申请 ISBN 的新书中，有关纸本图书及电子图书适读对象分类分析，如表 5、表 6 所示。根据表 5 可知，在 2022 年出版的新纸本书当中，属于"成人（一般）"类的图书最多（共有 23 283 种，占全部新书总种数的 64.52%），其次为"成人（学术）"（共有 3 933 种，占全部新书总种数的 10.90%）。

表 5　台湾地区近三年（2020—2022）出版纸本图书适读对象分类分析

适读对象	图书出版适读对象分类数量与比例		
	2020	2021	2022
成人（一般）	21 456（65.01%）	23 608（59.29%）	23 283（64.52%）
成人（学术）	4 300（13.03%）	4 467（11.22%）	3 933（10.90%）
青少年	2 977（9.02%）	5 258（13.21%）	3 141（8.70%）
学龄儿童	2 947（8.93%）	4 323（10.86%）	3 882（10.76%）
学前幼儿	1 307（3.96%）	2 133（5.36%）	1 792（4.97%）
乐龄	16（0.05%）	26（0.07%）	53（0.15%）
合计	33 003	39 815	36 084

根据表 6，2022 年出版电子书适读对象中，2022 年出版电子书之"适读对象"以"成人（一般）"为主，计有 13 403 种（占比 68.33%），其次为"青少年"4 094 种（占比 20.87%）、"成人（学术）"1 108 种（占比 5.65%）。2022 年电子书出版量较 2021 年增加 2 161 种，以适用对象统计，针对"青少年"的电子书增加最多。

表 6　台湾地区近三年（2020—2022）出版电子书适读对象分类分析

适读对象	图书出版适读对象分类数量与比例		
	2020	2021	2022
成人（一般）	1 290（63.30%）	12 672（72.61%）	13 403（68.33%）

续表

适读对象	图书出版适读对象分类数量与比例		
	2020	2021	2022
成人（学术）	230 (11.28%)	1 026 (5.88%)	1 108 (5.65%)
青少年	255 (12.51%)	2 871 (16.45%)	4 094 (20.87%)
学龄儿童	252 (12.37%)	715 (4.10%)	896 (4.57%)
学前幼儿	7 (0.34%)	147 (0.84%)	91 (0.46%)
乐龄	4 (0.20%)	22 (0.13%)	22 (0.11%)
合计	2 038	17 453	19 614

2022年出版的纸本书标示为翻译书者有 10 014 种，占年度出版纸本书总数的 27.75%；数量较 2021 年增加 510 种，翻译书数量成长 5.37%。翻译图书的来源主要依序为日本、美国、英国、韩国等。表 7 整理了 2022 年台湾地区新出版纸本翻译书统计分析结果，"漫画书"来自翻译的比重高达 90.93%，2022 年纸本漫画书总计有 2 932 种，其中 2 666 种为翻译书，又绝大部分翻译自日本；"儿童读物"翻译书占比 41.78%；"小说"占比 39.55%；"心理励志"有 582 种来自翻译，占比 38.44%；"商业与管理"图书 773 种中有 39.84%（308 种）为翻译书。

表 7　2022 年台湾地区新出版纸本翻译书统计

种类	2022 年新书总数	占该类新书百分比（%）	翻译书来源国					
			日本	美国	英国	韩国	其他	合计
文学	1 954	14.59	81	58	45	20	81	285
小说	2 875	39.55	731	172	99	42	93	1 137
语言	918	9.48	28	3	3	49	4	87
字典	75	5.33	3	1	-	-	-	4
教科书	2 563	3.28	8	68	4	-	4	84
考试用书	4 215	0.76	7	-	10	15	-	32
漫画书	2 932	90.93	2 598	3	4	42	19	2 666
心理励志	1 514	38.44	150	263	52	79	38	582
科学技术	1 898	21.44	158	154	56	16	23	407
医学家政	1 552	37.50	337	132	34	25	54	582
商业与管理	773	39.84	116	157	12	20	3	308

续表

种类	2022年新书总数	占该类新书百分比（％）	翻译书来源国					
			日本	美国	英国	韩国	其他	合计
社会科学	3 387	19.25	161	307	62	46	76	652
人文史地	4 183	20.80	154	401	135	14	166	870
儿童读物	4 557	41.78	489	379	396	226	414	1 904
艺术	2 497	13.98	198	68	36	22	25	349
休闲旅游	155	38.06	30	9	14	2	4	59
其他	36	8.33	1	–	1	1	–	3

2022年电子书源自翻译者，统计有7 840种，占年度电子书总数39.97%。另出版业者ISBN申请资料中，注记原书来自中国大陆，以简体中文转换为正体中文出版之电子书有220种。表8整理2022年台湾地区新出版电子翻译书统计分析结果，就电子书主题类型统计其翻译书占比，漫画类电子书来自翻译的比率高达94.52%，2022年台湾地区出版电子漫画书3 630种，有3 431种为翻译书（占比94.52%），又绝大部分翻译自日本。电子书来自翻译比重较高的主题，包括"商业与管理"（占比47.97%）、"儿童读物"（占比45.21%）、"心理励志"（占比42.15%），其比重都超过四成。

表8　2022年台湾地区新出版电子翻译书统计

种类	2022年新书总数	占该类新书百分比（％）	翻译书来源国					
			日本	美国	英国	韩国	其他	合计
文学	1 296	28.47	72	116	70	15	96	369
小说	4 482	21.89	643	140	78	35	85	981
语言	393	20.61	28	16	2	33	2	81
字典	13	15.38	2	–	–	–	–	2
教科书	209	10.53	1	20	–	1	–	22
考试用书	776	3.61	15	12	–	1	–	28
漫画书	3 630	94.52	3 406	3	–	15	7	3 431
心理励志	1 096	42.15	111	205	35	63	48	462
科学技术	733	24.42	61	70	26	6	16	179
医学家政	792	35.61	133	85	19	25	20	282

续表

种类	2022年新书总数	占该类新书百分比（%）	翻译书来源国					
			日本	美国	英国	韩国	其他	合计
商业与管理	738	47.97	137	155	16	33	13	354
社会科学	1 369	28.85	92	194	51	29	29	395
人文史地	2 369	26.76	122	281	110	13	108	634
儿童读物	856	45.21	107	83	68	76	53	387
艺术	692	25.72	69	60	24	10	15	178
休闲旅游	161	32.92	27	12	4	4	6	53
其他	9	22.22	2	—	—	—	—	2

根据台湾地区"国图"2022年公共图书馆借阅统计数据显示，民众的电子书借阅册数成长15.76%，该统计数据也发现不论从出版、营销到阅读，纸本书与电子书的版图差距正逐渐缩小。从2022年申请ISBN新书统计数量来看，台湾地区图书整体出版数量较2021年下跌2.75%。其中，纸本书减少3 731种，电子书则有明显成长趋势，增加2 161种，成长幅度36.43%。电子书占年度新书的比重从2021年的30.24%成长至2022年34.95%。《(2022博客来年度百大)年度会员阅读观察》提到，博客来电子新书在2022年上架总数突破100万种，电子版新书上架年增加3.5万种，正式超过纸本新书的年上架数量。此外，根据博客来网路书店的销售资料也发现每100位会员中会有15位会员购买电子书（其中有七位会员只会购买电子书）。

二、台湾地区图书渠道现状

在台湾地区，出版产业可分为不同层次。首先是上游的创作端，包括作家和提供创作支持服务的版权经纪公司。其次是中游的生产端，例如城邦、远流和联经等，负责编辑、发行等工作的出版社组。接着为中下游的图书经销公司，其中包括联合发行、红蚂蚁和桢德。最后，则是下游的销售端，包括连锁书店，如金石堂、诚品、三民书局与茑屋书店等。

而网络书店则以博客来网络书店、读册生活、PChome24h 购物书店和天下网络书店为主。但在疫情影响下，许多传统出版社也进入电子书市场，如金石堂与诚品各自发展出自己的在线书店，以数字出版找到更大商机。而博客来网络书店、金石堂网络书店、诚品网络书店及三民书局亦与香港的便利商店合作，让香港地区的读者可以在台湾网络书店购书，在香港便利店取货。其中博客来网络书店的海外店配取货服务的地点还包括澳门、新加坡、马来西亚、菲律宾等地。

除了生产端的创新转型外，图书流通管道也更加多元，除了网络书店发达外，大型网购平台如 momo、Yahoo、PChome 及虾皮购物等都加入图书销售行列，也让书市一片热络景象。正因电子书盛行，使得电子书销售平台兴起，如读墨 Readmoo、Pubu 电子书城与乐天 Kobo 电子书等销售平台，提供了个人化的推荐系统，根据用户的阅读偏好和购买记录来推荐相关书籍。

虽然网络书店蓬勃发展，但实体连锁书店影响力仍不容小觑，台湾连锁书店以金石堂与诚品为主。金石堂目前有 35 家门市及网络书店，而诚品全球总计 43 家门市及网络书店。诚品据点不仅在台湾地区有 32 家门市，更包括中国香港 8 家、中国苏州 1 家，以及日本东京 1 家、马来西亚吉隆坡 1 家等海外门市。而诚品将于 2023 年在全台湾地区开展逾 10 家新店，包括新店裕隆城、台中七期店等大型旗舰店及创新社区店。而诚品新店裕隆城将成为亚洲最大的旗舰店，占地面积约 19 000 坪，共有约 250 家厂商进驻。此外，占地 6 000 坪的台南盐埕店则预计 2024 年开幕。

不仅如此，独立书店亦开始盛行，独立书店是指独立经营的小型书店，通常由个人或小团队拥有和经营。这些书店独立于大型连锁书店或商业企业，通常有其独特的风格和特色，如铜锣湾书店、女书店和青鸟书店等。独立书店以提供个性化的阅读体验和特选的书籍为特点，并经常与当地社区密切合作，举办读书活动、文化交流和社区活动等。借由独立书店，人们可以探索多样的书籍选择，获得专业的书籍推荐和个性化的服务，同时支持和促进本地文化和文学的发展。

有关电子书出版数量的成长，可由各大书店电子书上架情形窥见端倪，台湾最大的电子书平台之一 Readmoo 在 2022 年电子书上架总数量达 21 万本，相当于台湾 10 年的出版总数量。同样专营电子书市场的乐天 Kobo 电子书平台，中文藏书量也超过 20 万本。另外，博客来网络书店的电子书服务，已连续 5 年会员人数双位数成长。台湾地区"国图"针对公共图书馆2022年的电子书借阅数据进行统计，发现台湾全年电子书借阅册数已达到933万册。

远流出版社与台湾许多的图书馆合作电子书租阅服务，该模式是参考公共借阅权（Public Lending Right）精神，以"市民借书看书，政府代付费用"的B2B2C电子书服务模式，市民借电子书的费用由市政府支付，借阅费用反馈给作者与出版社，让作者、读者与出版社三赢的局面。目前台湾云端书库目前已有696家出版社提供49 020本优质好书，并持续邀集更多出版社参与，将其优质电子出版品授权提供给图书馆会员借阅。由于每本书不受借阅本数的限制，可同时供多人无限借阅，免排队、免等待，满足更多民众阅读同一种书的需求。图书馆可以说是公部门的图书流通机构，图书馆除了会有固定的预算进行图书采购外，也会针对不同的读者需求规划许多与阅读有关的活动。表9说明台湾地区2022年图书馆购书预算与馆藏册数，而表10则是图书馆借阅次数与阅读推广活动。

表9 台湾地区2022年图书馆购书预算与馆藏册数

图书馆数　总馆（所）	178
图书馆数　分馆（所）	316
图书馆数　区馆（所）	57
阅览席位数（席）	101 775
全年购买图书费（元）	818 804 985
图书	560 789 026
电子书	54 438 372
期刊	63 661 293
报纸	29 694 531
视听资料	69 707 416
电子资料	32 917 205
其他图书资料	7 597 142
供读者使用的计算机数（台）	6 052
供读者使用的平板计算机（台）	3 073
编制内总馆员数（人）	1 278
志工人数	12 063

续表

图书及非书资料收藏数量	64 073 728
一、图书资料	58 641 421
图书	58 162 211
期刊	49 424
报纸（种）	5 283
其他	424 503
二、非书资料	2 087 559
地图（张）	31 940
微缩单片（片）	105 957
微缩卷片（卷）	26 122
录音资料（片、卷）	465 086
录像资料（片、卷）	1 405 989
静画资料（幅）	2 074
其他（件）	50 391
三、电子资源	3 344 748
在线数据库（种）	692
光盘数据库（种）	13 064
其他类数据库（种）	916
电子书（种）	3 330 076

表10　台湾地区2022年图书馆借阅次数与阅读推广活动

全年图书信息借阅人次	25 439 105
全年图书信息借阅册数	94 173 830
全年电子书借阅人次	7 497 776
全年电子书借阅册数	9 330 977
全年电子资料使用次数	19 454 160
全国推广活动（场次）	127 188
一般阅读推广活动	33 681
幼儿阅读推广活动	7 223
儿童阅读推广活动	19 862

续表

青少年阅读推广活动	3 005
乐龄阅读推广活动	5 854
新住民阅读推广活动	950
社教艺文活动	13 591
地方特色活动	2 886
说故事	18 577
影片欣赏	9 279
其他	12 280

三、疫情后的台湾出版产业

疫情影响中，各行各业都求新求变寻找出路，台湾出版产业同样面临挑战，在出版界共同努力下，加速多元发展、数字转型。依图书资料类型分别统计，2022 年有声书减少 19 种，跌幅为 4.30%；纸本书减少 3 731 种，跌幅为 9.37%；电子书则增加 2 161 种，成长幅度为 12.38%。由此可知，电子书在台湾图书出版的版图持续扩大，且因 2021 年开始实施图书销售免征营业税政策与电子书回归 ISBN 作业制度，使得出版量与申请量大幅增加。

为协助疫情后的出版社发展，台湾地区"国家图书馆"推出一系列的政策，通过提供出版社资料、系统介接等，促进跨部门合作。此外，"国家图书馆"也修订了公共图书馆馆藏政策的相关规定，将各县市每人 1 册图书的目标提高为每人 2 册，进而促使更多县市提高购书经费来协助出版产业度过后疫情时代的困境。此外，为向世界推广汉学与台湾研究成果，台湾汉学资源中心（Taiwan Resource Center for Chinese Studies，简称 TRCCS）除了持续选择国外重点大学或研究机构设置，加强与各国汉学研究单位合作，推动海内外汉学学术交流，传播台湾汉学学术成果外，同时也建置全球汉学研究资源与讯息平台，希望经由台湾汉学研究成果及学术资源平台来促进国内外汉学研究学术交流，进一步扩大台湾出版社对世界华文出版的影响力。而台湾文化事务主管部门近年来也积极推动振兴出版的相关政策，包括推动公共出借权及图书免征营业税政策。为了振兴艺文经济，台湾文化事务主管部门在疫情期间推出"艺 FUN 券"，为了继续支持台湾艺文产业，以及培养更多艺文消费人口，规划将"艺 FUN 券"转型为常态化方案——文化礼金，并针对独立书店提出加码活动，以鼓励大众于独立书店购书。

除了公部门的政策协助外，网络书店龙头——博客来特别向会员强调"纸电共好"的活动，通过纸电同步出版的方式，促使每 100 位会员中有 15 位会员愿意购买电子书。而实体连锁店的诚品则推出全新的会员制度、新的诚品会员 App 与电商平台"诚品在线"，搭配位于桃园平镇的全新仓储物流，全力布局在线通路。诚品亦复制台中绿园道的合作模式，由房东业主或百货公司负担地产和装修，再由诚品负责管理和招商。且诚品并未放弃大型复合式商场的经营，如新店裕隆城、台中七期、台南的数千坪大店，以书店结合百货为主要营运类别。不仅如此，诚品以会员消费年龄、星座进行趣味统计，而这些关键字容易成为新闻报导的切入点，且同时回顾网站热搜词，如 Instagram、YouTube、Podcast 等自媒体上最受欢迎的贴文等，以从社群强调其在实体空间之外的影响力。

除了诚品在疫情之后持续扩点，台湾茑屋也跟上诚品脚步，抢攻社区扩点，目前已达 8 家分店。茑屋在台湾采用加盟店方式经营，目前合作伙伴有 CITY LINK、中环集团、竹北、大鲁阁、竹风建设等，并借由收取品牌权利金与顾问费用，开放不同业主加盟。而这种模式之下，即使读者走进茑屋能够感受相同的氛围，但实际的营运状况仍取决于加盟业主的态度和执行力。Readmoo 则是借由举办"年度华文大奖"的实体颁奖典礼，不仅可为 Readmoo 出版的年度报告增加更多互动性，亦能将 Readmoo 的社群能量再扩大，以吸引更多读者关注 Readmoo。

四、结　语

台湾地区图书产业面临着数字化冲击与产业缺乏创新的困境，这使得图书市场变得乏味，难以吸引年轻读者。随着数字科技的迅速发展，传统图书店面临衰退的压力，数字出版和在线销售平台为图书产业带来新的商机,并有潜力拓展国际市场。此外,跨界合作,如与影视、动漫、游戏等产业合作也可以开创新的发展机会。面对图书市场竞争的激烈,台湾地区图书产业需要提升作品的质量和内容,以吸引读者并保持市场竞争力。

(黄昱凯　《文化事业与管理研究》总编辑、台湾海洋大学海洋观光管理学士学程 副教授)

第五编
出版业大事记

2022 年中国出版业大事记

邓 杨

1 月

5 日　在北京冬奥会开幕倒计时 30 天之际，由首都图书馆和首都体育学院共同建立的北京首家面向公众开放的奥运主题图书馆"奥运书屋"——首都图书馆体育分馆揭牌开馆。

6 日　国家版权局在北京约谈主要唱片公司、词曲版权公司和数字音乐平台等，要求数字音乐产业各方协力维护数字音乐版权秩序，构建数字音乐版权良好生态。

7 日　中宣部出版局在北京召开规范使用汉字工作座谈会，重点清理图书、报纸、期刊、音像制品、网络出版物、影视作品等中用字不规范的情况。来自中宣部、教育部、国家广播电视总局、北京市委宣传部有关职能部门、相关行业协会、中央宣传文化单位、标准化技术委员会、字库企业共 45 人参加了会议。

10 日　首都图书馆与北京鲁迅博物馆战略合作框架协议签署暨《阿Q正传笺注》图书捐赠仪式在首都图书馆举行。首都图书馆由京师图书分馆、京师通俗图书馆和中央公园图书阅览所合并演变而成，是北京市重要的知识信息枢纽和精神文明建设基地。

11 日　由北京大学南亚研究中心、清华大学国际与地区研究院、中国大百科全书出版社联合发起的南亚研究出版中心在北京揭牌成立。这是国内第一家以"南亚研究出版"命名的出版、研究机构，旨在打造一个高端权威的研究、出版品牌。

19 日　中宣部在北京召开 2022 年全国出版（版权）工作会议，以习近平新时代中国特色社会主义思想为指导，深入贯彻落实党的十九大和十九届历次全会精神，学习贯彻全国宣传部长会议精神，研究部署2022年出版工作重点任务，推动出版工作守正创新、锐意进取，以实际行动迎接党的二十大胜利召开。

同日　抖音电商与北京版15社反盗版联盟在北京签订图书正版保护合作备忘录，双方正式宣布将在品牌合作、维权绿色通道、主动防控、线下专案打击等方面展开深入合作，共同完善和维护知识产权保护合作机制，严厉打击盗版行为，加大版权保护力度，推动出版行业健康有序发展。

20日　由中国记协新媒体专业委员会组织开展的庆祝建党百年融创报道精品案例推荐活动推荐结果正式揭晓。人民日报社《复兴大道100号》、新华社《送你一张船票》、中央广播电视总台《中国是如何运行的？》等10件案例入选。

同日　由中宣部进出口管理局指导，中国图书进出口（集团）有限公司承办的第十二届全球海外华文书店春节联展开幕式暨春节文化云交流活动在北京举办。该项目以"阅读中国"为主题，联动全球111家海外华文书店共同参与，是出版业"十四五"规划中国出版物国际营销渠道拓展工程之一。

26日　《阅读与成才》创刊座谈会在北京举办。该刊为中文双月刊，主管单位为国家新闻出版署，主办单位为韬奋基金会。其办刊宗旨为：倡导青少年阅读和家庭亲子阅读，研究阅读理论，探索阅读方法，培养阅读习惯，提升阅读兴趣，营造崇尚阅读的社会氛围。

2月

21日　中宣部出版局启动"奋进新征程 建功新时代"好书荐读活动。此次活动公布了1—2月书单，包括《论坚持人与自然和谐共生》《"四说"新时代 打卡新思想》《双循环论纲》《西海固笔记》《从夏蒙尼到北京：冬奥百年》等15种图书。

本月　为促进两国人文交流互鉴，中吉双方签署了《中华人民共和国国家新闻出版署与吉尔吉斯共和国文化、信息、体育和青年政策部关于经典著作互译出版的备忘录》。双方约定在未来5年内，共同翻译出版至少50种两国经典著作，为两国读者和人民奉献更多优秀精神文化产品。

本月　中国出版协会、中国报业协会、中国期刊协会、中国音像与数字出版协会、中国版权协会、中国印刷技术协会、中国广播电视社会组织联合会、中国网络视听节目服务协会、中国电影家协会、中国书法家协会、中国中文信息学会共 11 家协会、学会联合发布《关于规范使用汉字的倡议》。指出，汉字是传承中华文明的重要载体，是中华文化的根，是最具代表性的中华优秀传统文化标识。规范使用汉字、表现汉字之美，需要全社会共同努力。

3 月

17 日　在第 27 个"世界读书日"到来之际，"少年儿童心向党——亲子共沐书香 强国复兴有我"2022 年全国家庭亲子阅读主题活动在北京举行。全国人大常委会副委员长、全国妇联主席沈跃跃向家长和儿童代表赠送经典书籍，并一起参观石景山区高井路社区儿童之家、图书馆等地。

18 日　国家新闻出版署发布关于图书"质量管理 2021"编校质量不合格图书的通报。此次专项工作重点对 2020 年以来出版的少儿图书、教辅材料等进行编校质量检查，共组织抽查了 100 家出版单位的 300 种图书，经审核，认定其中 62 种图书差错率超过万分之一。

21 日　国家版权局对外通报 2021 年全国著作权登记情况。根据各省、自治区、直辖市版权局和中国版权保护中心作品登记信息统计，2021 年全国著作权登记总量达 6 264 378 件，同比增长 24.30%。从作品类型看，登记量最多的是美术作品 1 670 092 件，占登记总量的 41.92%；第二是摄影作品 1 553 318 件，占登记总量的 38.99%；第三是文字作品 295 729 件，占登记总量的 7.42%；第四是影视作品 244 538 件，占登记总量的 6.14%。以上类型的作品著作权登记量占登记总量的 94.47%。

21—24 日　第 59 届意大利博洛尼亚国际童书展在博洛尼亚展览中心举办。我国上海出版展团 120 余种精品原创童书集中亮相，充分展示了上海出版在彰显主流价值、抓好原创出版、促进版权贸易、推动文化传播等方面取得的丰硕成果。这是新冠肺炎疫情以来，实体线下展会阔别两年之后，今年全球首个举办的线下国际出版交流盛会。

30 日　为促进两国人文交流互鉴，中阿双方相关部门积极筹备磋商，以交换文本的方式签署了《中华人民共和国国家新闻出版署与阿塞拜疆共和国文化部关于经典著作互译出版的备忘录》，为中阿建交 30 周年献礼。

本月　由中国出版协会、中国期刊协会、中国编辑学会指导，国家新闻出版署出版融合发展（武汉）重点实验室、武汉·国家出版融合数据共享研发基地主办的第四届出版融合技术·编辑创新大赛第三季获奖名单正式公布。据主办方介绍，全国共有20余家出版单位30多位编辑（团队）获奖。

本月　由国家民委主管、中央民族大学主办的《中华民族共同体研究》正式创刊。据介绍，该刊为大16开，双月刊，设有习近平总书记关于加强和改进民族工作的重要思想研究以及中国特色解决民族问题的正确道路研究、中华民族共同体理论研究、中华民族历史研究、中华民族文化研究、铸牢中华民族共同体意识教育和实践研究、中华民族共有精神家园研究、各民族交往交流交融研究、各民族共同走向社会主义现代化研究、民族事务治理体系与治理能力现代化研究、世界民族与人类命运共同体研究等栏目。

4月

16日　清华大学新闻与传播学院元宇宙文化实验室揭牌成立，该实验室由中文在线支持建设。未来，实验室将以产学研相结合的方式，在媒体技术发展、元宇宙文创、元宇宙指数、虚拟数字人指数等领域展开研究。

20日　博鳌亚洲论坛2022年年会"亚洲知识产权：趋势与机遇"分论坛在海南博鳌举行，中宣部副部长张建春出席并致辞。分论坛由世界知识产权组织、博鳌亚洲论坛合作举办，是2022年世界知识产权日系列活动之一。

20—24日　第五届欧亚国际书展在哈萨克斯坦首都努尔苏丹举办实体线下展。中国人民大学出版社组织"一带一路"共建国家出版合作体成员单位参展，以"阅读中国"为主题，精选600余种中文、俄文、哈萨克文和英文版中国优秀图书，由哈萨克斯坦欧亚阿斯塔纳有限公司在现场搭建展台展出。

同日　国家新闻出版署、人力资源社会保障部、国家广播电视总局、国家互联网信息办公室联合印发了《新闻专业技术人员继续教育暂行规定》，自2023年1月1日起实施。《规定》全文共7章32条，对新闻专业技术人员继续教育的总体原则、管理体制、内容形式、考核监督等作出了明确要求。

同日　国家图书馆知识产权信息服务中心揭牌仪式在国家典籍博物馆举行，2021年国家图书馆已成功入选首批国家知识产权信息公共服务网点。

23日　"首届全民阅读大会"召开。习近平总书记致信祝贺。贺信指出："希望广大党员、干部带头读书学习，修身养志，增长才干；希望孩子们养成阅读习惯，快乐阅读，健康成长；希望全社会都参与到阅读中来，形成爱读书、读好书、善读书的浓厚氛围。"

24日　中宣部印发《关于推动出版深度融合发展的实施意见》，围绕加快推动出版深度融合发展，构建数字时代新型出版传播体系，坚持系统推进与示范引领相结合的总体思路，从战略谋划、内容建设、技术支撑、重点项目、人才队伍、保障体系6个方面提出20项主要措施。

本月　北京市正式出台《北京中轴线书店评审认定工作方案（试行）》，将认定并扶持一批北京中轴线书店，引导实体书店传播中轴线文化，推动北京中轴线申遗工作。

5月

5日　《关于为盲人、视力障碍者或其他印刷品阅读障碍者获得已出版作品提供便利的马拉喀什条约》对中国生效。该条约是世界上迄今为止唯一一部版权领域的人权条约，旨在通过版权限制与例外，为盲人、视力障碍者等阅读障碍者提供获得和利用作品的机会，从而保障其平等获取文化和教育的权利。

21日　由北京大学中国古文献研究中心、广西师范大学出版社集团有限公司主办，温州大学人文学院协办的第二届"古籍文献收藏、研究与整理出版"国际学术论坛之"东亚汉籍收藏、研究及整理出版"研讨会，以线上线下相结合的方式召开。在北京、桂林、温州三地设立分会场。

26日　以"抢数字新机　享数字价值"为年度主题的中国国际大数据产业博览会在贵州贵阳举行，中共中央政治局委员、中宣部部长黄坤明以视频方式出席开幕式并讲话。此次博览会采取线上方式举行，来自中国、德国和日本等国家100余家知名企业参加展示。

同日　在中国版权协会线上举办的《2021年中国网络文学版权保护与发展报告》发布会上，中国版权协会文字工作委员会联合20个省市网络作家协会、12家网络文学企业和唐家三少、猫腻、月关等522名网络文学作家，共同发布《保护网络文学版权联合倡议书》。

同日　由中国音像与数字出版协会主办，中国音数协数字教育出版工作委员会、出版融合工作委员会、数字阅读工作委员会、数字音像电子工作委员会、有声读物专业委员会共同策划推出的"中国音数协公开课"开讲。

同日　中国版权协会线上发布《2021年中国网络文学版权保护与发展报告》。《报告》显示，2021年国家版权保护力度不断加大，网络文学相关企业和平台不断完善保护机制，用户版权意识逐步觉醒，推动网络文学产业版权保护与发展工作迈上新台阶。

同日　由中国外文局（中国国际传播集团）下属中国互联网新闻中心（中国网）和当代中国与世界研究院共同发起的"元宇宙国际传播实验室"宣布成立。

本月　中共中央办公厅、国务院办公厅印发了《关于推进实施国家文化数字化战略的意见》。《意见》明确，到"十四五"时期末，基本建成文化数字化基础设施和服务平台，形成线上线下融合互动、立体覆盖的文化服务供给体系。到2035年，建成物理分布、逻辑关联、快速链接、高效搜索、全面共享、重点集成的国家文化大数据体系，中华文化全景呈现，中华文化数字化成果全民共享。

本月　教育部、国家新闻出版署、中央网信办、文化和旅游部、市场监管总局联合印发了《关于教材工作责任追究的指导意见》。《指导意见》针对大中小学教材编写、审核、出版、印制发行、选用使用等各环节存在的主要责任问题，明确追责情形和处理方式，实行全覆盖、全链条、规范化责任管理。

本月　《数字教材　中小学数字教材出版基本流程》《数字教材　中小学数字教材元数据》《数字教材　中小学数字教材质量要求和检测方法》3项国家标准发布。该标准的实施将为出版单位保障中小学数字教材质量提供参考依据。3项标准将从2022年11月1日起正式实施。

6月

1日　2022首尔国际书展在韩国首尔开幕。值中韩建交30周年，中国出版联合展台以"阅读中国——面向未来，合作共赢"为主题，亮相首尔国际书展。浙江出版联合集团、南方出版传媒集团、四川新华出版发行集团、五洲传播出版社、中国少年儿童新闻出版总社、化学工业出版社、中国人民大学出版社、北京语言大学出版社等出版单位参展。

3日　俄罗斯2021年度最佳图书奖揭晓，尚斯国际出版传媒集团出版的两种俄文版中国主题图书入选。中国作家何建明的长篇报告文学《革命者》，获"社会历史交流类最佳图书"；俄罗斯专家谢平著《美食中国》，获"为促进民族文化交流发展类最佳图书"。

16日　中宣部主题出版重点出版物《中国科技之路》在北京发布。该丛书由中国编辑学会主持策划组编，全书共15卷300余万字，全面反映在中国共产党领导下，我国科技事业壮丽辉煌的发展历程、主要成就、关键节点和重大意义，系统总结我国科技发展的历史经验。

24日　中蒙双方以交换文本的方式签署了《中华人民共和国国家新闻出版署与蒙古国文化部关于经典著作互译出版的备忘录》。中宣部副部长张建春代表中国国家新闻出版署签字，蒙古国由文化部国务秘书奥云比力格签字。根据备忘录，中蒙双方约定在未来5年内，共同翻译出版50种两国经典著作，为两国人民奉献更多优秀精神文化产品。

7月

1日　"庆祝香港回归祖国25周年——漫读香江·香港联合出版集团新书大展"在上海香港三联书店开展。本次展览由上海香港三联书店有限公司主办、上海联合书业会展有限公司协办，集中展示了香港联合出版集团旗下香港三联书店、香港中华书局、香港商务印书馆、香港中和出版社等知名出版社近期新书200余种。

9日　中国国家博物馆创建110周年座谈会在北京举行，会上宣读了习近平总书记给国家博物馆老专家的回信。中共中央政治局委员、中宣部部长黄坤明出席会议并讲话。

13日　国家新闻出版署印发《关于做好2022—2023学年中小学教科书印制发行工作的通知》。通知强调，教材建设事关党对教育工作的领导，事关意识形态安全和国家长治久安。要不断增强中小学教科书印制发行工作使命感，压紧压实印刷发行企业主体责任，有效提升中小学教科书印制发行质量，切实规范中小学教科书市场秩序。

15日　为庆祝中华人民共和国和新西兰建交50周年，"中国主题图书及天津精品图书文化展"在新西兰奥克兰市开幕。据了解，这是天津出版界首次在新西兰举办的图书文化展，天津出版传媒集团精选了《新中国天津百项第一》《天津指南》《灵感天津》《百年律师看天津》等优秀津版图书，以及一系列独具地方特色的杨柳青年画文创产品，向新西兰读者全面展示天津的地理风貌、风俗人情、历史建筑和人文景观。

18日　由中国出版集团主办、中国图书进出口（集团）有限公司承办的第三届"中国出版集团好书全球云展销大会"在北京开幕。据介绍，大会为期3个月，将通过线上云展销结合线下活动的形式，聚合中国出版集团旗下各出版单位的万种精品好书，纸电同步，持续不间断地为全球读者提供及时、有效的知识服务。

19日　中国出版协会新闻出版文字规范化工作委员会成立大会以线上线下相结合的方式在北京召开。中国出版协会理事长邬书林，中宣部出版局副局长张怀海出席并讲话。

23日　中国国家版本馆举行落成典礼。中国国家版本馆是国家版本资源总库和中华文化种子基因库，由中央总馆文瀚阁、西安分馆文济阁、杭州分馆文润阁、广州分馆文沁阁组成，历时三年建设目前均已竣工，开馆后将全面履行国家版本资源保藏传承职责。

24日　由国家新闻出版署主办、北京大学承办的首届全国出版学科共建工作会在北京大学举行。北京大学和中国出版集团、北京师范大学和广东省委宣传部、华东师范大学和上海市委宣传部、四川大学和四川省委宣传部、北京印刷学院和中国出版协会，10家单位集中亮相。

29日　由中国印刷博物馆主办，中国印刷技术协会印刷文化研究委员会、北京印刷学院、福建省新闻出版局、甘肃省新闻出版局、北京大学现代出版研究所等单位协办的第14届印刷文化学术研讨会在线上召开。来自有关高校、文博机构、出版社等单位的印刷文化领域学者和研究人员，围绕印刷文化的传承传播，进一步厘清和丰富红色印刷史、印刷文化史、印刷工艺变革史的脉络和内容，探寻印刷文化服务人民群众美好生活的生动实践和精神情怀等主题。

30日　中国国家版本馆开馆暨展览开幕式在中国国家版本馆中央总馆举行。中共中央政治局常委、中央书记处书记王沪宁发表讲话并宣布中国国家版本馆开馆暨展览开幕。王沪宁在讲话中表示，党的十八大以来，习近平总书记就中华文化传承发展作出一系列重要指示，深刻阐明了新时代传承发展中华文化、中华文明的一系列方向性、根本性、战略性问题。

8 月

5 日　以"互联网环境下版权面临的新挑战"为主题的 2022 年中韩版权研讨会在北京、首尔两地通过现场和视频连线方式举行。此次研讨会由中国国家版权局和韩国文化体育观光部联合主办,中国版权保护中心与韩国著作权委员会承办,中韩及相关国际版权协会、组织和业界代表参加。

19 日　敦煌遗书数据库在甘肃敦煌上线,此举是敦煌研究院建设敦煌学研究高地、推动敦煌文物数字化回归、实现敦煌文化艺术资源在全球范围内数字化共享的重要举措。敦煌遗书数据库是全球敦煌文献资源共享平台,内容包括敦煌文献的基本信息、数字图像、全文录文和相关研究文献目录 4 个部分,数据库同时提供汉、藏文文献的全文检索和图文对照浏览。

23 日　出版专业技术人员职业资格考试开展 20 周年专题座谈会在北京召开。中宣部副部长张建春出席会议并讲话,中宣部、人力资源社会保障部有关负责同志以及参与出版专业资格考试工作的出版单位和专家代表等参会。

24 日　北京市实体书店协会成立大会在北京发行集团举行,来自北京市各区的首批 170 家实体书店会员代表通过线上线下相结合的方式参加成立大会。会议审议通过了《北京市实体书店协会章程》《北京市实体书店协会会费收取管理办法》。

同日　第三届中国期刊高质量发展峰会暨第十一届上海期刊论坛在上海大学举行。峰会由国家新闻出版署指导,中国期刊协会、上海市出版协会、上海市期刊协会、上海大学联合主办。中宣部副部长张建春出席开幕式并讲话。

同日　外文出版社成立 70 周年座谈会在北京举行。中央和国家机关有关单位负责同志出席会议,中国外文局、外文出版社负责人和专家、职工、外籍员工代表在会上发言。外文出版社成立于 1952 年,是新中国成立最早的对外出版机构。

27 日　在 2022 世界元宇宙大会举办期间,由大会组委会主办,虚拟现实产业联盟新闻出版委员会承办,中国新闻出版研究院全民阅读研究与促进中心以及中国出版网协办的元宇宙数字内容新生态与出版融合创新论坛在北京召开,中国新闻出版研究院元宇宙出版与阅读实验室揭牌仪式同期举行。

8 月 31 日—9 月 5 日　2022 年中国国际服务贸易交易会在北京国家会议中心和北

京首钢园区举办。在文博文创展区以"版权"为主题的展位上，IP 赋能，版权存证、版权认证、在线固证等受到参展商及观众的追捧。

9 月

7 日　由国家图书馆联合全国 228 家图书馆共同举办的"经典，予生活以诗意——'文津经典诵读'十周年主题展"在北京开幕。

8 日　由中央宣传部（国家新闻出版署）指导、中国报业协会主办的新时代党报成就展（线上展）启动仪式在北京举行。中宣部副部长张建春出席仪式并致辞。

15 日　作为中国和新西兰建交 50 周年系列庆祝活动之一，新西兰中国主题图书展暨地球村国际青少年艺术展在新西兰怀帕开幕。本次展览展出了中国国际图书贸易集团提供的 2 000 多册图书，以及 230 多幅来自中新两国青少年的画作。

16 日　由中宣部（国家版权局）和中国残联主办的《马拉喀什条约》落地实施推进会在北京举行。中宣部副部长张建春，中国残联党组书记、理事长周长奎出席并致辞。

同日　北京印刷学院出版学院挂牌仪式在北京举行。新学院将从学术性、国际性和实践性三个方面，进一步推动出版学院的学科建设，加强国际交流与合作，加强与全产业链各类机构的合作，努力把出版学院办出特色、办出水平。

22—23 日　以"出版业数字资源供需交流"为主题的 2022 数字出版部门主任联盟会暨出版业数字资源供需交流研讨会在北京召开。本次会议旨在共同研究探讨如何打通数字资源供需产业链、做大数字内容资源供需市场。会议分为四个部分，主题分别是：政策解读和趋势分析；打造优质资源，打通产业渠道；打通供需，做大市场；新消费、新服务、新模式。

23 日　"做好古籍整理出版、弘扬优秀传统文化暨中华书局创建 110 周年座谈会"在北京召开。新中国成立后，中华书局在党的领导下，不断焕发新的生机活力，成为中华传统文化出版重镇。

10 月

23 日（当地时间）　第 65 届贝尔格莱德国际书展在塞尔维亚贝尔格莱德展览中心开幕，中国图书进出口（集团）有限公司组织近 300 种中国精品出版物参展。贝尔格莱德国际书展创办于 1956 年，由贝尔格莱德市政府主办，塞尔维亚文化与信息部等协办，是巴尔干地区重要的国际性出版与文化交流盛会。

31 日 中也双方以交换文本的方式签署了《中华人民共和国国家新闻出版署与也门共和国新闻、文化和旅游部关于经典著作互译出版的备忘录》。根据备忘录，中也双方约定在未来 5 年内，共同翻译出版 20 种两国经典著作，为两国人民奉献更多优秀精神文化产品。

本月 中国版权保护中心实行作品版权登记全面线上办理。申请人无须向中心递交或邮寄登记申请纸介质材料，"足不出户"即可完成作品版权登记。此外，中国版权保护中心还引入智能辅助人工审核功能，增加对作品类别和作品名称均相同的登记信息的查重功能。

11 月

2 日 朝华出版社成立 40 周年座谈会暨中拉文化出版中心授牌仪式在中国外文局举行。

2—3 日 由中国出版协会、江西省出版传媒集团有限公司主办，北京人天书店有限公司、北京书友之家文化交流有限公司承办的第十届全国出版物馆配馆建交易会在江西省南昌市绿地国际博览中心以线上线下联动方式举办。

4 日 "传承中华优秀传统文化，推进古旧书业繁荣发展"暨中国书店成立 70 年座谈会在北京举行。中国书店于 1952 年 11 月 4 日成立，2018 年按照中宣部国有文化企业公司制改制的工作部署，中国书店改制为中国书店有限责任公司。

9—12 日 印度尼西亚国际书展在雅加达举行。其间，山东教育出版社举行《中外文学交流史·中国—东南亚卷》（印尼文版）版权输出签约暨翻译出版启动仪式，与印度尼西亚火炬基金会出版社签署版权输出协议。

10—11 日 由中国国家版权局、世界知识产权组织主办，江西省委宣传部（江西省版权局）承办，景德镇市委、市政府协办的 2022 国际版权论坛在江西景德镇举行。来自世界知识产权组织、相关国家版权主管部门、境外著作权认证机构和国内相关部委、部分省（区、市）版权局、著作权集体管理组织以及业界、学界的 200 多名代表线上线下参会。

17 日 中伊经典著作互译项目首批图书授权签约仪式在北京举行,《老子》《论语》《孟子》《我是花木兰》4 部图书的波斯文版授权完成现场签订,为项目后续实施提供保障。本次活动由商务印书馆主办。

23 日 国家新闻出版署发布关于印发《国家印刷示范企业管理办法》的通知。本办法施行后,2011 年 12 月 6 日新闻出版总署印发的《国家印刷复制示范企业管理办法》同时废止。原认定的国家印刷复制示范企业到 2022 年 12 月 31 日失效,企业可以按照本办法重新申报。

25 日 以"新征程·新使命·新作为"为主题,由四川省委宣传部、四川大学指导,中国新闻出版传媒集团、四川新华出版发行集团主办的四川大学出版学院挂牌仪式暨中国出版创新发展·首届全国出版学院论坛在成都举行。

27 日 以"童心筑梦,书写未来"为主题的第十六届桂冠童书盛典暨 2022 少儿出版高峰论坛成功举办。本次活动由中国出版协会少年儿童读物工作委员会、新华文轩出版传媒股份有限公司主办,《出版商务周报》与四川少年儿童出版社联合承办。

同日 由中国出版协会、中国出版集团有限公司主办,中国出版协会"一带一路"出版工作委员会、新华文轩出版传媒股份有限公司、《国际出版周报》承办的第三届"一带一路"出版合作经验交流会在成都以线上线下同步的方式举办。来自全国出版发行界的代表围绕"国际组稿:新形势 新趋势 新方法"进行深入交流和探讨。

28 日 京沪港三联书店精品图书联展在"三联书店"品牌创始地上海开幕。本次活动由上海市出版协会、上海市书刊发行行业协会等主办,首次精选北京、上海及香港三联书店具有代表性的图书各 90 种集中展销。

12 月

19 日 第四届中国出版业知识服务大会暨中国音像与数字出版协会知识服务工作委员会 2022 年年会以线上形式召开。本次会议由中国新闻出版研究院和中国音像与数字出版协会联合主办。会上发布了国家知识服务平台 3.0 版本,并展示了入驻该平台的专业知识库名单。

21 日 以"出版业的未来与抉择"为主题的 2022 北京出版高峰会议在线上举行。会议聚焦全球化中的出版业传播全人类共同价值、科技进步与出版业发展方向两个议题，中外出版人围绕国际出版业交流与合作、融合出版的探索与实践、学术出版与教育出版的发展趋势等话题进行了交流讨论。

同日 由中国图书进出口（集团）有限公司打造的首个阅读元宇宙——图壤在北京发布。据了解，图壤·阅读元宇宙是以5G新阅读内容为核心，基于人工智能、虚拟数字人等关键技术，并适配全球主流CAVE、VR、MR等各类终端，通过聚合文化出版产业上下游资源，为出版文化行业提供基于互动内容开发、虚拟场景建设与数字品牌推广的深度合成技术综合解决方案。

24日 第十五届中国国际漫画节开幕式暨第19届中国动漫金龙奖颁奖大会在广州举行。本届金龙奖评选工作于2022年1月启动，共收到来自30多个国家和地区8 000多部动漫作品，最终51部作品获奖。奖项包括"最佳动画长片奖""最佳系列动画奖""最佳短片奖""最佳剧情漫画奖""海外奖"等15个大类。

28日 第十八届中国（深圳）国际文化产业博览交易会在深圳拉开帷幕，并于12月29日起至2023年1月2日向公众开放。本届文博会由中宣部（国家新闻出版署、国家版权局、国家电影局）、文化和旅游部、商务部、国家广播电视总局、中国国际贸易促进委员会、广东省政府、深圳市政府共同主办，文化和旅游部轮值主办。全国31个省（区、市）和港澳台地区全部参展，参展单位共计3 402家。其中，2 532家政府组团、文化机构和企业线下参展，870家机构和企业线上参展。

同日 光明日报社和经济日报社向社会联合发布了第十四届"全国文化企业30强"名单。中国出版集团有限公司、中国电影股份有限公司等30家企业进入行列。

29日 由中宣部出版局、版权管理局指导，中国新闻出版研究院、深圳出版集团有限公司主办的2022数字出版高端论坛在深圳举办。此次论坛是第十八届中国（深圳）国际文化产业博览交易会媒体融合·新闻出版展区的配套论坛，以"融合驱动 创新服务"为主题。

本月 北京市新闻出版局公布2022年北京市实体书店扶持项目入选名单，317家实体书店获得项目资金扶持。其中，对192家实体书店给予房租补贴，对160家示范书店、9家"进校园、进商场、进园区"书店、17家转型升级书店给予奖励，对192家实体书店举办的1 454场阅读文化活动给予奖励。

（邓杨 中国出版网）

2022年中国香港特别行政区出版业大事记

潘翠华

1月

6日 为探讨疫情下的阅读趋势，联合新零售（香港）有限公司举办"《2021年香港阅读趋势报告》发布会"，该报告分析了各类别中英文图书的阅读趋势。

16日 天地图书前董事长陈松龄离世，享年85岁。陈松龄从事文化出版事业逾半世纪，致力推动本地文学风气，曾为多个中国知名作家策划及出版丛书及文集。

26日 位于旺角的楼上书店"界限书店"开幕，该店致力以多元方法打破阅读界限。

28日 联合出版集团发布"2021年度好书"。"2021年度好书特别奖"颁授予《香港志：香港参与国家改革开放志》（两册）（香港中华）、《我的家在中国（1—48）》（中华教育）和《读书杂志》季刊（香港三联）。"2021年度好书"包括：《我住在这里的N个理由》（香港三联）、《香港特别行政区维护国家安全法读本》（香港三联）、《保育黄霑》（香港三联）、《香港遗美——香港老店记录》（非凡出版）、《香港学生图解文言字典》（初阶）（香港中华）、《三国传真》（套装）（香港商务）、《生命科技投资启示录——捕捉下一只独角兽》（香港商务）、《健康轻松饱住瘦——低糖饮食生活提案》（万里机构）、《小跳豆IP系列》（新雅文化）和《文明的密码——跟着考古学家穿越中国历史》（香港中和）。"年度知识付费产品"颁授予教图公司的《应试万用套》和广东大音的《神奇博士时空穿梭之探访科学家》。

28日 联合出版集团发布十则"2021年度新闻"，回顾2021年大事，包括：经营业绩稳健增长，高质量发展亮点频出；打造传世出版工程，构建立体出版格局；聚焦出版主业，讲好中国故事；优化布局提质增效、线上线下协同运营；传承创新开拓进取，中华商务再创佳绩；持续推进业态创新，转型升级融合发展；打造香港文化艺术崭新地标，共建中外文化艺术交流中心；融入国家发展大局、战略合作不断深化；聚力悦读香港、彰显社会责任；关注人才培养、涵养企业文化。

28日　联合出版集团发布10位"2021年度编辑"，表彰优秀编辑。包括：苏健伟（香港三联）、杨安琪（香港中华）、林雪伶（香港商务）、简咏怡（万里机构）、黄楚雨（新雅文化）、骆为孺（教图公司）、陈菲（中和出版）、向羿（联合电子）、李麦（云通科技）、何涛（广东大音）。

中旬　荃湾三联书店因租约期满结业，结束30年的营运。

3月

1日　康乐及文化事务署香港公共图书馆举办成立60周年活动。当天开始至5月1日，推出"60本馆长选书阅读小站"，由逾40位图书馆馆长撰文分享60本中文电子书，7大生活题材涵盖个人成长、家庭、爱情、工作、创意、哲学和绘本，每个主题配合问题去引发读者思考。此外，香港公共图书馆举办"与作家会面"系列讲座，主讲者亲临各区公共图书馆分享书香路上的阅读趣味与写作轶事，传承独特的香港文化。再者，香港公共图书馆发布"60种阅读人生"60周年主题短片，60位爱书人分享他们对于为何阅读的答案，SENZA无伴奏应邀唱作主题曲《图书匣子》，唱出阅读与生活的无形联系。

5日　商务印书馆商务文化快线（大围）因租约期满结业，该店在大围港铁站服务读者15年。

16日　联合出版集团推出"悦读越好　悦听越美"抗疫公益活动，主要包括两方面：一是属下知识服务平台"知书"面向全港市民派送100万张免费阅读卡，畅读畅听200多种电子书、有声书及名家课程；二是文化阅读电商平台"一本"全场20万种精品图书购物特别优惠及100场艺文节目在线免费观看，鼓励市民安坐家中，同享阅读乐趣。

4 月

15 日 香港城市大学公布第二届中文及历史学系 MACH "春日读书"书评奖得奖名单。参赛者为香港城市大学中文及历史学系同学，选书均与中国文化相关，包括语言文学、历史、哲理、艺术博物等，大会希望参赛同学以对所选书本的思考、评述和感受为主，最后评出一等奖两名、二等奖五名和三等奖十名。

20 日 香港出版学会公布"香港全民阅读调查"结果。调查结果显示：过去一年，有纸本阅读习惯的受访者与有电子阅读习惯的受访者比例相仿。七成受访者在过去一年阅读纸书 8 本；18 岁以下受访者的阅读中位数更达 20 本书，远高于去年的 12 本。调查结果亦显示：有电子阅读习惯的受访者近七成，年长者最常在网上读新闻或杂志，年轻人则较常读小说、文章或评论。

23 日 为配合 4 月 23 日"世界阅读日"推广阅读文化，并配合香港公共图书馆成立六十周年纪念，香港公共图书馆举办的"4.23 世界阅读日创作比赛"以"书香满溢·喜阅六十"为主题，期望结合阅读与创作的比赛，鼓励儿童及青少年善用图书馆，扩阔阅读领域，深化阅读层次。参加的组别和奖项分别有七组，包括初小组——优胜奖 25 名，高小中文组——优胜奖 15 名；高小英文组——优胜奖 8 名，初中中文组——优胜奖 15 名；初中英文组——优胜奖 8 名，高中中文组——优胜奖 12 名；高中英文组——优胜奖 5 名。得奖作品亦于官网展示。

23 日 香港出版总会倡议将 4 月 23 日世界阅读日订为"香港全民阅读日"，向社会大众展示阅读的意义和价值，当天首办"悦读 12 小时"在线活动。活动获得近 300 名人士答允为共同发起人，不同界别团体如学校、家教会、出版界、教育界等超过 80 家机构支持。

5 月

1 日 由香港出版学会举办的"第三届香港出版双年奖"得奖作品由当天起至 5 月 23 日于九龙公共图书馆展示，在 6 月 1 日至 23 日同时于大会堂公共图书馆和屏山天水围公共图书馆展示。主办方认为，荣获该奖项不仅是专业评定，亦希望通过巡回展去推广作品，让作品更多曝光，给予得奖者肯定和鼓励。

10 日　康乐及文化事务署香港电影资料馆（资料馆）编制的电子书《探索1930至1940年代香港电影》出版，论文集分为上、下篇，探讨香港电影在20世纪三四十年代的发展和变迁。

27 日　由香港儿童文学文化协会主办的第五届"香港图画书创作奖"得奖作品展，当天起至6月10日于诚品生活荃湾店举行，展出新晋作者得奖作品，以及其他本地原创儿童图画书作品及成书过程，呈现香港儿童读物的美。

6 月

20 日　《中华人民共和国香港特别行政区成立二十五周年纪念特刊》出版，纪念特刊访问了18位来自不同专业或领域的香港精英。

21 日　在喜迎香港回归祖国25周年之际，由香港联合出版集团与香港教育者联会携手共建的香港教师生活馆暨美观文化荟开幕典礼在香港举行。香港特区政府行政长官林郑月娥、紫荆文化集团董事长毛超峰、总经理文宏武等嘉宾出席。

22 日　香港教育大学出版《诗词欣赏与品德情意》，当中辑录与中华传统美德相关的古典诗词教材，免费赠予全港中小学、大学图书馆及各公共图书馆。

25 日　香港太古集团每年都会"以书会友"，在太古坊ArtisTree及栢克大厦举行"书出爱心"活动，以十元价钱义卖新旧二手书，邀请爱书人共襄善举。该活动自2009年开始至今已第十届，是一项结合环保及慈善元素的年度筹款活动。有关实体义卖活动于当天起至7月3日一连8天举行，吸引约3万人次到场；加上首次推出期间限定网上义卖平台，今年活动合共筹得1 038 012.90港元善款，全数捐予支持香港小童群益会的"群益宝库"计划，以及义务工作发展局推动义工服务发展。

本月　适逢香港故宫文化博物馆于7月正式对外开放，教育局与香港故宫文化博物馆合作全新制作《细说文物——中国历史教学资源册》，并举办教师专业培训活动暨展览导赏，鼓励教师善用博物馆资源，让文物与历史教学结合，提升学习中国历史与中华文化的氛围。

7 月

3 日　香港故宫文化博物馆早上9时正式让公众入内参观。北京故宫特别借出900

多件珍藏以志庆，掀起一片"故宫热"，连同与故宫相关出版物，如《宅兹香港：活化历史建筑》、《大故宫》（共三册）、"探秘故宫"系列、《猫小兵故宫乐游团知识游戏书》等，亦深受读者热捧。

3 日　香港著名作家倪匡离世，享年 87 岁。倪匡是一位多产作家，著名作品有《卫斯理》系列、《原振侠》系列、《木兰花》系列等。倪匡更曾跨足影视圈，写过 300 多部电影剧本，曾写出《独臂刀》《唐山大兄》《马永贞》《精武门》等精彩剧本。2012 年获得第 31 届"香港电影终身成就奖"，2018 年获得香港电影编剧家协会颁发"编剧会银禧荣誉大奖"。

4 日　2022 年是民建联成立 30 周年，民建联自年初起举办一系列活动，最近更推出两本新书《正道——民建联三十年》及《湾区汇》，前者由资深传媒人齐禧庆执笔，记载民建联三十年的奋斗历程；后者将民建联粤港澳大湾区发展小组发布的 8 份建议书和报告，连同民建联的两会提案和建议一起结集成书，内容涉及民生、经济和科技发展等范畴，冀抛砖引玉，为社会各界提供良性的讨论基础。民建联主席李慧琼、副主席兼 30 周年会庆筹备委员会主席陈勇介绍这两本书的内容，两书于香港中华书局、香港三联书局及香港商务印书馆公开发售。

6 日　由油尖旺民政事务处和香港教育大学李子建教授团队共同策划、香港中华书局出版的新书《我们的油尖旺故事》发布。油尖旺民政事务处表示，该书由油尖旺人讲油尖旺事，编者期望该书可多角度展现油尖旺的独特性，并以地区连结国家的发展，作为油尖旺庆祝香港特别行政区成立 25 周年的其中一份献礼。该书获行政长官李家超撰写序言。

8 日　中共中央总书记、国家主席、中央军委主席习近平《在庆祝香港回归祖国二十五周年大会暨香港特别行政区第六届政府就职典礼上的讲话》单行本繁体版、英文版，由香港联合出版集团出版发行。该书记录在香港回归祖国 25 周年之际，习近平主席亲临香港，出席庆祝香港回归祖国 25 周年大会暨香港特别行政区第六届政府就职典礼并发表重要讲话，阐述"一国两制"理论和实践规律，在香港社会各界引起热烈反响。

9 日　香港浸会大学公布第 9 届"红楼梦奖：世界华文长篇小说奖"入围小说名单。入围 6 本小说包括：《中国故事》（阎连科）、《心经》（阎连科）、《北京零公里》（陈冠中)、《成为真正的人》(甘耀明)、《后人间喜剧》(董启章)、《岛之曦》(陈耀昌)。

10 日　《藏在地名里的香港》新书分享及共谈会在深圳联合书店·本来艺文馆举办。邀请了该书作者、深圳经济特区研究会副会长木木，深圳市政协文史委主任尹昌龙，文化学者胡野秋来到活动现场，通过与联合出版集团副总裁赵东晓和中华教育出版分社副社长杨歌进行视频连线的方式，畅谈深港两城地名背后的故事。该活动亦是"庆祝香港回归祖国 25 周年：从这里，读懂香港"重点主题活动之一。

13 日　香港家庭计划指导会当天起一连两周举办网上书展，推出多套以儿童为对象的最新性别平等教育绘本，供市民选购，旨在帮助孩童从小了解自己，不让性别定型的观念阻碍身心发展。

16 日　康乐及文化事务署（康文署）香港公共图书馆成立 60 周年，由当天起至 8 月 14 日，在 18 区公共图书馆为儿童及青少年举办大型阅读及亲子活动"夏日阅缤纷"等一系列实体和网上活动。活动以"书香满溢·喜阅六十"为主题，鼓励儿童及青少年善用图书馆，扩阔阅读领域，深化阅读层次。

18 日　为庆祝香港回归祖国 25 周年暨经民联成立 10 周年，经民联出版《结伴而行　共建香港美好家园》大型纪念画册，记录联盟成立十载以来的重要历程，并表达经民联对"一国两制"行稳致远的美好期盼。全国政协常委、经民联监事会主席林建岳担任画册编委会主席并作序。

20 日　习近平主席《论坚持人民当家作主》以及《习近平讲党史故事》《习近平关于注重家庭家教家风建设论述摘编》《习近平关于尊重和保障人权论述摘编》四部著作繁体版由联合出版集团出版。今日在香港书展开展第一天举办新书发布仪式。紫荆文化集团董事长毛超峰、香港特区政府民政及青年事务局局长麦美娟、中国文学艺术界联合会香港会员总会常务副会长霍启刚出席仪式并致辞。

20 日　第二届"想创你未来——初创作家出版资助计划"举行发布会，公布绘本、科普和非遗 3 组的得奖初创作家及其获资助项目之名单，绘本组共有 3 组初创作家得奖：李荣汉的《与爸造世界》、袁玮惠的《我们来自心临村》、汤欣乐的《做自己的主角》；科普组有 4 组初创作家得奖：龙德骏的《古生物化石实验室：恐龙》、蔡逸俊的《艺术 XSTEM 香港市区观鸟行》、林欣虹、李启俊、严巧琳、白泓、林徽钧、谢嘉慧、林慧虹的《我港理学——本土今昔未来微科学》、何颖芝和谭嘉颖的《菇菇创未来》；非遗组有 2 组初创作家得奖：郭达麟的《港式笼雀乐》、魏德龙的《承传广彩》。

21 日　香港出版总会宣布推出"出版 3.0——香港智能电子书库"计划，出版社或作家可通过由"物流及供应链多元技术研发中心"研发、特区政府"创意香港"资助的"电子书出版转换平台"，免费使用其"人工智能系统"，将中文实体书分别转化为中、英文电子书，配合"文字翻译语音技术"（Text to Speech），亦可将电子书转译为广东话、普通话及英语版的"有声书"。文化体育及旅游局局长杨润雄出席有关启动礼暨新闻发布会辞时指出，希望通过出版业说好中国故事及香港故事，局方会继续推动香港出版业的发展。

22 日　香港回归祖国 25 周年之际，团结香港基金公共政策研究院与香港商务印书馆合作推出《寻路香港——以民为本的政策研究》一书，并在香港会议展览中心举行新书发布会。香港出版总会于香港书展期间，策划和承办了"疫情下的出版业——挑战与应变"，邀请中国内地、美国和韩国专家代表向与会人士探讨出版业界在疫情下的挑战和最新发展。

26 日　为期七日的第 32 届"香港书展"、第 5 届"香港运动消闲博览"及第 2 届"零食世界"结束，其中书展 85 万人次入场，人均消费 879 港元。应年度主题，多家参展商表示，历史文化相关书籍特别畅销，包括故宫系列丛书，让读者感受故宫风采。另外，生活养生、自我成长相关书籍及儿童读物亦深受书迷欢迎，销量相对理想。

27 日　《香港志》首册英文版出版典礼在礼宾府举行。典礼以"志载千秋・情系天下"为主题，特首李家超、外交部驻港公署特派员刘光源和 41 个国家驻港领事等出席仪式。这次出版的《总述・大事记》，是《香港志》英文版的首册，也是香港历史的总述，记录了 6 500 多条大事。英文版由联合出版集团在全球发行。《香港志》首册中文版《总述・大事记》已于 2020 年 12 月出版。

8 月

1 日　香港理工大学续推行 READ@ Poly 阅读计划，本年度获选书是村上春树的 *First Person Singular*。全校学生可以免费获得一本实体书，也可到图书馆借阅纸本或电子书。该计划于 2011 年首办。

5 日　为庆祝香港回归祖国 25 周年，在香港特区教育局、中联办教科部支持下，紫荆文化集团联同紫荆杂志社、香港教育工作者联会、香港各界文化促进会及中国文化研究院，共同举办"紫荆文化杯"全港中小学生"庆祝香港回归祖国25周年"知识竞赛。本日在英华小学举行总决赛暨颁奖礼。竞赛聚焦香港回归祖国25周年来经济、社会、文化、教育、体育等各方面的发展成就，并普及宪法、基本法及国家安全教育，总计吸引328间中小学、逾4万名学生参与。经过激烈的角逐，保良局董玉娣中学和英华小学分别获得中学组和小学组冠军。

8日　香港教育城第十九届"十本好读"在香港中央图书馆举行颁奖典礼，小学生最爱书籍第一名为《大侦探福尔摩斯：实战推理系列——神秘老人的谜题》；教师及中学生最爱书籍第一名为《致我们的中学时光》。"小学生最爱作家"为一树，其名作《魔法公主学院13 魔画之乱》亦夺得小学生最爱书籍第8名。"中学生最爱作家"由阿浓夺得，这次是他第四度夺得这个奖项，其著作《听君一夕话——阿浓谈文学论人生》亦夺得教师推荐好读（中学组）的奖项。

9月

1日　香港商务印书馆和香港中华书局推出《港九大队志》及《港九独立大队史》繁体字版两本新书，并隆重举行新书发布会。《港九大队志》是香港第一本军事志，也是迄今为止有关港九大队历史最详尽的学术著作，由刘智鹏、刘蜀永两位香港史专家主持编修，由香港商务印书馆出版；《港九独立大队史》20世纪80年代在广州初版，由港九大队老战士广泛参与资料收集编写而成，原书早已绝版，今由刘蜀永及助手严柔媛校订加注，香港中华书局改为繁体字出版。

7日　政府年报《香港2021》发售，该年报广泛载录2021年香港概况，综观政府政策及活动、生活面貌和各方面发展。全书共有22章，涵盖香港的政制、法律制度、经济、卫生、创新和科技、运输、环境、体育、文化及艺术等不同范畴。

10月

20日　康乐及文化事务署（康文署）香港电影资料馆举办《探索1930至1940年代香港电影》新书分享暨放映会。

本月　《总体国家安全观学习纲要》（《纲要》）繁体版由紫荆文化集团有限公司下

属的香港联合出版集团在香港地区出版发行。《纲要》由中共中央宣传部、中央国家安全委员会办公室组织编写，学习出版社、人民出版社联合出版，系统阐释了总体国家安全观的重大意义及核心内容。在香港回归祖国 25 周年之际，《纲要》繁体版在港出版发行，是香港特区政府践行总体国家安全观的一件大事，为香港社会各界深入学习总体国家安全观、共同维护国家安全提供了权威学习读物，对提升香港特区国家安全意识，喜迎中国共产党第二十次全国代表大会胜利召开，具有十分重要的意义。

11 月

7 日　联合出版集团及旗下 SUPER 青年营推展的 2022 年度"行走的图书馆"公益阅读活动，在中华基金中学举办启动仪式。由今日起至 18 日，"行走的图书馆"流动图书车会把香港三联书店、香港中华书局、香港商务印书馆、万里机构、新雅文化及中和出版等多家出版社捐赠的近万种优质图书，送至港九新界各区中小学校，与在校师生分享阅读乐趣。

9 日　香港公共图书馆举行"香港图书馆节 2022"，包括：重点项目"图书馆再发现"多媒体互动展览，以及超过 160 场线上线下活动如网上读书会、文艺表演、专题讲座等。同时，当天起分别于 7 家图书馆举行一连 4 个月的"飞越一甲子·喜阅一辈子"巡回展览，了解公共图书馆的里程碑。

15 日　由香港出版学会主办、香港特区政府"创意香港"作为主要赞助机构的"香港出版双年奖"今年迈入第四届。主办方在戏曲中心举办启动礼暨传媒发布会，公布本届双年奖的内容、参选及评审方法。奖项方面除了延续上届已设置的"出版奖""最佳出版奖"，以及特别奖项"出版大奖""优秀编辑奖""市场策划奖""书籍设计奖"，以表扬表现出色的香港出版物及从业人员外，本届还新增了三大奖项，分别是"新晋编辑奖""出版社大奖""新晋出版社大奖"，以嘉许更多表现卓越的出版团队及新晋从业人员。

12 月

2 日　由紫荆文化集团主办，香港联合出版集团、紫荆杂志社、大同出版传媒承办的《非凡十年：海外和港澳专家看中国》新书发布会在港举行。该书共邀约 18 位来自不同国家、不同专业领域，对中国有长期研究的国际知名学者、政要，以国际视角，从政治、经济、法律、科技、文化、社会等多方面，畅谈十八大以来中国在共产党领导下取得的巨大发展成就并进行多角度评价，表达了对中国智慧、中国方案、中国式现代化的理解与认识，以及对中国式现代化道路的发展信心。

16日　《2022年版权（修订）条例》刊宪，更新香港的版权制度，以加强数字环境的版权保护。

31日　在香港创立52年的汉荣书局结束门市业务。

（潘翠华　香港联合出版集团）

2022年中国澳门特别行政区出版业大事记

王国强

5月

13—22日　澳门出版协会主办"2022年春季书香文化节",展出各类新书逾3万本,超过15万册。

7月

20—26日　澳门出版协会承办"第32届香港国际书展"。

8月

19—23日　澳门文教出版协会主办"2022南国书香节",展出澳门精品图书约200本。

8月28日—9月4日　由澳门理工大学及一书斋合办的"第25届澳门书市嘉年华",在澳门理工大学体育馆举行。

11月

12—20日　澳门出版协会主办"2022年秋季书香文化节",场内展出图书数万本。

12月

19日 "首届澳门出版论坛暨澳门出版传播中心成立仪式"成功举办。

(王国强 澳门大学图书馆副馆长、澳门出版协会副理事长)

2022年中国台湾地区出版业大事记

黄昱凯

1月

21日 台文馆推出重量级古典文人研究《周定山全集》，补足日治到战后的台湾跨越新旧文学的时代微妙转折点。

2月

24日 2022年第30届台北国际书展，主题为"一起阅读趣"，并策划了"偏乡阅读推广"计划系列活动，让更多因地域无法顺利前往台北参观书展的师生，共同享受"一起阅读趣"。

3月

2日 台湾文学馆公布2022年度"优良文学杂志补助"的29本文学刊物，通过"优良文学杂志补助"计划，台文馆期盼支持国内优质的文学杂志之编辑、发行及推广，创造更广大的文学影响力，并持续为台湾文学耕耘。

30日 台文馆首部古典文学口述专书《诗人的日常：台湾古典诗人相关口述史》，在台文馆举办新书发表会。本书原以挖掘诗人的社群活动、诗歌情境与观点为目的，却意外透过家属的追忆，深入诗人的生活点滴，勾勒出1920年代至战后，那段诗人吟诗、游玩、拍照的风雅岁月。

4 月

6 日　台湾新锐插画家卓霈欣出版与西班牙 SM 基金会合作的绘本《渔夫和他的灵魂》，并在马德里 Fnac 书店举办新书讲座，邀请当地民众一同进入插画艺术世界。

22 日　台湾博物馆在"世界地球日"推出华语版《捉迷藏》及台语版《觇相揣》绘本，由插画家邹骏升执笔，娓娓道出斯文豪和姜博仁两位主角，跨越 150 多年的时空，在台湾山林间寻找台湾云豹踪迹的故事。

5 月

10 日　台文馆加入"MINTVERSE 第二宇宙辞典"NFT 创作计划，是唯一受邀的博物馆，也是持有最多词条解释权的品牌，该计划集结作家朱宥勋及多位文化人共同发起的 NFT（非同质化代币）实验性新经济模式。

21 日　新竹生活美学馆举办"走读自由岛，发现新台湾——第五期发表会"，分享《巢兼代》季刊中的精彩内容，不仅带领读者了解书面上的内容，而且通过走出户外，理解当地文化历史。

6 月

2 日　"第 30 届台北国际书展"在世贸展览馆开展。为支持第 30 届台北国际书展，台湾文化事务主管部门决定补助展位费最高 7 成，并发行购书抵用券，希望尽可能减少退展或参展业者的损失，共同推广阅读，帮助发展出版事业。

28 日　新竹生活美学馆举办"文化生生不息：培力陪伴，绽放青年文化力"第 6 期季刊发表会，分享美学馆《巢兼代》精彩内容。该刊自 2021 年 4 月创刊号发行以来，从文资修复、青年返乡、走读台湾等不同的主题观点切入，全面呈现当地丰富的人文地景资源。

7 月

10 日　台东生活美学馆 2022 年世界阅读日走读台湾计划——"畅阅山海·漫读花东"活动，举办在线分享暨记者会，发布四场次走读游程，并邀约作者及导览老师介绍文本及内容，让民众抢先认识走读活动，通过阅读看见花东多样的面貌。

22日　台文馆举办"译想天开——台湾文学外译成果发表会"，公布5个国家13册的文学书写成果，及"外译房"更新改版网站发表。有赖台湾文化事务主管部门的补助、"文策院"的营销，台文馆得以顺利推动文学主题选系，并与当地具有流通能力的出版社合作，目前陆续翻译出版读本、经典文学作品等共13册图书，更在美国等地建立了LiFT书系（Literature from Taiwan）。

24日　卢彦勋在台湾文学馆进行其自传《生于奋斗》的新书发布会，这本自传深入触探运动员的心理面，是具有文学特质的作品。

30日　"台湾文学奖"创作奖赠奖典礼在台湾文学馆举行，并同步在线直播。颁赠台语新诗首奖1位、台语散文首奖1位，客语新诗首奖1位、客语小说首奖2位，原住民华语新诗首奖1位。6位得奖者各获赠奖金10万元及奖座1座。

8月

2日　"第44次中小学生读物选介"结果出炉。此次评选共分"图画书类、自然科普类、人文社科类、文学类、文学翻译类、丛书工具书类、漫画类、杂志类"等8大类，共有311家出版社报名参选，最终由3590种参选读物中精选出639种推荐读物，占报名种数18%，内容精彩多样，兼顾知识、趣味及启发性。

16日　彰化生活美学馆为让阅读成为生活日常,特别推出"走读中台湾后花园——听老树、老屋、部落说故事"活动，共举办6场精彩活动，让民众通过实际走访而走入书本世界。

30日　第13届金漫奖入围名单揭晓，共有211件作品报名参赛，24件作品入围，大块文化董事长郝明义获得特别贡献奖。

9月

9日　历史博物馆为创刊于民国50年的《历史文物》举办"史博有大师—大师面对面"书展，于9月9日起至10月5日止，在纪州庵文学森林展出。书展通过艺术大师的影像、访谈纪录，呈现一场别有风味的纸上见面会。

28日　新竹生活美学馆举办"艺游北疆行动力，文化列岛新能量！"第七期季刊发表会，分享《巢兼代》精彩内容。

10 月

6 日 "第 13 届金漫奖颁奖典礼"在台北文创登场，共颁发 6 个奖项，最受瞩目的"金漫大奖"由 Moonsia 的《星咒之绊》脱颖而出，独得奖金新台币 50 万元。台湾文化事务主管部门表示，为彰显特别贡献奖殊荣及实质鼓励入围者，本届金漫奖新增特别贡献奖及入围奖金，总计奖金达新台币 275 万元，该奖由大块文化出版有限公司董事长郝明义获得。

15 日 2022 两岸汉字文化艺术节——"两岸名家书法展"及"两岸名家篆刻展"在文华轩举办开幕式，展出时间为 10 月 13 日至 26 日。"两岸汉字文化艺术节"至今已举办 12 届，通过各种展演形式，呈现汉字多元面貌。

20 日 台湾文化事务主管部门驻意大利代表处文化组与罗马第三大学外国语文学系再度合作"《阅读时光 II》台湾经典文学改编电视剧之翻译与推广计划"，于 20 日、24 日、25 日在罗马第三大学接连举办 3 场台湾文学主题讲座，借台湾经典文学作品改编成电视剧为引，与意大利师生与民众分享后殖民时期的台湾文学、现代诗现况与台湾当代文学转译改编影视作品的发展趋势等议题，让意大利阅听者深入了解台湾地区的文学发展现况与未来展望。

28 日 彰化生活美学馆举办"第 21 届文荟奖——全国身心障碍者文艺奖"，在张荣发基金会举办颁奖典礼。本届文荟奖有 756 件作品参赛，59 件作品获奖。奖项分为"文学类""图画书类"及"心情故事类"，组别有国小、国中、高中职及大专社会组，总奖金新台币 101 万元。

11 月

3 日 "第 46 届金鼎奖颁奖典礼"在台北举办，颁发"杂志类""图书类""政府出版品类"及"数位出版类"4 大类、21 个奖项。本届金鼎奖共有 1 279 件作品报名，30 件作品获奖，另有 61 件获优良出版品推荐。特别贡献奖则由玉山社出版公司总编辑暨发行人魏淑贞获得。

6 日 第四届"后山文学年度新人奖"在台东生活美学馆举办颁奖典礼暨新书发

表会，本届新人奖分别由萧宇翔、陈昱文及张咏诠获得，每位得奖者可获得奖状及奖金新台币 15 万元。

12 日 "2022 台湾文学奖"金典奖赠奖典礼举行，"金典奖年度大奖"百万得主由赖香吟《白色画像》获得。

30 日 新竹生活美学馆于美学堂举办的"艺百年公会堂三感一力新气象 再现风潮生生不息兴艺文"第八期季刊《巢兼代》发表会圆满结束，这是新竹公会堂暌违三年后重新开放。

12 月

6 日 "家庭美术馆——美术家传记丛书"及阁林文创公司执行的"台湾杰出艺术家纪录片"新书·影音联合发表记者会在台湾博物馆举行。

9 日 《风土再造 看见地方的光：25 个社区营造的实践之路》新书发表会在台湾博物馆南门馆举行，通过专书实际案例的分享，让大家看见并了解台湾社区营造的行动实践所带来的新感官、新商模、新价值及新风土。

21 日 第 16 届日本国际漫画奖公布获奖名单，台湾漫画家星期一回收日与编剧陈巧蓉的作品《猫与海的彼端》勇夺第二大奖项优秀奖（银奖），赖凯创作的《正义》及叶羽桐《猫剑客》亦获入赏奖（铜奖）。

（黄昱凯 《文化事业与管理研究》总编辑、
台湾海洋大学海洋观光管理学士学程副教授）